U0903267

广视角·全方位·多品种

权威·前沿·原创

2011年：中国传媒产业发展报告

主　编／崔保国

REPORT ON DEVELOPMENT OF CHINA'S MEDIA INDUSTRY (2011)

社会科学文献出版社
SOCIAL SCIENCES ACADEMIC PRESS (CHINA)

法律声明

2011 年传媒蓝皮书出品方

清华大学传媒经济与管理研究中心
清华大学文化产业研究中心
清华大学清华—日经传媒研究所
清华大学—网易未来媒体研究中心
央视—索福瑞媒介研究有限公司
央视市场研究股份有限公司
现代广告杂志社
中国社会科学院新闻与传播研究所

2011 年传媒蓝皮书
课　题　组

课题组组长　崔保国

课题组副组长　董　璐　杭　敏　何丹嵋　赵曙光

课题组成员　（排名按姓氏拼音为序）

白　梅　崔保国　董　璐　耿雪莲
郭亦丹　杭　敏　何丹嵋　胡左高
暨晗姿　金　晶　刘　浏　潘俊强
饶文靖　任姣洁　王琳琳　王　楠
王甜甜　王卓彦　徐　佳　张　垚
赵曙光　周　逵　朱鸿军

2011年传媒蓝皮书
编　委　会

孟　建　复旦大学新闻学院教授、博导，复旦大学国际公共关系研究中心主任
闵大洪　北京网络媒体协会会长
彭　兰　中国人民大学新闻学院教授、博导
邵培仁　浙江大学传播研究所所长、教授、博导，《中国传媒报告》主编
沈　颖　CTR 央视市场研究媒介与产品研究总经理
孙宝寅　清华大学新闻与传播学院教授
唐绪军　中国社会科学院新闻与传播研究所副所长、教授
田　珂　北京世纪华文国际传媒咨询有限公司总经理
田　涛　央视市场研究股份有限公司副总经理
王兰柱　央视—索福瑞媒介研究有限公司总经理
魏玉山　中国新闻出版研究院副院长、研究员
吴信训　上海大学传媒经济研究中心主任、教授、博导
肖东发　北京大学新闻与传播学院教授、博导，北京大学编辑出版研究所所长，中国版协年鉴研究会常务理事
熊澄宇　清华大学新闻与传播学院教授、博导，清华大学文化产业研究中心主任
姚　林　央视市场研究股份有限公司整合营销部总经理
尹　鸿　清华大学新闻与传播学院常务副院长、教授、博导
尹韵公　中国社会科学院新闻与传播研究所所长、教授、博导
喻国明　中国人民大学新闻学院副院长、教授、博导
昝廷全　中国传媒大学媒体管理学院教授、博导
赵曙光　清华大学新闻与传播学院副教授
赵子忠　中国传媒大学新媒体研究院院长、教授
郑保卫　中国人民大学新闻学院教授、博导，中国人民大学新闻与社会发展研究中心主任
郑维东　央视—索福瑞媒介研究有限公司副总经理
周鸿铎　中国传媒大学教授、博导，中国传媒大学传媒经济研究所所长

摘　要

《2011年：中国传媒产业发展报告》是由清华大学新闻传播学院传媒经济与管理研究中心牵头，联合国内外学术界众多专家学者共同编撰的，系社会科学文献出版社“蓝皮书”系列中的一册，目前已连续出版八年。该书邀请传媒研究与运营管理方面的专家，在对当年中国传媒各领域发展状况进行分析的同时，也对来年中国传媒产业的走势进行了科学分析与预测。“传媒蓝皮书”自出版以来，引起了较大的社会反响，国内外各大媒体纷纷转载。目前“传媒蓝皮书”已经成为研究中国传媒的权威著作。

2010年，是我国实施“十一五”规划的收官之年，亦是承上启下的一年。随着中国经济实力的增强，文化体制改革逐步深化，中国传媒产业的规模与结构都发生着日新月异的变化。一方面，传统媒体面对转型时期自身实力局限与外部竞争加剧的挑战，不断尝试创新，积极通过与资本市场结合、与新媒体融合发展谋求出路；一方面新媒体的影响力迅速提升，不但颠覆了传统媒体格局，更开始冲击话语体系和文化表达方式，深刻影响并引领着传媒未来的发展方向。

《2011年：中国传媒产业发展报告》对传媒产业总体以及各细分行业的发展状况与趋势进行了深入而透彻的分析，具有重要的现实意义和理论探索价值。它对传媒产业及其各个行业所做的系统分析和梳理，对政府主管部门、传媒管理和研究机构都具有重要的参考价值，将对传媒政策的制定、传媒机构的运营战略等产生重要影响。另外，本书对于从事新闻传播特别是传媒经济与管理专业的高校师生以及研究人员来说是一本很有价值的参考书。

Abstract

Report on Development of China's Media Industry 2011 (*The Blue Book of China's Media 2011*) is an edited work led by the Tsinghua University School of Journalism and Communication, and Center of Media Economy and Management Studies, contributed by many domestic and foreign media experts. Now in its 8th consecutive year of publication, it claims an important position among *The Blue Book Series* published by Social Sciences Academic Press (China). The contributors of the book, i. e. researchers and professionals in the field of China's media and media management, offer extensive observations to all aspects of the development of media industry, as well as scientific analyses of its trends. Since its first publication, the book has garnered intense public attention, and has been quoted by many in domestic and foreign media. *The Blue Book of China's Media* h as now become one of the authoritative works on the study of China's media industry.

2010 was the last year in China's "Eleventh Five-Year Plan," and a key transition year for the next successive plan. With China's rapid economic growth and gradually deepening cultural system reformation, the cultural industry's position in the national economy is rising. Both the size and structure of China's media industry have undergone rapid change. On one hand, in the face of the constraints on internal strength and the external competition, traditional media insist in constant innovation, and actively seeking a way out by cooperating with capital markets and new media. On the other hand, the power of new media has been swiftly elevated-not only by subverting the traditional media landscape, but also by impacting cultural discourse and expression, and intervening in social affairs-thus profoundly impacting media's future development.

The book is a valuable theoretical and practical guide. With systematic reviews and analyses of the media industry and its sub-sectors, the book is a useful reference for government policymaking, and for setting operational strategy by media enterprises. It is also valuable to researchers, teachers and university students specializing in journalism an communications, especially in media economy and management studies.

目录

𝔹Ⅰ 总报告

𝔹Ⅱ 中国报纸产业发展报告

𝔹Ⅲ 中国图书产业发展报告

BⅣ 中国期刊产业发展报告

BⅤ 中国广播产业发展报告

BⅥ 中国电视产业发展报告

BⅦ 中国电影产业发展报告

𝔹Ⅷ 中国互联网产业发展报告

𝔹Ⅸ 中国移动媒体产业发展报告

𝔹Ⅹ 中国广告与受众市场发展报告

𝔹Ⅺ 其他

BⅫ 海外传媒产业发展报告

皮书数据库阅读使用指南

CONTENTS

B I General Report

B II China's Newspaper Industry Development Report

B III China's Publishing Industry Development Report

BⅣ China's Periodical Industry Development Report

BⅤ China's Radio Industry Development Report

BⅥ China's Television Industry Development Report

ⅧⅦ China's Film Industry Development Report

BⅧ China's Internet Industry Development Report

BⅨ China's Mobile Media Industry Development Report

BⅩ China's Advertising Industry and Audience Development Report

BXI Miscellaneous

BXII Overseas Media Industries Development Report

总 报 告

General Report

B.1

2011 年中国传媒产业发展报告

崔保国　何丹嵋*

2010 年，是承上启下的一年。白驹过隙，新世纪走过第一个十年，同时也迈开了走向下一个十年的脚步。在这个急骤变革的时代，新技术日新月异的今天，2010 年的中国传媒业精彩纷呈。文化体制改革逐步深化，报纸、广播、电视、电影等传统行业表现抢眼；三网融合进入实施阶段，全媒体产业时代阔步而来；资本市场中的传媒板块广受青睐，媒体企业上市热情空前高涨，传媒市场上主流和非主流的界限已渐模糊。

2010 年也是新媒体爆发的一年。“给力”一词风靡神州，“微博”解救乞讨儿童获公安部门支持，“维基解密”事件震撼全球，iPhone、电子书等数字科技产品市场热销，以物联网、IPv6 为代表的下一代互联网蓬勃发展……一系列事件再次彰显了新媒体的力量和影响力，它不但颠覆了传统媒体格局，深刻影响并引领着传媒未来的发展方向，更开始冲击话语体系和文化表达方式，介入社会事务，给媒体管理、公共利益以及民众知情权带来全新的挑战。

回顾“十一五”，展望“十二五”，中国经济的平稳增长，经济结构的调整与优化，以及在国际政治经济领域话语权的不断增强，为传媒产业的发展提供了广阔空间。2010 年 12 月公布的“十二五”规划建议中，首次明确提出我国将推动文化产业成为国民经济支柱性产业，这无疑为文化传媒业增添了新的动力。同时，也给变革中的传媒业界带来诸多思考：传媒业作为“支柱产业”的商业模式尚不完全成熟；传统媒体与新媒体亟待公平均衡的发展环境；跨国界的全媒体管控模式如何建立……这些都成为传媒业普遍关注的热点议题。

---

* 崔保国，清华大学新闻与传播学院副院长、教授、博导；何丹嵋，清华—日经传媒研究所研究员、所长助理。

"传媒蓝皮书"在多年的研究经验基础上，已基本形成了其特有的理论框架，并在多年积累的数据基础上，对传媒产业进行了持续性的深入分析和预测。

一　2010 年中国传媒产业总体规模与格局

近年来，中国传媒产业呈现稳步增长的态势，根据截至 2011 年 3 月的各种数据进行统计和推算，2010 年中国传媒产业的总产值为 5808 亿元，比上年增长 17.8%，不仅突破了 5000 亿元大关，而且增长幅度亦是 2007 年以来最大的。同时，这个数字在 2005 年仅为 2460.5 亿元，六年间，中国传媒产业规模翻了一番（见图 1）。

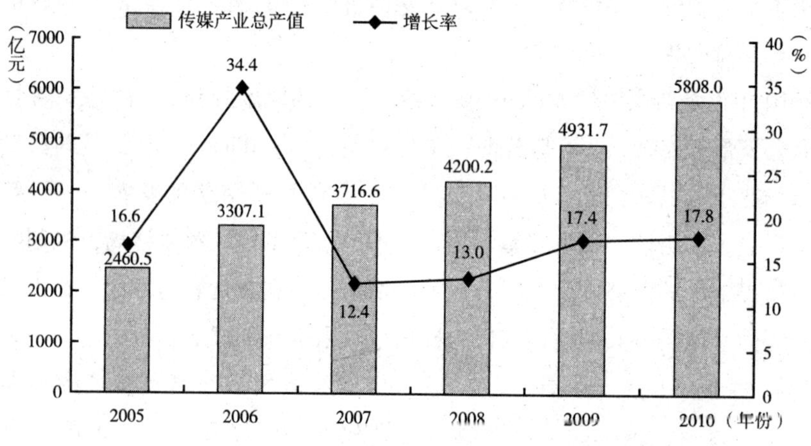

图 1　2005～2010 年中国传媒产业总产值及增长率

从图 2、表 1 可以看出，传媒各行业产值普遍呈现上涨趋势，只有音像制品出现小幅下跌。2010 年，网络广告收入、电影产业收入、广播广告经营额分别位于增幅的前三位，与上年同期相比分别上涨了 54.9%、47.4% 和 34%。

从传媒产业各行业的市场结构看（见图 3），2010 年移动增值业务规模占传媒产业总体市场 31.9%，与上年相比略有增长，仍是传媒产业的主要组成部分。此外，电视、音像、期刊、广告、报纸、图书的市场份额均有下降，其中图书市场份额下降幅度最大。

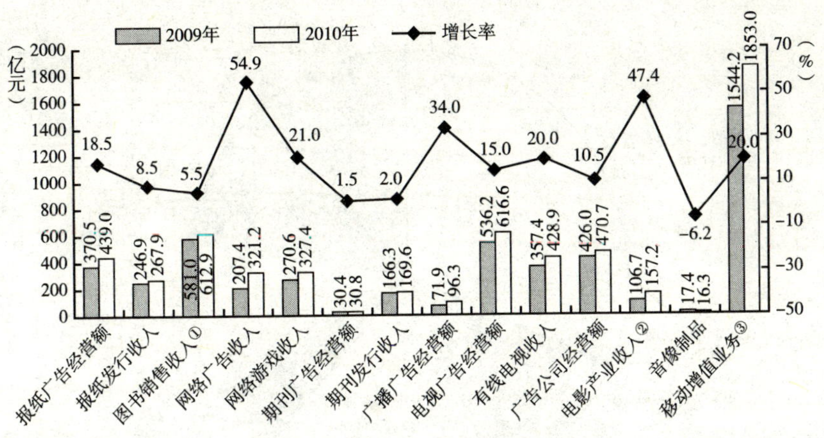

图 2　2009～2010 年中国传媒产业各行业市场规模及增长率

表 1　2005～2010 年中国传媒产业业态

单位：亿元

项　目	2005 年	2006 年	2007 年	2008 年	2009 年	2010 年
报纸广告经营额	256.1	312.6	322.2	342.7	370.5	439.0
报纸发行收入	170.7	208.0	214.8	228.4	246.9	267.9
图书销售收入①	493.2	504.3	512.6	539.7	581.0	612.9
网络广告收入	41.0	61.0	106.0	169.9	207.4	321.2
网络游戏收入	48.0	76.8	136.5	207.8	270.6	327.4
期刊广告经营额	24.9	24.1	26.5	31.0	30.4	30.8
期刊发行收入	124.5	120.5	132.5	167.1	166.3	169.6
广播广告经营额	38.9	57.2	62.8	68.3	71.9	96.3
电视广告经营额	355.3	404.2	442.9	501.5	536.2	616.6
有线电视收入	236.9	269.3	295.3	334.3	357.4	428.9
广告公司经营额	307.0	316.0	344.0	389.0	426.0	470.7
电影产业收入②	48.0	57.3	67.3	84.3	106.7	157.2
音像制品	30.0	36.2	31.5	18.4	17.4	16.3
移动增值业务③	305.0	888.0	1053.0	1131.0	1544.2	1853.0
总　计	2479.5	3335.5	3747.8	4213.5	4932.7	5808.0

说明：①图书销售收入所计为纯销售额（实洋）。

②电影产业收入是包括国内总票房、海外销售及票房、电影频道广告在内的综合收入。

③移动媒体产业收入所计为移动增值服务，通话费不包含在内。

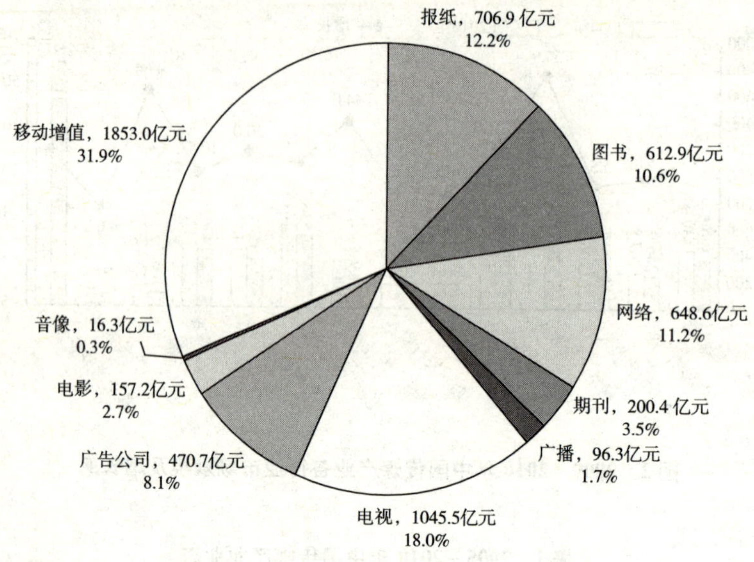

图 3　2010 年中国传媒产业各行业市场结构

二　2010 年中国传媒产业各行业市场概况

传媒形态是指各种媒体形式的现实状态，包括传媒在提供信息传播服务时的产品、载体的形式，服务模式的特征及其产品的产业链形态。传媒的形态构成了传媒行业的产业结构。传媒产业的产业结构相对来说是比较清晰的，其分类主要包括：报纸、图书、期刊、广播、电视、电影、音像、互联网、移动媒体、广告十大行业。传统的传媒形式有图书、报纸、期刊、广播、电视、电影、广告。现在涌现的新的传媒形式有网站、博客、网游、无线互联网等。这些传媒形式的现实状态可以通过表 2 中的主要数据进行描述。

1. 报纸

2010 年是中国报业体制深化改革的一年，中国报业内部的产业规模与竞争格局仍然维持相对稳定的状态。根据新闻出版总署统计，截至 2009 年末，我国共出版报纸 1937 种，平均期印数 20837. 15 万份，总印数 439. 11 亿份，总印张 1969. 4 亿印张。与上年相比，种数下降 0. 31%，平均期印数下降 1. 5%，总印数下降 0. 86%，总印张增长 2. 01%。

表 2　2005～2010 年中国传媒产业形态主要表现

项　目	2005 年	2006 年	2007 年	2008 年	2009 年	2010 年
报纸种类(种)	1931	1938	1938	1943	1937	—
期刊种类(种)	9468	9468	9468	9549	9851	—
出版社数量(家)	573	573	579	579	580	—
音像制品出版单位(家)	328	339	363	378	380	—
电子出版物出版单位(家)	170	198	228	240	250	—
广播电台数量(家)	273	267	263	257	251	227
电视台数量(家)	302	296	287	277	272	247
广告经营单位数量(家)	125394	143129	170000	153695	168852	243445
手机用户数量(万户)	39342. 8	46109. 2	54728. 6	64100	75000	85900
固定电话用户数(万户)	35043. 3	36781. 2	36544. 8	34100	32375	29438
WWW 站点数量(个)	694200	843000	1504000	2878000	3231838	1908122
域名数量(个)	—	9180000	11930000	16826198	16818401	8656525
网民总人数(万人)	11100	13700	21000	29800	38400	45730
手机上网人数(万人)	—	1700	4430	11760	23344	30273

说明：表内数据均为当年 12 月底统计数据。

2010 年，中国报业广告市场赢得了近年来难得一见的高增长，且出现了报业广告跑赢整体广告市场的现象。2010 年，报业广告经营额达 439. 0 亿元，比上年增长 18. 5%，显著高于上年同期的 8. 1%（见图 4）。《成都商报》广告年收入首次突破 10 亿元大关，成为继《广州日报》后第二份广告年收入破 10 亿元的报纸。

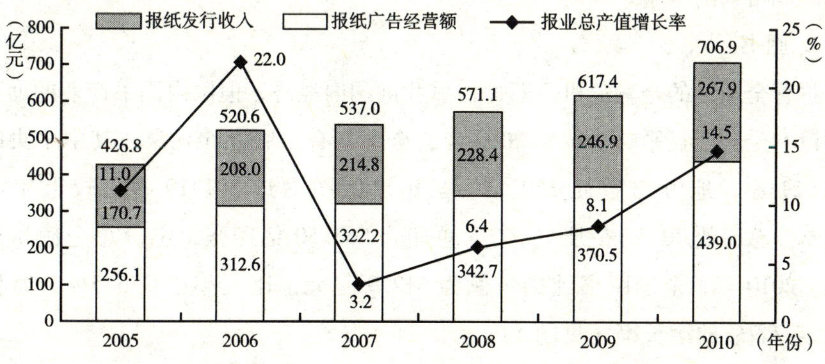

图 4　2005～2010 年中国报纸广告经营额、发行收入及报业总产值增长率

在报纸广告领域，房地产业、汽车业和商业零售业是其中的支柱行业，2010年报业广告资源发生了结构性转变。根据CTR统计，2010年对报纸广告贡献最大的是商业零售业（28.9%），远超过2009年15%的水平，其次是汽车行业（21%），也远高于2009年9%的水平。这主要是由于房地产行业2010年受到国家出台的房地产宏观调控政策影响，因而广告投放增速放缓。

报业体制改革仍然是2010年报业发展的关键。2010年5月，新闻出版总署提出2010年新闻报刊工作要以深化报刊体制改革为重点，大力推进报刊出版单位分类改革，并取得了实质性进展。目前全国已有1069家报刊出版单位转制或登记为企业法人单位。2011年初，总署公开要求具有独立法人资格的非时政类报刊出版单位，一律在2012年上半年前完成或基本完成转企改制任务。可以预见，未来建立现代企业制度，打造大型传媒企业将是报业改革的核心工作之一。

2010年，报网融合态势进一步加强，很多报纸开始迈出实质性的步伐。2010年5月31日，黑龙江日报报业集团启动报业多通道跨地域新闻制作共享平台。7月，羊城晚报报业集团推出了网络版《羊城晚报》。此外，湖北日报传媒集团与汉王合作力推数字阅读；《人民日报》、《中国日报》、《南方周末》、《新京报》等报纸也针对苹果公司发布的平板电脑iPad，开发了客户端阅读软件。

2010年，报刊业也迎来了"3D元年"，继比利时《最后一点钟报》推出世界上第一份3D报纸之后，我国《十堰晚报》、《齐鲁晚报》、《南方都市报》等9家报纸相继推出3D报纸，掀起了2010年3D报纸的出版浪潮。但制作成本、发行等方面的问题也接踵而至，3D报纸是否会成为报业未来发展的新方向，还有待时间和市场的考验。

2. 图书

尽管全球性的金融危机不断冲击着我国国内经济，但国内图书产业的增长势头并没有受到明显影响。截至2009年，全国共有出版社580家，其中中央级出版社221家，地方出版社359家。全年出版图书近301719种，较上年增长10.1%。总印数70.37亿册（张），总印张565.50亿印张，定价总金额848.04亿元。2010年，全国图书纯销售额为612.9亿元，比上年增长5.5%，略低于2009年7.7%的增长率（见图5）。

根据新闻出版总署统计数据，2009年我国电子图书读者总数突破了1亿人次。随着数字出版产业的快速发展，电子阅读逐渐普及，它不但深刻地影响了人

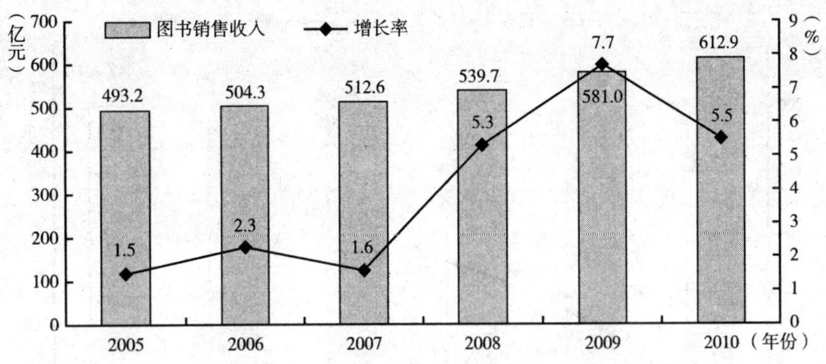

图 5　2005～2010 年中国图书销售收入及增长率

们的阅读生活方式，也对传统出版行业提出了挑战。2010 年 10 月，新闻出版总署出台电子书产业发展意见，对产业进行规范指导，并提出在未来将通过政策引导和重大项目实施推动传统出版业数字化转型。

在新媒体的冲击下，传统图书出版行业也在通过合作和上市谋求集团化、国际化发展。2010 年 11 月，北方联合出版传媒集团与天津出版传媒集团、内蒙古新华发行集团正式签署股权合作协议，联合打造跨地区大型出版传媒产业集团。12 月，天舟文化登陆创业板，成为民营书业第一股。

3. 期刊

期刊业在 2010 年打了一个翻身仗，止住了往年的颓势。全年广告经营总额约合 30.8 亿元，较上年增长 1.5%，发行收入为 169.6 亿元，较上年增长 2%。从产业规模看，期刊行业也基本处于稳定发展态势（见图 6）。截至 2009 年，全国共出版期刊 9851 种，总印数 31.53 亿册，总印张 166.24 亿印张，定价总金额 202.35 亿元，均比上年有小幅增长。然而，平均期印数（16457 万册）的下跌是一个不良信号，预示着平均每种期刊的受众面在减少。

4. 广播

2010 年，我国广播产业表现非凡，出现大幅上扬的发展态势。国家广播电影电视总局数据显示，截至 2010 年 7 月我国现有广播电台 234 家，广播频率 2704 套，付费广播频率 39 套，我国广播人口综合覆盖率为 96.31%。广告市场在经历了全球金融危机洗礼后，2010 年终于恢复了元气。电视广告由于国家广播电影电视总局颁布的《广播电视广告播出管理办法》的影响，发展势头受到

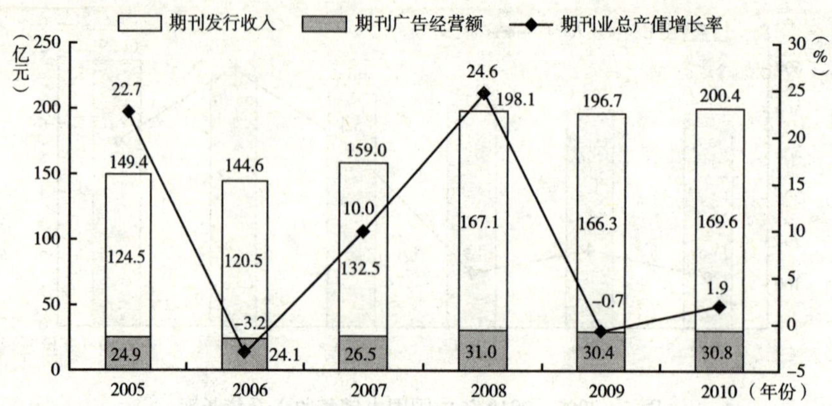

图 6　2005～2010 年中国期刊广告经营额、发行收入及期刊业总产值增长率

遏制，广播广告因而成为受益者之一。2010 年，中国广播电台整体广告收入为 96.3 亿元，比上年同期增长 34%（见图 7）。

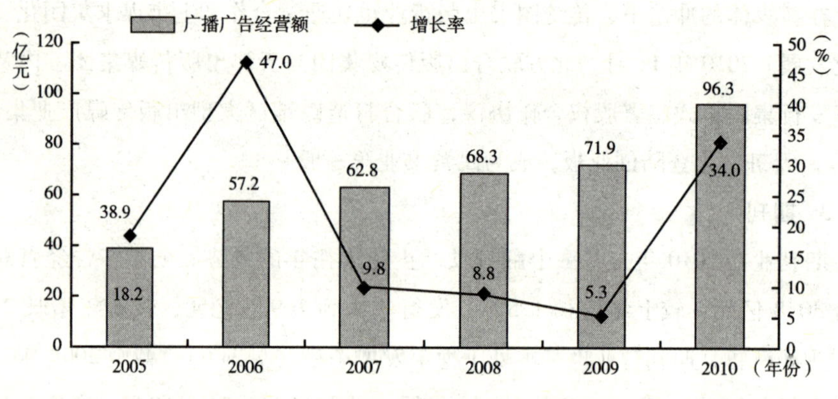

图 7　2005～2010 年中国广播广告经营额及增长率

从各广播电台发展态势看，中央媒体正受到地方媒体越来越多的冲击和挑战。CTR 媒介智讯数据显示，2010 年，江苏交通广播网广告收入 2.74 亿元，从 2009 年的榜上无名跃居 2010 年的榜首。广东电台交通之声从 2009 年的第八位跃至第四位，增幅高达 148%。而中央人民广播电台的中国之声和音乐之声则从 2009 年的第二和第五位滑落至 2010 年的第三位和第六位。

集团化发展是 2010 年广播产业的另一发展特点。3 月，九部委联合下发了《关于金融支持文化产业振兴和发展繁荣的指导意见》，提出加强对文化产业的金融财税支持政策。受政策利好影响，2 月 22 日，安徽广电传媒集团成立；5 月 7 日，鲁商传媒集团挂牌成立；5 月 12 日，大庆新闻传媒集团成立；6 月 22 日，云南云广传媒集团挂牌成立；9 月 18 日，扬州广播电视传媒集团正式成立……我国广播产业明显呈现集团化、规模化发展趋势。

5. 音像

近年来，音像产业发展持续低迷。2010 年，音像制品行业规模 16.3 亿元，比上年同期下降 6.2%（见图 8），成为各传媒行业中唯一同比下降的行业。受到盗版和网络音乐下载的冲击，音像产业无论在发行品种、数量，还是在金额等指标上都呈现下降趋势。音像产业面临的问题不仅是国内音像行业本身，乃至我国文化传媒产业的共同问题，也是全球音像产业发展遇到的共同问题。随着国家推动文化产业发展的政策和针对版权保护的法律法规的相继出台，音像产业将会迎来新的机遇。

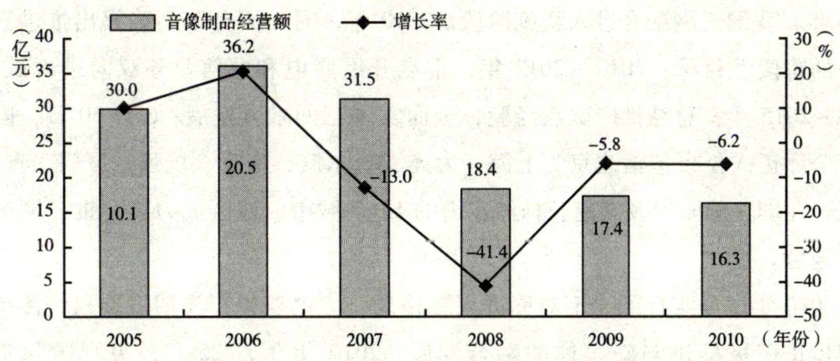

图 8　2005～2010 年中国音像制品经营额及增长率

6. 电视

2010 年，我国电视基础设施建设持续“精简”趋势。据国家广播电影电视总局统计，截至 2010 年底，全国共有电视台 247 家，比上年减少 25 家，呈现较大幅度收缩。从节目制播规模看，节目制作时长虽有增加，但增长率持续下降。另外，受政策影响，广告播出时间也有所减少。然而，我国电视行业的经济效益却保持了增长态势。据广电总局初步统计，2010 年全国广播电视行业总收入 2238 亿元，首次突破 2000 亿元，比上年增长 20.78%。其中，电视行业收入增长幅度虽低于广播，但仍较上年有明显增长（见图 9）。特别值得一提的是，

2011 年中央电视台黄金资源广告招标额超过 126 亿元，比上年增加 17 亿元，创 17 年来的新高。

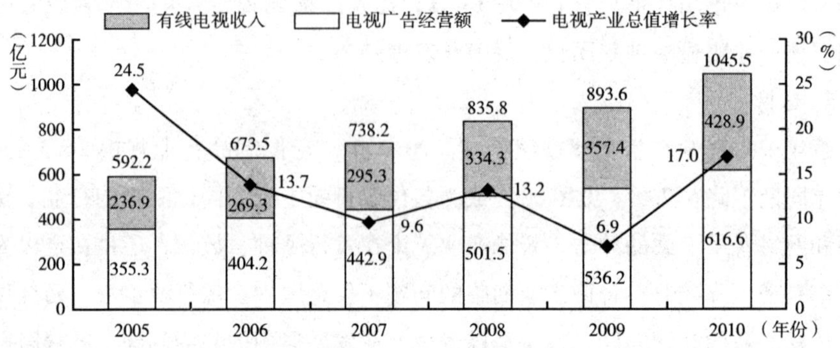

图 9　2005～2010 年中国电视广告经营额、有线电视收入及电视产业总值增长率

“十二五”规划将三网融合确定为未来 5 年中国七大战略性新兴产业之一，2010 年，我国三网融合进入实施阶段。2010 年 1 月，国务院明确提出推进三网融合的阶段性目标：2010～2012 年，重点开展广电和电信业务双向进入试点；2013～2015 年，总结推广试点经验，全面实现三网融合发展。6 月 30 日，国务院办公厅正式公布包括北京、上海、大连、哈尔滨、南京、杭州、厦门、青岛、武汉、深圳、绵阳以及湖南长株潭在内的 12 个城市、地区成为第一批三网融合试点地区。

2010 年试点实行了“不对称进入”格局，广电获得了先期发展权，传统广电媒体正积极推进与新媒体的融合发展。2010 年 3 月 25 日，央视国际旗下 CNTV（中国网络电视台）获得国内第一张“互联网电视牌照”。7 月 8 日，广电总局科技司正式下发关于成立中国下一代广播电视网（NGB）工作组的通知。8 月 31 日，上海全面启动广播电视有线网络整合工作。

然而，随着三网融合试点的全面展开，广电企业的资金压力日渐凸显，不少企业开始在资本市场寻求突破资金瓶颈的途径。作为国内最早推进三网融合核心业务 IPTV、手机电视和互联网电视的百视通正在筹划在创业板上市；江苏有线、湖北广电、湖南广电等众多广电企业，也已暗自筹划上市。可以预见，资本市场的介入将会加速改变未来广电产业的发展格局。

7. 电影

2010 年 1 月，国务院发布了《关于促进电影产业繁荣发展的指导意见》。在

政策支持下，我国电影业继续保持跨越式发展态势，电影已成为我国传媒产业中最具成长潜力的行业。2010 年，全年故事影片产量达到 526 部，较上年增长 15%；生产动画影片 16 部，纪录影片 16 部，科教影片 54 部，特种影片 9 部，电影频道出品数字电影 100 部。此外，2010 年进入城市主流院线的国产影片 260 多部，比上年翻了一番。

同时，2010 年，中国电影各项产业指标均创造了自 2000 年以来的新高。2010 年，国产电影的海外销售收入达到 35.17 亿元，较上年增长 26.9%；全国各电影频道播放电影的收入为 20.32 亿元，较上年增长 20%；全年电影综合收益 157.21 亿元，较上年增长 47.3%（见图 10）。

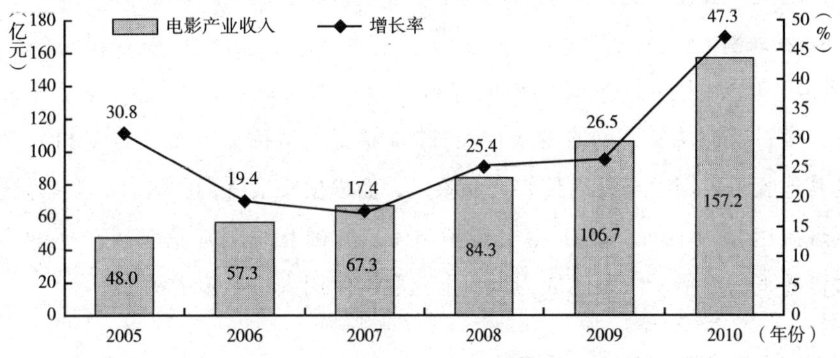

图 10　2005~2010 年中国电影产业收入及增长率

说明：电影产业收入是包括国内总票房、海外销售及票房、电影频道广告在内的总收入。

资料来源：国家广播电影电视总局。

从电影票房收入看，2010 年全国电影票房收入达 101.72 亿元，在 2009 年电影票房增长 42.96% 的强势基础上，再次增长 63.9%。国产影片票房收入 57.34 亿元，占全年票房总额的 56.4%；进口电影票房为 44.38 亿元，占全年票房比例与上年基本持平。

2010 年电影市场的一大亮点是单片票房创历史纪录。《阿凡达》、《唐山大地震》分别以 13.79 亿元和 6.65 亿元，刷新了上年由《变形金刚 2》和《建国大业》刚刚创造的进口影片和国产影片单片票房纪录。其中，《阿凡达》雄踞票房榜首，放映场次达到 32.6 万场，成为中国电影史上票房最高的电影。《阿凡达》的成功还不仅仅在于其票房的成功，它也令国内观众第一次集体接受了 3D 电影技术的洗礼，并掀起了3D电影风靡中国电影市场的狂潮。

此外，民营公司在2010年也都表现得异常活跃。华谊兄弟2009年上市后，于2010年开始进军电影院线领域。同年12月，博纳影业成为第一家在海外上市的中国电影企业。但从2010年票房排名前十位的国产影片可以发现，尽管每部影片的制作都有民营电影企业的加入，但真正能推出在市场上具有票房号召力影片的企业仍然屈指可数，民营电影企业的市场竞争力亟须加强。

虽然2010年是中国电影票房大丰收的一年，但目前中国电影的收益仍然过度依赖于国内票房的收入，其他发行渠道及电影衍生产品开发仍然十分薄弱。对此，广电总局电影局局长童刚表示，对电影版权的保护无疑是打造成熟健全电影产业链的关键所在，也是未来中国电影产业亟待解决的问题。

8. 互联网

2010年，中国互联网经济依旧保持高速的增长态势，网络广告收入321.2亿元，增长了54.9%，网络游戏收入327.4亿元，增长了21%（见图11）。互联网的其他收入我们暂未计入传媒产业收入，而根据艾瑞咨询的统计，互联网整体市场规模达1544亿元，比上年增长57.1%。中国互联网普及率攀升至34.3%，超过世界平均水平。中国已成为世界上互联网使用人口最多的国家。

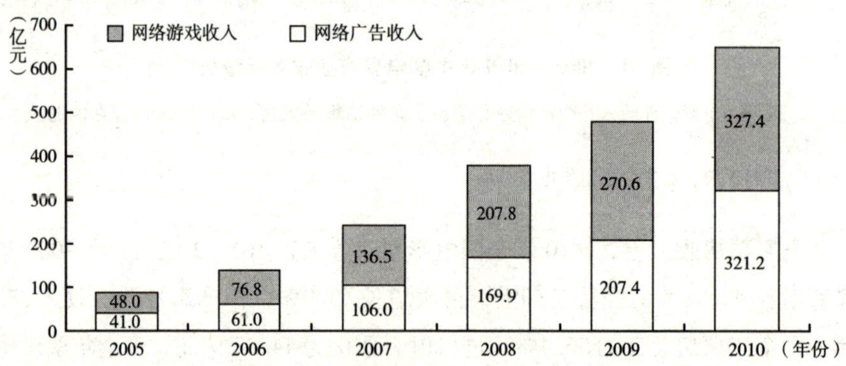

图11 2005~2010年中国网络广告、网络游戏收入统计

资料来源：艾瑞咨询。

互联网经济的发展与资本市场密不可分。截至2010年12月，总计有40家中国企业成功登陆美国资本市场，而互联网企业依然是其主角。优酷网、当当网、博纳影业相继登陆美国纽交所和纳斯达克。上市后，优酷受到热烈追捧，市

值超过搜狐，直逼新浪。当当的市值也接近搜狐。据了解，京东商城、凡客诚品等互联网电子商务企业也已经开始筹划上市。

从中国互联网经济的细分市场结构看，目前，网络游戏、网络广告、电子商务三类业务收入在互联网经济市场规模中占77%，比上年占比增加了4.2%，仍然是互联网经济的主要构成部分，并继续呈扩大趋势。其中，电子商务占比由2009 年的 25.6% 增长为 32.6%，而网络游戏占比由上年的 27.5% 下降为21.2%，连续第二年呈现萎缩趋势（见图12）。

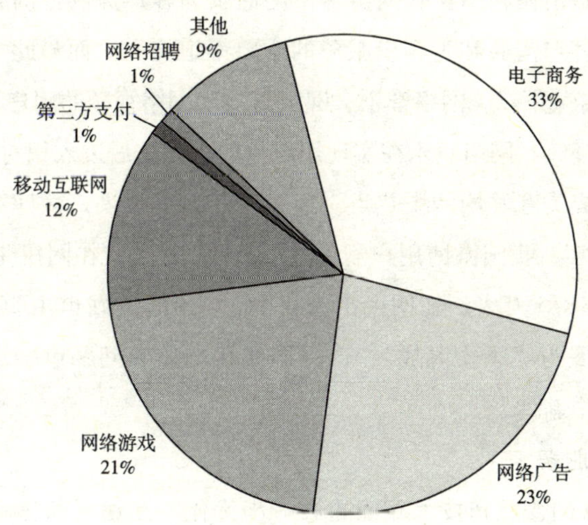

图 12　2010 年中国网络经济市场结构

说明：其他行业包括电子邮箱、域名主机、数字软件、在线音乐和网络社区等。网络广告包括品牌网络广告市场规模和搜索引擎广告市场规模。

资料来源：艾瑞咨询。

互联网带来的不仅仅是经济的飞速增长，企业的运作模式、人们的生活方式也发生了翻天覆地的变化。根据 CNNIC 发布的《第 27 次中国互联网络发展状况统计报告》，截至 2010 年 12 月，中国网民规模达到 4. 57 亿人，较 2009 年底增加 7330 万人；互联网普及率攀升至 34. 3%，较 2009 年提高 5. 4 个百分点。

网民规模的快速膨胀也对互联网基础建设与技术水平提出了更高的要求。截至 2010 年 12 月，我国 IPv4 地址数量达到 2. 78 亿个，预计 2011 年 2 月 IPv4 地址将最终分发完毕，IPv4 向 IPv6 的全面转换将更加紧迫。

从互联网应用类型上看，有以下几个特点：

搜索引擎呈现“新门户”特征。2010 年，搜索引擎的用户规模达 3.75 亿人，使用率达 81.9%，成为网民第一大应用，并逐步侵占传统门户网站的主导地位，越来越显现出其“新门户”的特点。

商务类应用继续领涨。从个人用户看，2010 年，网络购物用户规模年增幅为 48.6%，是增幅最快的应用。网上支付、网上银行的使用率迅速提升，更多的经济活动已步入了互联网时代。从企业用户看，据 CNNIC 调查，目前有 57.2% 的中小企业正在利用互联网与客户沟通及为客户提供咨询服务，互联网已成为中小企业与客户沟通和为客户服务的主要渠道之一。而与此相对应的是娱乐类应用使用率的普遍下降。网络音乐、网络游戏和网络视频的用户渗透率分别下降 4.2%、2.4%、0.5%，网络娱乐在实现用户量的扩张之后进入相对平稳的发展期。

微博与团购成为互联网两大热点。经过一年多的发展，微博和团购用户数已初具规模，2010 年，我国微博用户规模达到 6311 万人，在网民中占 13.8%；团购用户规模达到 1875 万人，在网民中占 4.1%。团购网站也由 2010 年初的“百团争霸”很快发展为“千团混战”，产品同质化与监管问题也随之而来，成为互联网管理的又一个新课题。

9. 移动增值服务

随着 3G 网络的普及和技术环境的进一步优化，互联网和移动传媒正呈现出爆炸式的发展态势。根据工信部的统计，2010 年，我国电话用户总数较上一年净增 9244 万户，达 11.539 亿户；其中移动电话用户数净增 1.1179 亿户，达 8.59 亿户，占我国电话用户总数的 74.4%，约是固定电话用户数的 3 倍（见图 13）。至 2010 年底，我国移动电话普及率已实现每百人 64.4 部，比上年底提高 8.1%。在移动电话用户中，有 4705 万户为 3G 用户，较上一年净增 3473 万户。

随着中国手机用户越来越多，手机已成为一个最大体量的终端媒体。手机带来的影响力也越来越大，以手机为载体的信息传播形式也越来越多样，目前手机报、手机电视等应用形式已经得到发展。3G 时代的到来更为移动电信产业的发展提供了无限的空间，手机网民成为拉动中国总体网民规模攀升的主要动力。根据工信部统计，截至 2010 年底，在 4.57 亿中国网民中，手机网民数达 3.03 亿人，较上一年底增加了 6929 万人，占总体网民的比例上升至 66.2%。在网民手机网络应用中，手机即时通信使用率仍位居首位，达到 67.7%；手机新闻和手

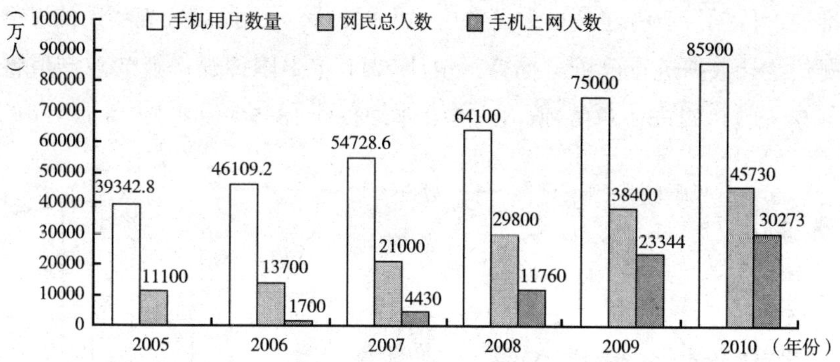

图13　2005～2010年中国手机用户数量、手机上网人数与网民总数

机搜索分别以59.9%和56.6%的使用率分列第二、三位。

我国移动增值服务用户规模、终端种类与数量以及各种移动产品与服务的发展最终促成我国移动增值服务市场规模的发展。2010年我国移动增值服务市场规模达1853亿元，较上年增长20%（见图14）。我国手机移动媒体产业从基础设施到市场规模，再到业务应用，经历了可观的发展过程。手机作为一种媒体将成为传媒产业中发展最快、潜力最大的行业之一。

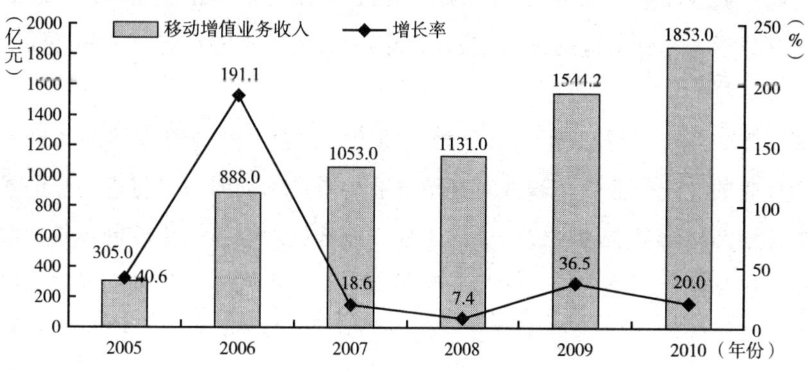

图14　2005～2010年中国移动增值业务收入及增长率

三　2011年中国传媒产业规模与预测

2011年，得益于“十二五”规划，文化产业在整个国民经济中的地位进一步提升，文化产业作为新的经济增长点的战略地位愈加突出，加上三网融合的进一步推进，传媒行业将迎来更大更宽广的发展机遇。根据对近五年来传媒产业发展状况的统计数据进行分析与推算，预计 2011 年中国传媒产业的总产值将达到 6882.4 亿元，传媒产业总值预计比 2010 年增长约 18.5%（见图 15）。

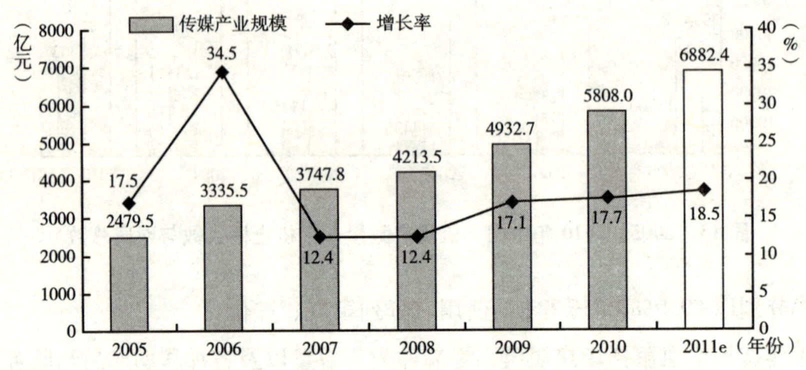

图 15　2005～2011 年中国传媒产业规模及增长率预测

改革开放 30 多年，传媒产业发生了日新月异的巨大变化，随着传媒技术的飞速发展，传统媒体体制改革不断深入，媒体融合不可阻挡地扑面而来，使得今天的传媒产业版图早已面目全非。与此同时，传统的格局正在瓦解，新的商业模式正逐渐成形。尽管前进的道路充满未知因素，但未来的趋势总有些许固定的轨迹和规律可循。

展望 2011 年，随着“十二五”规划的正式出台，产业资本将加速进入以传媒业为代表的文化产业，传媒业对其他产业的带动和辐射力量将进一步增强，传媒业将逐渐凸显出其在国民经济中的支柱产业地位。媒体转企改制步伐加快，体制改革向纵深领域迈进，这一切都将使传媒生产力得到更加充分的释放。以移动互联网为代表的新型媒体异军突起，逐步模糊媒体的分界线，各种媒介相互交织，不同新闻形式的融合，电子商务和新的传媒盈利模式也将在不远的未来出现。

与此同时，传媒业也将面临发展带来的问题。报业体制改革如何解决与原有体制的矛盾？三网融合仅仅是技术和运营层面的变化还是跨产业的全方位改革？广电企业是否具备运营跨媒体业务的能力？数字媒体发展会带来哪些社会问题？时代赋予了传媒业最好的发展机遇，但这些问题也将不断拷问着每一位传媒从业者，从而激发从业者们不断探索和创新。

𝔹.2

中国传媒业发展与选择的关键

——关于2011年中国传媒产业发展关键词

喻国明*

"这是一个最好的年代，也是一个最坏的年代；这是一个智慧的年代，也是一个愚昧的年代。"狄更斯在其小说《双城记》开篇语中这句宿命式的名言，似乎总适用于每一个发展变化中的大时代。就中国传媒产业的发展而言，人们普遍的心结是，无法判断这是一个最好的年代，还是一个最坏的年代，但几乎人人都可以确认的是——这是一个充满迷宫式选择的年代。

一　呼唤战略意义上的大智慧

比照我们这个时代危机爆发的频度和强度，我们不能不认识到，这是一个危机空前频繁、剧烈的时代，世界充满不确定性、不可靠性和不安全感。危机随时随地挑选它的牺牲品，而人们则无处可逃，因为已经失去了泊于过去的锚，也找不到驶向未来的帆。所以从容的战略不见了，我们所能够见到的理论和实践都不过是应急管理和救火行动。而危机所造成的灾难"选择不同的日子，敲开每一扇门"，"灾难不是仇人所为，受害者无法叫出它们的名字，它们隐身于诸如全球化、市场竞争、金融体系和食品安全等光怪陆离的名目之下"；经济、政治、文化和个人生活仿佛都安插了导火索，在漂浮中寻找点爆的星火，"脚下的大地并不可靠，没有一块坚硬的基石，可以让人驻足一跃"。除了身处时代迷宫的茫然感，没有谁能告诉我们答案。最好的年代，最坏的遭遇，这就是我们要面对的现实，让人不禁想起了德国思想家马克斯·韦伯的那句名言："世界不再令人着迷。"

---

* 喻国明，中国人民大学新闻学院副院长、教授、博导，中国人民大学新闻与社会发展研究中心副主任。

从互联网上我们获知了外媒评出的2011年传媒市场十大趋势：（1）维基解密类新媒体诞生；（2）传媒市场将出现更多并购交易；（3）更多面向平板电脑和其他移动设备的新闻公司诞生；（4）基于位置的新闻服务；（5）社交与搜索；（6）驻外记者作用淡化；（7）新的联合模式诞生；（8）社交故事成为现实；（9）新闻机构更加注重社交功能；（10）互动电视盛行。虽然很难说这十大趋势的预测有多少准确性和深刻性，但它给予我们，尤其是传统媒介人的危机预警式的震撼仍然是巨大的。

什么是危机？按照《韦氏大辞典》的解释："危机就是转机与恶化的分水岭。"照此看，所谓危机实质上就是一种以压力的形式要求你在某一时空点上必须做出的选择。然而，社会之进化如同生物进化一样，每一种进化与发展都是不可逆的。这便意味着，一旦做出了某种"路径选择"，便永无回头路可走。因此，在每一个发展的关键点上的选择都是"紧要关头"。而我们所处的时代，在历史发展的大坐标系上，恰好正处在这样一种必须做出某种选择的"紧要关头"。如果说，在非"紧要关头"时，我们尚可以将关注的重点放在"如何做"这类战术性问题上的话，那么在"紧要关头"时，我们必须将关注重点放在"在哪做"、"做什么"这类战略性的问题上，因为它是"系好衬衣的第一个纽扣"。正是在这个意义上，我们说，方向比速度更重要。

然而，时下的中国社会如同一个寓言所描述的：在黑夜里，有一个醉汉丢了钱，他在路灯下一圈一圈地寻找，直到倒卧在地。勤奋的记者们完整再现了醉汉是如何转了一圈又一圈，并且访问了他的家属，甚至追溯了他的童年；专家们则争吵不休，有人说他应该再多转一圈，有人说他应该转得更快一点，有人说他为什么醉酒带钱走夜路呢——要么策略有问题要么背后有阴谋，还有人说这"本质上"是一个法治问题，加强酒后理财机制建设势在必行。

这个寓言几乎成了所有社会问题，包括媒介发展问题公共讨论的"标准路线图"——几乎人人都是在醉汉逻辑框定的范式内寻找答案。其实，事实的真相是，钱并不在路灯下，只是因为醉汉觉得灯下最明亮、最便利。这也正是我们目前应对发展中的危机与困境时的真实状态，短视、自欺、直觉主义、饶舌绕圈子。远见卓识缺位，整体性的理解力丧失，一切流于虚浮和泡沫，最终被一盏路灯、一条新闻或一句断言所遮蔽了。我想说的是，在当前的"紧要关头"，我们需要竭力呼唤理论的超越意识和批判力，重归时代引领者的关键位置。而选择的大智慧的第一要义是：我们所面对的外部环境究竟发生了哪些深刻的变化？这些变化对于我们意味着什么？接下来，需要做的就是——“有勇气来改变可以改变的事情，有胸怀来接受不可改变的事情，有智慧来分辨两者的不同”。

二 关于媒介环境变化的四个观察

1. 舆论多元：众神喧哗的舆论场域

我们现在必须面对的一个基本社会现实就是多元化的社会话语场。以网络为代表的新媒体给我们这个社会带来的最大变化就是为每一个人的表达加装了一个向社会喊话的“麦克风”。微博就是迄今为止最具革命意义的个人媒体。它极大地释放了人们的社会表达，使人们的嘴巴得到了近乎破天荒的解放。并且，与传统媒介独占传播领域的时代不同，貌似非主流的意见由于有了“圈子”的支撑，已经不再担心所谓社会孤立的压力，因此，一直以来以主流媒介的“大音量”来统一舆论的“沉默的螺旋”的整合效应已经明显弱化甚至无效。在今天，几乎在所有社会话语的场域中，凡涉及人们的社会利益、社会关系和社会观念的事务，众声喧哗的舆论场域已经成为社会的一道基本景观。

2. 围观结构：公民新闻运动下的真相的现场直播

在传统媒体时代，真相是掌握在少数人手里的。于是，真相的披露与否成为一种政治考量，成为一种管理社会的权利资源。管理者习惯利用其与社会大众之间的信息不对称来实现社会的管理。那个时候，事实真相的说与不说、报与不报以及如何说和如何报，成为权力机关社会管理的一项核心业务。但是，自从互联网诞生以来，身为公民的个人便开始有了向着无限接近真相的方向前进的可能性，“真相被长久遮蔽”正逐渐成为历史。公民新闻运动使绝大多数社会的真相处于一种社会成员集体围观的结构当中，真相不再为少数人和专业媒体所垄断。

与传统的真相生成方式不同，公民新闻运动下的真相的呈现源自于集体的聚焦，它依赖的不是某一个个体的表达精准、客观中立，而在于在集体的合作当中互相印证、互相补充、互相纠错、互相延伸……真相就是在这样一种“无影灯效应”的作用下站立起来的。此外，与传统的真相传播方式不同，公民新闻运动打破了大媒体对于社会传播的垄断。就像在微博的世界里，人们可以通过自己的社会关系构建起叠套式传播网络，挑战大媒体垄断大范围社会传播的权力，只要一个资讯本身拥有足够的社会分享价值，哪怕是一个名不见经传的小人物传播的，也可以在一个很短的时限内迅速让社会上绝大多数人知晓和分享。微博作为一种神奇的个人媒体，拥有足以和大媒体相抗衡的核裂变式的传播能力。关于这一点，我们已经可以从2010年“宜黄强拆微博直播”等诸多事件中深刻地感受到。

3. 传媒市场的“碎片化”与社群圈子的形成：传播的消费与使用日益成为人们生活方式和文化圈子的重要指征

数字化带来了媒介的融合，而媒介融合的一个重要表现就是用媒介介质区隔市场方面的意义在渐次退场。在今天，任何一种内容和形式都不止有一种传播渠道加以表达，因此，媒介介质和渠道的不可替代性已经成为过去。传统上依照介质而区隔的传播市场的边界在日趋模糊，越来越多的人在灵活且自由地选择不同的传播介质和传播渠道来满足自己的信息消费和个人表达的需求。这种需求之于介质和渠道的“碎片化”，造成了任何一种渠道或介质的市场价值都处在一种递减的过程中，因此，没有哪一种媒介，哪怕是新媒介可以“幸免于”这种价值递减的巨大压力。

媒介的数字化在促进打破媒介介质跨界发展的同时，另外一个极为重要的发展就是将其触角日益深刻地嵌入人们的生活逻辑和文化圈子之中。在今天，媒介的消费和使用早已经不再是千篇一律的“标准模式”，而是呈现出千姿百态、各异其趣的态势。中国古语云：“不识其人观其友。”今天，这句话或许可以改写为“不识其人观其传播的使用与消费样式”。一个人对于媒介的使用、对于基于传播的社群圈子的构建，已经日益成为其生活方式和文化归属的一个指征——你是什么样的人就有什么样的媒介消费和渠道使用。就像在微博上，不但其发言、转发各有其每个人的文化和社会的指征意义，即便是仅仅看一下每个微博博主“关注者”的构成就足以知道他（她）的内容取舍和文化旨趣；而一个人“粉丝”的构成也多多少少能够反映出他的社会影响力以及能够影响谁、影响什么这样一些相当深层的文化属性问题。

4. 判据的感性化：人们的社会判断、社会认同越来越取决于形象感知、情感体验和认知互动

加拿大的传播学者麦克卢汉曾经以惊世骇俗的方式指出：“媒介即信息。”意思是任何一种新的媒介的出现，都不仅仅是增加了一种新的传播渠道和传播平台，而是能够在很大程度上改变人们认识世界、把握世界的方式。事实恰恰是这

样。有研究表明，新媒体给我们这个社会带来的最大变化之一就是深刻地改变了我们观察现实、判断社会的判别依据和判断方式。具体地说，在数字化媒体的使用体验下（尤其是视频的普遍化和传播的互动性），今天人们要认同一件事情、做出一个判断或决策，已经不再仅仅依靠传统的思维逻辑的劝服，而需要有更多的来自形象认知、情感体验和认知互动的传播作用才有可能。如果我们固守传统的“晓之以理”的传播模式去进行宣传和舆论引导，其效果只会越来越差，甚至还会出现强烈的逆反效果。因此，在这样一个被新媒介格式化过的人们意识和意识方式的社会里，不但被感知的事实永远比事实本身更重要，而且这种感知不仅是要“晓之以理”的，尤其是要“动之以情”的——要学会善于在情感体验和情绪激发的浸润下进行相关诉求的形象化传达和有针对性的互动，并且在情感体验和理性逻辑的双重作用下完成宣传和舆论引导。否则，宣传致效在今天就是一项“不可能完成的任务”。

三 关于中国媒介产业发展的若干关键词

1. 跨界与混搭：传媒资源的重新配置与整合具有广阔的市场空间

凡是认真观察中国传媒业发展的人，都会注意到这样一个事实：当前传媒业最大的流行趋势便是跨界与混搭。所谓跨界，就是对于既往传媒业固有的业态边界的打破：传播者角色的跨界、传播渠道的跨界、传播内容的跨界、产业资源的跨界、媒介市场的跨界等；而所谓混搭，就是人们在传播要素、市场要素的使用和配置上产生了一系列跨界之下的令人耳目一新和颇具想象空间的种种组合模式。

这是中国传媒业自 2004 年经历“拐点”之后最为令人振奋的一种发展业态。“拐点”，意味着旧的发展模式的终结，新的发展逻辑的开始。但这种新的发展逻辑究竟为何我们曾在迷茫和错综复杂的发展格局中探索了很长时间。跨界，首先是指导我们在发展的观念上进行突破和改变；混搭，则是围绕传媒发展“问题单”解决方案的种种创新。跨界和混搭，需要有打破传统思维与模式的想象力，以及包容“异质”的勇气和胸怀。

研究表明，媒介平台上任何一种新资源、新要素的引入，并不仅仅是其原有价值和市场逻辑的简单延伸，如果我们结构构造得当，资源整合恰切，就可以造就 1+1>2 的价值倍增效应。其价值主要可以表现为以下两方面。

第一，激活原有的"沉默价值"，形成范围经济的服务格局。

品牌、渠道、客户资源，原本在传媒的单一化经营中都有其特定的单一化的角色与价值，其开发度和价值利用程度都是比较低的。新的市场要素和功能因素的引入，有助于实现相关要素的多重角色、多重使用，乃至其价值的多重开发，营造新的价值实现模式。

第二，拓宽原有的市场边界，谋取更大的市场版图。

每一类传媒其特定的市场位置、传播定位和产品类型所对应的市场对象和服务范围是有限的，而竞争使每一个传统领域内的市场竞争日益需要付出更大的成本和代价，如何开疆拓土便成为任何市场主体所追求的目标之一。在"混搭"模式之下，由于有了更多的服务产品、服务方式的搭配与组合，便造成了一种建立在产品核心竞争力基础上的市场"泛化"现象——人们有可能突破原有的市场边界去谋取更大的市场空间和市场服务，从而获得更大的市场回报和更为丰富的价值实现方式。

2. 信息节点、信息解读以及多元意见的平衡者和公共空间的建构者：传媒人角色重心和社会担当的四种转型

第一，从信息的终端采集者到构建在公民新闻运动基础上汇聚和整合信息的"信息节点"。

在今天，发布新闻已经不再是传媒工作者的"专利"了。在美国有研究数据显示，2009 年有接近 70% 的新闻的首发者不是专业的新闻媒体和媒体工作者，而是作为普通公民的"博客"、"播客"和"推特"们。并且有研究表明，这一"公民新闻"的浪潮还将进一步扩张自己的"领地"，使专业的新闻媒体在提供新闻方面的比例日渐收缩。一个不争的事实是，当新闻报道成为一种每一个人都可以自我的"通用技能"的时候，专业媒体所拥有的记者必然在发现事实方面处于"劣势"——他们在接近事实的便捷性方面远远不及"无处不在"的普通公民。

面对这样的发展态势，从表面上看，公民新闻运动"挤占"了传统意义上属于专业媒介人的固有领地，这对于传媒人而言似乎是一件"坏事"。但如果从积极和正面的意义上去理解，我们不难看到这其实是重新架构新的新闻和内容采集模式的一个巨大机遇。试想，如果我们能够采用某种激励和聚合机制，充分利

用公民新闻运动所具有的内容采集的巨大潜能，使每一个专业新闻工作者都能够联系和聚合成百上千工作在一线的社会成员，令他们有消息愿意在第一时间上传给媒介机构，并且媒介机构有任何采访、核查某一资讯的请求也能够积极为其响应。这样无疑会极大地提升媒介机构的新闻采集能力和时效反应能力，使内容更丰富、更准确、更完整，而内容采集的成本则更低。

第二，从立足于信息的发布权到立足于信息的解释权。

首先，在公民新闻运动的大背景下，简单地拥有信息已经不再是影响力产生的主要源泉，而汇聚、整合和解释信息才是影响力构建的关键。一方面，信息过载与渠道泛滥使信息的优化选择及“聚合—提纯”的价值日益凸显；另一方面，非专业的新闻报道者的一个通常的缺陷就是注重那些具有“表面显著性”特征的事实，而对于某些重要的，但不具备“表面显著性”特征的事实则往往弃之不顾，这便造成了新闻“还原”真相时的某种关键性缺失。此外，在信息超载时代，人们未来将可能多地把握世界的丰富性，但却不得不以牺牲深度为代价，浅尝辄止、望文生义，“有主张、无论据”便成为大众信息消费当中的“常规性”认知现象。以汶川地震中那张曾经感动了千百万网民的“背妻男”的照片为例，人们其实完全不了解这个男人除那张照片所记录的情境以外的任何信息，却仅凭“一瞥式”的认知方式，便望文生义地、凭着自己的想象被感动了。因此，补充人们不对称的社会认知中的关键论据性信息，便成为媒体的一种责任和价值。

其次，公民新闻运动中所呈现的信息通常是以片段性的事实、彼此割裂的状态传播着的。构成真相的各个片段之间缺少一个有机的结构把它们缀接在一起，形成一种展现事实真相的客观逻辑——这一逻辑的给予，事实上就是对于解释权的一种争夺。给人们一种观察社会的框架、把握事务的逻辑、判别是非的标准，这便是希望传播中价值营造的“第二做点”。而这恰恰是公民新闻运动背景下专业媒体社会角色扮演的关键性责任。

第三，从意见的表达者到意见的平衡者。

传媒常常被赋予“代言者”的角色。在 Web 2.0 时代，媒介的“代言者”角色将逐渐弱化，而意见平衡者的角色将日渐凸显。今天的社会是一个多元的社会，众声喧哗符合我们这个社会发展的时代特点。我们的社会已经不是建立在零和博弈利益基础之上的社会了，“一荣俱荣，一损俱损”，牵一发而动全身，已

经成为一个基本的社会现实。毫无疑问，任何一个规模化的社会群体的利益和主张都不能被系统地忽略，否则，社会必将为此付出沉重的代价。因此，媒体和媒体工作者作为传播领域的守望者，其最重要的任务和角色就是致力于各种社会利益、社会主张，在一种相对的平衡当中获得自身的必要空间，只有这样，社会这条大船才不至于倾覆。因此，媒体的专业责任就是实现社会表达的意见平衡、关系平衡，甚至情绪平衡——“当社会笑的时候，不要让大家笑出狂妄；当社会哭的时候，不要让大家哭出沮丧”。

第四，从“社会守望”者到“社会对话”的组织者，构建社会彼此沟通的公共空间。

圈子与社群的崛起是一种文明的进步，它在全球化时代的趋同潮流下为个性的成长、异端的生存提供了很好的保护。在圈子里，人们可以互相取暖、彼此支撑，发展个性、固化差异。而差异和异端是人类生生不息、发展进化的最重要基因。

但一个个社群和圈子的形成，也使社会成员日益成为彼此割裂的碎片化“孤岛”，这便蕴涵着一种产生社会隔阂、社会偏见和社会冲突的政治风险。人们的圈子化生存有可能造就一种“井底之蛙”式的世界观、方法论。而当人们用这种世界观、方法论来观察社会、判断社会并进而参与社会的时候，巨大的社会危机或许就会不期而至。因此，在此情势下，传媒和传媒人的一个重要社会角色的担当，便是为各种彼此割裂的社群和圈子营造出一个让他们彼此对视、对话和沟通的社会公共平台，为各种社群和圈子之间客观存在的问题和冲突提供公共议题，并建立彼此博弈和沟通对话的游戏规则。

毫无疑问，要成为社会公共空间的构建者、社会对话的组织者以及平台规则的制定者、维护者，传媒的表达方式一定要感性化、形象化和互动化。今天，我们这个社会并不缺少有价值的媒介，但却缺少有魅力的媒介，而媒介魅力的产生，一定源自于对时代因素的吸聚和对受众权益（主要表现为受众之于媒介的三种权利：选择权、接近权和参与权）的尊重。

中国报纸产业发展报告

China's Newspaper Industry Development Report

报纸产业地图

信息源
生产制作
发行流通
读者
新闻社
记者
特派员
通讯员
摄影记者
特约记者
信息源（事件、记者报道等）
二次信息源（其他媒体转载等）
外部
海外通讯社、图片社、共同通讯社等
读者
通讯社
自由撰稿人
取材
整理
审校
经营
广告审查
写稿
编辑/整理
原稿输入/图片输入
广告代理公司
广告客户
数字报纸
排版组稿
广告设计公司
广告制作公司
照排制版
新闻纸生产商
油墨生产商
网络报纸
手机报纸
数据库
CD/DVD-ROM
印刷
印刷机械生产商
邮局
发行公司
夹页广告代理公司
广告客户
物流增值服务
入户投递
报摊
连锁店
数字用户
订阅用户
零售用户
调查公司

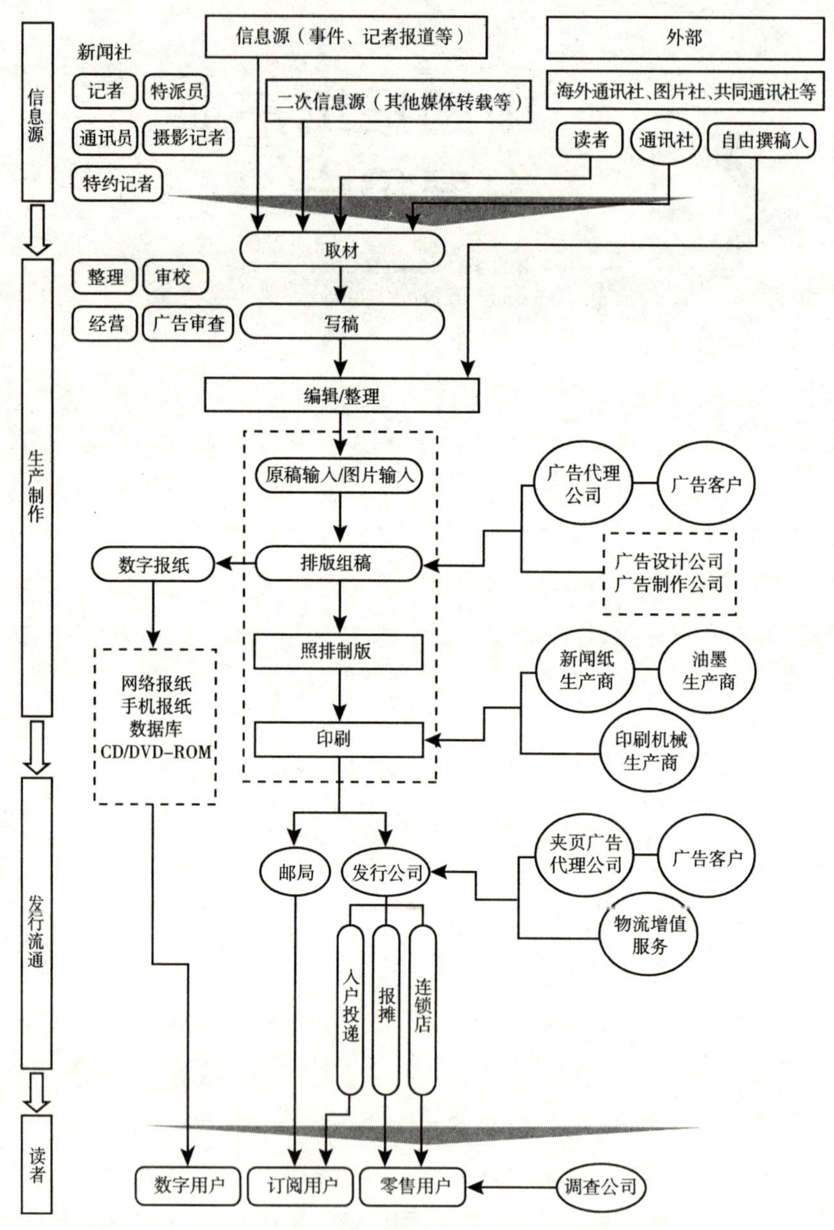

B.3
中国报业发展概况

崔保国　任姣洁*

2010 年，中国报业最值得注目的事情是报业广告出现了近年来难得一见的高增长，各种数据显示报业广告增长率接近 19%，甚至超过电视广告收入和整体广告市场的增长率。虽然报业广告市场还处于全球金融危机后的恢复性增长，但其发展仍令人不可思议。同时，新媒体的异军突起，尤其是微博、智能手机、平板电脑、阅读终端等的出现，在大大拓展新闻的传播形式与时效的同时也给中国报业发展带来了巨大的挑战，可以预见，这种挑战将会成为一种长期威胁。

2010 年是中国报刊体制深化改革的一年，中国报业内部的产业规模与竞争格局仍然维持相对稳定的状态，但报业在应对新媒体冲击时作出的一系列应对举措，为报业未来发展注入了新的活力。

一　2010 年中国报业的产业规模

2010 年，中国报业广告市场赢得了近年来难得一见的高增长，且出现了报业广告跑赢整体广告市场的现象。CTR 提供的数据显示，2010 年报纸广告刊登额增长率为 18.9%，显著高于 2009 年同期的 6.2%，也高于同期广告市场整体和电视广告的增长率。如此高的报业广告增长是始料未及的，表明报业广告市场已基本摆脱了金融危机的影响。当然，2010 年全国各区域的报业市场发展也不平衡，南方城市普遍较好，北京等北方城市的情况并不乐观。

在新媒体带来的竞争日益激烈的今天，上述增长态势对中国报业而言相当可观。但是仔细分析每月情况发现，前四月增长显著，使上半年增长率达 21.9%。

---

* 崔保国，清华大学新闻与传播学院副院长、教授、博导；任姣洁，清华大学新闻与传播学院硕士研究生。

但从5月开始增长速度减缓，只有11月、12月恢复到20%的水平。由此可见，2010年上半年的高增长率是基于2009年同期受全球金融危机影响导致基数较低的恢复性增长，而第四季度的增长得益于房地产、零售业的拉动作用。（见图1）。随着房地产广告在广告市场的低迷及汽车广告、医疗保健广告的增长趋缓，2011年报业广告的增长态势不容乐观。

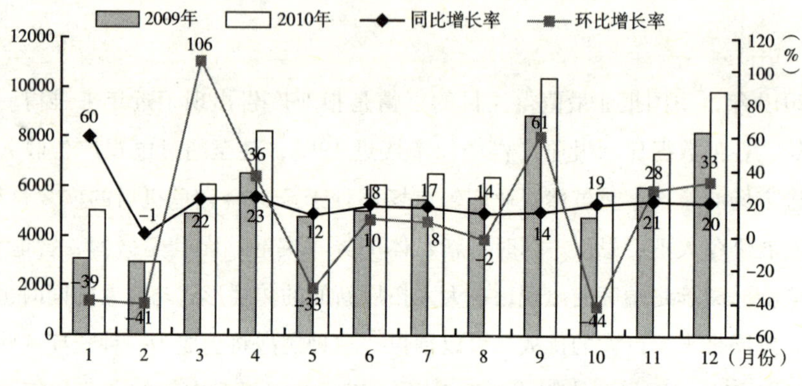

图1　2010年中国报纸广告增长率变动趋势图

资料来源：CTR市场研究媒介智讯。

在报纸广告领域，房地产业、汽车业和商业零售业是其中的支柱行业，CTR的数据显示，在2010年报纸广告收入中，这三大行业所占比重达54.4%，前六个行业的集中度达69%，而2009年的数据分别为53.2%和68.3%。① 2010年对报纸广告贡献最大的是零售业，同比广告增长32.9%，贡献率达27.5%；其次是汽车行业，同比广告增长38.8%，贡献率达20%。究其原因，全球金融危机后的行业复苏与规模发展带来了这两个行业的高增长，使其成为报业广告的主要贡献者。而作为报纸第一大广告支柱的房地产行业，由于受到2010年国家出台的房地产宏观调控政策影响，其广告在2010年只增长了7.7%，对报业广告的贡献率也只有12.6%。此外，娱乐及休闲、医疗保健、家用电器也是2010年报纸广告的主要贡献者，但其贡献率远低于2009年的水平（见图2）。

在报纸发行领域，据世界报业与新闻工作者协会2010年8月在巴黎发布的

① 姚林：《2010年中国报业广告市场回顾》（作者为央视市场研究股份有限公司整合营销部总经理）

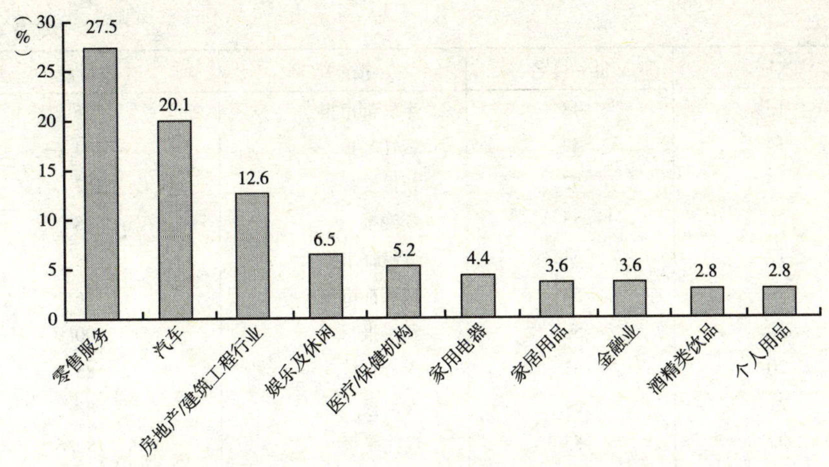

图 2　2010 年 1～10 月报纸广告主要行业贡献率

资料来源：CTR 市场研究媒介智讯。

信息，“2010 年全球日报发行量前 100 名排行榜”中，中国 26 家报纸（其中大陆 25 家、台湾 1 家）进入百强行列（见表 1），连续第五年占据榜单的 1/4 强（见图 3），在世界付费日报前百名排行榜中仍处于第一的位置。

表 1　2010 年世界付费日报发行量前 100 名中的中国报纸

单位：万份

次序	世界排名	报　纸	发行量
1	6	参考消息	325.4
2	10	人民日报	252.3
3	20	广州日报	185
4	22	扬子晚报	173.8
5	25	齐鲁晚报	166.8
6	27	信息时报	157
7	30	南方都市报	140
8	32	环球时报	135
9	41	金陵晚报	120
10	44	华西都市报	115.4
11	46	羊城晚报	108
12	47	都市快报	105

续表 1

次序	世界排名	报　纸	发行量
13	48	半岛都市报	105
14	49	钱江晚报	104.6
15	52	新民晚报	102
16	53	今晚报	98
17	54	燕赵都市报	98
18	55	楚天都市都	96
19	59	新快报	90.9
20	63	南方日报	85
21	64	大河报	83
22	65	辽沈晚报	82.6
23	73	现代快报	78.9
24	76	北京晚报	78
25	81	自由时报(台湾)	71.4
26	98	京华时报	63

资料来源：世界报业与新闻工作者协会2010年8月16日巴黎发布，陈中原翻译。

图 3　2003～2010 年世界日报发行量前 100 名中的中国报纸数量

在报纸零售领域，世纪华文对全国 42 个大中小型城市的报纸发行监测数据显示，2010 年中国报纸零售发行市场中，都市综合类日报仍然高居榜首，市场份额达到 64.7%，同比高出 4.5 个百分点。生活服务类报纸的市场份额从 2009 年的第三位上升至 2010 年的第二位，同比增长 3.3 个百分点。时政类报纸市场份额同比降低了 5.2 个百分点，从第二位跌至第三位。此外，财经类报纸与 IT 类报纸 2010 年的市场份额均有所下降（见图 4）。

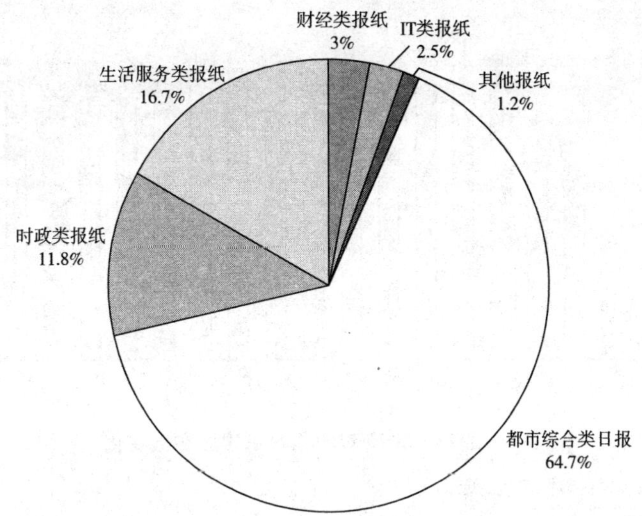

图4　2010年全国主要类别报纸零售发行市场份额对比

资料来源：世纪华文报刊发行监测调研。

二　中国报业的产业规模

根据新闻出版总署公布的统计数据，2009年我国报纸定价总金额为351.7亿元，报纸出版（包括相关广告业务）总产出为646.0亿元，实现增加值280.4亿元，营业收入627.6亿元，利润（结余）总额70.4亿元。

在报纸出版领域，2009年我国共出版报纸1937种，均低于2006、2007、2008年三年的数量，同比下降0.31%（见图5）。

虽然新闻出版总署还未公布2010年中国报纸出版种数数据，但有一个值得注意的信息：2010年4月全国报刊退出机制试点经验交流会在辽宁举行，会议的重点是在全国启动报刊退出机制。2010年7月，新闻出版总署印发了《报刊出版综合质量评估实施办法（试行）》，要求报刊每三年实行一次末位淘汰，退出比例不低于本区域（省区市）报刊总数的3%。由此可以预见，2010年及以后我国报纸出版种数将继续保持下降的趋势。

在报纸出版结构方面，2009年与2008年的情况基本相当，并未发生太大变化（见图6）。

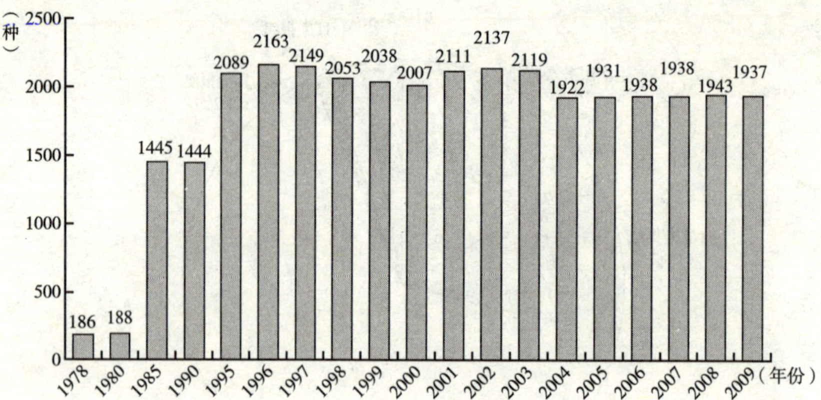

图5　1978～2009 年中国报纸出版种数变化

资料来源：新闻出版总署。

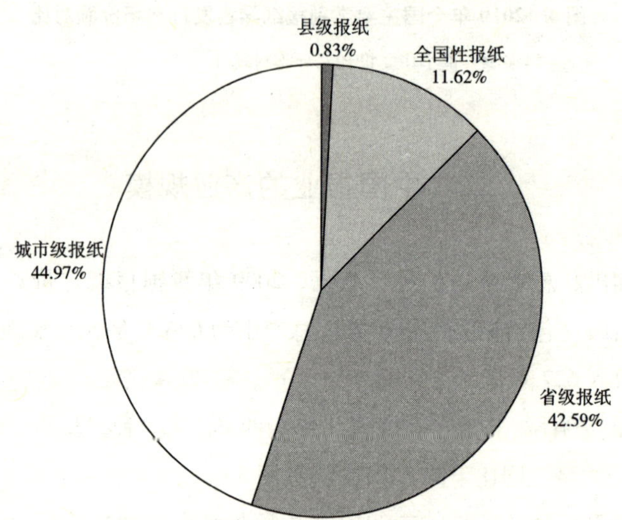

图6　2009 年中国报纸出版种数比例结构

资料来源：新闻出版总署。

在报纸印数方面，2009 年报纸平均期印数 20837.15 万份，报纸出版总印数为 439.11 亿份，总印张增加到 1969.4 亿印张。报纸总印数相比 2008 年有所减少（见图 7）。虽然目前还无法获得 2010 年报纸印数、出版结构等数据，但 2009 年下半年，国内新闻纸主导价格为 3950 元/吨，2010 年一季度上调为 4400 元/吨，而从 4 月开始，市场价格已分批分区域上涨至 4700 元，有些甚至已上调至

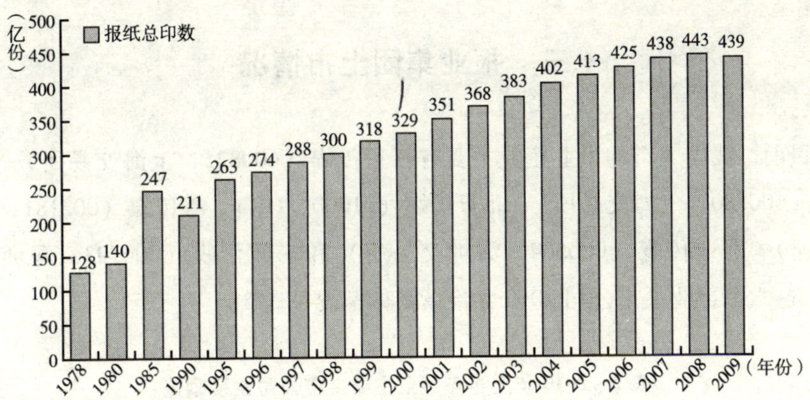

图7　1978～2009 年中国报纸总印数变化

资料来源：新闻出版总署。

5000 元/吨，这必将使得各家报社的成本支出明显上升。从正常发展趋势来看，2010 年的报纸印数也将会受新闻纸价格及行业政策等因素影响而减少。

在报纸分布领域，2009 年省级报纸虽然在出版种数方面略低于地市级报纸，但报纸总印数仍占全国的 54%，依然稳坐全国报业第一的位置。地市级报纸出版种数位居第一，占全国的 44.97%，但是报纸总印数较低，占全国的 31.16%。排在其后的是全国性报纸，出版种数为 225 种，总印数为 63.86 亿份（见图 8）。

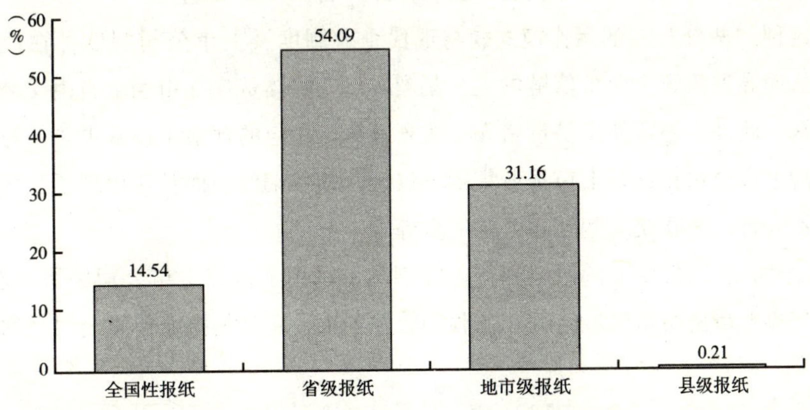

图8　2009 年中国报纸总印数比例结构

资料来源：新闻出版总署。

三　报业集团上市情况

目前，我国上市的报业企业主要有新华传媒（600825，上海交易所）、博瑞传播（600880，上海交易所）、北青传媒（01000，HK）、粤传媒（002181，深圳交易所）、赛迪传媒（000504，深圳交易所）和华闻传媒（000793，深圳交易所）。这六家报业上市公司2010年经营具体情况见表2。

表2　2010年上半年报业主要上市公司业绩概览

项　　目	赛迪传媒	博瑞传播	北青传媒	新华传媒	华闻传媒	粤传媒
营业收入(万元)	10924	54543	35180	98840	150357	16000
营业收入同比增长(%)	79.10	39.70	-6.80	-8.10	45.70	-11.80
净利润(万元)	-755	15742	3688	8926	9396	830
销售净利率(%)	-6.91	28.86	10.48	9.03	6.25	5.19
基本每股收益(元)	-0.02423	0.26	0.1869	0.103	0.0691	0.0237

从表2可以看出，报业主要上市公司的营业收入并不高，利润率也不乐观。

我国上市的报业集团采取将公司的经营资产剥离上市的方式，为确保国家意识形态的安全，采编业务——新闻内容并不允许作为资本交易的对象。而对传媒业而言，内容产业才是其核心价值之所在。将核心部分切分后，“把它们叫做报业公司，不如把它们称呼为拥有平面媒体的广告公司更准确些”①。

这种“两分开”的运作模式，与现代企业制度及上市公司制度存在很多差异，从而导致传媒企业价值链的人为割裂，以及媒体资产在市场上自由交易的制度欠缺。此外，还致使交易价格无法明晰计算，相应的评估手段缺失等。与其他行业的上市公司相比，上市报业集团不仅经营绩效偏低，而且还出现了公司治理结构不完善、关联交易问题频繁等诸多弊端。

此外，我国传媒业的区域和行业分割严重制约了传媒上市公司的快速发展，使得传媒上市公司跨区域跨行业的收购兼并困难，尤其是报业传媒公司受到的制约最大。

① 陈宁远：《中国报业上市难逾红线》，英国《金融时报》中文网，http：//www.ftchinese.com/story/001034226？page =1。

新华传媒在2010年上半年营业收入同比下降8.1%，净利润同比下降11.2%，报纸发行广告业务收入下降12.2%，毛利率下降1%，公司营业利润同比下降19%，公司业绩下降幅度为11%。赛迪传媒境内上市连续三年出现亏损，已沦为*ST股。相比而言，营业收入同比增长较高的华闻传媒，采用的是多元化经营发展策略；博瑞传媒的经营领域不仅涉及报刊，还涉足广电和网络游戏领域。可以看出，报业上市公司为了快速成长，已开始努力拓展成长空间，朝着多元化经营方向发展。

四　报业的数字化转型

报业数字化转型是各大报纸的经营主题。随着手机微博等网络新媒体展现出越发强劲的传播态势，报纸等传统媒体开始借助网络等新媒体力量为未来发展谋篇布局，以此拓展自己的成长空间。

2010年，报网融合态势得到进一步加强，很多报纸开始迈出实质性的步伐。

7月，羊城晚报报业集团推出了网络版《羊城晚报》。与电子版的最大区别是，网络版是即时更新的，主要发布羊城晚报记者采写的尚未见报的动态消息。

10月，《齐鲁晚报》表示，《齐鲁晚报》将借鉴新的传播方式，做自己的网站，尝试全媒体。

《扬子晚报》在2009年6月率先推出了“扬子招考飞信”，以移动飞信的免费短信方式，向考生和家长第一时间发布录取分数线、各校投档线、平行志愿的征求等重要信息，订户突破了10万人。

文汇新民联合报业集团对集团旗下18家媒体的新闻信息资源进行了统一整合，建立了集文字、图像、音视频为一体的立体传播体系，传播终端包括个人电脑、手机、电子阅读器、户外传媒、电信呼叫等形式。

浙江日报报业集团2009年9月组建了主营户外LED电子显示屏的浙江竞合传媒有限公司。截至目前，浙江竞合传媒有限公司投入运营的LED总屏数达26块。

黑龙江日报报业集团于2010年5月31日启动报业多通道跨地域新闻制作共享平台。作为生活报传媒集团地方版，齐齐哈尔等八家地市报社和有关晚报加入该平台。通过即时、互动的传输功能，打破各报社的信息壁垒，实现信息资源共

享，降低了各报的采编成本，实现了新闻“一次制作、多次传播”。

此外，以解放日报报业集团为代表的报业单位专门针对 iPhone，开发了在线新闻应用，取名为“解放新新闻”；湖北日报传媒集团与汉王合作力推数字阅读；《人民日报》、《中国日报》、《南方周末》、《新京报》等针对苹果公司发布的平板电脑 iPad，开发了客户端阅读软件，使用户能更加方便及时地获取新闻信息。

2010 年，随着 3D 电影《阿凡达》的热映，通过图片呈现立体效果的 3D 报纸开始出现。继比利时《最后一点钟报》推出了世界上第一份 3D 报纸后，我国《十堰晚报》、《齐鲁晚报》、《南方都市报》等也相继推出 3D 报刊，掀起了 2010 年出版 3D 报纸的浪潮。

中国广告协会报刊委员会主任梁勤俭认为，3D 报刊的特点是有内容、有广告、有创意、有突破，传递给受众的信息也比平面媒体更立体、更直观、更丰富。正是这种新颖的视觉感官体验和立体的表现效果，使得读者不再单凭自己的好恶蜻蜓点水似地翻阅报纸，而是主动去品味，阅读时间延长，从而提升了新闻与广告的传播效果。

当然，3D 报刊的推出，带来了报纸制作成本的上涨，比如眼镜费用、纸张费用、技术研发成本等。而且 3D 图片的制作时间较长，会延误报纸新闻的时效性，暂时还很难满足日报的图片需求。此外，读者阅读 3D 报纸时需要佩戴眼镜很不方便舒适，3D 报纸在发行等方面也存在一些困难。因此，3D 报纸是否会成为报业未来发展的新方向，还有待时间和市场的考验。

五　展望中国报业的 2011

2011 年报业发展的趋势取决于以下几个关键因素：一是宏观经济的发展趋势；二是报业改革的进程时间表；三是报业广告的重点行业的景气情况；四是新媒体的增长情况和报业数字化转型的进程。对于不同区域来说，还取决于区域和城市的广告趋势以及报纸、电视与新媒体的竞争态势。

2011 年是“十二五”的第一年，中央已经发布了关于制定“十二五”规划的建议。中央正式提出把文化产业作为国民支柱产业来发展，这对报业来说应该是利好消息。因此，“十二五”期间传媒业将会进入一个快速发展的时期。

关于报业改革的进程，新闻出版总署主管报刊的副署长李东东在考察天津新闻出版情况时强调："作为文化体制改革的重要组成部分，新闻出版体制改革一直走在文化体制改革的前列。现在，出版社改革即将完成，报刊改革进展顺利，目前全国已有1069家报刊出版单位转制或登记为企业法人单位。下一步要通过进一步深化报刊改革，推动报刊结构调整，治散治滥，优化资源配置，转变发展模式，实现集团化、集约化发展。"李东东还说，在指导非时政类报刊转企改制过程中，要积极推进中央和省级党报党刊所属报刊、党政机关所属报刊、企业主办和参与主办的报刊等先行改革；时政类报刊则要继续推进宣传、经营业务"两分开"。①

2011年1月11日，在北京召开的全国新闻出版工作会议上，新闻出版总署署长柳斌杰表示："要深入推进报刊出版单位分类改革工作。除党报党刊等时政类报刊出版单位按照事业单位的部署进行改革以外，其他具有独立法人资格的非时政类报刊出版单位，一律在2012年上半年前完成或基本完成转企改制任务。同时，要加快推动完成转制后的出版单位深化改革。已完成转制的新闻出版企业要及时完善法人治理结构，建立现代企业制度，有条件的要进行公司制或股份制改造。打造一批世界知名的国家级骨干出版传媒企业、印刷复制企业和发行物流集团，加快新闻出版资源向优势企业集聚，建设国家出版传媒主力'舰队'。"②

从宏观形势看，经济发展的增长趋势还会继续保持。在维持稳定的大主题下，新闻报刊业的改革进程不可期待进程太快。而新媒体的快速发展、传媒环境的变化对报业的影响也是一个长期的过程，从近几年的状况看，这不会是一个激变的过程，而是一个渐变的过程。2011年这一过程仍将继续，报业目前处在一个相对稳定的时期，至少在3~5年内报业发展还不会出现急剧下滑的现象，但报业要保持2010年的高增长趋势也将会很艰难。

---

① 李东东：《推进报刊分类改革　提高报刊品牌影响力》，中央政府门户网站，http：//www.gov.cn/gzdt/2010-09/15/content_1703276.htm。

② 《我国新闻出版体制改革产业发展进入新阶段》，2011年1月12日《人民日报》，http：//paper.people.com.cn/rmrb/html/2011-01/12/nw.D110000renmrb_20110112_8-04.htm？div=-1。

B.4

2010年中国报业关键词

唐绪军　卓宏勇*

刚刚过去的2010年是一个重大事件、突发事件频发的年份。青海玉树强烈地震、甘肃舟曲特大山洪泥石流、上海世博会、广州亚运会……一桩桩一件件，考验着中国人民的意志、检验着中国人民的实力。在这一系列重大事件中，中国报业充分发挥了主流媒体的作用，牢牢把握正确的舆论导向，不断创新新闻报道形式，努力丰富新闻宣传内容，切实为党和国家的工作大局营造出了良好的舆论氛围。

2010年也是报业自身深化改革之年，党报党刊发行体制改革的进一步推进，非时政类报刊出版单位转企改制的工作加快了步伐，一批以产权为纽带的跨地区股份制传媒公司破土而出，众多报社在移动阅读终端、平板电脑、智能手机上拓展传播形式、试水新媒体，显现出了中国报业的勃勃生机。

本文以“关键词”的形式，盘点2010年中国报业有关经营管理的新进展。

关键词一　“转企改制”：报业正在过大关

2010年是出版体制改革的决胜之年，也是报刊体制改革全面启动之年。根据中央关于文化体制改革“区别对待、分类指导、循序渐进、逐步推开”的原则，2010年全国进一步深化党报党刊发行体制改革，非时政类报刊已有1200家完成转企改制工作，49家报业集团全部完成了采编、经营“两分开”，以发行、印刷、广告为主营业务组建起来的报业集团公司，大大提升了发行和经营能力。

* 唐绪军，中国社会科学院新闻与传播研究所副所长、教授、博导；卓宏勇，新闻出版总署新闻报刊司副处长。

对于报刊体制改革的评价及下一步的安排，新闻出版总署署长柳斌杰在2010 年 8 月 10 日、12 月 19 日两次接受新华社等中央媒体记者专访时表示：报刊体制改革进展非常顺利。新闻出版总署已经基本制定了非时政类报刊转企改制的方案，并对全国 9000 多种非时政类报刊做了摸底、排队、分类，提出了改革的方案，下一步就会执行，但是报刊体制改革数量大，任务重，未来五年是新闻出版业深化改革、加快发展和产业格局调整与升级的关键时期。

据悉，2010 年相关部门已经研究制定了报刊出版单位分类改革实施方案，对中央和中央各部门各单位报刊出版单位进行分类，提出非时政类报刊出版单位分批进行转企改制的意见，明确中央和中央各部门各单位报刊出版单位分类改革的总体要求、分类原则、主要任务、实施步骤和时间安排、政策保障等。

在相关改革具体政策细化的过程中，部分报刊出版单位率先进行了改革。2010 年 2 月，文汇新民联合报业集团旗下的上海东方体育日报社整体转制为上海东体传媒有限公司。作为全国报业集团中首家自主要求转制的非时政类经营性报刊，东方体育日报社的转制具有开创性意义。2010 年 12 月，中国南航集团文化传媒股份有限公司成立。南航传媒完成股份制改造后，下一步将改制上市。如果南航传媒上市能够获得批准，将有望成为中国第一家报社整体上市的传媒股。

在传统媒体转企改制的同时，新媒体也在市场经济理念的指导下构建起了现代企业制度。2010 年 6 月 20 日，人民网股份有限公司正式挂牌成立，同日“人民搜索”测试版也正式上线。人民网股份有限公司是由人民日报社为控股股东的股份制新媒体公司。人民搜索（www. goso. cn）是人民网推出的以新闻内容为主的搜索引擎，由人民日报社和人民网合资组建的人民搜索网络股份公司负责运营。此举标志着人民网转企改制迈出了关键性的一步。

对于目前正在推进的报刊体制改革，业内专家表示，改革涉及面广、内容复杂，应该分类分步骤稳步推进。柳斌杰署长也曾表示，改革有近期目标和远期目标，近期目标是，2011 年底前要完成所有非时政类报刊的转企改制任务；远期目标是，努力实现“三大格局”，即形成一个以国有经济为主体、多种经济成分共同发展的新闻出版产业格局，形成以民族文化为主体、吸收世界先进文化的开放格局，构建技术先进、覆盖全面、传输快捷的传播体系。

关键词二 “退出机制”：让刊号资源流动起来

在刊号实行总量控制的政策前提下，如何解决“小、散、滥”的问题，一直是报刊主管部门努力破解的难题。2010 年新闻出版总署开始推行报刊质量评估和退出机制，试图从市场化退出的角度进行新的探索。2010 年 4 月全国报刊退出机制试点经验交流会在辽宁举行，宣布报刊退出工作在全国启动。

此前，新闻出版总署选定在辽宁、河北两省开展报刊评估和退出机制试点工作。当时辽宁和河北两省，共有 20 余家报刊社宣告了“死亡”，刊号也被收回。人员如何安置，资产如何清算，都是退出机制中棘手的问题。辽宁省委宣传部、省新闻出版局联合财政、人保、编办三部门出台了保障性措施，辽宁省委省政府相关领导在重要阶段、重要问题上都亲自出面，直接调度，从而保证了退出试点的顺利进行。

经过试点并在业内充分征求意见，2010 年 7 月，新闻出版总署印发了《报刊出版综合质量评估实施办法（试行）》。《实施办法》明确了指标体系应用、规范了退出流程、制定了善后政策等关键性环节，其中业界比较关注的是，报刊将每 3 年实行一次末位淘汰，退出比例不低于本区域（省区市）报刊总数的 3%。新闻出版总署新闻报刊司负责人表示，“退出”不是完全停办，它有三种方式：一是报刊调整定位（包括调整业务范围、报纸改期刊）；二是由有实力的传媒集团或报刊企业兼并、重组或托管；三是报刊停办。

盘点 2009 年的报业时，“退出机制”也是我们选定的关键词之一，但那时候这项制度还仅限于试点。2010 年“退出机制”由试点变成了《实施办法》。2011 年，随着《报刊出版综合质量评估实施办法（试行）》正式实施，“只生不死”、“不生不死”的坚冰将被逐步打破，报刊市场退出常态化管理机制将初步建立。今后报刊领域刊号资源有望“流动起来”，实现资源的充分利用。

关键词三 “三跨战略”：以产权为纽带做大做强传媒业

2010 年，出于“转型升级”、做大做强的紧迫感，跨地区、跨媒体、跨行业的联合重组成为各报业集团加快由传统报业集团向现代传媒集团转型的主攻方向。

2010 年 1 月 28 日，云南日报报业集团和精品传媒集团跨区域强强联手，共同打造时尚生活周报《精品消费报》，丰富了云南的报业形态，拉开了昆明报业非同质化竞争的序幕。

5 月，陕西的西安、宝鸡、咸阳、渭南、铜川、商洛、天水 7 家地市级报社结成了新闻产业合作发展战略伙伴；黑龙江日报报业集团启动了报业多通道跨地域新闻制作共享平台，齐齐哈尔等 8 家地市报社和有关晚报作为生活报传媒集团地方版均加入了该平台。

6 月，浙江日报报业集团与求是杂志社签署协议，合作重组红旗出版社。

7 月，辽宁报业传媒集团与鞍山报业集团共同组建股份公司，合并经营原来鞍山报业市场上的两份都市类报纸《千山晚报》和《北方晨报》。

8 月，贵州日报报业集团与贵州省贵财投资有限责任公司签订战略合作协议，双方共同探讨媒体与资本运营的新思路、新方法、新途径。

9 月，合肥报业传媒集团与南方报业传媒集团合作，在安徽市场推出了《今报南都娱乐》。

10 月，大众报业集团与临沂日报报业集团合作，共同组建山东沂蒙晚报传媒有限公司，经营《沂蒙晚报》；组建山东鲁南商报传媒有限公司，经营《鲁南商报》；大众报业集团还整体收购临沂新闻大厦，组建山东临沂新闻大厦有限公司。

12 月，新疆首家文化体制改革试点单位——新疆大晨报股份公司隆重挂牌。该公司的 5 家发起人分别是隶属于新华社的中国广告联合总公司、深圳广播电影电视集团、隶属于烟台日报传媒集团的华夏传媒有限公司、桂林日报社和新疆都市消费晨报社有限公司。

12 月 29 日，河南日报报业集团与人民日报社所属证券时报社共同出资成立的期货日报传媒有限公司正式揭牌，这标志着河南新闻界跨区域合作迈出新步伐。《期货日报》创刊于 1994 年，目前是国内唯一一家全面反映全球期货市场发展动态的专业日报。

2010 年这一波的报业联合重组，更多的是以市场为导向、以产权为纽带，通过成立股份制公司的形式，在明晰责、权、利的基础上以达致互利共赢。

关键词四 “国际传播能力建设”：一场费时耗力的持久战

中国从2008年奥运会、2009年新疆“7·5”事件、2010年上海世博会等重大事件中充分认识到，如若没有强大的国际传播能力，向世界介绍一个真实的中国、营造对我有利的国际舆论环境是难以做到的。为此，根据中央统一的部署，新华社、人民日报、中国日报、中国国际广播电台等在内的中央主流媒体，都制定并在积极推进增强国际传播能力建设总体规划的实施方案，并且在2010年加快了推进的步伐，从而进一步提高舆论引导能力和国际传播能力。

2010年1月1日，由新华社主办的中国新华新闻电视网正式上星播出，第一步覆盖亚太地区和欧洲部分地区，这被认为是中国主流媒体增强国际传播能力建设的一个重大举措。

人民日报社从新媒体、新格局着眼，打通《人民日报》、《人民日报（海外版）》、人民网三家“人”字头的中央媒体，并以此为主体构建传统媒体与新兴媒体并举、官方声音与民间舆论呼应的国际一流媒体群。2010年《人民日报（海外版）》新增委内瑞拉《南美新侨报》、新西兰《太阳报》、南非《华人报》、马来西亚《亚洲时报》等5家合作伙伴，并与意大利天天电信公司达成合作，成功开办《人民日报（海外版）》意大利手机报。目前，已有20家海外华文媒体和人民日报海外版建立了合作伙伴关系。今后，人民日报海外版还将重点加大在南美和非洲地区拓展的工作力度。

3月1日，《中国日报》实施了创刊以来最大规模的改扩版，全面推出新版。12月3日《中国日报（欧洲版）》在英国伦敦创刊并在欧洲发行，这是中国在欧洲发行的首份国家级英文报纸。12月10日《中国日报（亚洲版）》在香港创刊，向印度尼西亚、马来西亚、泰国、新加坡、日本等国家和地区发行。12月17日，《中国日报（美国版）》在美国设立的第六个印点——休斯敦印点正式开印。该报总编辑朱灵表示，作为被外媒转引最多的中国报纸，《中国日报》将更加全面、客观地回应海内外受众关切，更好地向世界说明中国。

据悉，相关管理部门在2010年已着手制定“十二五”规划，未来几年中国在媒体建设方面的目标是争取在报刊、通讯社、广播电视和互联网等领域建成若干具有国际影响力的传媒集团，使新闻报道的原创率、首发率、落地率显著提高，在涉华事务等国际重要舆论竞争中逐步掌握话语权，构建覆盖广泛、信息丰富、技术先进的现代国际传播体系，形成与我国经济社会发展水平和国际地位相称的媒体国际传播能力。

关键词五 “版权保护”：纸媒一场艰难的战斗

在与新媒体的竞争中，原创新闻无疑是报业最核心的竞争力。由于目前网络媒体尚不具有独立采访报道的权利，转载就成为其传播新闻的主要手段，因而报社和网站之间关于著作权的纷争在所难免，且呈逐年快速上升的势头。鉴于目前我国著作权法没有保护新闻作品版权的明确规定，搭上时间、精力的纸媒往往难以获得诉讼预期。在这种背景下，2010 年新京报与浙江在线的版权官司就被业界视为向“潜规则”宣战的悲壮一役，引起全国报界的极大关注。

此案旷日持久，早在 2007 年，新京报社就指称浙江在线在未经授权的情况下长期大量转载《新京报》的作品，多次协商未果后诉至杭州中院。在进行了 5 次证据交换和庭审，更换了 4 任法官，历时 20 个月零 28 天后，杭州中院于 2010 年 3 月 29 日裁定，要求新京报将 7706 篇被不当转载的文章分案起诉。对此，新京报不能接受，遂向浙江省高院提起上诉。2010 年 7 月 2 日，浙江省高院终审裁决维持原裁定。7 月 19 日，新京报向最高人民法院递交了再审申请书，请求最高人民法院撤销浙江省高级人民法院的民事裁定书，要求最高人民法院提审或者指定异地再审。与此同时，新京报社还换了一种维权“思路”，于 2010 年 7 月 28 日向杭州中院提起共计 10 起侵权案件的诉讼，杭州中院已立案受理。目前新京报诉浙江在线一案仍没有最后终结。

新京报的维权之路走得异常艰难。据了解，在全国近 12000 家报刊中，转载摘编已发表文章而主动付酬的还不足 1/10，网站付酬的更是屈指可数。以《人民日报》为例，目前和人民网签订相关信息网络传播协议的网站约 400 家，而实际使用过《人民日报》新闻作品的网站则多达数千家，《人民日报》版权被网站侵犯的现象十分严重。正因为如此，全国众多媒体对新京报诉浙江在线案纷纷予以报道或声援。

不少报社期待在法律的硬碰硬之外，借助仲裁、调解或是相关协会、政府的帮助来保障纸媒的正当权益。有些报社建议相关管理部门研究制定报刊出版单位版权保护的行业规范，增强新闻媒体单位主动维权的意识和司法救济的能力，形成典型案例，改善新闻报道版权保护不力的局面。目前业内较为通行的做法是，纸媒和网络媒体之间基于各自的特点和需求，采用信息共享、资源互换甚至广告分成等方式进行合作。专家表示，这样的结盟是目前较为省时省力且双赢的解决办法，因为在缺乏媒体著作权集体管理的现有环境下，面对数量庞大的网络媒体，纸媒一对一的个体诉讼难以长久、根本地解决问题。

关键词六　“iPad 版”：报业数字化转型的新希望

2010 年 1 月 27 日，苹果公司发布了传闻已久的平板电脑 iPad，在传媒界激起了一阵强劲的 iPad 热潮。iPad 的技术定位介于智能手机和笔记本电脑之间，并且有效地解决了信息提供者的版权保护问题，为传统媒体的数字化转型搭建了一个新的发展平台。为此，iPad 一问世，传统媒体便对其趋之若鹜，纷纷开发了适用于 iPad 的应用软件。2010 年也因此被人称之为报业的 iPad 年。

9 月，《新京报》率先推出基于苹果系列终端的应用软件“新京报新闻”APP。通过该软件，用户可在第一时间获取《新京报》的消息和资讯。《人民日报》紧随其后，在苹果公司应用软件平台上发布了客户端软件，该软件具有支持原版报纸阅读、实时交互、往期收藏等功能。

11 月，《扬子晚报 iPad 版》正式发布，它按照阅读器的特点，对内容进行了全新编排，用户通过 iPad 进入扬子晚报网后，还可以在网络平台上实现评论、微博、报料、投票等全面互动。

12 月，“解放报业”iPad 应用程序推出更新版，其中不仅包含解放报系的 4 家报纸以及解放牛网精华内容、“新新闻”即时报道等，同时增加了往期阅读、版面导航、内容导航、预约下载等功能，极大地改善了用户体验。

据不完全统计，在苹果公司应用软件平台上发布了客户端软件的国内报纸还有《中国日报》、《环球时报》、《南方周末》、《新华日报》、《广州日报》、《南方都市报》、《重庆时报》、《上海证券报》、《现代快报》、《经济观察报》、《都市快报》、《潇湘晨报》、《华商报》、《成都商报》、《苏州日报》等。《北京青年报》

等一批报纸都计划在 2011 年上线 iPad 版电子报。目前，这些报纸都还是免费阅读的，属于跑马圈地性质。如何通过经营实现收益，还有待进一步探索。

关键词七 “3D 报纸”：平面媒体的新花样

2010 年 3 月 9 日，比利时《最后一点钟报》推出了世界上第一份 3D 报纸，让报纸上的图像站立了起来。这一新奇的技术引来模仿者无数，3D 报纸随即在世界范围内遍地开花。有人因此将 2010 年称为“3D 报纸元年”。

与世界联系日益紧密的中国报业，也随即赶起了 3D 的浪潮。4 月 16 日，湖北《十堰晚报》推出中国首份 3D 报纸；5 月 1 日，《齐鲁晚报》发行中国第一份 3D 号外《梦世博》；5 月 27 日，《南方都市报》推出 3D 特刊《原味 · 广州》；6 月 1 日，《安徽商报》推出中国第一份 3D 报纸广告；6 月 3 日，杭州日报报业集团旗下《每日商报》、《都市周报》同步推出 3D 报纸；6 月 8 日，《扬子晚报》推出 3D 世界杯号外《好望角风暴》；6 月 11 日，《东方早报》推出 7 个版面的《世博园 · 世界杯 3D 影像志》；7 月 7 日，《太原晚报》推出华北地区首份 3D 报；7 月 11 日，云南首份 3D 报纸《生活新报 · 3D 世界杯特刊》面世；7 月 13 日，重庆第一份 3D 报纸《重庆晚报 · 3D 世界杯号外》上市……这份名单还在不断地增加。

从实际效果来看，3D 报纸对于读者而言能够带来新颖的感官体验和立体的观赏效果；对于报社而言，报纸形态的创新带来了丰厚的广告收益，挖掘了广告市场的增量，扩大了报纸的品牌影响力。毕竟在平面报纸上很难玩出新花样，有了 3D 技术，报纸扎堆跟风也就在所难免。

关键词八 “报刊亭”：拆与建的困惑

长期以来，报刊亭在扩大报刊发行、方便市民购买阅读、营造城市文化氛围方面起到了重要作用。但是，伴随着诸多城市的老城区改造，报刊亭的存废也成了一个有争议的问题。2010 年表现得格外突出。

2010 年 5 月，重庆市主干道爱心亭报刊亭逐步拆除。

9 月，湖南郴州以占道和影响市容为由，拆除 430 余个报刊亭。

10 月，南京以影响市容等为由拆除书报亭。在媒体持续不断报道的舆论压力下，南京市有关部门表示将出台五条政策予以规范：将对占道经营的书报亭予以移位，而不是拆除，在总量不减少的前提下，空间布局作调整；在符合规划、不影响通行和公共资源允许的条件下，允许街巷设置书报亭；同时，书报亭不得超范围经营水果、香烟、饮料等；政府部门将为书报入室经营创造便利条件，并积极鼓励各种超市、零售商店进行书报经营。

11 月，河南郑州对全市报刊亭进行专项整治，规定未来的报刊亭将统一规划建设，并免费提供给使用者。据河南省委宣传部等6 部门联合下发的《关于加强全省邮政报刊亭建设管理工作的通知》要求，各有关部门不得将邮政报刊亭当做临时建设随意拆除。确需迁移的，要遵循先移后补的原则进行恢复重建。各级公安部门要利用邮政报刊亭设立 110 报警点，使新建的报刊亭具备报警功能。

北京市也宣布，3 年内对报刊亭全部更新换代，提供金融自助服务。届时，报刊亭除售卖各种报纸杂志外，还能为过往行人提供更加便捷的金融自助服务。

有专家指出，报刊亭的存废之所以成为一个问题，源于多个部门利益的博弈。同时，这也从一个侧面反映出我国报刊零售依赖报刊亭的弊端。西方发达国家的报刊零售均由社会化的专业公司承担，在便利店、超市、高速公路服务区等地方销售报刊，城市大街上设置的是无人看守的售报箱。我们应该借鉴这些做法，并且尝试利用新华书店系统配送期刊及报纸，利用自动售报机等新的途径发行报刊。

关键词九 “阅报栏”：打造党报文化产业新阵地

在报刊亭存废成为一个问题的同时，新型阅报栏的建设却在诸多城市如火如荼地展开。

2010 年 9 月中国报业协会发布了《打造党报文化产业新阵地——关于党报阅报栏纳入城市规划的调研报告》。报告称，党报阅报栏不仅是党报舆论宣传的新阵地，更是党报文化产业发展的新阵地。依托党报阅报栏进行适当的媒体运营，还能产生一定的经济效益。依托阅报栏党报新闻宣传的公益载体优势，可以创造性地实现党报宣传与广告经营的有机结合，通过市场经营，保证阅报栏的发展壮大，造就一个新的户外广告市场，拉长报业产业链，进一步壮大党报文化产业规模。

这里所说的党报阅报栏，指的是近年来新推出的一种集报纸阅读、视频浏览、网络查询、户外广告于一体的新型阅报栏，相当于一座多媒体信息港。目前全国已有29个省区市的300多个城市建立了1万多座这样的新型阅报栏。

2010年11月4日，全国50多家党报报业集团的代表齐聚古城长沙，召开第三届中国报业阅报栏户外媒体协作网大会，会议以“协作、创新、发展”为主题，共谋党报户外阅报栏的发展。与会代表联合签署了《2010长沙宣言》。该宣言呼吁政策支持：“在党报户外阅报栏的审批、建设中，不能仅仅将其作为户外广告媒体对待，应将其列入城市公共文化设施，给予政策上的大力支持，并在城市规划中赋予应有地位”，呼吁资金支持：“各级政府将党报阅报栏纳入到文化产业发展项目中，批出专门资金，用于支持各地党报阅报栏的建设与发展”，呼吁出台行业标准：“形成统一的材质、尺寸和技术参数，在全国范围内形成科学规范的市场运营体系，促进行业蓬勃发展”。

新闻出版总署在2010年也开展了全国各省、区、市城乡阅报栏（屏）建设经验调研，并起草加强全国城乡阅报栏（屏）建设工程立项方案。据了解，新闻报刊司在2011年将推动城乡阅报栏（屏）建设工程立项，拟选择试点地区，在城镇和乡镇车站、商场、广场等人流密集地点建设成阅报栏和电子阅报屏2万个，扩大党报等主流媒体的社会影响力，满足城乡群众的报纸基本阅读需求。

关键词十　“广告回暖”：衰退中的意外惊喜

自2005年报业出现“拐点”以来，报业广告经营额持续低迷，表现差强人意，或呈负增长，或保持一位数增长，而2010年的报业广告出现了近年来少有的两位数增长，这给报业带来了一个意外的惊喜。

根据CTR媒介智讯的数据，2010年1～10月，报纸广告刊登额比上年同期增长18.9%。而上年同期报纸广告仅增长6.2%。从数据来看，这是报纸广告近几年少有的高增长率。虽然还有11月和12月的数据没有统计出来，但2010年全年报纸广告呈现两位数增长的态势已成定局。

业内专家提醒，2010年报业广告的回暖只是一种恢复性增长，有政府投资拉动内需的效应在里面，全球经济尚未走出低谷，传统媒体与新媒体的竞争也将是长期的，报业切不可盲目乐观。

B.5

2010年中国报业广告市场回顾

姚 林*

回顾2010年的中国报业广告市场，增长是主旋律，尤其是达到了近几年不多见的较高增长率，令人欣慰。然而这毕竟是2009年全球金融危机后的恢复性增长，特别是前高后低的增长趋势也给我们带来一丝忧虑。传媒环境的变化，以及报业广告主要行业的景气趋势仍将影响着报业广告市场的未来。

一 2010中国报业广告趋势分析

在2009年的报告中，我们预计2010年报业广告会保持增长的趋势，但没有预计到报业广告会跑赢总体广告市场。根据CTR媒介智讯的数据，2010年报纸广告刊登额比上年同期增长18.9%，而去年同期报纸广告仅增长6.2%，从数据看，2010年报纸增长不但显著高于上年，而且超过了总体广告市场（13.0%）和电视（11.2%）的增长率，这是近几年少有的现象，表明报业广告市场已经基本摆脱了全球金融危机的影响。

虽然报业广告增长态势令人鼓舞，但我们不能因此而过于乐观，因为这其中包含着危机后的恢复性增长。从各月数据看，前四个月平均增长率都在20%以上，上半年增长21.9%，5月开始增长速度明显减缓，之后只在最后两个月达到20%。而2009年1~7月报纸广告是下降趋势，8月才开始增长（见图1）。对比2009年，可以看出2010年上半年超过20%的快速增长，是在上年金融危机最严重，当时报业广告处在谷底基础上的恢复性增长。

2010年第三季度报纸广告增速一度回落，但到第四季度，由于房地产、零

---

* 姚林，央视市场研究股份有限公司整合营销部总经理。

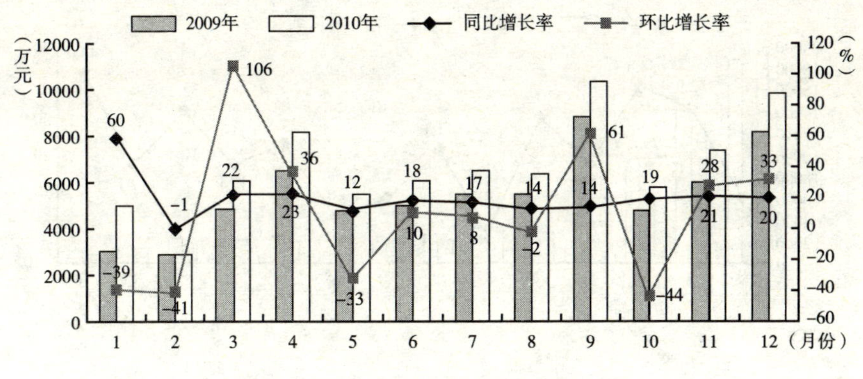

图 1　2010 年各月报纸广告增长趋势

资料来源：CTR 市场研究媒介智讯。

售业的拉动，增速又回到 20% 左右。虽然全年达到 18.9% 的增长，但房地产、汽车、医疗保健等主要行业的景气趋势还是给报纸广告市场带来不同程度的忧虑。

二　2010 年报业广告市场结构分析

如果对 2010 年报业广告市场的增长进行结构性分析，可以看出，2010 年的增长中包含着显著的不确定因素。这种不确定性源于宏观经济环境的发展变化，以及影响报纸广告的主要行业的景气和投放趋势的变化。

1. 报业广告资源结构发生变化

报纸广告趋势从根本上讲，源于报纸广告资源的变化趋势。报纸广告资源虽广泛，但起决定作用的是广告量排名前三名到前六名的行业。2009 年，房地产、商业零售业、汽车三个行业占了报纸广告的 53.2%，而 2010 年这个比例提高到 54.4%。同期，前六个行业的集中度也从 68.3% 略升到 69%，重点行业的关键影响再次提高。

从主要行业看，2010 年，房地产广告仅增长 7.7%，商业零售业增长 32.9%，汽车增长 38.8%。休闲及娱乐、家用电器、酒类等也都出现了大幅度增长，仅邮电通信出现下降。可以看出，大部分行业都出现了较好的增长趋势（见图 2）。

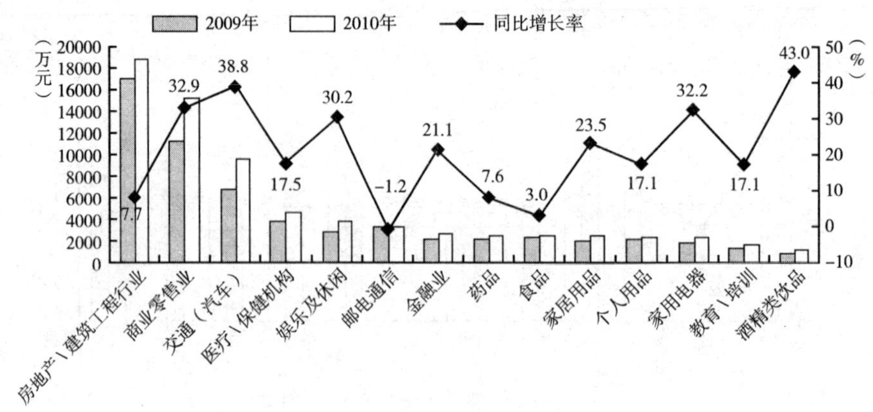

图 2　2010 年报纸主要行业广告增长趋势

资料来源：CTR 市场研究媒介智讯。

在 2010 年报纸广告 18.9% 的增长中，贡献最大的是商业零售业，对广告增长的贡献率达到 27.5%，大大超过上年 15% 的水平。其次是汽车行业，贡献率也达到 20%，而上年仅为 9%。这两个行业分别居于报纸广告的第二和第三位，巨大的规模和高增长使得这两个行业成为报业广告的主要拉动因素。但位居第一的房地产广告只增长了 7.7%，贡献率低于平均值。娱乐及休闲、医疗保健、家用电器在上年的贡献率分别是 23%、15% 和 12%，2010 年虽然也是主要的贡献行业，但贡献率都远远低于上年的水平。贡献率的变化使我们更清晰地看到了广告增长中的资源结构变化更加向前三个行业倾斜（见图 3）。

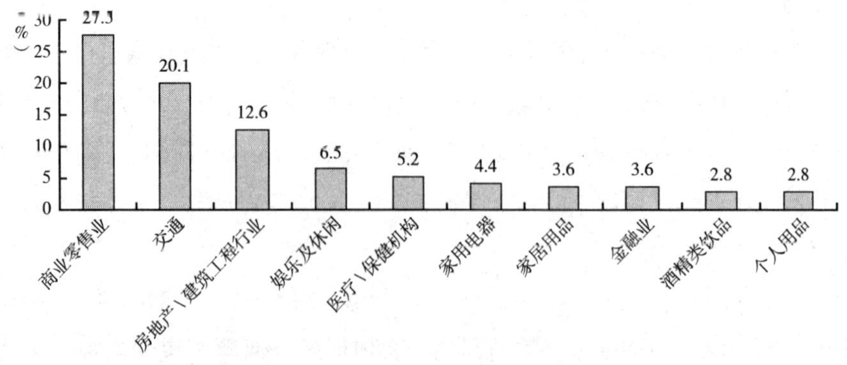

图 3　2010 年报纸广告主要行业贡献率

资料来源：CTR 市场研究媒介智讯。

2. 房地产广告受调控影响增长乏力

2010 年房地产行业最突出的特征莫过于国家前所未有的房地产宏观调控政策对市场的巨大影响。4 月 17 日，《国务院关于坚决遏制部分城市房价过快上涨的通知》颁布，拉开了房地产调控的大幕。半年多过去了，调控政策丝毫没有松动，僵持的市场虽然从量降价升开始向价格松动转化，但并没有发生人们期待的根本性转化。也许开发商与政府和消费者的博弈还要持续下去，但市场的萎缩已经对广告市场产生了明显的影响。

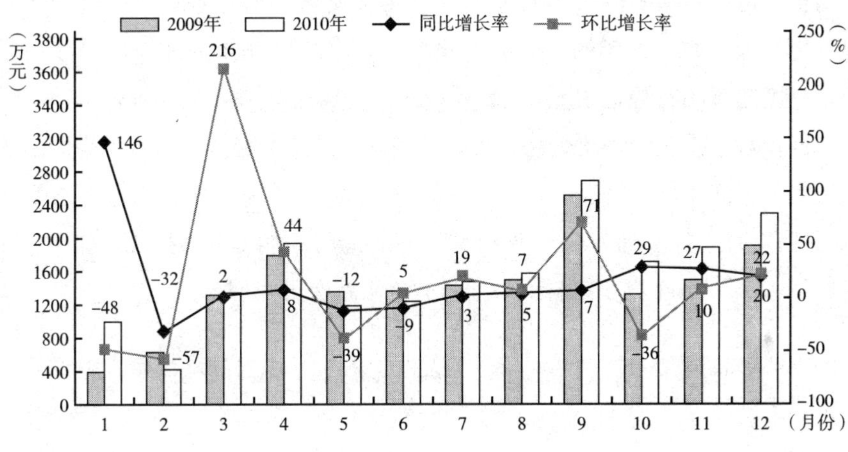

图 4　2010 年房地产行业广告变化趋势

资料来源：CTR 市场研究媒介智讯。

从图 4 可以看出，2010 年前 4 个月，房地产广告保持了较好的增长趋势，增长了 8%。虽然状况大大好于上年同期，但增长率还是低于报纸总体广告市场状况。5 月形势急转直下，环比下降 39%，同比下降 12%，6 月环比虽然略升 5%，但同比继续下降 9%。5 月和 6 月的下降使得上半年仅增长 1.6%。调控政策对广告的影响立竿见影。7 ~ 9 月房地产广告均在低位运行，值得注意的是"金九银十"两个月的变化，9 月同比增长 7%，而环比大增 71%，10 月环比下降 36%，而同比则大增 29%。后二个月环比、同比出现同步增长，11 月环比增长 10%，12 月增长 20%。这表明，房地产行业在国家调控政策的约束下，依然在顽强地与调控"拼搏"。广告投放的变化就反映了这种市场态势。

各种迹象表明，国家的调控政策不但不会松动，而且将转化为持续的措施。开发商与调控政策和消费者之间的博弈也不会停止。在这种态势下，房地产作为报纸的第一大广告行业，极有可能给报业广告带来不小的不确定性和困难。也许这种博弈会长期持续下去，但只要开发商希望卖房，广告总是必不可少的推广手段。

3. 汽车广告是增长的主要推动力之一

2010 年，中国汽车持续着上年的增长势头，汽车行业景气是决定广告趋势的关键因素。然而，值得注意的是，5 月以来，汽车销量增长有所减缓，这在 4 月以后的广告环比增长中已经有所表现。5 月环比下降了 23%，6～9 月环比恢复了增长，但一直在个位数的低位。10 月则又大降 24%，最后二个月增速有所恢复，但也远不如上半年的水平。由此可以看出，2010 年的汽车广告处在波动增长，逐渐趋缓的态势之中。

从同比看，汽车广告增长保持着与产销基本同步的趋势，但有前高后低的现象。上半年，汽车广告增长了 51%。但下半年增长速度明显放缓，特别是 9 月和 10 月两个月已经降到 28%（见图 5）。这种趋势不能不令人担忧。如果这种趋势持续下去，2011 年汽车广告大幅增长的势头就有可能回落。

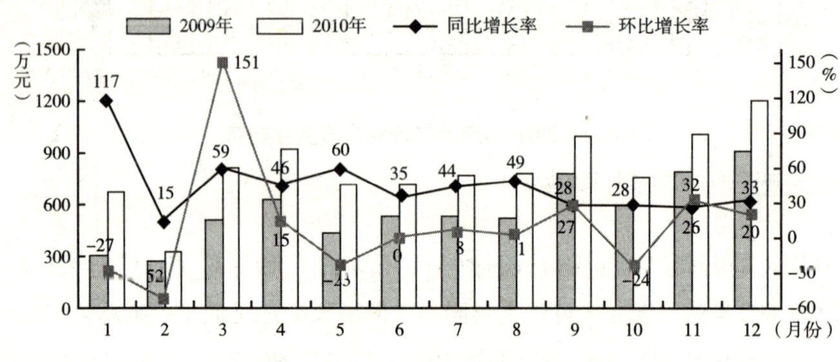

图 5　2010 年汽车广告投放趋势

资料来源：CTR 市场研究媒介智讯。

4. 医疗保健广告推力减弱

报纸广告的另一个支柱行业是医疗保健，2009 年在报业广告处境艰难的情况下，医疗保健广告大增 56%，对报纸广告起到了支撑作用。但 2010 年却没有了这种爆发式增长的动力，全年虽然增长了 17.5%，但与上年相比却相距甚远。

从各月数据看，医疗保健广告环比除 3 月大增外，其他月份都处在低增长或负增长的状态。同比虽是增长趋势，但下半年有明显的逐渐减缓趋势，尤其是12 月增速已经降到个位数（见图 6）。

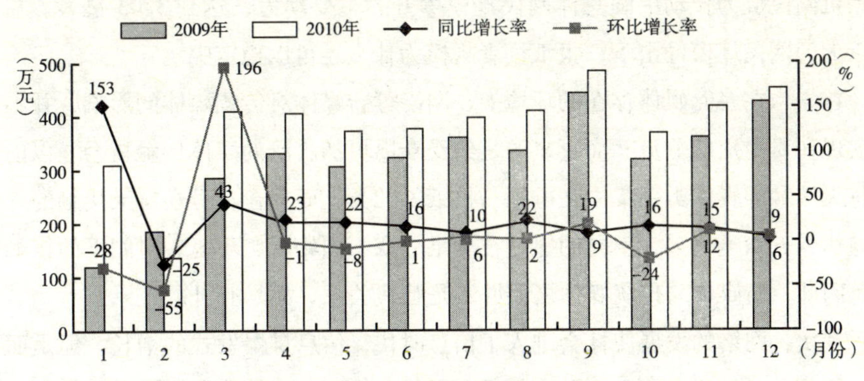

图 6　2010 年医疗保健机构广告增长趋势

资料来源：CTR 市场研究媒介智讯。

2010 年报业广告市场还有几个值得关注的行业。家电广告保持了上年大幅增长的趋势，增长 32.2%。酒类广告受世界杯的影响，大增 43%。娱乐及休闲类广告业增长 30.2%，这些都成为报纸广告的拉动因素。

从报纸广告主要行业的趋势看，虽然报纸广告渡过了最困难的时期，但房地产作为报纸广告第一行业的低迷，依然使不少报纸感到了压力，而汽车广告增长减缓则更给 2011 年增加了忧虑。

三　传媒环境变化对报业的影响分析

近几年，传媒环境的变化对传统媒体的冲击一直是一个现实的问题。新媒体对报纸的冲击首先源于对读者的分流，这种分流在 2007 年以前的几年里表现得尤为明显。但是，CTR 市场研究 CNRS 数据表明，自 2007 年以来报纸受众规模下降的趋势转变为稳定，2010 年读者规模依然处在稳定状态。

新媒体对报纸的又一个冲击源于对广告经营的影响。近几年报纸广告规模占广告总规模的比例呈下降趋势反映了这种影响确实存在。但是，报纸广告依然在顽强地增长，尤其是 2010 年的增长率甚至超过了电视和广告市场总体的增长。如何认识这种现象，对我们判断报纸的未来趋势有着重要的意义。

我们处在多元媒体共存的时代是不争的事实，受众的媒体接触习惯正在发生巨大的变化。截至2010年网民规模已经达到4.57亿人，普及率达到34.3%。其中手机网民成为拉动中国总体网民规模攀升的主要动力，达到3.03亿人。在如此巨大的网民规模冲击下，报纸读者规模为什么还可以稳定呢？

首先，在多元媒体存在的环境下，网络等新媒体对传统媒体的影响，并不仅仅表现在对受众的分流。而更多的是给受众以更加广泛的媒体接触机会。以前受众每天接触的媒体类别集中在电视、报纸等几类，而现在，受众每天接触的媒体普遍达到五六类之多，不同的媒体在满足受众不同场所、环境、时间下的接触需要。因此，新媒体与传统媒体之间并不是替代关系，而是互补的关系。

其次，网络的发展使社会进入了信息时代，信息量爆发式的增长。但是面对海量的信息、新闻、资讯，受众却感到困惑。找到有价值信息的难度增大，接近事实真相的要求增加。默多克曾经说："人们越是陷入信息沼泽，可能会转而只相信权威信息。"这实际上给了我们一个解释。在各类媒体当中，报纸无疑是受众心目中最权威的媒体。因此，在接触网络媒体的同时，看看报纸怎么说正在成为受众的媒体接触需要。

再次，读者规模的稳定无疑对报纸广告经营有利好的影响。众所周知，广告商最关注的是25~45岁的受众，因为这部分人的收入最高，消费力也最强。而这部分报纸读者的稳定趋势也比较明显，网络媒体还没有从根本上改变这部分群体接触报纸的习惯。但是，5年之后，当85后、90后进入消费主体时，报纸读者规模和广告经营极有可能会面临又一次新的冲击。

四　2011年报纸广告市场展望

2011年报业广告市场的走势取决于一下几个关键因素：一是宏观经济的趋势；二是报业广告重点行业的景气趋势；三是传媒环境变化对报业的影响程度。对于不同区域来说，除了以上三个因素，还取决于区域和城市的广告趋势以及报纸与电视的竞争态势。

2010年中国经济保持了稳定增长的趋势，GDP增长10.3%。为广告市场的发展奠定了坚实的基础。2011年是"十二五"的第一年，中央已经发布了关于制定"十二五"规划的建议。改善民生、城市化、节能减排是"十二五"期间

经济发展方式转变的三个突破口。这种转变对报业广告应该是利好消息，改善民生，提高居民收入水平和消费能力会促进消费市场的发展，也会促使广告市场的扩张；在城市化进程中，伴随着城市人口的扩张，报纸读者规模的稳定也有了基础；节能减排将带来大量产品的升级换代，推广和广告的必要也不言而喻。因此，“十二五”期间广告业极有可能进入一个快速发展的时期。

对于 2011 年的报业广告趋势来说，最重要的莫过于房地产、商业零售业和汽车等几个行业的景气状况。可以肯定地说，2011 年国家对房地产的调控力度不仅不会减弱，还有进一步加大力度的可能。2010 年 4 月以后房地产广告一直在低位徘徊，当市场发生变化后，广告会不会得到拉升？或是更加低迷？我们将拭目以待。

商业零售业广告近几年一直对报纸广告起着稳定器的作用。从经济发展方式转型和发展内需来看，商业零售业广告稳定器的作用将得到加强，可以预计在 2011 年商业零售业广告将是报纸广告增长的主要推动力之一。

汽车行业广告 2010 年前高后低，增速逐渐减缓的趋势，预示着 2011 年的汽车广告很难回到 2009 年下半年到 2010 年上半年的高涨状态。车市的景气将决定广告的景气，2011 年车市的“井喷”状态将不会再现，“井喷”时期超前消费所消耗的购买能量，将使市场将回归平稳。因此，2011 年的汽车广告很难再现大涨的局面，但依然会保持较高的增长率，不至于拖报业广告的后腿。

传媒环境的变化对报业广告的影响是一个长期的过程，从近几年的状况看，这将不会是一个激变的过程，而是一个渐变的过程。2011 年这一过程将继续发生作用，但如前所述，报业目前处在一个相对稳定的时期，至少在短期内报纸广告规模性流失的现象还不会出现。

综上所述，我们对 2011 年报业广告市场的判断是谨慎乐观，增长是基本趋势，但由于困难和不确定性依然很多，保持 2010 年的高增长趋势将会变得更加艰难。

B.6
2010年中国报纸发行市场分析

田 珂　蔡正鹏　崔江红*

近两年以来，在全球金融危机和新兴媒体的大力冲击下，全国各类报纸的发行市场遭遇了极大挑战，但就中国报业内部竞争环境和竞争格局来说，2010年整体维持相对稳定的发展环境。依据世纪华文对全国42个大中小型城市所作的发行监测调研数据，我们重点从发行视角对中国报业市场竞争现状及未来发展进行分析与预测。

世纪华文发行监测调研沿用SIS报刊研究体系和SRR研究系统，重点从主要类别报纸的零售发行、综合类报纸的零售及订阅发行（含家庭订阅和单位订阅）、读者研究三个方面，对中国报业市场的表现进行了深入研究与论述，报纸零售发行部分调查了北京、上海、广州、成都等42个全国大中小具有代表性的城市，调查覆盖了各个城市主要区域的报摊、邮亭、书店、便利店、超市等多个零售终端，调查实际走访了4000多个营业点；订阅调研调查了北京、上海、广州、深圳、南京、沈阳等城市，样本量分社区订阅、单位订阅，实际样本量超过30000个。

一　综述：主流媒体依然占据市场 综合类报纸市场优势突出

发行是报纸的生命线，报纸发行对报业管理经营、发展战略、传媒传播力、影响力和品牌塑造方面都具有十分重要的作用。报纸从内容上，主要分为综合类报纸、时政类报纸、生活服务类报纸、财经类报纸，IT类报纸等；从发行方式上，又分周报、日报两种方式。从2010年全国各类报纸市场整体发行状况来看，

---

* 田珂、蔡正鹏、崔江红，北京世纪华文国际传媒咨询有限公司。

我国报业随整体经济市场升温而出现回暖迹象，强者愈强、弱者愈弱的马太效应依然凸显，巩固一线城市、向更多二三线城市拓展成为发展趋势，并呈现出以下几个特点。

（一）综合类报纸、生活服务类报纸零售市场持续走强

2009～2010 年全国各类报纸零售市场份额变化对比图中（见图 1），我们看到，全国各城市综合类日报发行总量继续稳居各报之首，仍是主体；随着城市发展，人民生活水平的提升，生活服务类报纸的销量在不少城市呈上升趋势，市场份额排名第二位，与上年同期相比略有上升；时政类报纸主要有《参考消息》、《环球时报》等，不仅在全国范围发行，而且以日报形式发行，也是大众较为关注的一类报纸，排在第三位；财经类报纸、IT 类报纸和前几类报纸相比，内容上更具针对性和专业性，在发行排行榜上分别排名第四、第五位，尽管总体销量无法与综合类报纸相比，但同时也吸引着关注财经与 IT 行业动态的读者。读者订阅调查显示，报纸的读者具有很大程度上的交叉性；其余一些类别的报纸只占不足 2% 的市场份额。

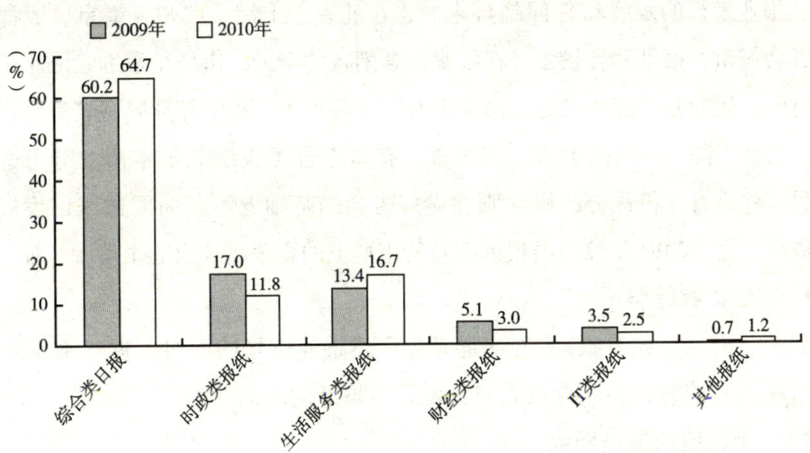

图 1　2009～2010 年上半年全国各类报纸零售市场份额变化对比

从报纸覆盖率、实销率对比角度来看，如 2010 年全国五大类报纸零售发行市场销售态势图（见图 2），当前综合类报纸、时政类报纸、生活服务类周报的覆盖率相对较高，都在 70% 以上，综合类报纸的市场覆盖率在各种报纸中排名

第一，财经类报纸、IT类报纸的覆盖率不到50%；从实销率对比来看，综合类日报、时政类报纸的实销率高达80%以上，生活服务类报纸、财经类报纸和IT类报纸的实销率多在50%～70%之间。

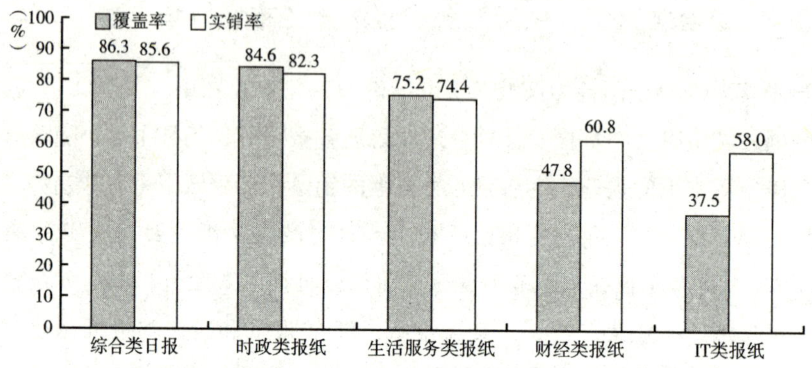

图2　2010年全国五大类报纸零售发行市场销售态势

（二）综合类报纸加大扩容趋势

从报业发行的发展和延伸趋势来看，在北京、上海、广州、南京、成都等一线、省会城市，报纸种类较多，在纸媒逐渐削减的今天，市场总量继续缩小，发展空间有限，假如某一媒体发力，销量上升，份额扩大，必定导致同城其他媒体销量减少，份额下降。纵观全国省、市报纸，有些综合类报纸立足本市，努力做大做强；另一些具有省级优势的媒体则在做好省会的基础上不断向周边城市发展、渗透。概而言之，2010年综合类报纸在发行市场上的竞争呈现出五个鲜明特征。

1. 不断扩容趋势

如广州的《广州日报》，在遥遥领先广州报业市场的同时，近年来在珠三角报业市场不断扩容，并一再拉大与其他几份报纸的距离。

2. 一个区域内覆盖面大

如成都的《华西都市报》在成都居于第二梯队的位置，但其发行覆盖的区域较大，不仅在成都发行，还在四川省内的多个城市，以及重庆均有销售。

3. 打造一小时都市圈

如南京的《扬子晚报》，在围绕南京周边一小时交通圈城市，如镇江、常州、无锡、扬州、安徽的马鞍山等城市大面积覆盖，再如《齐鲁晚报》除在济

南占有一席之地，还在烟台、东营等山东一些其他城市进行扩张。

4. 跨区域与周边城市的报纸进行优化合作

如沈阳的《辽沈晚报》，自 2009 年起，在抚顺、鞍山等地区相继开设《辽沈晚报（抚顺版）》和《辽沈晚报（鞍山版）》，意在造就一个以沈阳为中心，辐射大连、鞍山、抚顺、本溪、锦州等二三线城市的主流媒体。

5. 优势媒体继续呈现一报独大现象

在这部分城市中，通常一份报纸的零售市场份额超过 40%，如《都市快报》在杭州市场份额超过 50%，在嘉兴、金华的市场份额均超过 60%，西安的《华商报》、郑州的《大河报》、长沙的《潇湘晨报》均在零售市场中稳占多数市场空间。

（三）市场零售特征表明二三线城市更具潜力空间

在对各类报纸的零售市场特征总结时，我们看到，各类报纸在一线城市（北京、上海、广州、深圳）的平均覆盖率明显高于二三线城市的水平，但实销率往往不及二三线城市，这表明，一线城市也是当前报业发行竞争最为激烈的区域，从发行空间上，二三线城市具备更多的潜力空间（见表 1）。

表 1　全国各类报纸各类城市覆盖率、实销率对比

单位：%

报纸类别	覆盖率			实销率		
	总体	一线城市	二三线城市	总体	一线城市	二三线城市
都市报	86.3	90.9	85.9	85.6	80.7	87.0
时政类报纸	84.6	91.7	82.9	82.3	82.9	83.0
生活服务类报纸	75.2	87.0	69.2	74.4	72.0	76.3
财经类报纸	47.8	63.1	40.6	60.8	53.8	67.4
IT 类报纸	37.5	43.3	36.1	58.0	56.3	59.7

二　综合类报纸盘点：市场竞争依然激烈主流媒体发展势头良好

综合类报纸在全国报纸零售市场上一直充当着主要角色，其销售总量始终占据各类报纸销售总量 60% 以上的比例。2010 年全国综合类报纸零售发行总量呈现持续下滑的整体趋势，但是和其他类别的报纸相比，该类报纸的整体市场地位稳固。综合类报纸发行市场特征有很强的地域性，从全国整体范围来看，省级大报的区域竞争和同城报纸在订阅和零售两大市场的争夺是当前综合类报纸发行市场竞争的主要体现。

（一）华北地区：包含北京、天津、沈阳等城市，在发行特征上，既有多报共竞现象，也有报业集团竞争的背景

北京综合类报纸市场竞争环境相对复杂，零售市场逐步走向了“两晚、两早”的稳固局面。从2009～2010年北京综合类报纸整体销量变化图来看（见图3），2010年北京综合类报纸的销售总量，与往年相比略有下降，部分报纸的实销率出现下滑，滞销率升高，北京综合类报纸零售市场多报共存的竞争关系更趋紧张。从2010年下半年北京综合类报纸市场份额对比来看，在“晚报”市场，《北京晚报》长期控制着晚报市场，销量一直稳居北京各都市报之首，在“早报”市场上，《京华时报》保持销量领先的优势，《新京报》的零售量与《京华时报》的差距不断缩减，是近两年北京“早报”市场份额不断上升的主要推动力。

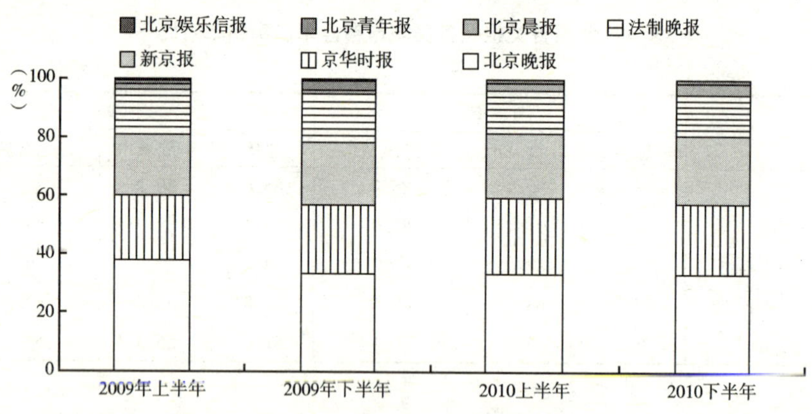

图3　2009～2010年北京综合类报纸整体销量变化

（二）华东地区：包含上海、南京、杭州、合肥、苏州等城市，市场竞争格局趋于稳定，各城市表现不一

上海综合类报纸零售市场与北京市场有相通之处在于报纸种类很多，晚报销量

第一；与北京市场不同的是，上海综合类报纸零售市场竞争格局并不明朗，除了《新民晚报》一直保持领先外，其他综合类报纸的销量地位并不稳定，从 2010 年上海综合类报纸市场份额变化对比图来看，上海综合类报纸零售市场上，竞争角色较多，各报销量差距并不明显，尤其是第二名至第五名之间，《新闻晚报》、《新闻晨报》以及《扬子晚报》等报纸的排名更替频繁，竞争相对激烈（见图4）。

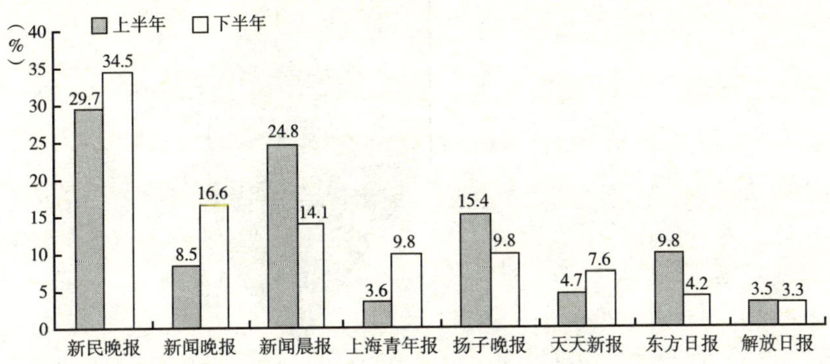

图 4　2010 年上海综合类报纸市场份额变化对比

（三）华南地区：包含城市为广州、深圳、厦门、泉州等，各城市都有优势报纸

广州综合类报纸的发行竞争格局与 2009 年相比，各报销量排名没有发生变化，但竞争趋势是“强者愈强”。2010 年，《广州日报》的零售市场份额、订阅市场份额出现了进一步的上升趋势，巩固了其发行量上的优势地位。

深圳报业零售市场上，报纸种类很多，从 2010 年下半年深圳综合类报纸零售市场份额对比来看，《南方都市报》与深圳当地综合类报纸《晶报》的销量排名靠前，各占 1/4 左右的市场份额，《深圳特区报》和《深圳晚报》的市场份额在 10% 以上，为仅次于前两报的第二阵营，其他报纸的市场份额都在 10% 以下。

（四）华中地区：包含城市为郑州、长沙、武汉等城市，竞争较为激烈，既有一报独大的城市，也有多报共同占据市场的格局

郑州综合类报纸依然体现着一报独大的竞争格局。从 2010 年下半年郑州综合类报纸市场份额对比图来看，《大河报》占据绝大部分市场空间，市场份额为

59.91%，《郑州晚报》、《东方今报》、《河南商报》各占12%～14%左右的市场份额。从近三年的走势来看，《大河报》的市场份额相对稳定，保持六成左右的市场空间，这一巨大的销量优势局面很难改变（见图5）。

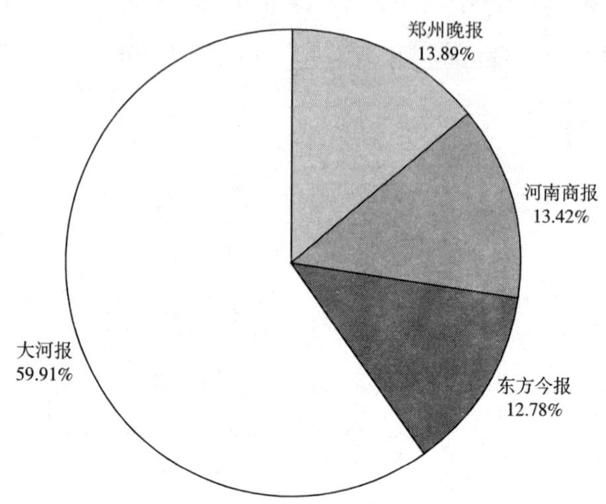

图5　2010年下半年郑州综合类报纸市场份额对比

《潇湘晨报》、《长沙晚报》、《三湘都市报》是长沙综合类报纸零售市场上的竞争主体。《潇湘晨报》占据主导地位，销量是后两者的2～3倍。

《楚天都市报》、《武汉晚报》、《楚天金报》、《武汉晨报》等报构成了武汉综合类报纸市场竞争的主体，《楚天都市报》销量领先，《楚天金报》排名第二，两报平均销量均在20份/摊以上，《武汉晚报》排名第三，平均销量在15份/摊左右。

（五）华西地区：包含城市为重庆、成都、西安、昆明、乌鲁木齐等，重庆是多报共同竞争，成都是一家独大，整体市场竞争激烈

重庆是全国报业竞争较为激烈的城市之一，在重庆零售市场上，《重庆晨报》、《重庆时报》、《重庆晚报》、《重庆商报》是市场竞争的主体，近几年，这四份报纸销量和零售态势非常接近，从而形成了你追我赶的较为紧张的竞争关系，进入2010年以来，《重庆晨报》的销量处于领先位置，《重庆时报》紧随其后，《重庆晚报》排名第三，《重庆商报》排名第四（见图6）。

在成都综合类报纸的零售市场上，虽然也拥有四五份报纸共同争夺零售市

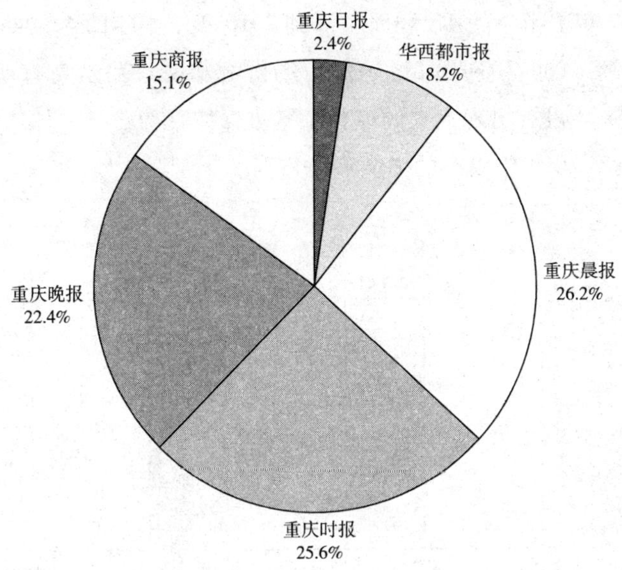

图 6　2010 年下半年重庆综合类报纸市场份额

场，但竞争格局非常明朗，《成都商报》一家独大，零售市场份额高达 57% 以上，在成都零售市场上处于绝对的领先地位。《华西都市报》排名第二，《成都晚报》排名第三。

三　其他类别报纸市场竞争态势分析

（一）时政类报纸：拥有一定的读者群　市场竞争格局未发生改变

当前时政类报纸具有得天独厚的发行优势。其一，时政类报纸向当地综合类报纸看齐，多数采取日报的发行形式，其内容也不仅仅限于时政新闻，更有综合性发展趋势，和综合类报纸存在读者争夺竞争。其二，时政类报纸发行覆盖全国，具有更广泛的读者市场。2010 年，时政类报纸零售发行排名前三位的报纸是：《参考消息》、《环球时报》和《南方周末》。

如图 7 所示，2010 年上半年与 2009 年上半年相比，时政类报纸的平均销量出现了小幅下降，但这种现象并没有影响到全年，到了 2010 年下半年开始回升。从 2009 ~2010 年时政类报纸市场份额对比来看，《参考消息》所占的市场份额由 2009 年上半年的 46.53% 下降到 2010 年下半年的 42.04%，出现了一定程度上的下滑，而《环球时报》的市场份额却是一路走高有明显的增长态势，《南方周末》没有出现太大的变化，基本保持平稳。从整体市场格局来看，三报还是保持了 2009 年以来的梯队竞争格局。

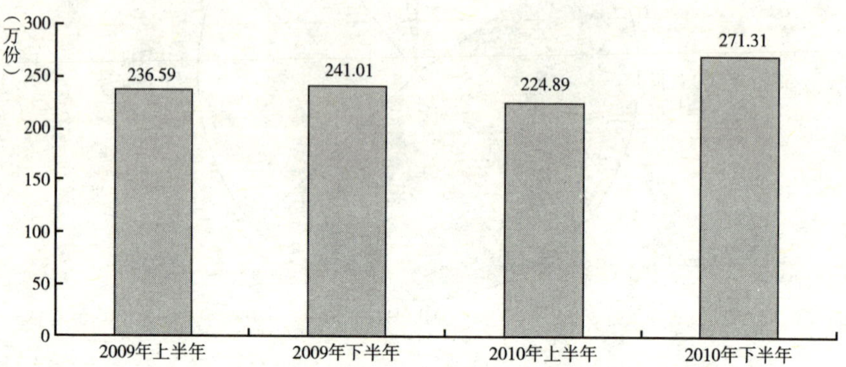

图 7　2009～2010 年时政类报纸平均销量变化

（二）生活服务类周报：报业竞争市场上的主力军

生活服务类周报虽以周报方式发行，但与综合类报纸的零售市场竞争却更为紧密。近几年生活服务类周报在北京、上海、广州、沈阳、重庆、成都等城市发展迅速，并且在销量、覆盖率等零售指标上与当地综合类报纸看齐。比如，北京的《精品购物指南》、上海的《申江服务导报》，重庆的《新女报》、成都的《新潮生活周刊》等，在零售发行市场上的表现和覆盖率不亚于一些综合类报纸。从 2009～2010 年生活服务类周报平均销量变化图看（见图 8），生活服务类周报一直处于上升趋势，在 2010 年上半年这种趋势表现的比较突出，下半年有所回调，但整体销量来看，依然是中国报业市场上的一支主力军。

（三）财经类报纸：一线城市表现突出　保持原有整体格局

2010 年财经类报纸在全国市场的整体覆盖率并不高，不足 50%，只是在北京、上海、广州等一线城市覆盖程度相对较高。其发行特征是，重点覆盖和区域争夺，一线城市是财经类报纸发行的集中地区，竞争的焦点。二三线城市是财经类报纸的加强区域，竞争战略地区。

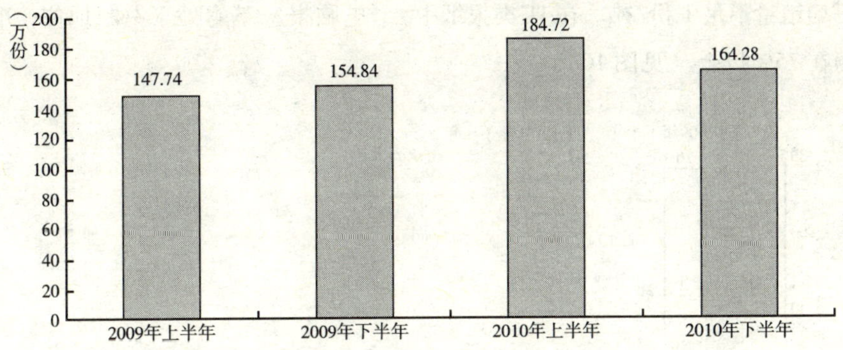

图8 2009～2010年生活服务类周报平均销量变化

从2009～2010年财经类报纸整体平均销量变化图来看（见图9），与2009年相比，财经类报纸整体呈现出持续下滑的趋势，但市场格局未发生改变。《中国经营报》依然占据25.16%的市场份额，保持在第一的位置，《经济观察报》紧随其后占据23.85%的市场份额，其余三份财经类报纸分割剩余的市场空间。

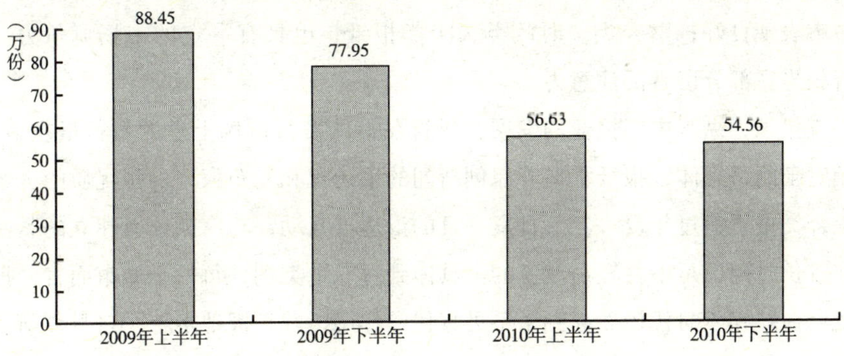

图9 2009～2010年财经类报纸整体平均销量变化

（四）IT类报纸：整体销量下滑 《电脑报》具领先优势

随着近几年网络的快速发展和读者阅读习惯的改变，从2009～2010年同期IT类报纸整体平均销量对比看，IT类报纸的零售销量呈现持续下滑的趋势。全国40多城市的零售市场中，IT类报纸的市场覆盖率下滑到37%左右，多数报纸的平均销量不足1份/摊。在IT类报纸中，《电脑报》基本处于垄断地位，市场份额在75%以上（见图10）。

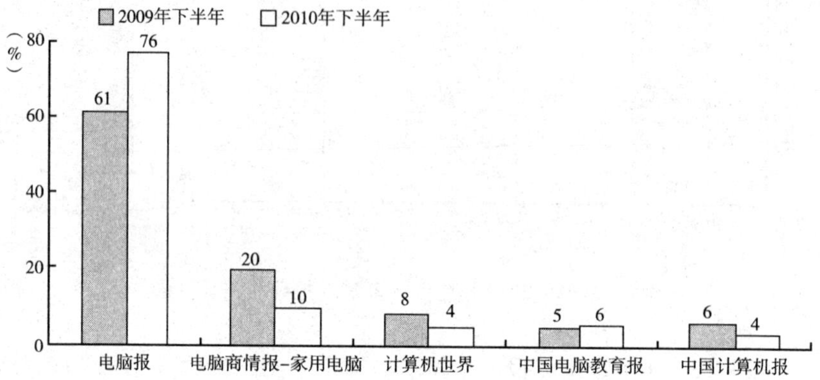

图10　2009～2010年同期IT类报纸市场份额对比

总体看来，2010年全国综合类报纸发行市场基本维持着一个稳定的格局，该类报纸市场现状虽不能囊括所有报纸市场的特征，但综合类报纸的竞争无疑是当前报业发行竞争环节中最核心的领域；生活服务类报纸也异军突起，在一些一级城市表现良好；财经类、时政类、IT类报纸，也具有一定的市场竞争力，吸引着相当一部分读者的注意力。

近年来，纵观中国报业的发展，尽管在整体发行市场上总的发行量在减少，但相对于网络媒体，报纸掌握着原创新闻的采访权和发布权，一张优质的、亲民的综合类报纸通过年复一年、日复一日的渗透与互动，与广大读者建立的紧密联系在较长时期里是不会轻易改变的。具体到每一个类别，每一个城市而言，报纸的发展在新媒体时代依然起到了不可替代的作用，并积极地走上了自身创新、跨区域融合、与新媒体融合的道路。

中国图书产业发展报告

China's Publishing Industry Development Report

图书产业地图

信息源/素材
写作/编辑/校对
印刷
出版物
物流
发行
读者
关联产业
通讯社
图书出版产业
小说/漫画
实用书
学术著作
关联产业
海外出版物
作家
学者
漫画家
排版制作公司
编辑
摄影
设计
校对
出版人
综合出版社
教育出版社
大学出版社
专业出版社
中央出版社
地方出版社
版权
翻译公司
翻译家
造纸公司
制版公司
印刷公司
制版
印刷
数据库
软件商
网络服务商
其他
书籍
网络出版
CD/DVD
运输公司
仓库
物流
二手书店
书店
图书批发商
小摊
其他
网络书店
海外市场
个人
学校
图书馆
企业
政府机关

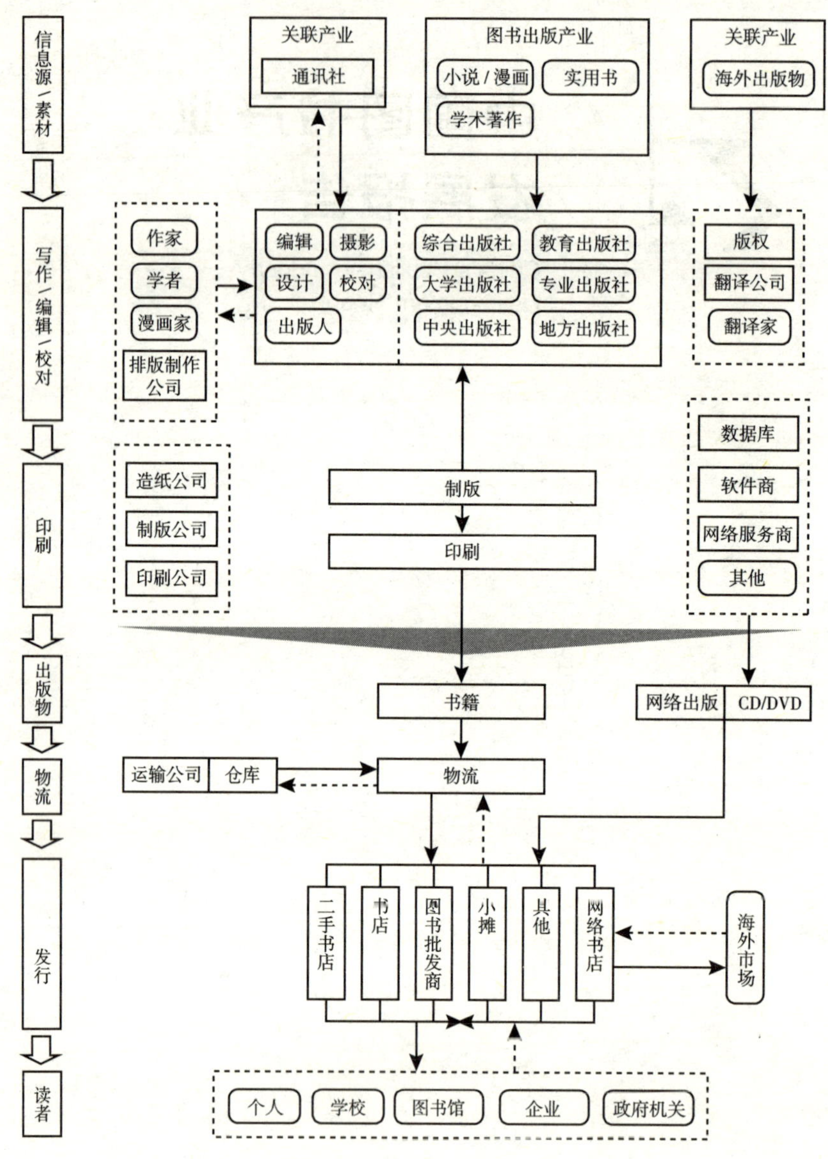

B.7

中国图书产业发展概况

蓝皮书课题组*

一　图书出版数量

尽管世界性的金融危机不断冲击着国内经济，但国内图书产业的增长势头并没有受到明显影响。2009 年，全国图书出版品种已经达到近 30.2 万种（301719 种），其中新版图书 168296 种，再版、重印图书 133423 种。相较上一年度，图书品种增长 10.07%；新版图书品种增长 12.97%；再版、重印图书品种增长 6.61%。总的来看，图书出版品种增长速度平稳，并首次冲破了 30 万种大关。

美中不足的是，在图书出版品种继续增长的同时，图书出版总量却没有相应的增长。2009 年全国图书总印数 70.37 亿册（张），较 2008 年下跌 0.36%，这主要是课本和图片类印量下跌所致，其他一般图书仍然延续了增长态势，这种情况显示传统出版主体面临数字出版的不断侵分，仍具有一定优势。

2009 年国内出版图书总印张 565.50 亿印张，折合用纸量 132.93 万吨，相较上一年度增长 0.78%；定价总金额 848.04 亿元，较上一年度增长 5.68%（见表 1）。

表 1　2009 年国内图书出版总量规模

品种（种）	总印数（亿册、张、份）	总印张（亿印张）	定价总金额（亿元）	总产出（亿元）	增加值（亿元）	营业收入（亿元）	利润（结余）总额（亿元）
301719	70.37	565.50	848.04	477.73	188.52	462.76	74.77

资料来源：中国图书出版网《2009 年新闻出版产业分析报告》。

---

* 本文由董璐根据蓝皮书课题组数据库资料整理写作。

二　图书出版社数量及职工数

2009 年，全国共有出版社 580 家（包括副牌社 35 家），其中中央级出版社 221 家（包括副牌 15 家），地方出版社 359 家（包括副牌 20 家）。相较上一年度，中央出版社增加 1 家，地方出版社数量没有变化（见表 2）。图书出版社的总职工数量保持了稳定增长，总职工人数从 2008 年的 6.09 万人增加到 2009 年的 6.29 万人（见表 3）。

表 2　1996 ~ 2009 年图书出版社数量变化表

单位：家

年份	1996	1997	1998	1999	2000	2001	2002	2003	2004	2005	2006	2007	2008	2009
中央	205	204	204	204	220	218	219	220	219	220	220	220	220	221
地方	323	324	326	326	345	344	349	350	353	353	353	359	359	359
全国	528	528	530	530	565	562	568	570	572	573	573	579	579	580

资料来源：中国图书出版网《2009 年新闻出版产业分析报告》。

表 3　1996 ~ 2009 年图书出版社职工数量表

单位：人

年份	1996	1997	1998	1999	2000	2001	2002	2003	2004	2005	2006	2007	2008	2009
全国	39507	41052	44997	46390	46408	47128	49024	50537	52951	54605	58405	58849	60906	62900

资料来源：《中国新闻出版统计资料汇编》（1997 ~ 2010）。

三　图书销售

2009 年，全国新华书店系统、出版社自办发行单位出版物总销售 159.41 亿（册、张、份、盒），金额 1556.95 亿元。其中，新华书店系统销售 108.63 亿（册、张、份、盒）、902.75 亿元，与上年相比数量下降 6.79%，金额增长 6.89%。

2009 年，全国新华书店系统、出版社自办发行单位纯销售 63.18 亿（册、张、份、盒）、580.99 亿元（见表 4）。

表 4　2003～2009 年全国图书出版业主要指标数据

年份	图书总定价（印制码洋）	销售量（亿册、张）	销售额（销售码洋亿元）	纯销售数量（亿册、张）	纯销售额（实洋亿元）	库存册数（亿册）	库存金额（亿元）
2003	561.82	157.54	1070.20	67.96	461.64	38.54	401.38
2004	592.89	156.10	1131.35	67.06	486.02	41.64	449.13
2005	632.28	157.98	1229.81	63.36	493.22	42.48	482.92
2006	649.13	156.53	1290.94	64.66	504.33	44.59	524.97
2007	676.72	161.19	1366.67	63.13	512.62	44.78	565.90
2008	791.43	166.43	1456.39	67.09	539.65	51.08	672.45
2009	848.04	159.41	1556.95	63.18	580.99	50.62	658.21

资料来源：《中国新闻出版统计资料汇编》、《中国出版年鉴》。

2009 年全国图书销售数量再次出现下滑，为 63.18 亿册（张、份、盒），较 2008 年有所下降。但 2009 年中国图书出版业销售金额有所增长，达 580.99 亿元。由此可见，价格提升是其中的主要因素，这种依赖价格带来的销售金额增长不具持续性。

2009 年年终出版物库存数量为 50.62 亿册（张、份、盒），相比 2008 年有所下降。库存金额 658.21 亿元，相比 2008 年亦有所下降。库存数量、金额的双双下降，是 2009 年中国图书出版业非常引人关注的一点。库存数量是自 2002 年以来的首次下降，而库存金额的上次下降，更可以回溯到 15 年前的 1995 年。久违的年度库存双降，是否能够成为中国图书出版业改善供应链的发端，还有待今后更长一段时间去验证。

四　图书发行网点数量与出版发行业从业人数

2009 年，全国共有出版物发行网点 160407 处，与 2008 年相比减少 0.53%。其中国有书店和国有发行网点 9953 处，与 2008 年相比减少 3.38%；供销社发行网点 1636 处，与 2008 年减少 12.42%；出版社自办发行网点 508 处，与 2008 年相比减少 4.87%；文化、教育、广电、邮政系统发行网点 38215 处，与 2008 年相比增加 1.86%；新华书店系统外批发网点 5800 处，与 2008 年相比增加 6.34%；集个体零售网点 104269 处，与 2008 年相比减少 1.23%（见表 5）。

表5　2004～2009年书店数量变化

单位：处

年　份	2004	2005	2006	2007	2008	2009
国有书店和国有发行网点	11665	11897	11041	10726	10302	9953
供销社发行网点	4265	3200	2431	2103	1868	1636
出版社自办发行网点	549	585	561	562	534	508
集个体零售网点	104266	108130	110562	114965	105563	104269
文化、教育、广电、邮政系统发行网点	13718	30529	29883	32016	37516	38215
二级民营批发网点	4687	5103	5137	5946	5454	5800
网上书店	—	64	91	—	19	26
全国总计	139150	159508	159706	166318	161256	160407

资料来源：新闻出版总署《2009年全国新闻出版业基本情况》。

2009年全国出版物发行业从业人员70.97万人，与2008年相比增加4.52%。其中国有书店和国有发行网点从业人员13.83万人，与2008年相比增加2.67%；文化、教育、广电、邮政系统发行从业人员7.67万人，与2008年相比减少4.19%；新华书店系统外批发点从业人员11.27万人，与2008年相比增加17.56%；集个体零售网点从业人员32.14万人，与2008年相比减少9.82%（见表6）。

表6　2007～2009年出版物发行业从业人员数

单位：万人

网点＼年份	2007	2008	2009
国有书店和国有发行网点	14.08	13.47	13.83
文化、教育、广电、邮政系统	7.26	8.01	7.67
新华书店系统外批发点	9.13	9.59	11.27
集个体零售网点	45.11	35.65	32.14
其他	0.96	1.19	6.06
全　国	76.54	67.91	70.97

资料来源：新闻出版总署《2009年全国新闻出版业基本情况》。

五　图书进出口与版权引进输出

2009年，我国图书出口855934种次、624.84万册、2962.03万美元，与

2008 年相比种次下降 4.92%，数量下降 4.37%，金额下降 5.08%。其中综合类图书出口份额最大，占 27.79%；哲学社会科学类图书次之，占 23.18%；再其后是文化、教育类和文学、艺术类，分别占 18.54% 和 15.93%；自然、科学技术类占 10.24%；少儿读物占 4.31%。虽然图书出口总体同比下降，但部分门类图书出口看涨，这其中自然、科学技术类图书出口额同比增长 94.53%，少儿读物类出口额同比增长 45.84%，文化、教育类图书出口额同比增长 30.83%。

图书进口 755849 种次、533.53 万册、8316.65 万美元，与 2008 年相比种次增长 16.48%，数量增长 21.91%，金额增长 1.98%。进口图书中自然、科学技术类图书进口额比重最大，为 38.87%（见表 7）。

表 7　2008～2009 年全国图书进出口情况

	出口					
	种数(种次)		数量(万册)		金额(万美元)	
	2008 年	2009 年	2008 年	2009 年	2008 年	2009 年
哲学、社会科学	154521	196721	122	84.04	690.78	686.62
文化、教育	132481	167418	104.29	123.97	419.86	549.3
文学、艺术	166603	192528	106	105.12	494.14	471.85
自然、科学技术	46769	84125	30	90.11	155.95	303.37
少儿读物	32594	29216	64	70.64	87.58	127.73
综合性图书	367236	185926	227.33	150.96	1282.28	823.16
合　　计	900204	855934	653.42	624.84	3120.59	2962.03
	进口					
	种数(种次)		数量(万册)		金额(万美元)	
	2008 年	2009 年	2008 年	2009 年	2008 年	2009 年
哲学、社会科学	150338	193885	60.21	87.32	1728.55	1856.34
文化、教育	76805	99250	69.93	144.08	1005.08	1060.60
文学、艺术	76552	95886	208.71	89.09	997.84	1033.85
自然、科学技术	219356	246680	83.55	106.03	3363.06	3232.88
少儿读物	40840	41617	58.89	38.45	414.94	428.92
综合性图书	85015	78531	56.37	68.56	665.77	704.05
合　　计	648907	755849	437.65	533.53	8155.24	8316.65

资料来源：全国新闻出版统计网《2009 年全国新闻出版业基本情况》。

2009 年，全国共引进图书版权 12914 种，输出图书版权 3103 种。几年来引进版权数量远高于版权输出数量的局面没有明显改变的迹象。图书版权引进地中，美国高居第一，为4533种；英国第二，为1847种；台湾地区第三，为1444种；日本第四，为1261种；韩国第五，为799种。图书版权输出地中，我国台湾地区仍位居第一，为682种；美国跃居第二，为267种；韩国第三，为253种；英国第四，为220种；香港地区第五，为219种（见表8）。

表8　2008～2009年图书版权引进、输出情况

单位：种

原版权所在国家或地区名称	2008年		2009年	
	版权引进	版权输出	版权引进	版权输出
美　　国	4011	122	4533	267
英　　国	1754	45	1847	220
德　　国	600	96	693	173
法　　国	433	64	414	26
俄 罗 斯	49	115	58	54
加 拿 大	59	29	73	10
新 加 坡	292	127	342	60
日　　本	1134	56	1261	101
韩　　国	755	303	799	253
中国香港	195	297	398	219
中国台湾	6040	603	1444	682
其　　他	450	536	1052	1028
总　　数	15776	2440	12914	3103

资料来源：全国新闻出版统计网《2009年全国新闻出版业基本情况》。

六　图书用纸量

2009年，我国图书出版用纸量总计132.9万吨。其中书籍用纸量仍居榜首，为73.4万吨；课本用纸量59.40万吨；图片用纸量0.10万吨。

表9　2007～2009年全国图书出版用纸量

单位：万吨

年　份	2007	2008	2009
书　籍	58.73	70.19	73.40
课　本	55.45	61.59	59.40
图　片	0.24	0.13	0.10

资料来源：全国新闻出版统计网《2009年全国新闻出版业基本情况》。

B.8

2010 年中国图书出版产业发展

魏玉山*

一　图书出版产业政策更加明确

2010 年新闻出版总署等政府部门围绕图书出版产业的相关问题，出台了系列文件，指导、规范产业发展。

1. 图书出版产业宏观政策

2010 年，新闻出版总署出台的产业政策不少，从年初的《关于进一步推动新闻出版产业发展的指导意见》，到后期出台的《关于加快我国数字出版产业发展的若干意见》、《关于发展电子书产业的意见》等，对新闻出版产业特别是数字出版产业发展提出了许多指导性意见。这些文件虽然没有关于图书出版产业的专门条款，但与图书出版产业相关的内容不少，从中也传递出政府部门关于图书出版业的政策导向。

图书出版产业仍要大力发展。《关于进一步推动新闻出版产业发展的指导意见》提出，未来 5 年甚至更长一段时间内要大力发展的五大产业，其中与图书出版相关的就有三大产业，即图书、报纸、期刊等纸介质传统出版产业，印刷复制产业及新闻出版流通、物流产业。在这三大产业中，无论是出版领域，还是印刷环节和流通环节，图书都是核心，预计未来 5 ~ 10 年，纸质图书不仅不会如预测的那样被电子书取代，且有较大发展空间。因为只有图书得到发展，才有出版印刷、流通的发展。

图书出版产业要加快数字化进程。图书出版产业仍要发展，但一个严酷的现实是，数字出版总产出在 2010 年已超过图书总产出，在意味着传统的图书出版

---

* 魏玉山，中国新闻出版研究院副院长、研究员。

业必须改革创新才有出路。在新闻出版总署发布的3个文件中，明确提出传统出版要加速数字化。如《关于加快我国数字出版产业发展的若干意见》提出：加快推动传统出版单位数字化转型，尽快做大做强，成为数字出版龙头企业。《关于发展电子书产业的意见》提出：支持和鼓励传统出版单位发挥资源优势，应用高新科技，促进传统优质出版资源转化为电子书内容资源。由此可以看出，图书出版单位在保持传统纸质图书出版的同时，也要加速数字化转型。

2. 图书出版的具体政策

2010年初，图书市场一个引人注目的现象是养生保健类图书的热销。全国500余家出版社中，70%的出版社都在出健康养生书，结果是泥沙俱下、鱼龙混杂，对广大读者产生误导作用。为规范市场秩序，2010年10月，新闻出版总署下发了《关于加强养生保健类出版物管理的通知》，提出：出版养生保健类出版物实行资质准入制度，对不具备出版资质的出版单位擅自出版养生保健类出版物的，总署将依照相关法规，给予警示或停业整顿等行政处罚；构成犯罪的，依法追究刑事责任。

3. 国外出版物进口及分销政策

2010年，还有一项与政策有关的事件，即世界贸易组织（WTO）关于中国与美国就国外出版物进口、分销的争端。2010年8月，中国同意遵循世界贸易组织（WTO）的裁决，于2011年3月19日以前对美进一步开放娱乐产品市场。这一裁决意味着，包括图书在内的外国出版物进入中国的方式将有所变化，虽然外国图书由于语言、价格等因素不大可能大举进入中国市场，但是对中国图书市场的影响也不可轻视。

二　新型出版主体的塑造取得新进展

2010年1月，在全国新闻出版工作会议上，新闻出版总署署长柳斌杰提出：2010年是新闻出版体制改革的决胜之年，要全面完成经营性出版单位转制任务。

按照这样的战略部署，图书出版社的改革扎实推进，新型出版主体的塑造取得新的进展。在地方出版社、高校出版社完成改革的基础上，2010年出版社改革的重点是中央部委出版社。到2010年末，中央部委出版社转企改制已经取得重大进展，学习出版社、红旗出版社、西苑出版社、金城出版社等24家出版社已完成清产核资、核销事业编制、注销事业单位法人、参加北京市基本养老保险、进行企业工商注册登记等工作，率先完成了体制改革任务，除上述出版社外，绝大多数出版社体制改革工作也已进入收尾阶段。[①] 到2010年11月，全国528家经营性图书出版社中，435家已完成转制，93家正在进行转企改制；3000多家国有新华书店完成转制，转制后的企业联合重组，形成出版企业集团29家，期刊集团4家，发行集团24家，上市公司41家，资产、销售过百亿的5家，改变了市场主体缺位的状况。[②]

按照组建一批大型出版传媒“航空母舰”的战略部署，重组大型印刷复制企业、大型发行物流集团公司、国家级出版传媒主力“舰队”的工作也开始启动，一批新型的市场主体即将登台亮相。

三　图书出版产业的数字化转型加速

面对日益高涨的数字化浪潮，图书出版社在坚守纸质图书出版阵地的同时，也在纷纷试水数字出版，有的出版社或出版集团还取得了很大的进展。

出版单位的数字化之旅早在2008年就已经启动，中国出版集团、上海世纪出版集团、广东省出版集团、浙江出版集团、中南出版传媒集团、科学出版集团等都组建了数字公司，开展数字出版工作。一些大型出版社，如人民出版社、高等教育出版社、人民教育出版社、人民军医出版社等也开始了不同形式的数字出版业务，并推出数字出版产品。

特别值得关注的是，在2010年，传统图书出版单位进军电子书领域的热情十分高涨，许多出版集团推出了自己的电子书。如2010年4月，上海世纪出版集团推出“辞海悦读器”，不仅完整内置了《辞海》（第六版），更集成了《中华文化通志》十典百志101卷，以及世纪出版集团多种权威工具书等300种图书；[③] 同月，中国出版集团推出名为“大佳阅读器”的电子书，预装来自其旗下16家出版社的108种畅销、常销精品图书；[④] 5月，读者出版集团也推出了自己

① http://www.gapp.gov.cn/cms/html/21/515/201010/704503.html.

② 柳斌杰：《开创新闻出版业改革发展新局面》，《求是》2010年第23期。

③ http://hnrb.hinews.cn/html/2010-04/10/content_208213.htm.

④ http://www.cnpubg.com.cn/zt/newsdetail.cfm?iCntno=61285.

的“读者”电子书，除了预装读者集团的图书外，还预装了部分《读者》杂志。

目前全国已有数十家单位生产电子书，市场竞争十分激烈，潜在的进入者仍然大量存在，市场充满很大的不确定性。对于传统图书出版单位直接开发电子书产品，业界有不同的看法。有的认为，出版单位开发电子书等终端产品，是开展数字出版的形式之一，且电子书市场快速增长、回报很高，没有理由不进入；但也有人认为，出版单位的优势是数字内容的生产与提供，没有必要直接从事电子书的生产。

四　2011 年图书出版产业仍然稳步发展

图书会不会被电子书取代？图书出版产业有没有未来？在对未来的判断上，既有仁者见仁智者见智的认识问题，也有站在不同的立场（如从事电子书等数字出版或从事传统图书出版的人）为了某种需要夸大或掩盖某种趋势的问题。我们认为，电子书不是纸质图书的“掘墓人”而是“同路人”，新的载体还会出现，纸质载体也不会消亡，从产业的发展看，图书出版产业的数字化转型是必然的，但这种转型不是通过电子书、纸质书这种简单方式来区分。图书出版产业的数字化，是从内容生产，到内容加工，再到内容传播的数字化，是以编辑、印刷、发行、信息提供等所有环节、流程的数字化为标志的。

可以预见，2011 年图书出版产业的增长仍将不可阻挡。虽然其发展无法像数字出版那样以跨越式步伐迈出，但其发展态势是稳步的，图书品种稳步增加，产业经济规模稳步扩大，转企完成后出版社的改制稳步推进，图书出版人的心态也将逐渐稳定下来。图书出版业将进入稳步发展阶段。

B.9
十大关键词解读 2010 年中国出版

卞卓舟　肖东发*

2010 年，对于中国出版产业而言，是不平凡的一年，“十一五”收官之年、转企改制冲刺之年、数字出版井喷之年……中国出版正以前所未有的速度进入升级转型期。2010 年，被称为出版业“一号文件”的推动产业发展的《关于进一步推动新闻出版产业发展的指导意见》出台，大力助推出版产业走上健康、规范的发展新轨道，明确了今后的目标：要从“出版大国”走向名副其实的“出版强国”；2010 年，历时 7 个月的首份新闻出版“摸底”报告出炉，为产业成长提供了系统的数据支撑；2010 年，中国出版界的又一艘“集团航母”——中国教育出版传媒集团挂牌成立，出版集团建设进入大时代，出版市场的整体格局也迎来了大变化；2010 年，数字出版进入了快车道，电子阅读器市场“百团大战”、手机阅读“三足鼎立”，出版人也努力进行着数字维权行动，数字时代新的市场规则正在逐步建立；2010 年，当当网在纽约交易所上市，京东网强势进入，如火如荼的价格战在三家网售巨头中展开；2010 年，转制工作进入收尾阶段，融资政策日渐明朗，兼并重组、上市融资，资本运作风起云涌；2010 年，书业营销花样百出，微博营销、影视出版、游戏产业链衍生、大手笔广告投放，为图书销售市场注入新的活力……纵观 2010 年，我们提出十个“出版关键词”，尝试解读中国出版业在诸多方面呈现出的发展特点与趋势。

关键词之一：“一号文件”

1 月 1 日，新闻出版总署出台《关于进一步推动新闻出版产业发展的指导意

* 卞卓舟，北京大学现代出版研究所研究员；肖东发，北京大学新闻与传播学院教授、博导。

见》，被称为新闻出版业2010年“一号文件”。这是总署继2009年出台《关于进一步推进新闻出版体制改革的指导意见》后，又一个引起业内外高度关注的政策文件。《指导意见》明确了今后一段时期新闻出版产业发展的方向，意图明确指向出版业转企改制、兼并重组，打造航母走向世界。

继“一号文件”之后，1月，新闻出版总署署长柳斌杰在全国新闻出版工作会议上表示，我国已进入世界出版大国行列，下一步要大力推动我国向新闻出版强国迈进。“新闻出版强国”的战略目标被明确提出。但与世界强国相比，无论发展规模、发展格局，还是发展方式、发展质量，我们都存在着很大的差距。因此，无论是一号文件的出台，还是新闻出版强国任务的提出，都是给出版业提问题、敲警钟、定规划、吹响号角的关键声音。

关键词之二：新闻出版产业报告

2009年7月26日，新闻出版总署首次发布《2009新闻出版产业分析报告》，揭示了新闻出版产业五大发展趋势：（1）新闻出版业已经成为文化产业的生力军，行业总产出突破1万亿元大关；（2）新闻出版体制改革成效显著，市场主体基本形成，企业法人的单位数量占法人单位总数的96.3%；（3）数字出版发展迅速，数字出版经济规模超过图书出版；（4）文化大省和东部沿海地区新闻出版业发展优势明显并已形成产业带；（5）非公经济成分获得长足发展，72%的企业法人单位为民营企业。

“出版强国”战略目标的逐步实现，需要数据支撑和调研基础。但凡发展成熟的行业，系统、权威、真实的调查数据和分析报告是必不可少的支撑要素。这份报告的出炉，尽管还是首次尝试，但是从调查范围、流程设计、方法和效果来看，都将成为今后行业发展的重要支撑。

关键词之三：教育出版传媒集团

2009年12月18日，由人民教育出版社、高等教育出版社、语文出版社、中国教学仪器设备总公司、中国教育图书进出口公司等单位组成的出版巨头——中国教育出版传媒集团在京成立。从产品结构上看，组建后的中国教育出版集团几乎囊括了从“幼教”到“高教”的整个教育、学术出版层级。单从教育出版领域而言，集团的资源整合能力、市场竞争力无人能敌，以“出版龙头”来称呼中国教育出版集团名副其实。因此，教育出版传媒集团从成立这天起，就将龙头企业、现代企业、跨国企业作为集团三大目标任务。

至此，中国出版界又增加了一个“国”字头的大型传媒出版集团，如此重大战略部署，将全面推动2011年出版集团真正进入大时代，将会影响中国出版市场整体格局的变化。此类大型出版集团，将会实施不断兼并地方出版企业的战略从而完成渗透全国出版市场的整体战略，当前以各省为单位的地方出版集团的地域垄断将会被破局，尤其是教育出版市场。教育出版传媒集团能否发挥整合优势，走上怎样的发展道路，运用什么样的竞争策略，将会在某种程度上影响到中国出版业的走向。

关键词之四：电子书

2009年，有一个数字格外引人注目，就是799.4亿元。这一年，我国数字出版产业的收入达799.4亿元，首次超过了纸质出版。其中最能代表当前中国数字出版发展状态的应该是电子书，这一数字出版形态将是出版产业在可预见的将来关键的增长点。

美国出版商协会的资料显示，与2009年相比，美国2010年的电子图书销售额几乎增加了两倍，占到图书销售总额的9%。除亚马逊的Kindle、索尼阅读器，巴诺书店的Nook之外，iPad也在2010年成为电子书消费者的重要选择。

2010年国际电子书市场的酣战直接影响了中国出版的走向。一方面是非传统出版社网站、技术公司的巨大热情。3月，盛大文学推出“一人一书”计划；4月，扬州首次试点电子书进入校园；12月，汉王科技对外宣布，汉王电纸书产品的销量将突破100万台。另一方面是传统出版社的跃跃欲试。4月，上海世纪出版集团发布首款由传统出版企业自主研发和设计的电子阅读器——辞海悦读器；4月，中国出版集团公司推出大佳阅读器；同期，重庆出版集团与汉王合作推出“读点经典”阅读器。据中国新闻出版研究院张立统计：在2010年5月前就有80多家公司推出了200多款电子书。

然而，更多的传统出版社仍然处于参与但不积极，合作但不投入的状态。

“内容资源”的缺失与低质量始终是电子书市场的一块心病。为了规范和引导市场，4月，全国信息技术标准化技术委员会发起成立电子书标准工作组，拟制定电子书行业的标准规范并将监督执行；10月，新闻出版总署颁布《关于发展电子书产业的意见》；11月，新闻出版总署向首批21家企业颁发电子书相关业务资质证书，对从事电子书相关业务的企业实施分类管理。

无论是政府、传统出版社还是网络公司，都在对电子书市场进行规范和整合工作，并且都对此满怀希望。要使电子书成为数字出版发展，尤其是数字资源整合和盈利的突破口，还需要各方力量的合作与努力。

关键词之五：手机阅读

与电子阅读器市场的“战国争霸”相比，手机阅读在2010年迎来了一场“三国演义”。5月5日，中国移动手机阅读业务正式商用，中国移动表示，手机阅读业务将以手机终端和移动电子书为主要形态，业务定位是“打造全新的图书发行渠道”；广东联通签约50家内容合作伙伴展开“手机阅读”业务平台建设；7月21日，新闻出版总署署长柳斌杰、中国电信集团公司总经理王晓初在京签署《推动数字出版产业发展战略合作备忘录》。根据双方签署的协议，新闻出版总署将支持中国电信浙江数字阅读基地开展天翼数字阅读平台建设等。

关键词之六：数字维权

2010年，版权纠纷在数字出版中进一步激化，继Google图书馆计划引起轩然大波之后，2010年百度文库再次惹怒各方。11月，文著协与盛大文学召开联合发布会，指责百度及百度文库侵权，并向百度进行维权诉讼。

尽管数字版权问题尚未得到切实的解决，但是2010年的风波至少代表着出版从业者的一种集体意识，代表着推动作品有效传播、维护合法权益的一种努力，也预示着数字出版走上理性发展的可能。同时，数字版权问题不仅仅表现在版权纠纷和数字维权等方面，还引起了中国出版商们对版权的重视。中国出版商们意识到在数字出版时代，只有像国外出版商学习，拥有百分之百的知识产权，

规范数字版权的授权和出售，完善数字版权代理制，才能解决一系列数字出版带来的问题。

关键词之七：价格战

2010年，电子商务网站由垂直型商城向综合性百货商城转型已成大势所趋。4月，当当网大举进军百货领域；卓越亚马逊也加强了新品上线速度；11月，京东商城正式宣布图书产品上线。12月，当当网在美国纽约证券交易所上市，图书分销领域的电子商务网站也搭上了资本的快车。

而在当当网吹响上市号角的同时，一场网络图书销售领域的“三国演义”迅速上演。从12月14日凌晨开始，京东商城全线下调了图书价格，比原来的京东价低20%；12月15日，另一大图书网售巨头卓越亚马逊推出年度最给“利”特惠——数十万种畅销书在全网最低价的基础上再降20%并返券；12月16日，当当网正式宣布斥资4000万元促销，反击京东商城。

2010年底的价格战又一次引发了不小的书业震荡，一方面是实体书店叫苦不迭，另一方面是网络书店的规模经济使其在与上游出版商谈判过程中拥有极强的议价能力。尽管消费者颇为欢迎这种优惠活动，但是当作者、出版商和销售者陷入恶性循环的利益怪圈时，行业生存发生困难，产品质量必然受到影响，读者的根本利益亦会受损。此次价格战爆发之后，一些实力大社表示，愿意结成联盟，共同遏制网络低价，并提出给京东“断粮”的提议。这种“限价”的举动是否能从根本上解决问题，还有待观察。此外，出版商还面临更为严峻的考验，就是诸如当当网这样的电子商务网站，已经开始筹备直接介入数字出版业务，这又将是一批实力强劲的竞争对手。

关键词之八：资本运作

截至2010年年底，地方出版社已经基本完成转企改制，103家高校出版社大部分已完成转企改制任务。另外，中央各部门各单位的148家出版社的转企改制方案已全部获批复，其中39家已经提前完成了转企工作。转企改制不是最终的目的，如何激发市场活力才是要害问题。4月，九部门联合下发新中国第一个金融支持文化产业的文件——《关于金融支持文化产业振兴和发展繁荣的指导意见》，出版行业资本运作一时间风起云涌，2010 年的出版企业纷纷开始寻求资本的力量，兼并、重组、上市、融资，正如火如荼地展开。

1 月，皖新传媒挂牌上市，成为全国新华书店系统境内首发上市第一股；3 月，时代出版传媒股份有限公司重组控股中国文联直属出版单位；6 月，求是杂志社和浙江日报报业集团合作重组红旗出版社，此举是中央级媒体与地方重要报业集团实现强强联合、进行资源整合的尝试；6 月，四川新华文轩重组四川出版集团出版业务，实现了出版发行一体化经营格局；10 月，中南传媒成功登陆上海证券交易所，一跃成为出版传媒板块的新龙头；12 月，当当网在纽交所挂牌上市，湖南天舟科教文化股份有限公司作为中国民营书业第一股即将正式登陆创业板。

长期以来，地域壁垒、行业壁垒一直是我国文化产业发展的障碍。而资本力量的介入，却可以推动文化产业“对内开放”不断取得实质性进展。“增强核心竞争力，借助资本市场，做强做大”成为各家出版企业在“后转制时代”的共同目标。然而，无论出版市场如何变化，资本力量如何强大，出版的文化属性不会变，读者的内容诉求不会变，只有既成为资本市场的运营高手，又坚持于文化事业的职业操守，令出版品牌价值稳步提升的企业，才会是真正的赢家。

关键词之九：书业新营销

2010 年最首要的新现象是图书出版的微薄营销。在新浪微博中，活跃着多家知名出版单位及图书公司，例如二十一世纪出版社、人民文学出版社、磨铁图书、读客图书等。还有许多出版人，如“金黎组合”、沈浩波等。微博营销不仅仅是一种介绍和推广，更可以通过谈论出版界热点现象及事件，让信息流通起来，让碎片式传播渗透到读者群中，为书业营销提供了许多新的可能。

媒体融合的趋势也带动了图书营销的多样化。2010 年，《风声》、《杜拉拉升职记》等作品在出版和影视领域都取得了极佳的成绩，同时衍生出新的产业链，并带动了图书营销的新空间。2010 年，出版业还进行了一次大手笔尝试，在地铁投放广告。地铁移动电视《悦读时间》栏目，长时间介绍磨铁公司所出品的图书，凤凰联动在楼宇视频与地铁灯箱上大手笔同步投放广告，新经典文化同样

在北京公交车站候车亭投放广告宣传村上春树新作《1Q84》。

2010年的出版业，各种新的营销理念和方法层出不穷，成为各大出版社争相创新的领域，为图书销售打了几剂强心针。

关键词之十：出版专业学位

2010年1月，国务院学位委员会第27次会议审议通过了金融硕士等19种硕士专业学位设置方案，出版硕士专业学位名列其中。出版硕士专业学位英文名称为“Master of Publishing”，简称MP。国务院学位委员会公布了2010年全国硕士学位审核结果：北京大学、南京大学、武汉大学等14所高校获得了首批出版专业硕士学位授权点，列入2011年全国研究生统一招生专业目录进行招生。

这件事可以说是我国出版业发展和专业人才培养的一件具有突破意义的大事。说明我国现代出版业的发展需要一批高层次、复合型、应用型出版专门人才已经成为共识，出版学已成为与新闻传播学、金融学同样重要的学科。出版学硕士学位得以单立门户，下一步是向一级学科迈进。

2010年对于出版业来说，可谓收获颇丰、富于生机，但是繁荣背后也有隐忧，存在不少值得重视的问题。反响重大的“一号文件”目前只是原则大纲，若要真正起到指导实践的作用还需要具体可行性方案；新闻出版产业报告虽然弥补了空白，但是行业统计数字口径不一的问题依然存在，数据的含金量和覆盖面还有待加强；大型出版集团的“双百亿”目标、“四跨”志向不减，但是普遍存在的“重数量”而不“重质量”的浮躁之风依然盛行；“出版强国”的战略目标虽已提出，但是差距的追赶远非几日之功；数字出版声势浩大，但是相当一部分出版社仍在观望，产业标准、版权问题、盈利模式不清晰，依然是困扰产业发展的瓶颈；出版技术日新月异、创新飞速，然而内容创新却日渐贫乏，出版作为文化产业的根本和核心竞争力必须得到捍卫；资本运作虽然给产业发展带来了无限可能，但是上市、融资的目的不甚明确，资源的不合理利用甚至浪费严重。中国出版业正处于激烈的动荡和洗牌期，所有的中国出版人在此时更应该直面问题，用更为强大的责任心和使命感，去追求更大的发展，推动中国出版早日进入“出版强国”的行列。

中国期刊产业发展报告

China's Periodical Industry Development Report

期刊产业地图

素材
生产、出版流程
发行
读者
海外
漫画家、摄影师
作家
学者
评论家
编辑
记者
图片、漫画
小说、戏剧、诗歌等
学术论文
时评、杂文
新闻报道
版权机构
翻译机构
翻译家
编辑、校对
电子出版
网络出版
定制出版
Casseette
CD/DVD
其他
期刊、杂志
期刊产业相关企业
媒体集团
新闻机构
广告公司
科研机构
印刷业
摄影工作室
造纸业
物流服务业
零售业
胶片厂商
器材厂商
期刊工作人员
社长
总编
总顾问
总策划
执行主编
总经理
记者
编辑
主笔
摄影
美编
评论员
发行员
美术总监
图表设计
发行总代理
印务总监
校对
法律顾问
财务
助理
顾问委员会
其他
邮局
发行公司
电子阅读器
上门投递
零售渠道
书店
报亭
机场、超市等
数字用户
订阅用户
零售用户

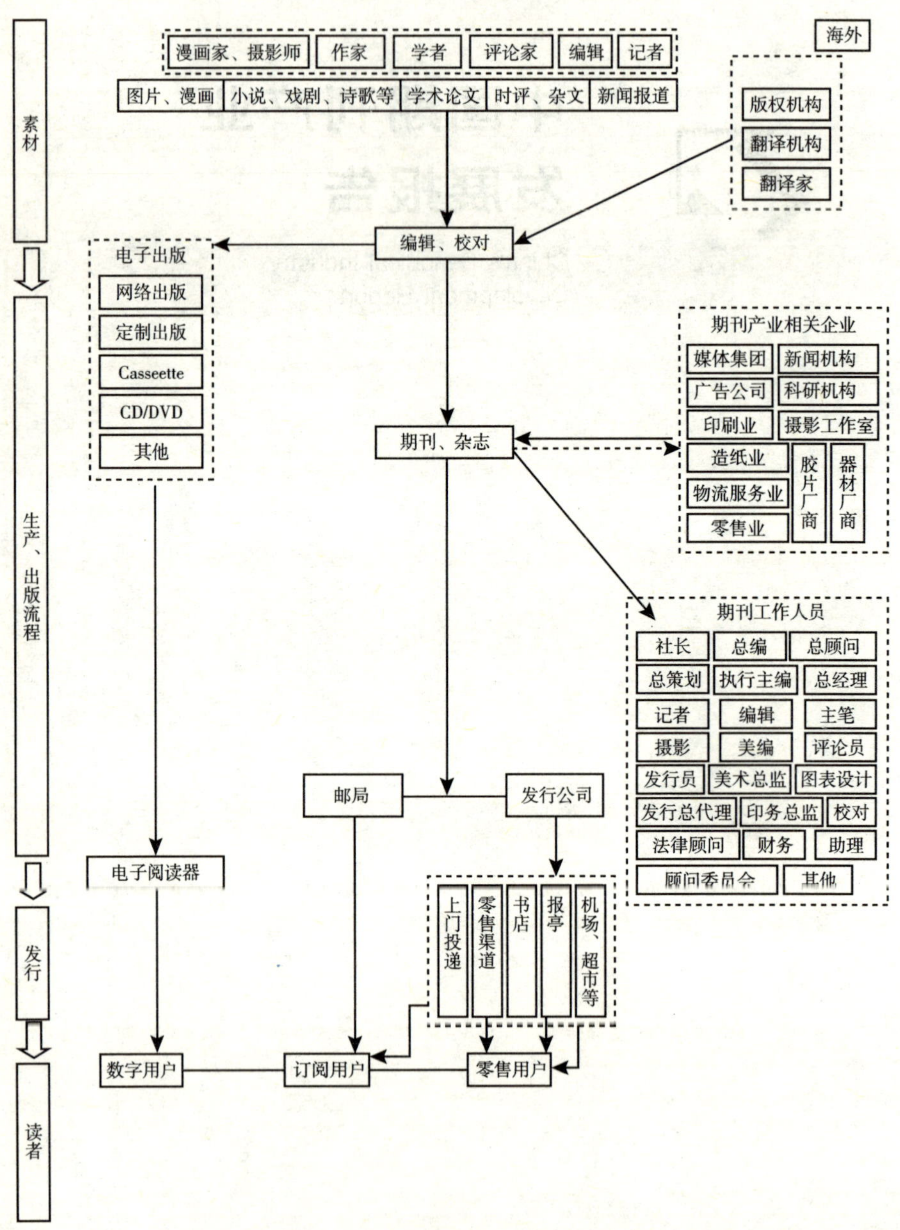

B.10

中国期刊产业发展概况

蓝皮书课题组*

2009年，是中国期刊业引人注目的一年，期刊品种上出现了异常的增长。2005～2007年，期刊品种连续3年无变化，2008年品种控制出现开始松动的迹象，全年新增期刊品种81种。2009年，期刊新品种突然增加了302种。期刊品种在一年内增加上百种之多的现象，自2004年以来还是第一次，是偶然现象还是预示着期刊品种管制的终结，仍有待时间去证实（见图1）。

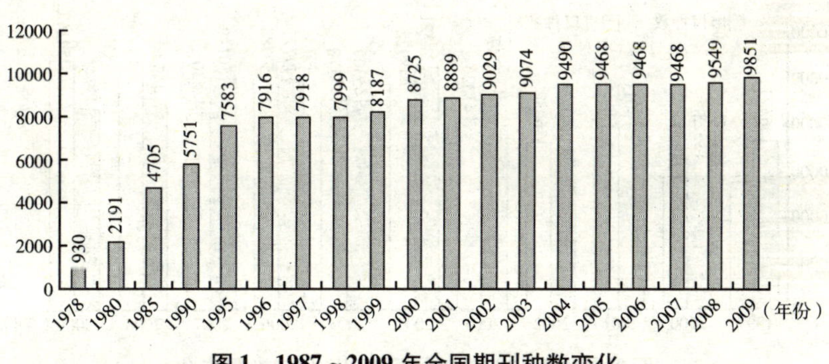

图1　1987～2009年全国期刊种数变化

资料来源：《中国统计年鉴》、《中国新闻出版统计资料汇编》、《2009年全国新闻出版业基本情况》。

七大类期刊中，除少儿读物类和画刊类维持原状外，综合类、哲学社会科学类、自然科学技术类、文化教育类和文学艺术类均有增长。其中以自然科学技术类品种增长最多，为132种；其次是哲学社会科学类，为117种。

2009年全国共出版期刊9851种，平均期印数16457万册，总印数31.53亿册，总印张166.24亿印张，定价总金额202.35亿元，折合用纸量39.06万吨（含高校学报、公报、政报、年鉴1742种，平均期印数348.34万册，总印数3781.28万册，

---

* 本文由董璐根据蓝皮书课题组数据库资料整理写作。

总印张 263262 千印张)。与 2008 年相比，种数增长 3.16%，平均期印数下降 1.85%，总印数增长 1.53%，总印张增长 5.23%，定价总金额增长 7.96%。

期刊出版三大要素总印数、总印张、定价总金额在 2009 年均出现增长，新增期刊品种数的异常增长是主因，而平均期印数出现下跌，则是一个不良信号，预示着平均每种期刊的受众面在减少。

一　期刊进出口情况

2009 年，我国期刊进口 54163 种次、448.09 万册、13661.47 万美元，与 2008 年相比种次增长 0.68%，数量下降 0.17%，金额增长 2.79%。期刊出口 43741 种次、211.65 万册、351.13 万美元，与 2008 年相比种次下降 5.11%，数量增长 129.94%，金额增长 60.97%（见图 2、图 3）。

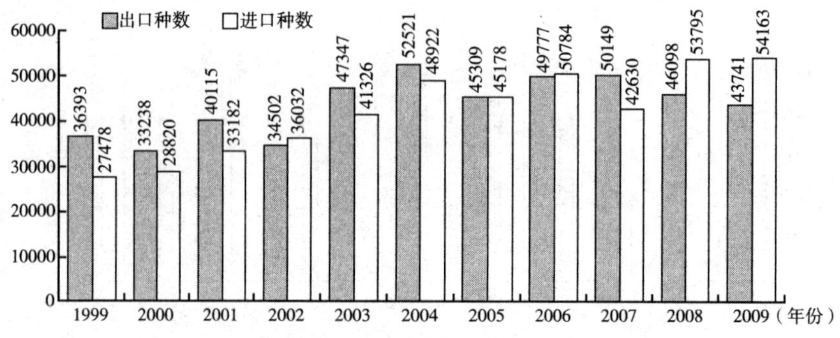

图 2　1999～2009 年全国期刊进出口数量变化

资料来源：新闻出版总署《全国新闻出版业基本情况》（1999～2009）。

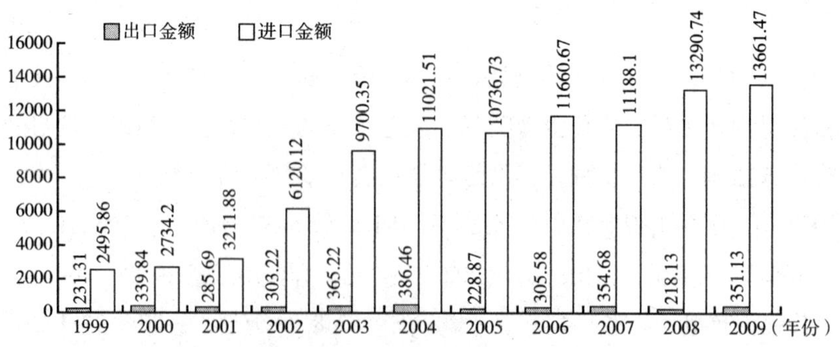

图 3　1999～2009 年全国期刊进出口金额变化

资料来源：新闻出版总署《全国新闻出版业基本情况》（1999～2009）。

2009年我国期刊出口数量与金额都出现了大幅增长，相对进口而言，出口增长的起点较低，且含有人民币升值的刺激因素，但仍是值得肯定的可喜现象。

二　类群结构

2009年，全国期刊类群结构继续呈稳定状态。品种数量中，依旧以自然科学、技术类期刊最多，占期刊种数的50%。其次为哲学、社会科学类期刊和文化、教育类期刊，分别占24.9%和12.2%。三者合计，占到期刊种数的87.2%。画刊最少，占0.5%。

总印数和总印张数中，哲学、社会科学类刊物最多，分别占期刊总印数的34.8%和总印张数的35%。其次为文化、教育类期刊和自然科学、技术类期刊，分别占期刊总印数的18.3%和14.7%、总印张数的19.2%和18.9%。三者合计，占期刊总印数的67.8%和总印张数的73.1%。画刊最少，占期刊总印数的0.8%和总印张数的1.6%（见表1）。

表1　2009年期刊产品结构

类　　型	品　种		总印数		总印张	
	数量(种)	比重(%)	数量(亿册)	比重(%)	数量(亿印张)	比重(%)
综合	485	4.92	4.52	14.35	19.43	11.69
哲学、社会科学	2456	24.93	10.96	34.76	58.22	35.02
自然科学、技术	4926	50.01	4.62	14.66	31.39	18.88
文化、教育	1204	12.22	5.77	18.31	31.87	19.17
文学、艺术	631	6.41	2.99	9.47	15.70	9.45
少儿读物	98	0.99	2.41	7.65	6.97	4.19
画刊	51	0.52	0.25	0.79	2.66	1.60
合　　计	9851	100.00	31.53	100.00	166.24	100.00

资料来源：新闻出版总署出版产业发展司《2009年新闻出版产业分析报告》。

三　销售和广告

2009年，我国期刊出版（包括相关广告业务）总产出150.25亿元，实现增加值70.22亿元，营业收入145.90亿元，利润总额12.37亿元。

市场研究公司CTR发布的年度广告监测报告显示，2009年平面媒体广告投放因金融危机的影响增速放缓，期刊全年广告费为126.74亿元，增长3.0%。到2010年一季度，随着中国广告市场初步恢复元气，杂志广告投放增幅达到两位数的19%，广告投放额为31.72亿元。这一良好的增长态势在2010年第二季度得到了有力的延续，2010年上半年，我国杂志市场广告投放额达到70.89亿元，同比增长21%。截至2010年第三季度，期刊广告投放继续增长，达到109.71亿元，同比增长19%（见表2）。

表2　2010年前三季度期刊广告花费

2010年	金额(亿元)	同比变化(%)
一季度	31.72	19
二季度	70.89	21
三季度	109.71	19

资料来源：央视市场研究股份有限公司（CTR）。

慧聪邓白氏研究对国内1000多份报刊的连续监测显示，至2010年上半年，报刊广告市场呈整体复苏态势，无论是全国性媒体还是地方性媒体，以及各种媒体类别，广告刊登额都有大幅增长（见表3）。

表3　全国性杂志广告刊登情况

单位：万元，%

媒体类型	2010年上半年广告		媒体类型	2010年上半年广告	
	刊登额	同比增减		刊登额	同比增减
服饰美容类	244166.40	18.31	机动车类	34906.86	38.37
财经类	73939.32	4.19	健康类	26173.67	29.10
生活类	65782.14	47.49	时事新闻类	25681.93	15.23
旅游休闲类	50759.67	62.56			

资料来源：慧聪邓白氏研究。

B.11

2010年中国期刊发行市场分析

田珂　崔江红*

新兴媒体势如破竹般的发展，给传统出版行业带来前所未有的冲击，我国的期刊业也陷入整体广告额减少、发行量下滑的困境，但其中部分主流媒体，如女性高码洋时尚类、汽车类、文摘类等类别的期刊，在步履维艰之际，却依然在我国期刊零售发行市场竞争激烈的环境中呈现出强者恒强的竞争格局，进入到品牌化、国际化、数字化的良性发展阶段。

2010年世纪华文CCMC对我国期刊发行市场进行了连续监测，涉及包含女性时尚、男性时尚、汽车、家居、育儿、财经、IT、文摘等在内的全国30多个类别，数百种期刊。监测城市覆盖40多个，包含我国经济较为发达的北京、上海、广州、深圳、沈阳、杭州、大连、郑州等一、二线城市，及一些期刊销售较为发达的三线城市，但各类期刊所监测城市不一。

根据监测数据，2010年我国主流期刊媒体的零售发行市场呈现出以下两个较为鲜明的特征：

其一，主流期刊媒体继续引领市场，持续走强。如2010年12类期刊在全国40个城市零售销量指数总排名图中所示（见图1），女性时尚类、男性时尚类、汽车类、育儿类等主要类别的期刊，销量排名居前，在市场上持续走强。

其二，主流媒体在一线城市饱和，向二、三线城市扩张。数据显示，我国市场上销量居前的主流期刊媒体，无论是时尚类、汽车类，还是财经类等类别的期刊，均在北京、上海、广州、深圳等一线城市呈现出高度饱和的态势，在向二、三线城市逐步扩张。这也与我国二、三线城市经济水平的不断提高息息相关（见图2）。

* 田珂、崔江红，北京世纪华文国际传媒咨询公司。

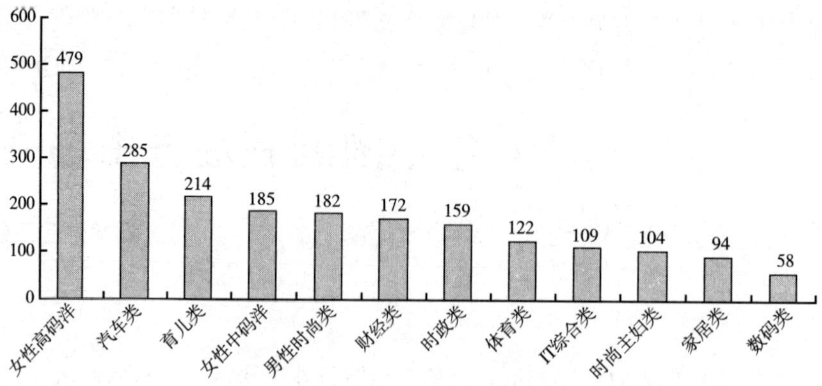

图1　2010年12类期刊全国40个城市零售销量指数总排名

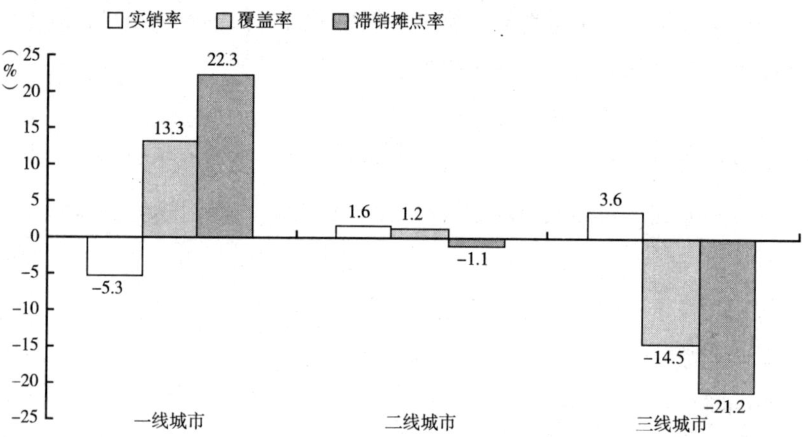

图2　2010年全国女性高码洋时尚类期刊零售市场发展现状

时尚类期刊

女性高码洋时尚类期刊：一线城市竞争激烈二、三线城市具上升空间

世纪华文所监测的女性高码洋时尚类期刊，是指零售价为20元以上（含20元）的期刊，共9份期刊，分别是：《瑞丽服饰美容》、《昕薇》、《瑞丽伊人风尚》、《时尚伊人》、《ELLE世界时装之苑》、《瑞丽时尚先锋》、《VOGUE服饰与美容》、《时尚芭莎女士版》、《嘉人》；监测的城市为北京、广州、上海、杭州、

成都、大连、武汉、西安、重庆、南京和沈阳 11 个城市。

首先，从 2009～2010 年女性高码洋时尚类期刊整体销量变化图来看（见图 3），2010 年该类期刊整体销量相较 2009 年呈现大幅增长，特别是 2010 年上半年比 2009 年下半年增长了 9.8%。其中《瑞丽服饰美容》、《瑞丽伊人风尚》与《嘉人》略有上升，其他期刊有小幅下降。

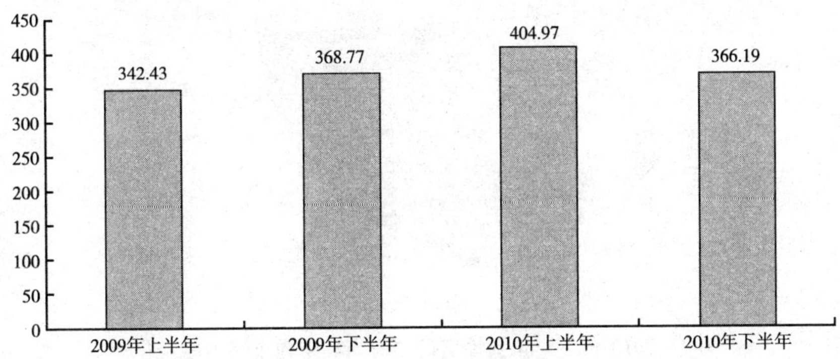

图 3　2009～2010 年女性高码洋时尚类期刊整体销量变化

其次，从整体竞争格局来看，2010 年保持了原有的竞争格局。从 2010 年下半年女性高码洋时尚类期刊市场份额变化图来看（见图 4），《瑞丽服饰美容》与《昕薇》累计市场份额占 42.51%，处于第一竞争层面；《瑞丽伊人风尚》、《时尚伊人》、《ELLE 世界时装之苑》、《瑞丽时尚先锋》与《VOGUE 服饰与美容》整体平均销量相差不大，组成第二竞争层面，市场份额占 10% 左右；《时尚芭莎女士版》与《嘉人》处于第三竞争层面，市场份额占 5% 左右。

从城市发展态势来看，女性高码洋时尚类期刊在一线城市表现比较平稳，平均销量较高，各刊之间差距较大，覆盖率相对较高；二线城市竞争比较激烈，主要体现在实销率与平均潜力方面，实销率略高于一线城市，各刊之间的差距不大，9 份期刊在二线城市均有较大的发展空间，覆盖率与一线城市总体水平差距较小。着眼未来发展，销量前三名的期刊平均潜力与畅销性评价相对较高，均有一定的发展空间。

女性中码洋时尚类期刊：市场竞争激烈

女性期刊零售市场精彩纷呈，是期刊数量较多的类别。世纪华文所监测的女性中码洋时尚类期刊是指在零售市场中，价格定位在 6～10 元，具代表性的 7 份

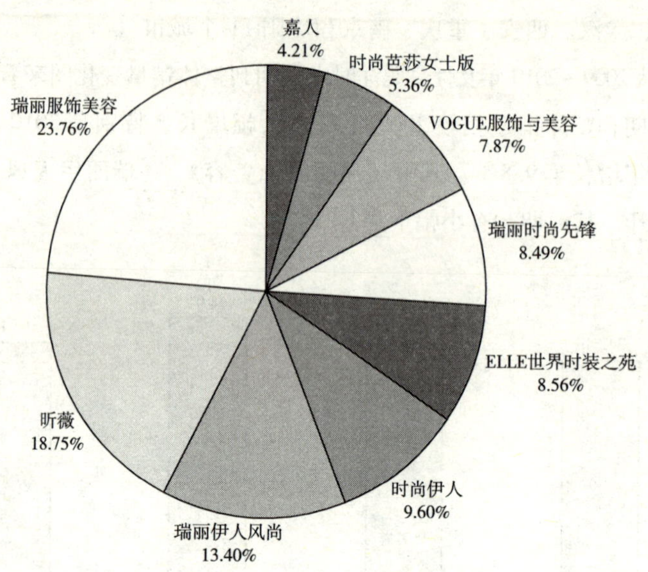

图 4　2010 年下半年女性高码洋时尚类期刊市场份额变化

期刊，分别是《都市丽人》、《女报时尚》、《品位》、《女刊白嫩版》、《女友·家园》、《新锐》和《淑媛》。监测城市为北京、上海、广州、深圳、杭州、南京等全国 12 个城市。

从 2010 年下半年女性中码洋期刊 12 个城市市场份额对比图来看（见图 5），该类期刊市场竞争格局分为三大阵营：《都市丽人》的市场份额为 26.36%，处于零售市场的第一阵营，各项指标都表现出领先优势，主导整个女性中码洋期刊市场；《女报时尚》、《品位》、《女刊白嫩版》3 份期刊同属第二阵营，市场份额在 16% ~18% 之间；《女友·家园》、《新锐》和《淑媛》处于第三阵营，整体销量偏低，零售市场竞争力较弱。

男性时尚类期刊：整体步入稳定发展阶段

男性时尚类期刊在经历了 2009 年的极度扩张后，2010 年没有出现新的面孔，进入了相对平稳的发展期。世纪华文所监测的男性期刊为 10 份，分别是《男人装》、《时尚先生》、《男人风尚》、《智族》、《时尚芭莎男士版》、《时尚健康男士版》、《达人志》、《新视线》、《摩登绅士》、《名牌》，所监测的 13 个城市为期刊较为发达的大中型城市，包括北京、上海、广州、深圳、武汉、南京、沈阳等城市。

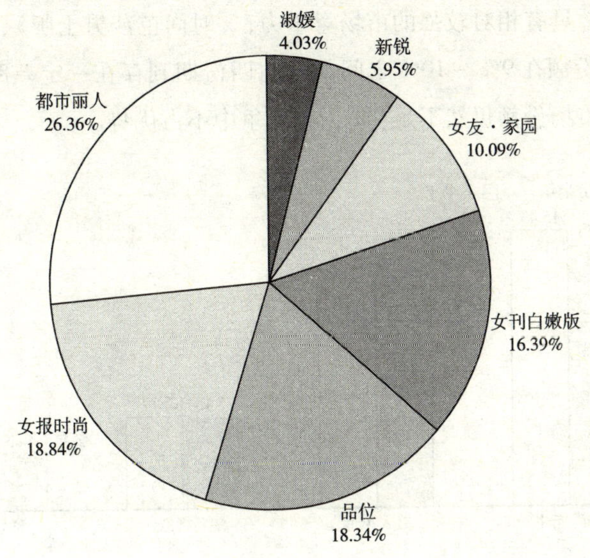

图 5　2010 年下半年女性中码洋期刊 12 城市市场份额对比

从 2010 年销量及变化图来看（见图 6），整体市场发展趋于稳定，下半年销量与上半年相比略有下降，但各刊表现不一。再来看 2010 年男刊市场份额变化图（见图 7），《时尚先生》、《男人风尚》、《新视线》、《摩登绅士》的市场份额与上半年相比都有所扩张，其中，《男人风尚》的扩张幅度最为明显，比上半年增加了 1.62 个百分点，超过了《智族》，排到第三位。从 2010 年下半年男性时尚类期刊市场份额对比图来看（见图 8），《男人装》以 20.94% 的份额持续稳居领先地位；《时尚先生》、《男人风尚》、《智族》份额在 10% ~15% 之间，分列

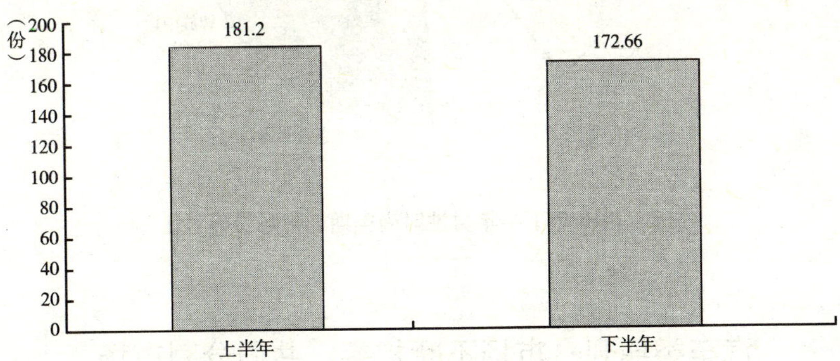

图 6　2010 年下半年男性时尚类期刊销量及变化

说明：图中数据为 10 份男性时尚期刊在全国 13 个城市的整体平均销量。

二、三、四位，具有相对较强的市场竞争力；《时尚芭莎男士版》、《时尚健康男士版》的市场份额在9%～10%之间，与前四份期刊存在一定差距，《新视线》等其他期刊的市场份额仍然不足7%，在竞争中不占优势。

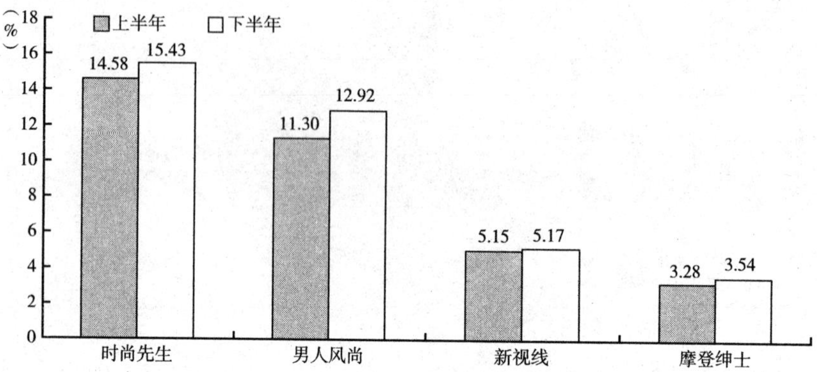

图7　2010年部分男性时尚类期刊市场份额变化

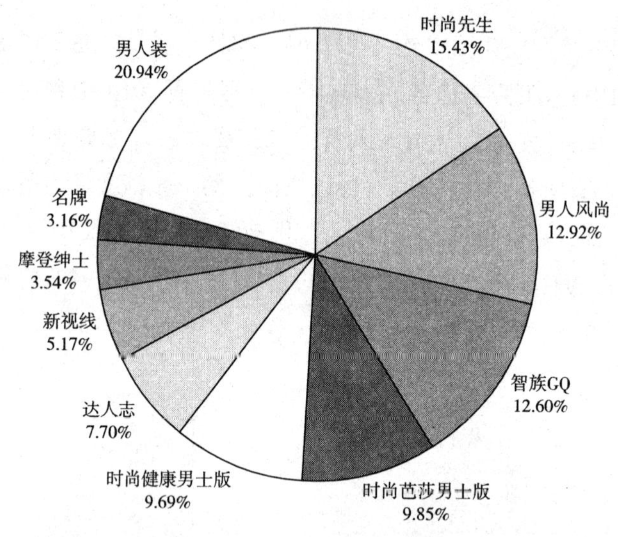

图8　2010年下半年男性时尚类期刊市场份额对比

汽车类期刊：市场不断扩容　共同分割市场

近年来，随着汽车经济的繁荣，汽车类期刊一直热销，并在不断扩容，竞争

一再加剧。2010 年，世纪华文所监测的汽车类期刊为 21 份，是所监测的期刊中类别最多的期刊；所监测的城市为大、中、小 20 个城市。

如 2010 年汽车类期刊整体平均销量走势对比图（见图 9）显示的，与 2009 年相比，2010 年经历了上半年零售总量上升，下半年小幅下降的波动。从城市角度看，总量市场的饱和主要体现在以北京和上海为代表的一线城市，这两个城市中，汽车类期刊不仅品种齐全，而且覆盖率高，各刊之间的零售销量基本保持了相对稳定的水平，波动性不大；而在期刊零售发展程度相对较低的二线城市中，汽车类期刊零售发展表现出一定的上扬趋势。

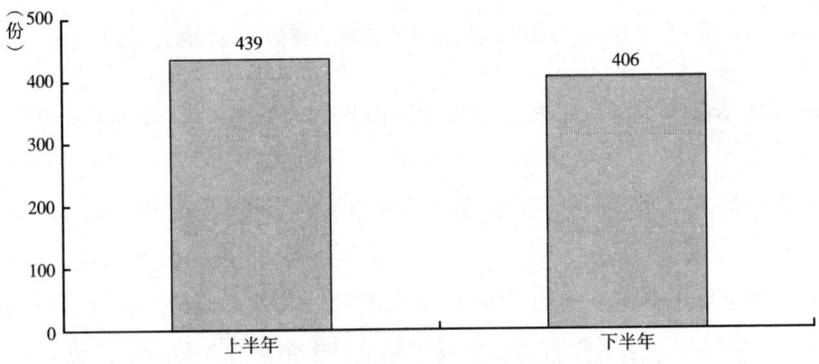

图 9　2010 年汽车类期刊整体平均销量走势对比图

说明：图中数据是全国 20 个城市中，21 份汽车类期刊的整体平均销量。

从区域角度来看，如 2010 年全国五大区域汽车类期刊整体平均销量走势图（见图 10）所示，与上半年相比，汽车类期刊在华东、华中、华南、华西四个区域的零售销量基本稳定，变化幅度都小于 10%，其中在华西地区实现了增长，华西地区成为汽车类期刊零售市场发展的潜力区。不过汽车类期刊在华北地区各城市的零售总量均有缩减，其中在北京和长春的降幅相对明显，成为带动总量市场缩减的主要原因。济南、厦门、昆明等期刊零售发展程度相对较低的二线城市成为汽车类期刊销量的增长点，在总量市场走低的情况下，汽车类期刊在这些城市中的发展势头强劲。

从各刊来看，2010 年下半年零售市场集中度升高，主要在于《汽车之友》、《车主之友》、《汽车杂志》、《轿车情报》4 份期刊的零售销量增加，争夺了其他期刊的市场份额，这在北京和上海表现突出，零售市场发展到一定的饱和程度后，期刊竞争的“聚合”现象出现，是其发展规律。从 2010 年下半年汽车类期刊市场份额对比图来看（见图 11），汽车类期刊的竞争格局依然呈胶着状态，各

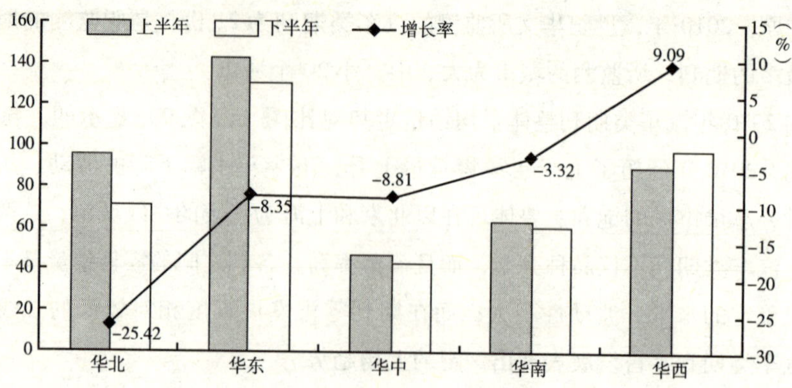

图 10　2010 年全国五大区域汽车类期刊整体平均销量走势图

刊之间的份额差距非常小，竞争市场中没有明显占优势的强势期刊。《汽车之友》、《车主之友》、《汽车导购》3 刊市场份额分别达到 14%、11% 和 10%，在竞争中稍占优势，成为长期领跑汽车类期刊市场的期刊；《轿车情报》、《中国汽车画报》、《动感驾驭》、《汽车杂志》、《汽车与你》的市场份额在 6% ~10% 之间，在零售市场中具有一定的竞争力，《名车志》、《汽车博览》等其他期刊的市场份额在 5% 以下，组成零售市场中媒体数量最密集、竞争最激烈的媒体层。

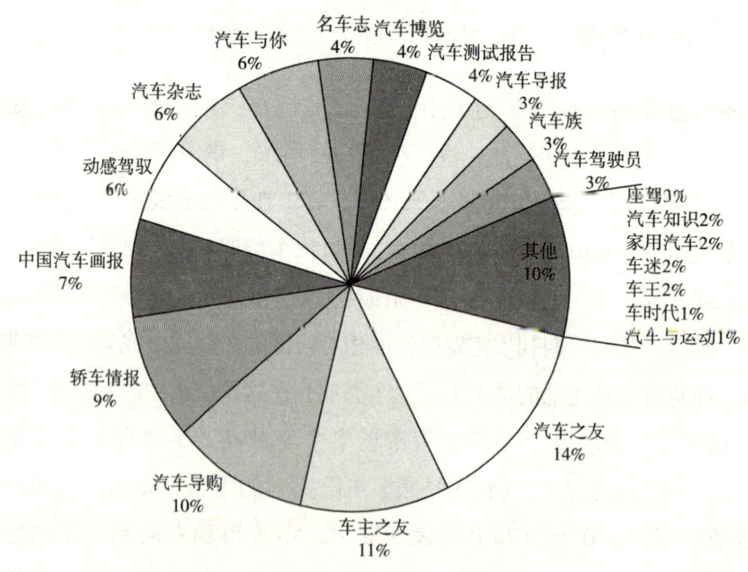

图 11　2010 年下半年汽车类期刊市场份额对比

综合近年来汽车类期刊的发展走势，不难看出，目前我国汽车类期刊市场规模庞大，同质化竞争加重，细分市场已得到深度开发，其整体发展已经上升到一个平台时期，一段时期内零售销量的上涨并不能带来持久、强劲的零售市场的扩充，零售市场的饱和程度已经达到一个相当高的水平。

财经类期刊：市场呈正向增长　后市依然看好

随着我国经济的升温，近年来财经类期刊市场具良好表现。2010 年，世纪华文所监测的该类期刊包含 7 份，分别是《第一财经周刊》、《财经》、《新世纪周刊》、《财经国家周刊》、《理财周刊》、《商业周刊》、《商务周刊》；所监测的重点城市为 10 个，分别是北京、成都、大连、广州、南京、上海、深圳、沈阳、武汉、西安。

从 2009 ~ 2010 年财经类期刊整体销量变化对比图来看（见图 12），2010 年财经类期刊与上年相比出现较大幅度上升，提升了近 20 个百分点，2010 年下半年，依然呈小幅上涨趋势。

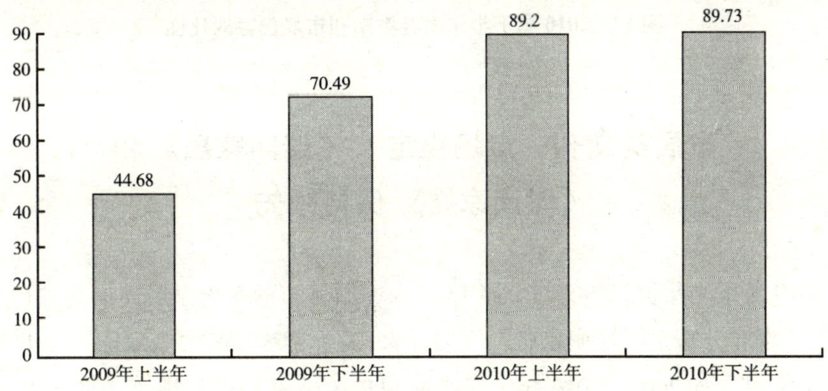

图 12　2009 ~ 2010 年财经类期刊整体销量变化对比

从 2010 年下半年财经类期刊市场份额对比图来看（见图 13），该类期刊市场份额集中度较高，《第一财经周刊》市场份额为 30.34%，排在第一位，《财经》市场份额为 22.55%，排名第二，《新世纪周刊》为 17.89%，位列第三，3 份期刊累计市场份额为 70.78%，其余 4 份期刊分享剩余的 30% 的市场，市场竞争力弱。从城市角度来看，南京是财经类期刊表现比较突出的城市，北京、深圳和武汉三个城市的销售总量较高，成都是十个城市里畅销性评价较高的城市。从未来发展来看，财经类期刊仍具上升空间。

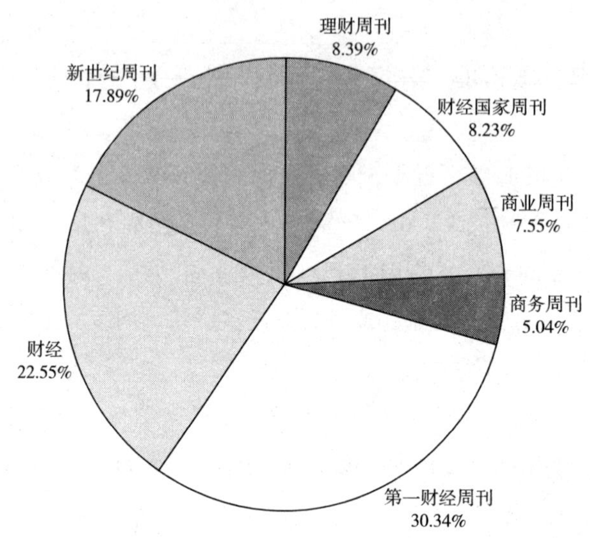

图 13　2010 年下半年财经类期刊市场份额对比图

家居类期刊：市场稳定　《瑞丽家居》和《时尚家居》保持领先

2010 年下半年世纪华文对全国 13 个大中型城市的 5 份家居类期刊进行了监测，5 份期刊分别是《瑞丽家居》、《时尚家居》、《家居廊》、《家饰》、《世界家苑（新家)》。如 2009 ~ 2010 年家居类期刊整体销量变化趋势图（见图 14）所示，与 2009 年相比，2010 年上半年整体销量出现较大幅度上涨，至下半年又有所回调，具体到所监测的 13 个城市而言，则各有增减。二线城市的杭州、南京、重庆的整体平均销量与 2010 年上半年相比有小幅增长，其他 10 城市中家居类期刊的整体平均销量与上半年相比普遍减少。

竞争格局未发生改变。《瑞丽家居》和《时尚家居》在各项竞争指标上依然表现出领先优势，《瑞丽家居》排名第一，《时尚家居》排名第二，市场竞争力

优势明显。其中《瑞丽家居》除在深圳的覆盖率排名第二，在其他 12 个城市中平均销量、实销率、覆盖率均排名第一。具体来看，《瑞丽家居》市场份额为 35. 75%，位居首位，市场地位相对较强；其次是《时尚家居》，为 29. 64%，与《瑞丽家居》相差 6 个百分点，两刊累计市场份额达到 65. 39%，主导了整个家居类期刊市场；《家居廊》、《家饰》和《世界家苑（新家）》销量差距不大，三刊分割剩余的零售市场（见图 15）。

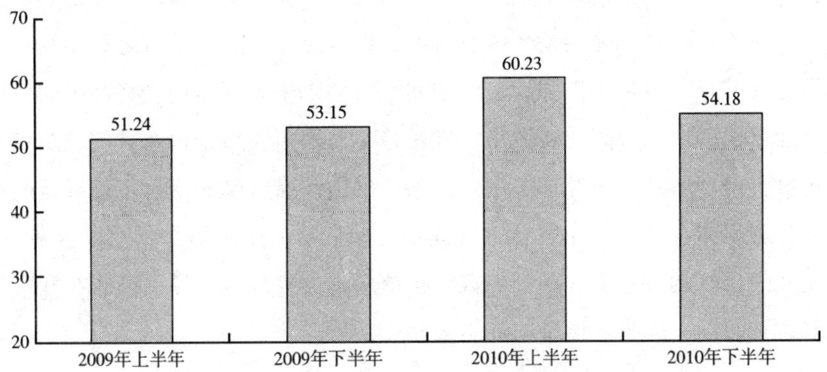

图 14　2009 ~ 2010 年家居类期刊整体销量变化

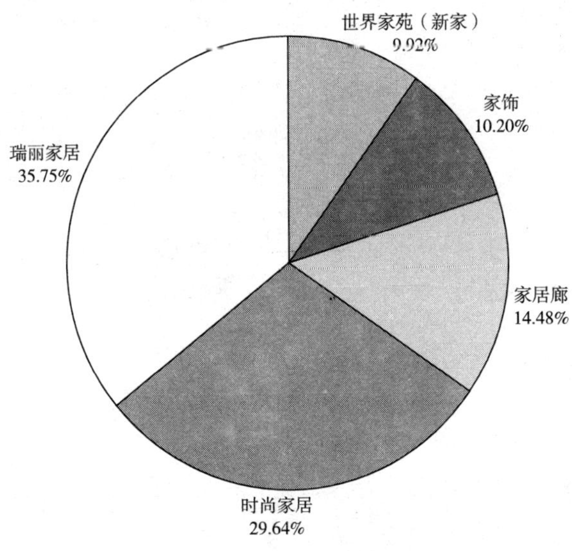

图 15　2010 年上半年家居类期刊市场份额对比

从期刊整体发行市场来看，我国期刊依然在持续升温，如高码洋女性时尚类、男性时尚类、汽车类、财经类、家居类、文摘类期刊等；也呈现出在一线城市保持稳定发展的同时，向二、三线城市扩张之势，且具有向主流媒体聚合的趋势，但难有一刊独大的市场机会。从我国期刊市场的未来发展来看，有以下几点值得注意：一是作为纸质媒体的期刊市场，未来相当长的时间里依然会拥有众多读者。二是市场总量难以更大的扩张，但一些如文摘类、动漫类等类别期刊中，依然会有为数不少的新的期刊面世。三是市场竞争将会更为激烈，在现有的读者群中，各主流媒体期刊将会使出浑身解数，赢得更多读者。换言之，期刊零售发行量整体在缩减，但强者恒强，主流期刊将引领未来。四是期刊将会巩固一线城市、坚守二线城市、决战三线城市，现在并不被很多发行渠道看好的三线城市的期刊销量将是今后各刊争夺的关键。五是在中国政府鼓励和支持传统媒体的内容生产者与新媒体企业的合作联合，发挥各自的优势，实现资源共享、互利共赢、快速发展的目标的背景下，期刊的数字化革新将再度加速，赢利模式在探索中初步呈现付费阅读、广告、增值服务等多元化趋势。

中国广播产业发展报告

China's Radio Industry Development Report

广播产业地图

内容生产
内部节目生产
稿源
简报/通讯员来稿/记者写稿/报刊杂志/图书资料
选题申报
签审
外购或交流节目
广播节目的购买
广播联盟台的节目交换
附带广告的免费节目
内容集成
行业格局
对内广播台
中央人民广播电台
省级/地级/县级广播电台
民营广播节目制作公司
对外广播
中国国际广播电台
各地方对外广播
制作流程
节目策划
类型/时间/内容/人员
备稿完成
内容审查
节目制作
插入广告
节目播出方式
直播
录播
相关行业
广告公司
数据监测和研究机构
节目代理及销售机构
广播相关硬件供应商
广播节目服务机构
安全播出
无线广播
调频广播
中短波广播
有线广播
新媒体广播
网络广播
手机广播
衍生品
听众
演出/会展/报纸杂志/广播直销/网站/短信服务/路况服务/消费服务

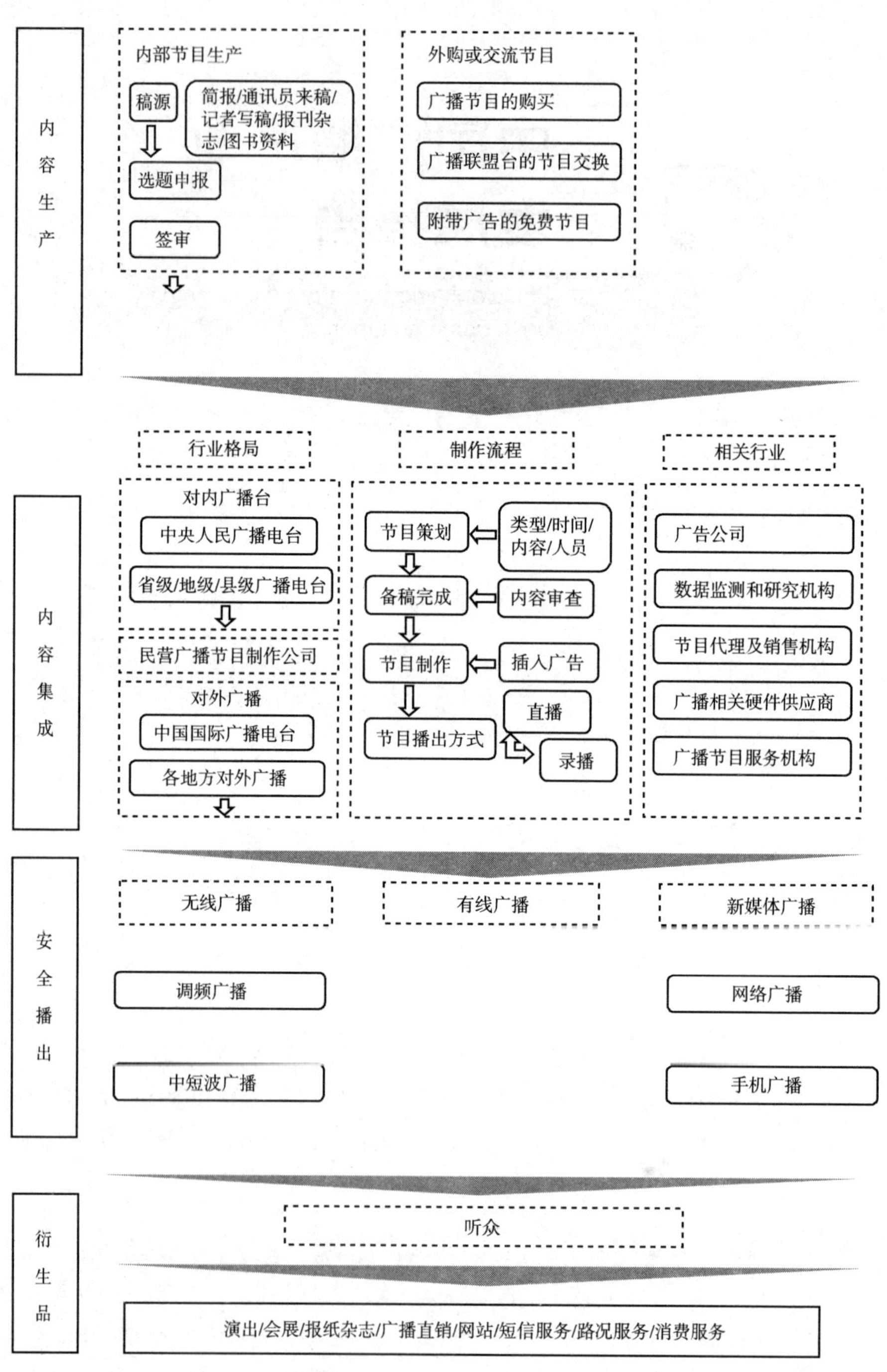

B.12

2010 年中国广播回望与前瞻

邓炘炘　殷一丁*

2010 年是充满变动和挑战的关键一年。面对全球经济危机，2010 年是中国"十一五"规划的收官之年，也是"十二五"规划的筹划之年，还是新中国广播诞生 70 周年的纪念之年①。在国内各行业慢慢走出衰退，渐趋复苏之时，南非世界杯、上海世博会以及广州亚运会等重大活动，带动了媒介使用和广告投放的快速增长；"十二五"规划强调繁荣发展文化产业，为广播行业发展带来新的机遇和希望。与此同时，当前的挑战也无比严峻，广播业正面对多种制约和路径选择，未来的发展之路并不轻松平坦。

一　面向三网合一的广电机构变身调整

目前，中国经济总量达到世界第二位，人均 GDP 超过 4000 美元，但整体经济和社会发展仍存在较大的矛盾和问题。2010 年 10 月落幕的中共十七届五中全会通过了"十二五"规划建议，强调深化改革开放、加快经济增长方式的转变。胡锦涛总书记在 2010 年 2 月 3 日中央党校发表讲话，总共用了 52 个"加快"，足见情势之紧迫。

集中与分散是广播产业结构中长期存在的一对矛盾。如湖南广电曾一直想把省内市县级电视网络收拢集中，但即便在省内运作，也遇到了巨大的抵触阻力。截至 2010 年 7 月，全国共有单立广播电台 234 座，广播电视台 2106 座，广播频率 2704 套②。

---

* 邓炘炘，中国传媒大学传播系系主任、教授、博导；殷一丁，曲阜师范大学讲师。

① 胡占凡：《改革创新、加快发展，带动全国广播实现新的腾飞——在中央电台 2010 年工作会议上的讲话》，《中国广播》2010 年第 2 期。

② 数据源自 8 月 31 日国家广电总局办公厅主任、新闻发言人朱虹以"大力推进广播影视改革与发展"为题回答人民网（www. people. com. cn）网友的提问。

对比2009年，国内单立电台总数减少17座（2009年比上年度减少6座），广播电视台总数增加了19座（2009年比上年度增加18家）①。从上述数据可以看出，广播电台在机构层面趋向整合收缩的态势仍在延续，鉴于行业格局没有大变，未来数量波动将限于小幅微调区间。

2010年推出的“三网合一”举措，对中国广电行业的影响巨大而深远。2010年1月13日，国务院常务会议做出“加快推进电信网、广播电视网和互联网三网融合”的决定。该决定对2015年“完成时间点”的明确重申以及三个阶段的倒逼式划分，显露出情势的紧迫。方案前后修改十余稿，进度在2009年下半年突然提速，2010年初果断拍板，折射出中央政府直接干预的强硬意志。有分析认为，中央政府下决心实现“三网合一”的重要原因之一，是制止传输网络的重复建设。此前电信系统与广电系统都拥有独立的渠道优势，在三网融合的背景下，渠道将打通，技术可以提供无限多渠道，内容将是不同渠道争夺的对象。在率先实行制播分离的电影电视剧领域，内容的价格在逐年攀升就是证明。在广电播出机构“制播分离”的改革背景下，“三网融合”新政给了广电行业（尤其电视台、电台）拥抱互联网、结盟电信运营商的契机和动力。

回顾2009年广电业的一系列动作举措，步步都为了应对“三网融合”而加紧体制、技术、业务等各层面的布局和准备。2009年10月，上海成立了广播电视台，推进制播分离的改革。2009年末的最后几天，中国网络电视台、芒果TV等网络视频“国家队”集体登台，广电播出机构全面进军互联网。2010年1月13日，中国迎来“三网融合”元年。几乎与此同时，湖南成立了广播电视总台。5月31日，由北京北广传媒集团、北京人民广播电台、北京电视台整合组建而成的北京广播电视台诞生，2010年各地广电台合并、联盟动作不断：2010年6月21日，沈阳人民广播电台和沈阳电视台合并组建沈阳广播电视台；8月18日，广州电视台、广州人民广播电台合并组建成立广州市广播电视台；10月15日，大连电视台和大连人民广播电台合并为大连广播电视台；7月26日，由陕西人民广播电台发起成立陕西广播联盟，集合了37家省内各级广播电台及部分省外电台，还有陕西省内部分报纸媒体加盟。陕西人民广播电台和华商报还签订

① 2009年数据源自国家统计局2009年统计公报。

了战略合作备忘录，探索跨媒体合作、跨机制联动的新模式。

中国第一批三网融合试点地区（城市）名单于 2010 年 6 月 30 日确定，三网融合的试点城市包括北京、厦门、大连、青岛、哈尔滨、武汉、上海、湖南长株潭地区、南京、深圳、杭州、绵阳。上述合并动向多由发达的或实力强劲的直辖市和省区广电机构领头，且与这一名单中的城市和地点相当重合，显示出广电行业战略谋划和对未来动向的深远考虑。上述国内广电“强势”地区和机构的主动“变身”，将有助于实现整合频率、频道资源，统一规划投入、产业运营、节目交流和广告经营；发挥整体优势和竞争合力，采用新技术、发展新媒体、实现广播电视和新媒体的融合发展；同时打通产业链，不断拓展发展空间，跨行业经营运作，迎接台网融合、三网融合的新挑战，抢占“三网合一”后国内新市场的制高点。这是 2010 年广电行业最为重要和关键的举措。

二　报道创新持续　联盟趋势走强

新闻报道是广播的核心服务。摸索新闻广播的服务模式和框架是近年广播业关注的中心问题。不断尝试的中央人民广播电台“中国之声”，在 2009 年 12 月 28 日召开“劲锐 2010”发布会，推介 2010 年度“中国之声”的全新节目策划，并在 2010 年内努力试行，取得稳定的成果和进展，框架模式渐趋成型。

“中国之声”目前运行的特点是：早 7:00 的名牌节目《新闻纵横》由一小时扩展为两小时，两小时内分别以“追”、“问”为主题，关注焦点事件，服务公众生活，追踪最新新闻；与早 6:30 的《新闻和报纸摘要》和 9:00 更新版的《新闻和报纸摘要》组合成早间黄金收听板块。下午 4:30 ~ 6:30 的高峰期，资讯密集、信息贴近、解读通俗，突出“新闻汇总”与“观点解读”，并与晚6:30 的《全国新闻联播》形成晚高峰精品板块。晚（夜）间 9:00 ~ 12:00 节目重排，强化新闻性，关注全球时事，提供全新收听体验，强化全天新闻播报概念。“中国之声”还利用自己的权威地位和品牌优势，建立部委发言人合作机制及相对稳定的特约观察员、评论员团队，加强了对新闻的深度解读和权威评论，提升了广播新闻的即时性、新鲜性和影响力，在相当程度上贴近国外广播发达国家的传播理念和框架。中央人民广播电台“经济之声”也进行了重要调整，由经济综合性定位向经济专业化定位转变①。

拥有12个电台频道平台的上海广播也开始拓展新闻空间。2010年元旦，其旗舰频率——上海人民广播电台开始改版，加长了全天的新闻直播节目时间，增加观众互动，凸显广播舆论监督的实效，如《990听众热线》每天开通热线电话，该节目与《990早新闻》及《990晚新闻》等串起一条听众热线投诉、记者采访调查、节目及时反馈的闭环机制。《新闻夜谈》搜罗新闻热点，采集各方评论观点的同时还开设互动平台，广大听众可以通过MSN、QQ、微博、短信平台等各种方式参与讨论。《政风行风热线》直播节目，从每周1期扩版为每周2期，解决听众投诉问题，加强舆论监督力度。

上海世博会和年底开幕的广州亚运会，是中国广播2010年年度报道的"重头任务"。上海人民广播电台元旦改版后，增加了世博宣传及新闻评论力度，推出一批新风格、新形式的新闻节目。如每天13:05推出的"世博现场"直播节目，在世博现场的广播直播车中介绍世博会的最新动态，访谈各界嘉宾。世博会开幕后，这一节目扩展到晚间。上海人民广播电台和东广新闻台在上海世博会开幕之时，推出了连续三天的世博大直播"璀璨世博耀浦江"，在形式、内容和容量上都创下新纪录，收听率增加近五成。此外，上海交通广播利用"长三角交通广播联盟"的网络平台优势，在网上形成延伸传播，扩大世博交通信息的传递和播发。东方广播公司下属的7套广播频率联合美国、日本等9个国家的12家电台以及全国城市广播联盟25家电台、长三角交通广播联盟、全国戏曲广播联盟等数十家电台，推出世博特别节目②。中央人民广播电台"经济之声"和上海第一财经频率牵头组织了临时性的节目报道联合体——全国经济广播世博报道联盟。他们制作播出为期6个月的世博专题节目"共享世博盛宴"等系列节目。两家还分别利用中国广播网和第一财经网，开设"全国经济广播世博报道联盟"的专区。在统一节目名称、呼号及音乐标识的前提下，各联盟成员台可同步转播，也可录制后择时播出，还可以下载节目或共享音频素材后编辑播出③。

---

① 邓炘炘、张彩：《经济之声的运行观察与发展分析》，《中国广播》2010年第2期。

② 黎瑞刚：《传播，让世博更精彩》，《中国广播电视学刊》2010年第6期。

③ 《关于成立全国经济广播世博报道联盟及共同播出〈上海世博会开幕特别节目〉的通知》，中国广播网，2010年4月27日。

中国广播联盟成立于2009年1月1日，有171个成员台，其中有45个成员台的330多位广播记者参与了第十六届亚运会的报道。与以往体育赛事报道不同的是，广播记者改变了过去单兵松散作战模式，运用集团化作战的模式，优化配置人力资源，统一规划报道选题，统一前线报道指挥，有目的、有计划地开展亚运采访报道。所有广播联盟的记者在赛场一线采访到的亚运新闻素材都将全部上传到中国广播联盟节目共享平台，实现亚运信息资源的共享，为全国广播电台亚运报道提供资讯。以上都是年度大型报道中合作分享的新运作新探索。

三　推进海外落地　提升国际影响

2010年1月4日，中国对外宣传工作会议部署2010年外宣工作时的表述为：抓住机遇，改革创新，更加及时有力地向世界传播中国的声音。李长春强调“在提高舆论引导能力和国际传播能力、掌握话语权赢得主动权上迈出新步伐”，“不断提高舆论引导能力和国际传播能力，努力营造客观友善、于我有利的国际舆论环境；积极开展对外宣传和对外文化交流，努力提升我国文化软实力”。①

11月2日，中国国际广播电台墨西哥蒂华纳AM1470中波台正式开播，这是国际台在境外开办的第50家整频率电台。王庚年台长介绍说：“自2006年内罗毕FM91.9开播到现在，不到五年时间，国际台已完成了在海外50个整频率电台的建设。目前，国际台海外整频率电台数量仅次于BBC，居全球第二。”2009年9月，统计数字显示国际台海外整频率电台的数量为26家，可以看出在一年多的时间里，中国国际台在海外的整频率电台数量翻了近一番，推进广播海外落地的速率有明显提高。在开播仪式上，王庚年台长表示，国际台将在2020年之前，完成150个海外整频率电台的建设，届时，国际台海外整频率电台的数量将与英国广播公司（BBC）比肩。②

截止到2010年11月初，国际台已成功在美国实现了5个整频率落地项目，在加拿大实现了3个整频率落地项目，在澳大利亚、新西兰实现了3个整频率落

① 《全国宣传部长会议在北京举行》，2010年1月5日《人民日报》。

② 《国际传播力迅速提升》，国际在线，http://gb.cri.cn/27824/2010/11/05/5190s3046045.htm。

地项目。这些整频率项目均是以至少10小时的英语、法语或华语节目大规模登陆以上国家和地区的，缓解了国际台节目在发达国家落地的难局，争取了更多的海外主流听众群，有利于扩大国际台节目在欧美发达国家的有效覆盖，提高了国际台在欧美发达国家的影响力。而且在拓展节目海外落地的同时，中国国际广播电台还积极探索海外落地新模式，确立了以公司化方式实施的海外发展战略。

中国国际台目前通过在世界主要国家首都或大城市，以建设、租用、合作办台或者商业购台等方式，完成其整频率电台或中波电台广播布局，积极推进落地节目本土化。2010年11月14日，美国旧金山首家24小时华语广播电台KSFN AM1510正式开播，节目由中国国际广播公司和美国国际鹰龙公司联合制作，为有关中国大陆和旧金山本地的内容。[①]

目前，中国地方台也越来越重视对外传播，对外广播已经从中国国际广播电台一家变为多家。2009年10月23日，广西电台与中国国际台联合开办的主要面向东盟国家的我国首个区域性国际广播频率“广西北部湾之声”开播。安徽电台的“中国安徽之声”2009年9月16日正式落地摩纳哥；2010年4月，该节目用英语和汉语两种语言、四个版本分别落地澳大利亚墨尔本3CW中文电台、美国洛杉矶双语电台、美国多元文化传媒集团旗下的马里兰多元文化电台、华盛顿多元文化电台、纽约中文电台等。[②]

四　广告收入增长　运营探索新路

广播的复兴和中国的“汽车热”密不可分。2009年，中国汽车年度销量第一次超过美国，达到1360万辆。据国际著名咨询公司发布的数据，至2010年8月，中国汽车制造商累计销售汽车1196万辆，比去年同期上涨40%。这带火了以交通广播领军的城市电台。目前，广播最有价值和最受关注的听众群是开车族。在很多广告公司和广告主眼中，广播最具有吸引力的地方在于它拥有较多的

---

① 《美国旧金山首家24小时华语广播电台开播》，中国新闻网，http：//www. chinanews. com. cn/hr/2010/11－15/2656271. shtml。

② 温振超：《省级主流媒体理所应当“走出去”——安徽人民广播电台外宣窗口阵地建设回顾与思考》，《新闻世界》2010年第8期。

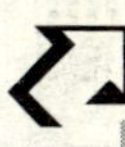

驾车人士，尤其是私家车听众。交通台之所以长盛不衰，就因为开车的人听广播多。①

近五年，全国广电业广告收入每年以 70 亿～80 亿元的年增长幅度递升②，远远超过行业财政款和有线电视收视费的比重和年增长幅度。2010 年上半年，全国广播电视广告收入 437 亿元，增幅 26%。广播广告收入 43 亿元，增幅 22.86%（2009 年广播广告收入的增长率为 12.79%）。③ 以中国广告业三大中心为例：2010 年第一季度广东省的广告收入中，广播广告收入 2.06 亿元，同比增长 19.13%。④ 1～5 月份上海广播电视台的 16.3 亿元广告收入中，广播广告收入 1.7 亿元，同比增长 41.7%，而 1～9 月份其广告累计订单量达 42 亿元，其中广播完成收入 3.37 亿元，同比增幅为 40%。⑤ 近几年来，北京人民广播电台广告收入连年大幅增长，2008 年广告收入达 6.2 亿元，跻身全国前 50 强媒体之列，⑥ 创收收入连续多年位居全国电台第一。⑦ 2010 年北京台广告收入达 6.7 亿元。在当下严重经济危机的大背景下，广播电台广告以大大超过全国经济总量增长率的幅度持续攀升，其原因是市场经济以外的因素和力量的托举，其未来可持续性问题也引起业内人士的关心。

2010 年 6 月 3 日，中央人民广播电台宣布，将投入 1 亿元筹建央广购物电视频道，6 月 17 日正式开播。该平台将首先在北京和天津落地，之后再拓展到全国市场。此前，央广传媒与建行北京分行、工商银行北京分行签署《战略合作协议》，获得了近百亿的授信额度。目前，国家广电总局总共核发了 9 张全国性家庭购物电视频道，中国人民广播电台拿到的是第 8 张。从上海文广的“东方购物”，到中央电视台的“中视购物”，如今再到中国人民广播电台的“央广购物”，国有广播电视机构正“批量”进入电视购物行业。

---

① 《广告代理行业人士纵论广播广告》，中国媒体广告刊例网，http：//www.mtklw.com.cn/news/fxbg/100117－fxbg2.html。

② 资料来自国家广播电影电视总局统计信息网站，http：//gdtj.chinasarft.gov.cn/showtiaomu.aspx?id＝2c1b6829－d533－42dc－8c87－5ee48a6b944d。

③ 资料来自《2010 年上半年全国广播电视稳步发展》，《广播电视信息》2010 年第 8 期。

④ 资料来自广东省广播电影电视局网站，http：//www.rftgd.gov.cn/。

⑤ 资料来自上海市文化广播影视管理局网站，http：//wgj.sh.gov.cn/。

⑥ 《北京人民广播电台锐意开拓广告经营市场》，2009 年 5 月 29 日《中华新闻报》。

⑦ 孙向东：《建“首善”创一流　大力促进北京广播影视高端崛起》，《北京观察》2010 年第 2 期。

五　数字改造加快　广播拥抱视频

2010 年初广电总局新闻发言人朱虹在接受新华社记者采访时说，有条件的电台、电视台都要大力发展网络广播电视，特别是要打破传统节目生产方式，更好地汇聚网民力量、依靠网民智慧。朱虹表示，2010 年要大力推进广播影视数字化，积极改造提升传统媒体、传统产业，加快发展新媒体、新业态，推进传统媒体与新媒体、传统产业与新兴产业的融合发展。国家广电总局局长王太华在 10 月 20 日召开的“2010 全国广播电台台长座谈会”上要求，到“十二五”末，市地以上城市广播电台须全面实现制作和播出的数字化。

2010 年 7 月 6 日，江苏文艺广播实现了模拟与数字方式同频播出，南京市民在使用普通收音机收听原有江苏文艺频率模拟广播的同时，还可以使用 HD Radio 接收机收听到三路数字广播。下一步，江苏广电总台还将开展智能交通信息广播等数据服务试验，对数字声音广播的运营模式进行探索，拓展广播的新市场和发展空间。

此外，各地广播电视台向数字和网络视频进军的脚步也在加快。上海广播电视台 2010 年 7 月 30 日获得广电总局颁发的互联网电视和 3G 手机电视牌照。这种全国性完整牌照将使上海广播电视台可在全国开展互联网电视和 3G 手机电视集成播控、运营与内容服务业务。9 月 6 日，国家广电总局正式批准中央人民广播电台建立“央广广播电视网络台”（CNBN），这是继中国网络电视台 CNTV 之后，又一家获准建立国家级网络广播电视台的广电机构。

11 月 6 日，中央人民广播电台承建的 3G 手机电视集成播控平台正式通过国家广电总局验收，并与国内最大的电信运营商——中国移动的视频运营中心实现了互联互通。据中央人民广播电台有关领导介绍，央广的手机电视集成播控平台呼号为“中央银河 3G 手机电视”，具有开放、可靠、易扩展等特点，可承载一百家以上手机电视内容服务机构。中央人民广播电台的手机电视平台，先后与湖南卫视、浙江卫视、安徽电视台、北京电视台、广东电视台、优酷网、土豆网、酷 6 网、光线传媒、华谊兄弟等 120 多家内容提供商达成了合作协议，成为目前国内最大的正版手机电视集成运营平台；内容涵盖新闻、经济、娱乐、影视、幽默短片等。该平台目前在中国移动上发布 20 个点播频道、4 个直播频道，在中

国联通和中国电信上各发布 58 个点播频道、11 个直播频道，每天上传视频点播节目超过 600 分钟，拥有上百万的用户群。①

国内有实力的广播机构现正以积极的态度全面进军数字、网络和移动视频服务领域。值得注意的是，在这个充满希望、诱惑和风险的领域，广播业此前所具有的专业力量和资源优势将不再是优势，面对传统电视业和影视业的顽强竞争，面对电信等伺机进军内容服务的挑战，国内广播机构的前景并非一派大好顺境。有研究显示，截至 2010 年 9 月 15 日，我国内地的四级广播机构提供可通过手机收听的广播节目 404 套，其中采用数字国际标准、点对点双向互动在手机网上实时播出的分布情况如下②：

类　　别	套数	类　　别	套数
中央级台	12	省会城市台	73
直辖市台	47	其他城市台	171
省 级 台	101		

上述调研报告称，随着智能手机的热销和价位的迅速下滑，以及 WIFI 的无所不在和 3G 流量包月制的实施，尤其是数字广播不受地域限制的优势和跨越了音视频服务之间的鸿沟的特征，数字广播必会引起各方关注，普及速度可能会大大出乎此前的预料，这对国内广播机构是一个大好机会。事实上，数字化不但敞开了广播进入视频服务的大门，也为音频广播服务提供了大有可为的新天地。

不过，数字化为广播提供了“走出去”的大门，也为竞争者“涌进来”削平了门槛，更大的竞争空间和更强的竞争正在眼前打开。这是广播行业及机构需要正视和小心应对的。

---

① 《央广 3G 手机电视集成播控平台通过验收》，中国广播网，http：//www. cnr. cn/gblm/lmgw/gbb/201011/t20101119_ 507349080. html。

② 张康敏：《全国广电机构手机广播情况调研》，http：//info. broadcast. hc360. com/2010/10/210853305000. shtml。

B.13
2010 年中国广播产业发展

刘 云 廖梦天*

2010 年，中国历经欢喜与磨难，冬奥会华人夺金、世博会举世瞩目、玉树地震举国悲痛、嫦娥二号成功飞天、亚运会和谐激情，这一系列的活动和事件将中国人民团结得更加紧密，祖国上下齐心协力谋求繁荣发展。2010 年，我国广播事业面临的形势是既有机遇，又有挑战。三网融合不断推进的同时，我国广播呈现出产业化进一步升级，集团化、品牌化趋势明显及广播“窄播”化等特点。在技术洪流滚滚而来的时代，我国广播正从自身特点和优势出发，抓住机遇，迎接挑战，争取在国家利好政策的大环境中早日实现广播产业的又一春。

一 2010 年中国广播产业发展总结

（一）发展概况

2010 年，中国广播产业保持着稳步上扬的发展态势。我国现共有广播电台 234 座，广播频率 2704 套，付费广播频率 39 套，我国广播人口综合覆盖率为 96.31%①。

中央人民广播电台是目前中国唯一覆盖全国的广播电台，在我国拥有 7 亿多听众，是世界上拥有国内听众最多的广播电台，现办有 13 套无线广播节目，全天累计播音 278 小时（2009 年 240 多小时，2010 年增加 20 余小时）②。与此同时，央广利用丰富的多媒体设备，正式启动“台网一体”战略。

中国国际广播电台较之 2009 年，又在更多的国家和地区实现了调频落地播

---

* 刘云，浙江大学广播影视研究所副所长；廖梦天，浙江大学广播影视研究所研究生。

① 国家广播电影电视总局网，http：//www. sarft. gov. cn/，2010 年 10 月 15 日。

② 中国广播网，http：//www. cnr. cn/，2010 年 12 月 17 日。

出。国际台已实现播出 35 个海外频率和中波台，累计落地总时数达 839.5 小时，落地节目语种为 40 余种，覆盖全球 60 多个国家和地区。

省市级广播电台中，东部和沿海等发达省份和城市依托良好的经济实力，车载收听人数上升得最为明显。与此同时，一些经济基础较差的地区得益于国家政策及自身改制创新，不断获得突破和发展，皆取得可喜的成果和进步。

（二）受众市场

2010 年中国广播总体收听率呈现稳健态势发展，随着车载收听增长，交通频率继续领跑榜单。根据 CSM 媒介研究全国 18 个城市主要频率收听排行榜（见表 1），通过分析电台类型、上榜次数及平均收听率和市场份额，在抽样城市中，交通、新闻和音乐仍是主流频率，经济、都市生活和文艺类频率也有上升趋势。2010 年排行榜较之上一年，并未发生明显变化。“世博会”、“亚运会”、“玉树地震”、“南非世界杯”、“嫦娥二号”等系列重大事件吸引了更多的听众。

表 1　全国 18 个城市主要频率收听排行榜 TOP 5

收听排行榜	电台类型	上榜次数	收听率(%)	市场份额(%)
TOP 1	交通/汽车	15	0.92	15.71
TOP 2	新闻/综合	13	0.79	14.24
TOP 3	音　乐	12	0.68	14.71
TOP 4	经　济	10	0.57	11.13
TOP 5	都市/生活	5	0.71	10.68

资料来源：CSM 媒介研究（2010.1～6）。

（三）广播广告

经历过 2008 年金融危机洗礼以及 2009 年经济初步复苏后的 2010 年，虽然经济环境仍处在复杂的调整、规划阶段，但我国广告市场终于恢复元气。首先，宏观经济增速超出市场普遍预期，我国第二季度 GDP 达 1.33 万亿美元，首次超过日本，成为世界第二大经济体。因此，在持续推动消费的大环境下，上半年中国广告投放增幅达 17%①。

① CTR：《2010 年上半年中国广告市场增长 17% 创四年新高——消费潮流推动广告市场持续升温》，http：//www.ctrchina.cn/，2010 年 11 月 23 日。

在媒体行业，值得我们注意的是，各媒体受广电总局于2009年9月颁布的《广播电视广告播出管理办法》影响较大。如表2所示，电视广告时长总量减少，电视广告花费增长15%，低于广告市场整体增幅，但在广告投放份额上依然占据绝对优势，高达78%。与此同时，电台、报纸、杂志成为电视广告缩减的获益者。其中，电台是获益最多的媒体，上半年广告增幅领跑其他媒体，达35%。

表2　2010年1~6月中国媒体广告花费统计

单位：亿元，%

媒　体	广告花费	变化	市场份额
电　视	2159.60	15	78
报　纸	338.06	22	13
杂　志	70.89	21	2
电　台	65.12	35	2
户　外	136.75	23	5

资料来源：CTR媒介智讯，2010年10月15日。

同时，CTR媒介智讯发布的中国广播行业广告花费排行榜（见表3）显示，江苏交通广播网以广告花费2.74亿元，从上一年的榜上无名跃居2010年的榜首。另外尤为值得注意的是，广东电台交通之声不仅从上一年的第8位跃至第4位，且

表3　2010年第二季度中国广告花费TOP 10——广播行业

单位：百万元，%

排名	媒　　体	广告花费	同比变化
1	江苏交通广播网	274	10
2	北京人民广播电台交通广播	199	14
3	中央人民广播电台一套中国之声	193	47
4	广东电台交通之声	176	148
5	浙江人民广播电台交通之声	153	50
6	中央人民广播电台三套音乐之声	132	18
7	上海人民广播电台动感流行音乐广播	128	15
8	上海人民广播电台魅力流行音乐广播	125	41
9	上海人民广播电台交通广播	124	60
10	杭州人民广播电台交通经济广播	98	48

资料来源：CTR媒介智讯。

增幅高达 148%。央广的中国之声和音乐之声从上一年的第 2 和第 5 名滑落至第 3 名和第 6 名，虽然名次未见明显变化，但中央媒体毫无疑问正受到地方媒体越来越多的冲击和挑战。省市级电台中，仍然是北京和上海，以及三个沿海经济发达省份江浙粤的广播电台势头强劲。在 2010 年出版的《中国省域经济竞争力发展报告（2008～2009）》中，上海、北京、江苏居前三位。由此可见，一个省份（城市）的综合实力及经济竞争力在很大程度上影响着该地域的媒体广告花费。

二 2010 年中国广播产业发展特点

根据总结和分析 2010 年国家广播电视电影总局网、《中国广播报》、人民网、CSM 媒介研究等官方、主流媒体发布的各项关于广播产业的新闻和资料，我国广播产业呈现如下几个特点。

1. 乘政策春风，广播产业化进一步升级，集团化、品牌化趋势加重

从 2009 年开始，我国相继出台了一系列有利于文化产业大发展的方针、政策，尤其是培育大型传媒集团、推动传媒行业上市步伐等。2010 年 4 月，九部门又联合下发了我国第一个金融全面支持文化产业的文件，即《关于金融支持文化产业振兴和发展繁荣的指导意见》，提到加强对文化产业的金融财税支持政策。这一系列的利好政策，促使广播产业化进一步升级。我国广播产业集团化趋势明显，在三网融合的大背景下，集团化将广播的“声音”发挥得更加淋漓尽致。但是，我国广播产业仍然面临很多问题，例如，水平相较于西方国家仍然较低，资源配置不甚合理，而且收入结构较为单一，严重依赖广告收入等。所以，我国广播产业仍需借助政策春风，巩固集团化优势，创新而综合地发展。

与此同时，我国广播行业深刻意识到品牌建设的重要性，其中包括频率品牌、主持人品牌、广告品牌等。媒体产业是“注意力经济”，如何吸引受众的注意力，是各媒体生存与发展的重中之重。现在各媒体争创品牌栏目，多管齐下进行宣传；或是打造原创品牌，坚持做到与众不同；或是制造名人效应，企图利用名人名气达到造势效果；或是学习国外优秀媒体，将他人之长与自身特点相结合。但是，在收听率的主导地位下，仍有很多媒体不注重节目内容和质量，节目渐渐趋向于“三俗”。所以，如何坚守媒体道义和责任，在“随利逐流”的时代中倡导媒体坚守本位是很有必要的。

2. 窄播化更加明显，注重小众化和专业化要求

传统媒体自诞生以来，其最大的优势便是它的覆盖范围大，这为它赢得并巩固了社会文化地位。每一个广播台都希望能“海纳百川”，综合台的设想是经营者希望在一个电台频率中，能为不同的观众，制作各种类型的节目，一览无余地将他们吸引到自己的电台中来。但事实上，这是非常难的。对此西方广播早已有所认识，所以综合台在西方已经较为稀有，但在中国却仍是主流电台。但近年来，广播由“广播”走向“窄播”的趋势越来越明显。

根据 CSM 媒介研究提出的观点，“窄播”一为窄化内容，即依据“市场需求细分化”。据调查，此类频率在我国广播市场中超过 400 个，已成为较主流的方式；二为窄化听众，即依据“分众化”理念以某一类特定的人群为目标受众，此类频率目前只有 12 个，仅占全国总量的 3%①。总的来说，如今“窄播”特色比较鲜明，一是服务对象明确，二是节目特点突出，有很强的专业性、对象性和服务性。尤其是随着手机、3G 网络等新媒体的发展，“窄播”会愈加深得人心。

3. 多难兴邦，我国广播彰显强大的媒体责任和力量

“灾难凝聚人心”，在地质性灾害和突发性事故中，中国人民团结一心，众志成城。2010 年，我国又遭遇了西南干旱、玉树地震、舟曲泥石流，我国媒体在危机时刻显示出自己的力量与责任感。不仅调集精兵强将深入前线，发回民众最需要的全方位第一手报道，而且通过自身的媒体优势和特点，组织募集善款，并动员更多的人关心灾区和灾区人民。2010 年，我国广播在各事件面前积极作为，彰显出更加强劲的力量，因而广受各界赞扬。

三　2010 年中国广播产业发展思考

1. 关于三网融合中广播产业发展的思考

“三网融合”这张集合了互联网、电信网和有线电视网功能的大网终于织成，因此 2010 年也被人们定义为三网融合元年。“三网融合”后，大家可用电视遥控器打电话，在手机上看电视剧，根据需要选择网络和终端，只要拉一条线，甚至无线接入即完成通信、电视、上网等。这对我们来说，已经是一个很大

---

① CSM 媒介研究，《浅谈“窄播”现状及发展》，《中国广播收听年鉴 2010》，第 23 页。

的突破，但若要实现我们心中理想的画面，三网融合之路仍是任重而道远的。那么广播产业怎样才能把握机会，在三网融合的大背景中，找到自己的发展空间呢？

三网融合总的来说能为广播产业的发展带来相当大的帮助。首先，广电和电信运营商可以进入对方的领域，这是一把“双刃剑”。利的方面，是可以延伸各自的产业链，实现优势互补及资源共享，从而降低成本，扩大用户群；弊的方面，是双向进入有可能导致各自的垄断被打破，从而导致竞争加剧，引发更多的价格战。但从消费者的角度出发，则是利好更多。因为他们将有可能享受到更优质、更价廉的服务。其次，得益于广播与新媒体联系更加紧密，网络广播、播客、可视广播的前景会愈加可观。互联网与广播的结合，改变了传统广播的发展模式，我们将从“听广播”跨越到“用广播”的新时代。再次，三网融合后，新技术将改变传统广播的一些缺陷，如信息易逝性，只能依靠声音传播，缺乏感染力，等等。与此同时，虽然广电网能够提供更多类型的广播电视业务，但优化、完善服务的前提一定是建设更加安全可靠的信息网，完善管理系统。三网融合对于我国广播的发展是一次很大的机遇，但机遇同时意味着竞争和挑战，只有积极与新技术相结合，知己知彼，扬长避短，才有可能在三网融合中获得突破发展。

2. 关于更好地实现广播“窄播”发展的思考

目前，我国广播的“窄播”趋势已经基本成规模，而且，我们已经意识到广播“窄播”化的必要性和优势。但是，如何在内容和市场需求两方面都做好窄化，以更好地实现广播“窄播”，仍是需要认真研究和探讨的问题。

从“内容窄化”看，我国的广播频率很多只局限于满足不同人群的某几个共同需求，这就造成了各地交通、音乐、新闻、财经等频率的泛滥。但社会在每个时间段更新的信息量以及受众在固定时间内的需求量都是有限的，这将造成多档节目为了同一目标听众疯抢信息资源的状况。从“听众窄化”看，虽然频率已定位好目标听众群，但播出的节目并不能满足这一特定人群的基本需求，所以收听率仍相对较低。因此，“窄播”的专业化和系统化建设已成为当务之急。

通过分析我国广播产业目前的状况，我们认为应着手做好以下几点：其一，应从频率本身着手。每个频率，即使是相同类型和主题的频率，都应该打造出自己的品牌和特色。一是应该利用地方特色，二是应该走在时代前沿。其二，每个频率都应该先调查、分析清楚目标听众的需求、心理、习惯。每个电台就像是一个工厂，只有根据客户——即听众——的需求制作他们想要的产品——即电台节

目，才能真正抓住他们的心。其三，应从广告入手。在我国，广播产业的发展与广告收入仍是密不可分的，在相当长的时间内，我们是无法改变这个现状的。所以，我们一是可以依靠提升频率专业度，这样将吸引这个专业领域内更多的广告主在该频率增大广告量；二是可以借由在同一频率中加大投放不同专业领域的广告，这个将主要适用于“窄化听众”的频率，因为尽管目标人群是基本固定的，但是每个群的需求是多样化的，因此广告的种类也应随之多样化。

3. 关于广播如何坚守媒体本位的思考

近年来，很多媒体在收听率、发行量、广告额的操控下，只为自身的蝇头小利，而全然不顾在社会和世人中产生的负面影响，令一些“三俗”节目充斥电视、广播，以及网络之中，甚至对此现象大加炒作。这种不正之风引起了社会各界的强烈反感和批评，更加损害了媒体形象。所以，我们希望对广播如何坚守媒体本位进行一些很有必要的反省和思考。

第一，应该树立品牌意识，强化广播的诚信服务理念。每个电台都应该打造属于自己的一张牌，只有这样，电台里从管理层至节目制作者和播出者，才会注重这张牌，才不会因一时之利，而损失中国人最看重的“面子”。与此同时，我国广播应该不断强化诚信观念。

第二，应该深化改革，加强管理制度。美国是世界上最早几个对电视低俗节目内容进行监管的国家之一，该国已经形成了一套比较完整的监控制度。一是对低俗节目进行界定；二是利用分级控制对低俗节目进行监管；三是采取“时段隔离”措施；四是通过技术手段屏蔽某些不适合的节目内容；五是鼓励公众监督、投诉低俗节目。在我国，监管制度虽已存在，广电总局也陆续出台了一些方针政策，但是管理中仍存在不少漏洞。对此，首先应从广播本身出发，加强内部逐级管理审查制度，严格控制节目播出内容和时段；更重要的是在全社会宣扬正义之风，扭转受众心态，培养健康、正常地收听心理。

B.14
2010 年中国广播收听市场分析

黄学平*

综观2010年中国广播收听市场，各级电台、各类频率和各个地区的市场竞争格局在稳定中表现出新的特点，听众的收听习惯与行为在渐变中彰显出新的趋势。以下将通过赛立信媒介研究在全国范围内的收听调查数据，分析2010年中国广播收听市场的趋势与特点。

一 全国广播听众规模达6.6亿人，较上年轻微上升

❖ 城市是广播收听市场的核心竞争区域

调查显示，2010年全国城乡居民的广播接触率①为59.7%，城乡广播听众总规模达6.6亿人，比2009年略有上升。城市居民广播接触率仍明显高于农村，为64.0%，城市听众约4.1亿，鉴于城市人口密集、汽车拥有量大等因素，2010年的广播市场中，城市依然是核心竞争区域。随着私车保有量的不断增加，驾车人士成为各广播频率重点锁定的目标受众，城市广播市场的竞争将日趋激烈。在农村地区，广播的接触率是50.3%，较2009年略微下降，农村听众大约为2.5亿人。

❖ 中青年、中高收入的听众群在增加

与2009年数据相比，城市广播听众结构年轻化、高端化的趋势在延续（见图1）。主要原因是私车保有量的持续性增长，为广播带来了大量听众。数据显示，中国汽车行业前景广阔，预计2011年将持续保持增长，增长率在

---

* 黄学平，赛立信媒介研究有限公司总经理。

① 媒介接触率，指在过去一个月内收听过广播的人口占潜在听众（广播覆盖地区具备收听能力的人口）的比例。

19%～20%之间①。由此推算，中国驾车听众收听市场也将会以每年19%～20%的速度增长。汽车拥有量的快速增长主要归结于两点原因：（1）随着中国经济的快速增长，居民的收入也有了很大提升，汽车进入寻常百姓家已经不是梦想。中国汽车市场增长率最高的乘用车是10万元左右及以下的A级和AO级车，这部分汽车的消费者主要是拥有中高收入的中青年群体。（2）部分主要城市对私车的出行限制措施也导致一些富裕的家庭购买第二辆车方便出行。

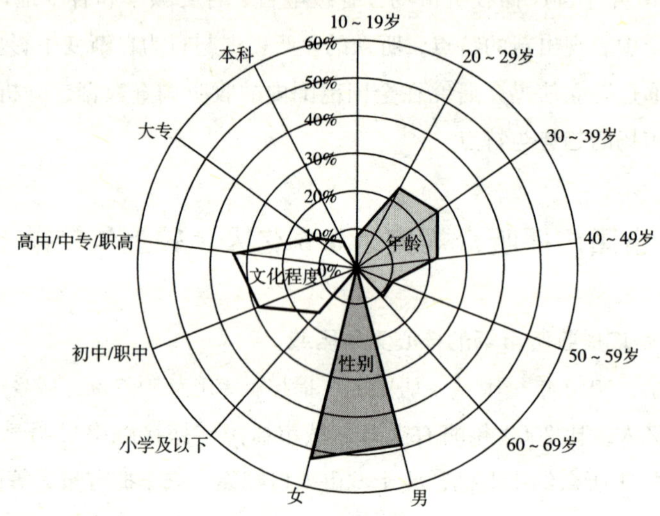

图1　2010年城市广播听众特征

资料来源：赛立信媒介研究，2010。

随着私车的迅速普及，驾车不再是男性的专利，女性驾车者也在快速增长。数据显示，与2009年相比，驾车听众中女性听众上升了3个百分点。随着中国汽车拥有量的剧增，中国的广播市场也将会沿着国外广播市场的发展轨迹发展。

❖ 世博、亚运盛事期间，广播是听众重要的信息获取渠道

2010年盛事连连，南非世界杯、上海世博会、广州亚运会接踵而来，老百姓对这些事件的关注度都很高，虽然现在电子技术的发展使得资讯传播的途径越

① 摘自崔东树《2010年1～9月份中国汽车市场产销分析报告》，2010年10月18日。

来越多，但电视、广播、报纸等传统媒体仍然是人们了解相关信息的主要渠道（见图2、图3）。超过90%的听众表示，广播是他们了解亚运、世博相关信息的主要渠道。在广州亚运会期间，接近50%的听众表示增加了收听广播的频率，近90%的驾车听众表示延长了收听时间；在上海世博会期间，超过50%的上海听众表示增加了广播的收听时间。

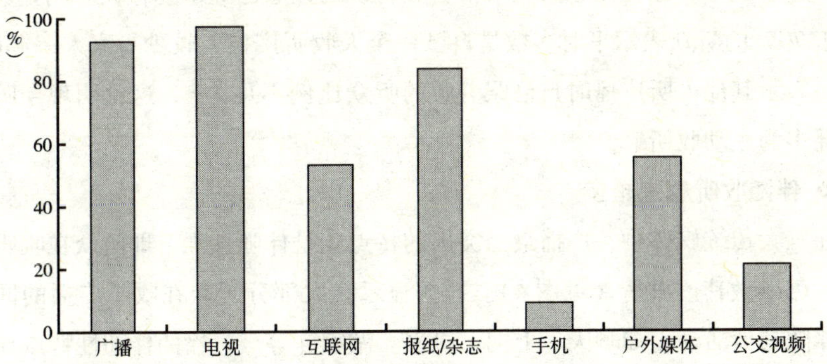

图2　广州听众了解亚运信息的渠道

资料来源：赛立信媒介研究，2010。

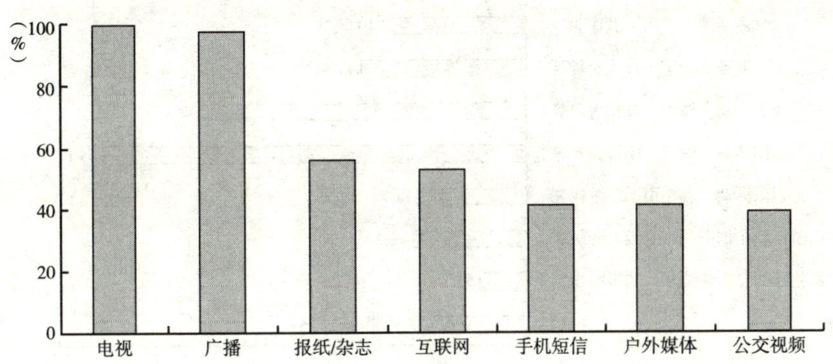

图3　上海听众了解世博信息的渠道

资料来源：赛立信媒介研究，2010。

对于在世博期间的宣传，超过90%的上海听众认为广播做得相当不错。听众认为做得较好的方面在于：报道形式多样（66.0%）、报道及时（56.3%）、相关资讯丰富（49.0%）。通过这些评价可以看到，广播在及时性和内容的丰富性等方面都不断进步，同时也得到了广大听众的认可。

二 听众的收听行为彰显个体化

❖ **收听行为以个人收听为主**

听众收听广播多为个人行为，随着现代收听设备的多样化，听众可选择的收听工具越来越多，以往一家人共听一台收音机的景象已经不复存在。调查数据显示，近70%的听众表示平时多数是自己一个人收听广播，较少与家人一起收听。此外，表示其他人听广播时自己跟着听的听众比例不足5%，这说明现今听众收听广播多为主动收听。

❖ **伴随收听越来越多**

在三大传统媒体中，广播最为突出的特点就是伴随性强，即听众在收听广播的同时可以做其他事情（见图4）。数据显示，大部分听众在收听广播的同时通常会伴随其他活动，如聊天、上网、看书、做家务等。广播的伴随性特点在驾车人士中表现得尤为突出，几乎100%的驾车人士习惯于在开车的同时通过广播获取信息或娱乐消闲。

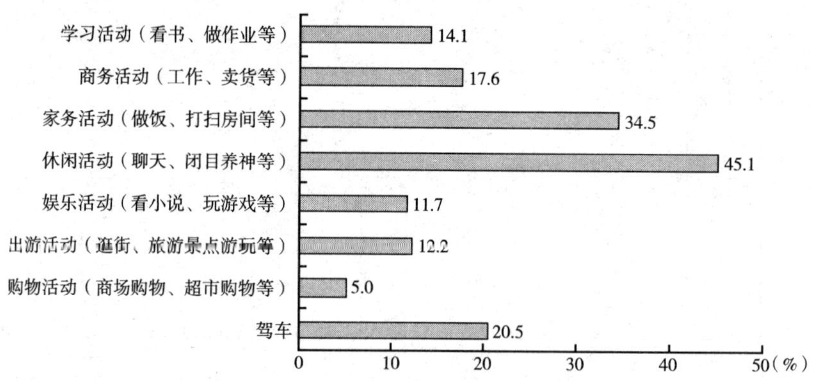

图4 听众收听广播的同时从事的活动

资料来源：赛立信媒介研究，2010。

广播的伴随性得以充分发挥，很大程度上归功于收听工具的多样化。虽然传统的收音机依然是听众收听广播的主要工具，但是MP3、手机等也已经成为重要的收听工具，收听设备的便携性是流动收听越来越普及的推动力之一。

电脑和网络日渐为广播听众所接受，随着网民的增加，年轻听众群将会越来

越大，传统收音机的局限性如区域性、不可保存性亦被打破，手机作为收听工具的选择率也明显增多。可见，网络广播、手机广播将会越来越普及。

❖ 听众的收听时间不固定，随意性强

听众一天收听广播的时间通常不超过 2 小时，而且相当一部分听众收听时间不固定，比较分散，全天的收听高峰不再像以往那么明显和集中。

一天中，在早上 7:00 ~ 9:00、中午 12:00 和傍晚 18:00 以后收听广播的听众相对较多，可谓之广播的黄金时段。但全天中听众较少的时间段不多，只有下午 14:00 ~ 15:00 的听众比例稍低。这说明听众的收听时间趋于“碎片化”，全天的广播收听曲线更为平缓（见图 5）。

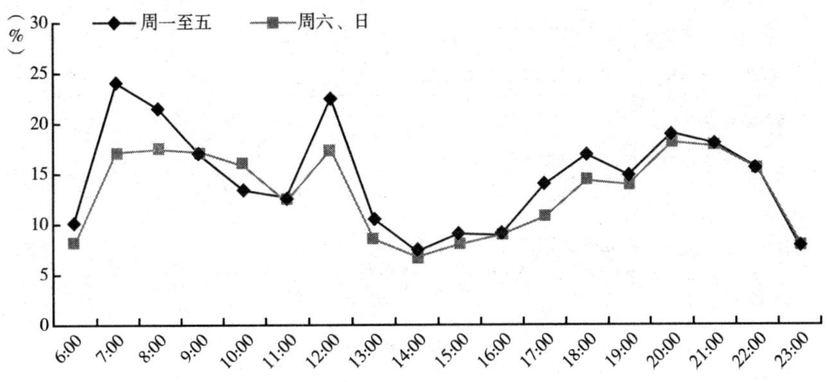

图 5　听众收听广播的时间

资料来源：赛立信媒介研究，2010。

三　听众的收听需求多样化

❖ 听众收听广播的原因与动机：娱乐享受、资讯服务

数据显示，听众收听广播的主要目的是听音乐（58.7%）、了解国内外新闻（41.5%）和本地及社区新闻（46.9%），其次是了解生活资讯信息（33.1%）。与前几年相比，听众收听广播的目的变得更为广泛，对生活资讯信息的需求有较大幅度的提升。另外，通过广播打发时间、消闲和了解娱乐新闻、名人趣事的听众超过 20%，说明目前广播仍然被视为一种娱乐和资讯媒体。

驾车人士的收听目的与普通听众稍有不同，最明显的区别在于他们对资讯，尤其是交通信息的需求相当大，其选择率与“听音乐”不分上下，对新闻和市场/财经方面信息的需求也很大。说明与普通听众相比，驾车人士对广播的资讯要求更高（见图6）。

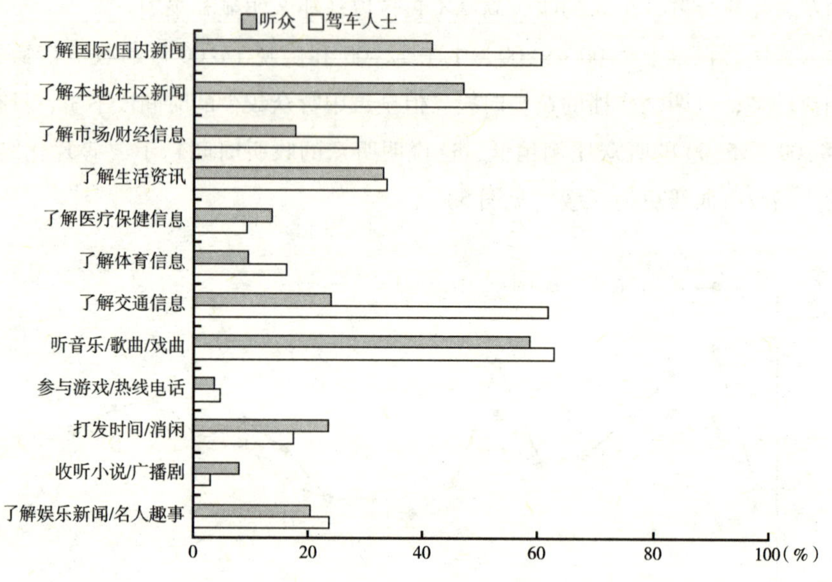

图6 听众收听广播的目的

资料来源：赛立信媒介研究，2010。

❖ 听众经常收听的节目：音乐节目、新闻节目、生活资讯节目

音乐节目、新闻节目和相关的资讯性节目仍然是听众较常收听的节目类型，但是随着广播内容的日益丰富，听众收听的节目类型已经越来越多，对广播节目的多样化要求也越来越高。除了新闻与音乐以外，生活资讯和天气预报等服务性节目也受到听众的喜爱，说明听众对广播的服务性也有了更高的要求。

驾车人士选择的节目类型更多，除了新闻节目以外，路况报道是他们收听最多的节目，交通频率之所以在驾车人士中广受欢迎，其快捷、及时的路况报道是主要因素之一。除了提供资讯以外，驾车人士也很重视广播的娱乐和服务功能，流行音乐、娱乐节目、生活资讯、天气预报等都是他们经常收听的节目类型。

❖ 影响听众选择频率/节目的因素：内容和收听习惯

听众在选择频率或者节目的时候最重视的因素就是接收效果和节目内容，在

接收效果日益改善的情况下，节目内容显得更为重要。

虽然频率专业化不断深化，但是，节目的同质化现象依然无法避免，在这种情况下要稳定现有听众、扩大潜在听众，就需要培育听众的收听习惯。广播听众收听广播的随意性比较强，数据显示，近 40% 的听众表示打开收音设备时多是漫无目的地调换频率，直到找到自己喜欢的频率为止，驾车人士中的这个比例更是高达 60%。同时，依然有超过 30% 的听众表示会直接调至自己喜欢的频率或者节目，因此，只要有心培育听众的收听习惯，依然可以维系自己的忠实听众。现在一些节目通过建立博客等方式让听众获知更多的节目信息，对于培养听众的忠诚度有一定的帮助。

四　广播市场竞争日趋激烈

❖ 本地电台在各自区域的表现日益见好，地方电台市场份额略有增长

2010 年全国的广播竞争格局延续了 2009 年的趋势，广播市场被中央电台、省级电台和市县级电台瓜分，三者的市场份额分别是 10.2%、33.3%、56.5%。全部市县级电台在全国的市场份额由 2009 年的 54.9% 上升至 56.5%，中央台与省级电台的市场份额则略有下跌。

由于覆盖范围有限，地方电台不需要像中央台和省级台一样，考虑不同地域听众群体的收听需求，在节目的设置与编排上可以更具有针对性，也更容易争取本地的听众群体。因此预计未来的几年内，地市级电台市场份额的增长趋势还会继续延续。

在不同区域，各级电台的竞争力有较明显的差异，并且与各地经济发展有一定关系。如长三角和珠三角两个经济发达地区，广播发展较快，市场竞争也更为成熟，地方电台依托于当地经济，节目、频率、主持人等方面的资源都更为丰富，地方电台在各自区域内的竞争力也更强，市场表现比较出色。在华东、华南地区，市县级电台市场份额都高于 55%，其中华南地区较上一年还有所增长；华北地区除了中央电台、省级电台和市级电台以外，还有天津、北京两个强势电台，竞争比较激烈，各级电台的市场份额较为均衡；西北、西南两大区域，省级电台的优势较为明显，市县级电台的发展还有待加强；随着内陆经济的进一步发展，华中各省市的经济水平得以提升，市县级电台的市场份额较上一年有所增加（见表 1）。

表 1　2010 年全国各地区广播市场的市场份额构成

单位：%

	东北	华北	华东	华中	西北	华南	西南
中央电台	8.2	16.0	2.8	4.6	9.7	4.6	4.5
省级电台	23.9	42.9	41.0	39.4	39.2	26.4	45.2
市县级电台	67.9	41.0	56.2	56.0	51.1	69.0	50.3

中央电台在全国各地区的竞争力表现并不均衡，在华北、东北以及西北地区的竞争力最强，而在华南、西南以及华东地区，则表现明显逊色。

❖ 音乐和交通频率的市场份额略有增长

数据显示，新闻、交通、音乐类频率依然保持在整个广播市场上的主导地位，共占有 78.2% 的市场份额。与 2009 年数据相比，新闻、音乐以及交通三类频率的市场份额差距缩小，市场份额均在 26% 左右（见图 7）。

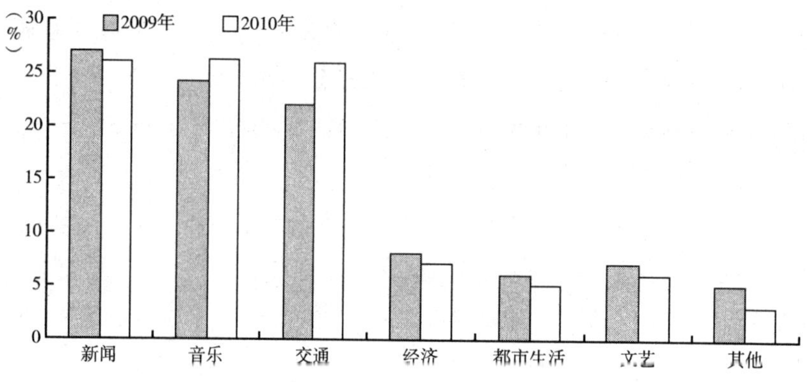

图 7　各类频率的市场份额

资料来源：赛立信媒介研究，2010。

私车保有量增加导致道路拥堵现象剧增，上海、广州等城市因为世博会、亚运会等事件也对交通采取了管制措施，这增强了驾车人士对交通台的依赖性，造成了交通台市场的快速增长。此外，部分音乐频率向汽车音乐频率转型，促进了音乐频率在驾车人士中的收听。

B.15
中国广播的融媒体转型

栾轶玫*

一　融合背景下的中国广播生态

当下信息技术发展到今天有几个核心命题，一个是“云计算”，一个是“物联网”，另一个则是政策推进下的“三网融合”。这几个热点背后的共性在于“融合”。三网融合得以实现首先依赖于 IP 技术的发展，人们在 IP 网这一张网上就能轻松实现语音（电话）、视频（有线电视）、数据（互联网）的三网融合；其次，国家层面上的大力推动使得这一融合有可能变成现实。再次，2009 年广电整个有线行业的收入是 370 亿元，三大电信运营商加在一起则是 8424.3 亿元，是有线行业的 22.77 倍。而广播的市场蛋糕仅有 75 亿元，这意味着中国广播如果不借“三网融合”的契机，改变既有生产与收入模式，将很难在未来竞争中占有一席之地。

中国广播下一步的转型势必是在这一情境下展开的，由此派生出一系列的广播新理念、新模式、新产品、新形态、新内容以及全新的营销策略。

三网融合的本质是多种业务（网络、业务、后台）在同一张网络上的融合。之于中国广播而言，三网融合时代的广播理念有两个关键词：纵向打通与横向融合。即广播机构要纵向“做产业链的推进工作，打通产业链的各环节”，横向“跨地域整合”，将现有广播资源统筹经营，获得规模效应。

以中央人民广播电台为例，2010 年以来开始介入媒介产业链的上游——媒介投资，投资了“手机支付”等新兴产业，从先前处于产业链最低端的内容采集者与生产者——“内容提供者”逐渐走上了产业的中上游——“内容集成商”

---

* 栾轶玫，博士后，中央人民广播电台网络发展部主任，北京大学、中国政法大学新闻与传播学院兼职教授。

与“媒体投资商”，深度介入媒介产业链的全环节。除了“纵向做产业链推进”外，中国广播还需“横向跨地域整合”，这一情景也在一些广播先行者身上展开，比如一些广播电台开始布局周边的市、县台，将“小”的广播资源整合成“大”的广播资源，从而以规模效应换得市场要价权。

二 国家电台：由单媒体走向融媒体

融媒体时代彻底变革了新闻的生产与消费方式，在这样的大趋势下，媒介机构要想在竞争中胜出，就要对先前的新闻生产流程进行全新再造，以期激发新的生命力。国家电台最初是以广播为主体的媒体机构，在新媒体转型的未来5到10年内，力争从“单媒体”走向“融媒体”。融媒体不但是媒体门类齐全，更为重要的是各介质之间相互打通、一体化的过程，它牵扯到一系列的组织结构调整与生产流程的再造和优化。

国家电台新闻生产的流程再造要解决以下几方面的问题：首先，内容的生产将是多媒体化的，信息收集过程将是多媒介汇流的。其次，收集来的新闻内容需要经过一个“评估中心”，对新闻素材做出价值判断和去向判断。再次，要解决新闻分发问题，手机、广播、纸媒、电视、网络等多渠道建制，使得同一内容、不同形式的新闻产品能沿着各自的既定渠道运行，从而保证一件新闻产品的复次、多介质、全方位传播。最后，要解决新闻产品抵达用户后的反馈以及来自用户的信息（UGC用户贡献内容）如何上浮的问题，比如建立call-center中心，将受众当作用户来管理，形成新闻推送模式，用短信预告新闻事件的发生，并号召受众及时补充现场所见所闻等。

1. 建立强大的“脑”指挥中心

融媒体时代的信息源处在更为开放的状态中，除了传统信息源外，网络、手机等多个平台将出现众多的民间信息源。有了大量信息源之后，还要具有从中发现有价值的信息的能力，“脑”指挥中心就是信息价值的发现者。在人人都可成为传者的自媒体时代，作为专业组织的媒体机构需要建立一个强大的“脑”指挥中心，对这些开放状态中的信息进行筛选、判断，并且对信息源进行科学管理。“脑”指挥中心是这个内容超市的运营者，它合理调配来自记者与读者的信息，并决定信息的呈现、去向、回路等，它通过多渠道、多介质、多样貌的内容传播，实现信息自由、高效流动，从而强化了母媒的传播力，并提升了其影响力。

2. 形成交响乐团式的空间布局

传统媒体实现内部融合的第一步是空间融合，在空间融合的基础上才能实现单介质新闻生产向多介质新闻生产的转变，实现单信息源向复合信息源的集纳。当然，当事物发展到一定阶段，空间融合将会进一步超越空间，通过互联互通的网络超时空特性，继续推动融媒体的发展。但在传统媒体最初的融合过程中，必将经历这样一个“空间融合”的阶段，从而保证新闻生产流程再造能够高效运转。

一个理想的模式是，在巨大的新闻生产操作空间中，“脑”指挥中心位于这个平台的中央位置，各广播、电视、网络、手机、纸媒等业务部门环绕周围，多媒体记者采写的图、文、音频、视频等新闻素材分别归到各自的系统，由指挥中心确定一条稿件的新闻价值，并最终决定以一种（比如选择是在广播上还是在报纸上发布）还是几种媒体形式（比如同时在广播、电视、网络、报纸、手机上）呈现的方式，转而分发给各自的业务部门，并分别在各部门的广播、网络、电视、手机、纸媒等介质平台上对外发布。

3. 培养多媒体化的采写部队

融媒体的新闻生产流程再造强调“空间融合”，很重要的一个原因是先前媒介机构的记者是“单介质”记者，比如广播记者、文字记者、电视记者，而先前媒介机构的业务类型又截然分成“传统媒体业务”和“新媒体业务”两部分，新媒体业务的采写队伍具备某些新媒体传播的技能。“空间融合”的起因正是新媒体部门的记者能很好地弥补“单介质”记者的技能缺失，从而使新闻报道在呈现时不会因为记者技能缺失而产生缺失，即双方联手生产出来的新闻产品是“融媒体产品”，这有利于“脑”指挥中心对这些新闻进行选取、分发。因此“空间融合”可以说是通往“记者全媒体化”的过渡时期的有效方式，当整个媒体机构的采写队伍都成为全媒体记者时，新闻生产就不一定要局限在一个物理空间内进行，它可以通过互联互通的各类平台有效地分布信息、整合信息。

4. 完善 UGC 内容的上浮与优化

UGC，即用户贡献内容，它是融媒体时代新闻的重要组成部分。现在，越来越多的新闻内容来自于 UGC：论坛、博客、社区、电子商务、视频分享，它使用户的创造性得到充分的释放。UGC 产生内容的渠道也越来越丰富，除了有线互联之外，在无线互联领域，流行的客户端软件是很好的 UGC 平台。用户贡献的内容一般质量低、格式杂、缺乏清晰的分类，因此必须对 UGC 进行组织、整理、结构化、聚类以及数据挖掘，使这部分内容成为可利用的优质内容。其次，传统媒体机构还需要通过 UGC 内容增强受众体验感与媒体黏度。UGC 之所以能带来媒体黏度，是因为其内容生产、分类、筛选、排序都由用户产生和决定，从而使用户有种“当家作主”的感觉，这种伴随着内容关系形成的人际关系，更加富有黏性，更加牢固。在 UGC 内容的生成与上浮的整个环节中，用户本身已经参与了平台架构的搭建过程，比如用户的评分行为、收藏行为、订阅行为、评论行为、浏览行为，事实上都起到了协助其他用户选择内容并提供更好的呈现方式的作用，这一点拓展并丰富了传统媒体机构的新闻评价标准。

三　国家电台融媒体转型的“三个阶段”

在媒介融合的大背景下，国家电台要想实现“全面、协调、可持续”的科学发展之路，首要的是处理好新旧媒体的关系，即“发展布局要全面——媒体要素要全面，传统媒体一定要布局新媒体；发展阶段有侧重——传统媒体在发展新媒体时要根据每个时期的不同任务有所侧重；发展步调可持续——传统媒体在发展新媒体时要注重科学搭建，环环相扣”。国家电台在融媒体转型过程中也要经历三个阶段：即 Web1.0 的“网为台服务，台为网铺路”的台网联动阶段；Web2.0 的“台网平行，互动前行”的台网互动阶段；Web3.0 的“网为中心，台为辅助”的台网融通阶段。

1. 台网联动：网为台服务，台为网铺路

新媒体经历了从被动反映传统媒体内容到自己生成原创内容的阶段，这也就是我们现在普遍意义上的新媒体的从“Web1.0 到 Web2.0”之路。中国广播媒体在发展自身新媒体的道路上也经历了这两个阶段，但对于中国大多数广播媒体而言，目前依然停留在 Web1.0 阶段。

广播媒体等传统媒体在发展新媒体时，由于囿于自身体制以及人才缺乏等原因，与商业化的新媒体网站相比，缺少先天的灵活性，这对于以新技术为先导的新媒体而言是一种弱势。因此，中国大多数广电媒体“新旧融合、台网一体”

之路大体上要分“三步走”。第一步即是“网为台服务，台为网铺路”，在这一阶段，网络作为台的分支机构，其地位与定位都是一个子部门，它与台的其他子部门的区别在于，网络的平台特性使它能高效地融合所有部门的内容与功能，建立频率（频道）的联结。

“网为台服务，台为网铺路”，在Web1.0的台网联动阶段，广播媒体的网络部门应该放低身段，努力为台提供服务，将自己的母体资源——台内资源做强做大。具体而言，包括为频率（频道）开通直播、点播区域；建立主持人与网友的互动区；将各频率（频道）的活动充分地在网络上呈现；做好台内各个部门信息的有效沟通与反馈。

“台为网铺路”主要是指，针对这一阶段，在一些传统电台、电视台的网站没有独立的广告运营资格的前提下，网站的母体资源——电台、电视台要将网络的广告捆绑销售，甚至以附带赠送的方式打包卖给广告商，这样做一方面增加了自身广告呈现方式的丰富化与多元化，更好地服务广告商，另一方面可以将自己的广告收入“出让”一部分给网站，帮助网站实现最初的商业收入。

2. 台网互动：台网平行，互动前行

在Web2.0阶段，台网一体进入了“台网平行、互动前行”的新阶段。在这一阶段，一些传统电台、电视台的网站较早地应用了Web2.0新技术，通过搭建“播客、博客、视频分享”平台，高效、低廉地聚集了大量的民间原创内容，这些内容是传统电台、电视台所不具有的，网站因此而具有了“要价权”。

Web2.0的核心是“用户贡献价值，用户创制内容”。由于新技术使得信息聚合变得非常容易，此时网站进入能够持续生产大量原创内容的阶段，网站对于传统电台、电视台的内容依赖已然开始改变，原创内容的生产使得网站手中有了“自有产权”，可以坐下来与传统电台、电视台“对谈”了。在这一前提下，台与网这两个平等主体之间有了“台网互动”的新可能。

在Web2.0的“台网互动”阶段，网站由先前的客体、依附地位向平等主体转变，台有台的资源，网有网的筹码，台与网可以拿出各自的资源进行优势互补、平等互利。这一阶段，网站的经营呈现多元化态势，既有捆绑广告带来的收入，也有自有经营产生的广告收入。既有内容订制带来的收入，也有衍生服务产生的营利。网站进入了自有品牌的初创期，它可以选择慢慢脱离母体品牌，根据市场定位重塑自身媒介形象。此外，这一阶段传统电台、电视台的网站已开始全方位地推进用户服务，将用户体验与用户满足放在第一位。“服务提供商”是这一阶段网站的核心定位。

3. 台网融通：网为中心，台为辅助

新技术的指向只有一个，就是不断向前，建立在新技术之上的新媒体也不断生发出新的变化。经历过 Web2.0 之后的新媒体将进入 Web3.0 阶段，这一阶段的核心是基于网络数据库基础之上的对信息及各类资源的深度整合和再造。这时，网络的数据库优势，和新技术带来的对于信息的分类检索及智能运用，使得网与台的关系发生了新的变化。台网关系将呈现出“网为中心，台为辅助”的新局面。台的资源将全面数据化，网将通过构建社区，增强人群黏度，一方面进行内容的深度整合，另一方面吸引有黏性及忠诚度的用户。新型的“台网融通”平台将形成，建立在这一平台上的一系列新型运用也将由此展开。

Web3.0 是需求导向型的，用户的新需求可以通过数据库资源的深度开掘和整合再造而得以满足。比如，用户在电脑中输入“我想去海边度假，要求 3000 元以下，5 天以上，能够潜水”，网站将在几秒钟内给你提供一整套的基于自身数据库的解决方案，甚至包括当地电台、电视台的播出节目表。

“台网融通”阶段的主要特征是“内容层面完成了旧（传统电台、电视台的媒体资源）到新（网络、手机等新媒介的资源）的平移，数据库资源的完备，技术对信息整合及深度整理的满足，用户新的受传习惯的养成”。此时，只有“用户”，没有“受众”，网络进入“全经营”时期。由于传统电台、电视台的增值途径及增值空间越来越受限，网络用户的数量将超越其母体——传统电台、电视台，广告商的广告投入也将越来越多地从传统介质转向新媒介，这些都使得传统电台、电视台网站的经营空间与经营可能性不断扩大，甚至超过其母体。随着市场化的进一步深入和资本市场的不断介入，网络势必进入“全经营”时期，此时，其母体的经营收入很有可能大部分来源于网络。

“从 Web1.0 到 Web3.0，从台滋养网到网反哺台”的台网一体发展战略正体现了“波浪式前进、螺旋式上升”的事物发展的本相。此时，网站品牌进入成熟期，传统电台、电视台将在很大程度上借势于网，或者随着更新的技术的诞生，一个“强兼容性”的新媒体将有可能兼容原有母媒，台网一体战略将进入“台网融通”的理想国。

中国电视产业发展报告

China's Television Industry Development Report

电视产业地图

素材来源
策划/编剧/新闻
出版界（小说、杂志等）
直接制作
事件/体育/时事
杂志/网络
通讯社等
音乐（唱片）
电视剧/电影
代理营销
海外市场
节目输入（版权等）
节目输出
直接买卖
生产制作
行业格局
制作流程
相关行业
国有电视台
中央电视台
省级电视台
卫星频道
地面频道
城市电视台
播出垄断
制播分离
民营制作公司
电视栏目
电视剧
境外电视台
创意策划机构/节目制作部门/编剧/制片
节目策划
类型/内容/流程/人员
完成脚本
预算
节目经费来源
自有资金
政府拨款
节目制作
过程控制
现场直播
摄制（摄像/录音）
剪辑/字幕/特效
独立制作
联合制作
委托制作
制作完成
内容审查
播放
插入广告
核心制作团队
广告
制作（创意、拍摄、后期）
代理（营销、监测、投放）
广告收入
收视率
节目代理及营销机构
后期特效制作
数据监测和研究机构
电视相关软硬件供应商
电视节目服务机构
外部制作系统
传送落地
无线传输
有线网络
新技术传输
中短波
差转台
模拟信号
数字发射台
数字信号
地面固定数字终端
地面固定数字终端
车载电视
楼宇电视
卫星发射
卫星接收天线
卫星收转
传输光缆
接收终端
城市有线电视网
数字电视（DTV）
网络电视
HTTP协议
IP协议
在线直播
P2P
视频分享
IPTV
MPEG4
H.264
AVS
手机电视
WAP/GPRS/CDMA协议
电视/计算机
电视受众
衍生品
会展/演出/影视基地建设/报刊/图书/音像/网站/短信服务/品牌产品销售/饰品/电子类产品

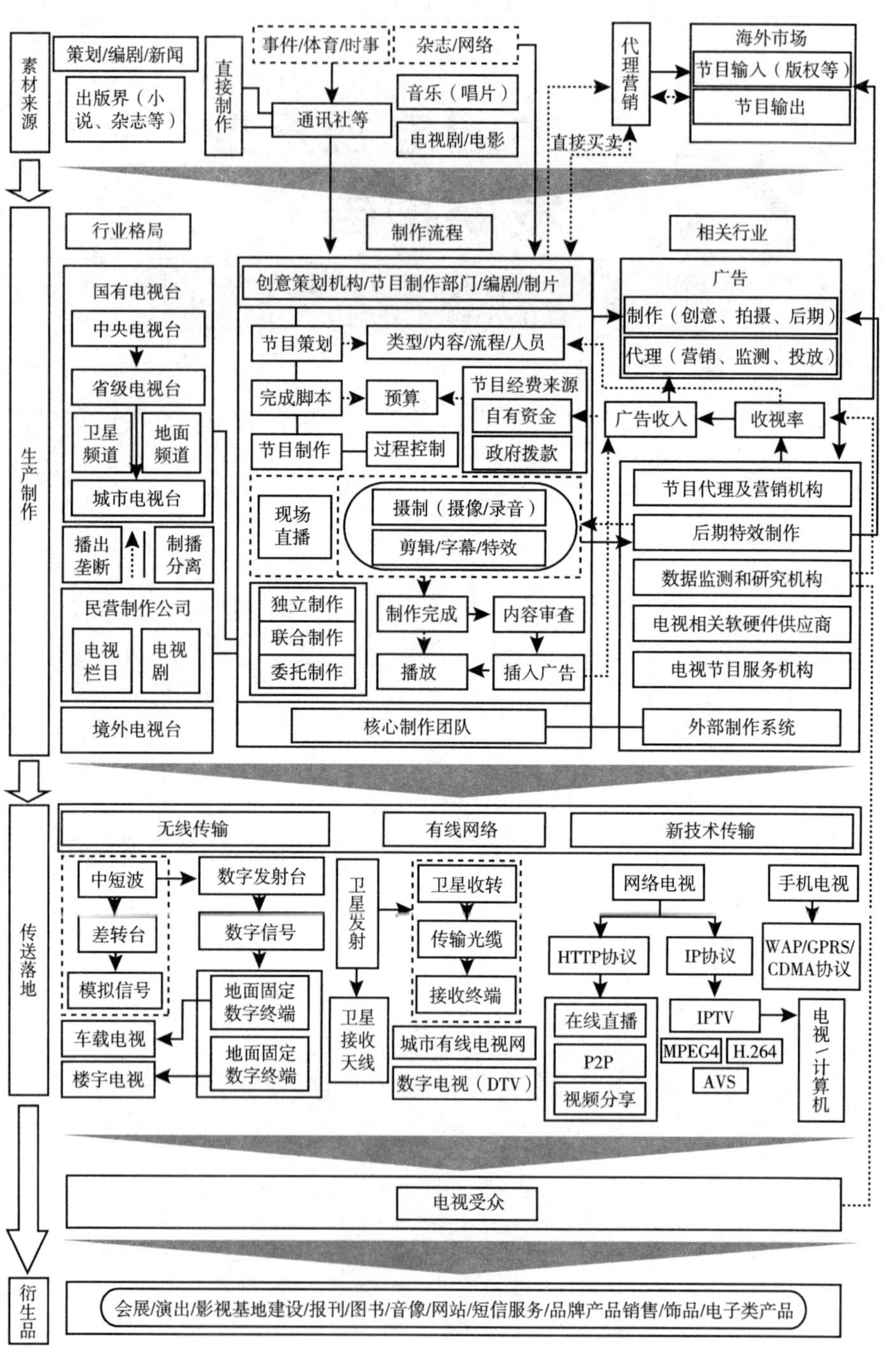

B.16 中国电视产业发展概况

蓝皮书课题组*

电视产业基础

1994~2010年的十几年间，中国电视产业的基础设施建设主要经历了两个阶段。自1983年中央提出“四级办电视”的方针，我国电视台数量不断增长，并于1997年达到历史最高水平。随后，随着“三台合一”等政策的实行，2008起至今，电视台数量进入了不断精简的阶段。截至2010年底，全国共有电视台247座。除了电视台，我国其他电视基础设施建设也取得了进一步的发展。据国家广播电影电视总局统计，截至2009年底，我国共有电视发射台17686座，微波传送线路长度达8.5万公里（见图1）。

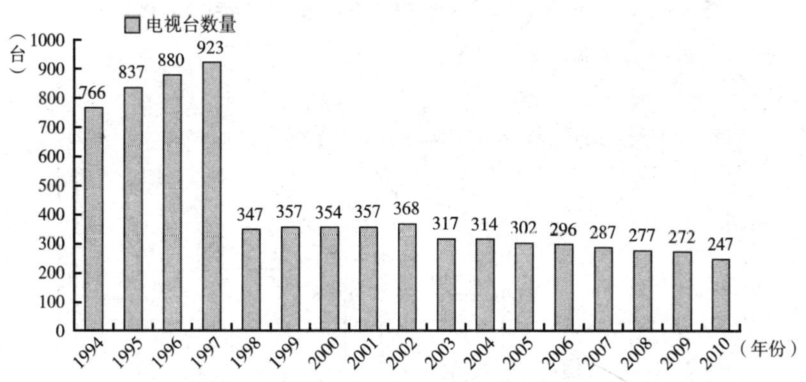

图1　1994~2009年中国电视台数量

资料来源：国家广播电影电视总局。

---

* 本文由何丹嵋、金晶根据蓝皮书课题组数据库资料整理写作。

从电视用户规模看，2010 年，我国电视综合人口覆盖率达 97.62%，比上年增长0.4%。虽然由于基数庞大，增长并不明显，但这一增长率与2009 年相比仍有所上升。有线电视用户数量更加庞大。从用户总量看，截至目前，全国有线电视用户已超过 1.87 亿户（见图 2、图 3）。

我国有线数字电视也保持着快速发展的势头。2003 年 6 月 12 日，国家发布《我国有线电视向数字化过渡时间表》，拉开了数字电视蓬勃发展的大幕。根据国家广电总局统计，目前我国有线数字电视用户规模达 8798 万，而 2003 年，这个数字仅为27.6 万。从增长速度上看，数字电视用户增长率曾于 2005 年达到 312%，为历史最高，之后逐渐放缓。但从用户总量上看，每年仍有千万级的增量（见图 4）。

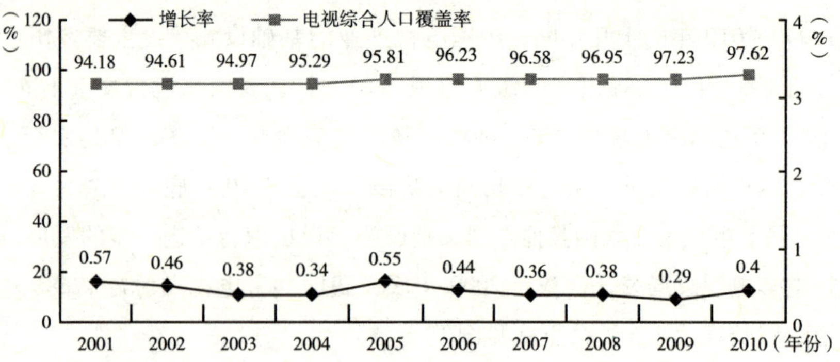

图 2　2001～2010 年中国电视综合人口覆盖率及变化

资料来源：国家广播电影电视总局。

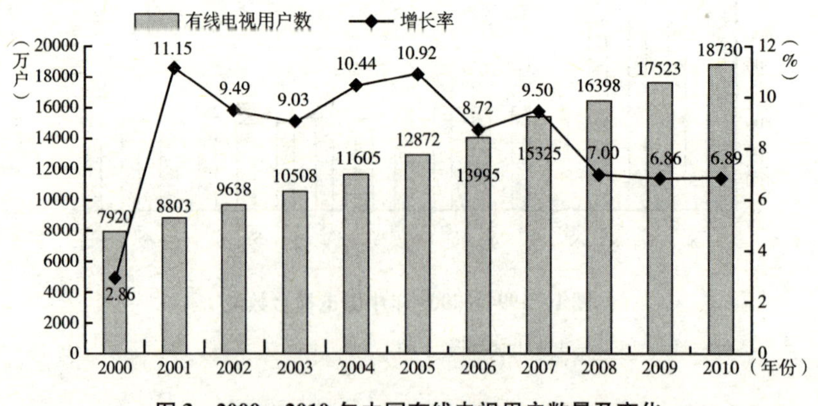

图 3　2000～2010 年中国有线电视用户数量及变化

资料来源：国家广播电影电视总局。

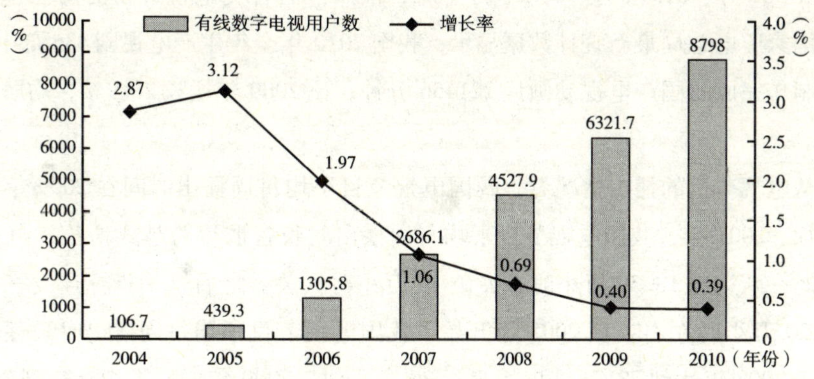

图4　2004～2010年中国数字电视用户数量及变化

资料来源：《中国新闻年鉴》、国家广播电影电视总局。

电视节目制播

从电视节目的制作情况看，2004年是我国电视节目制作取得突破性飞跃的一年，增长78.6%，之后我国电视节目制作的增速逐渐放缓，甚至在2007年出现了负增长。2009年，我国电视节目制作增长率仅为0.3%，与2008年相比下降幅度较大。但总体看，节目制作时间仍有所增加，总时间长达265.36万小时（见图5）。其中，新闻资讯类、专题服务类、综艺益智类电视节目制作总时长分

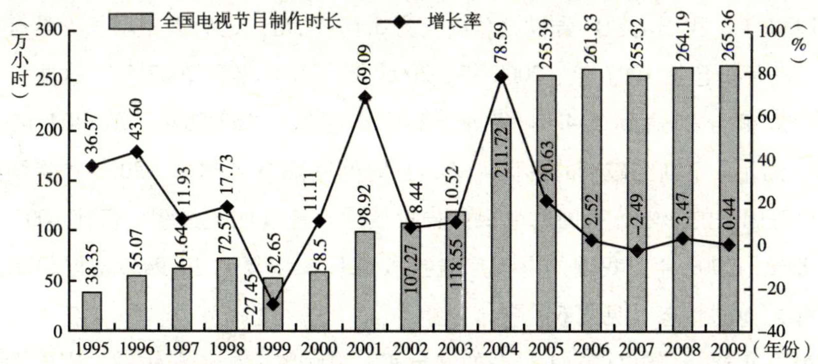

图5　1995～2009年中国全年电视节目制作时长及变化

资料来源：《中国新闻年鉴》。

别为67.59万、61.14万、40.27万小时，依然位居各类电视节目的前三位。此外，国家广电总局最新统计数据显示，我国2010年全年生产电视剧436部14685集，制作完成的国产电视动画片221456分钟，比2009年增长28.9%，均居世界前列。

从电视节目的播出情况看，我国电视节目平均每周播出时间在2009年进一步增加。2001年，我国电视节目平均每周播出时长曾取得跨越式增长，由8.34万小时一跃达到18.39万小时，突破10万小时大关。之后这一指标连续三年稳定在20万小时左右。从2005年开始，我国电视节目平均每周播出时长逐年增加，于2008年达到28.76小时，逼近30万小时。2009年，这一指标达到30.34万小时，正式突破30万小时。

电视产业规模

2010年，在深化广播影视体制机制改革，大力推动广播影视事业产业发展，加速三网融合、数字化进程的大好形势下，全国广播电视事业产业继续保持良好发展态势。国家广播电影电视总局12月统计快报显示，2010年全国广播电视行业总收入预计2238亿元，首次突破2000亿元，比上年增长20.78%；实际创收收入预计2002亿元，比上年增长26.55%。

电视广告收入是我国电视产业的重要组成部分。1990年至今20年间，我国电视产业广告投放保持了平稳发展的态势，广告额不断增长。据中国广告协会统计，1990年，我国电视广告投放总额仅为5.61亿元，之后逐年增长。具有标志性意义的年份包括1997年、2002年、2005年、2006年和2007年。这些年份的广告投放额分别达到114.41亿元、231.03亿元、355.29亿元、404亿元和600.56亿元，不断突破新的百亿大关，且时间间隔越来越短。2008年受国际金融危机等因素的影响，我国的电视广告投放增长速度明显放缓，仅比2007年增长1.43%。2009年，我国的电视广告投放增长率恢复到10.94%，但仍未达到2008年之前的状态（见图6）。

2010年初，广电总局61号令的颁布使电视媒体广告资源锐减，广告播出时间也有所减少。然而，在宏观经济增长和广播电视产业整体发展良好的带动下，我国电视广告收入仍保持增长态势。2011年中央电视台黄金资源广告招标额超

过126亿元，比上年增加17亿元，增长15.52%，2010年增幅为18.47%，创17年来的新高。

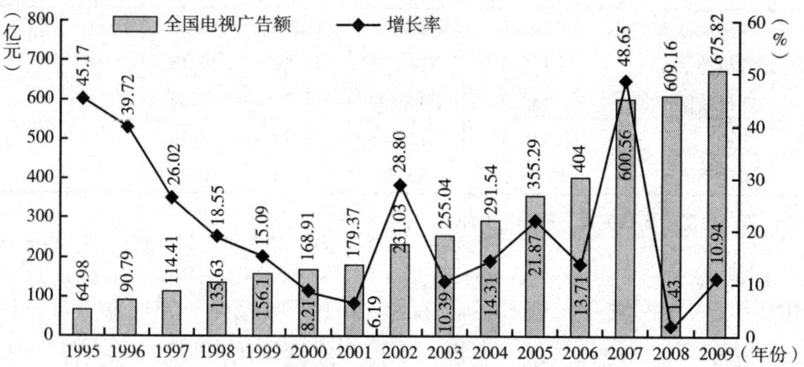

图6 1995～2009年中国电视广告额及变化情况

资料来源：《中国广告年鉴》。

在电视广告品类的投放上，与2008年相比，2009年我国电视广告投放额前十位的品类在投放额上均有所增长。其中饮料品类的增长率最大，达到55.21%。其次是酒精品类，为30.13%。再次是清洁用品与商业及服务性行业，二者增长速度近似，增长率分别为16.33%和15.03%。在十个品类中，交通品类的增长率最低，仅为5.14%。从品类投放的排名上看，总体排名基本稳定，个别位次有所调整。在排名前五位的品类中，饮料由2008年的第五位上升至第三位，超过了药品和商业及服务性行业。在排名后五位的品类中，酒精由2008年的第八位上升到2009年的第七位，与邮电通信类调换了位次（见表1）。

表1 2009年全国电视广告额投放前十位的品类

单位：亿元，%

排名	产品类别	电视广告投放额		增长额	增长率	上年排名	排名变化
		2009年	2008年				
1	化妆品/浴室用品	691.88	646.98	44.9	6.94	1	—
2	食品	540.96	475.24	65.72	13.83	2	—
3	饮料	495.35	319.15	176.2	55.21	5	↑
4	药品	463.27	419.67	43.6	10.39	3	↓
5	商业及服务性行业	437.3	380.16	57.14	15.03	4	↓

续表 1

排名	产品类别	电视广告投放额		增长额	增长率	上年排名	排名变化
		2009 年	2008 年				
6	娱乐及休闲	201.13	182.21	18.92	10.38	6	—
7	酒精类饮品	175.32	134.73	40.59	30.13	8	↑
8	邮电通信	153.94	145.44	8.5	5.84	7	↓
9	交通	118.39	112.6	5.79	5.14	9	—
10	清洁用品	99.96	85.93	14.03	16.33	10	—

资料来源：央视市场研究媒介智讯（CTR）。

2010 年，“三网融合”进入实施阶段，由于广电获得了先期发展权，传统广电媒体积极推进与新媒体的融合发展，不仅有线数字用户数量快速增长，而且带动了有线电视网络收入规模的扩大。据国家广电总局最新统计，2010 年，全国有线电视网络收入预计 506 亿元，比 2009 年增长 20.77%，超过了电视广告收入的增长率（见图 7）。

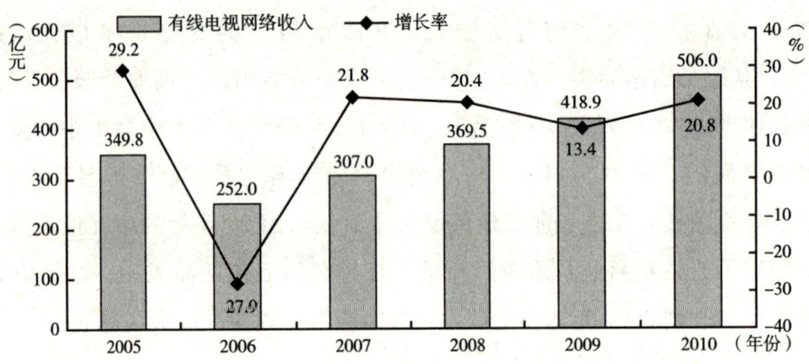

图 7　2005～2010 年中国有线电视网络收入及变化

资料来源：国家广播电影电视总局。

B.17

2010年广播电视产业发展报告*

胡正荣 李继东 黄 炜**

“十一五”期间，中国广播电视产业高起点稳步发展，体制改革在事业和产业相对明确分野的基础上不断深入，经营性事业单位转企改制大幅度推进；市场竞争不断加剧，产业格局重构和媒介融合萌动；电视剧和电视动画等节目生产增长迅速，步入了由广播影视大国向强国转型的时期；2006年首次突破千亿大关后，全国广播电视总收入一直持续增长，到2010年又超过两亿元；CMMB（中国移动数字多媒体广播）等广播电视新业态发展迅猛，广播和电视覆盖率在95.04%和96.23%的高位持续缓增。

从世界范围内来看，媒介融合实践和研究虽然在20世纪70年代就开始了，但传媒业、电信业和计算机业有实质性融合的行为则始于21世纪头十年，播客、互联网电视、手机电视等融合式传输平台、接收终端和业态渐趋成熟，像苹果公司的iPhone、iPad以及谷歌的Google TV等成为时代新宠。实际上，这些新兴媒介形态的大规模运作和引起社会的广泛关注是在近两年，特别是2010年。这一年不仅是21世纪的一个节点，是中国“十一五”发展规划的收官之年，是谋划“十二五”的关键之年，也是三网融合试点城市工作的启动之年，更是广播电视等信息传播产业大变革的起始之年。

一 2010年中国广播电视产业发展总貌

1. 经营性事业单位转企改制取得很大进展，现代企业制度建设步伐加快

据统计，截止到2010年年底，中国电视剧制作中心等70家电视剧制作机

---

* 说明：本文没有标记出处的数据均来自于国家广播电影电视总局官方网站、办公厅、规划财务司、《广播电影电视决策参考》等的最新统计数据，恕不一一注明。

** 胡正荣，中国传媒大学副校长、教授、博导；李继东，中国传媒大学广播电视研究中心副教授；黄炜，国家广播电影电视总局办公厅综合处处长。

构、35家国有制片单位、204家省市电影公司和293家电影院都已经转企，基本完成了中央确定的经营性事业单位转企改制等各项改革任务。而且，混合所有制及民营广播影视制作发行企业已达3475家，以公有制为主体、多种所有制并存的产业格局初步形成。

同时，按照现代企业制度重构转企机构的进程不断推进和深化，股份制改造和上市取得明显成效，大型影视企业和集团公司的整合能力和实力在增强。乐视网、浙江华策影视股份有限公司先后于2010年8月、10月成功上市，据统计，影视企业上市的已近10家。中国国际电视总公司、上海东方传媒集团有限公司、江苏省广播电视集团有限责任公司、湖南电广传媒股份有限公司等9家广播影视企业入选第二届全国文化企业30强。

2. 广播电视节目质量有所提升，节目多样化程度明显提高

2010年广播电视节目在生产数量上持续增长，而且质量有所提高，涌现出一些双效益俱佳的电视剧、电视动画和综艺节目。据统计，2010年共生产电视剧436部14685集，动画电视221456分钟①；《老大的幸福》、《婚姻保卫战》、《媳妇的美好时代》、《茶馆》等取得不俗的口碑和收益，《孔子》、《喜羊羊与灰太狼之羊羊快乐的一年》、《夏桥街》等51部国产原创电视动画片荣获国家广播电影电视总局推荐播出的优秀国产动画片。

长期以来，因电视剧是中国各级电视台主要，甚至唯一的收益来源，所以成为节目生产播出的主导类型和各级电视台争夺的重镇，而以江苏卫视的《非诚勿扰》为代表的相亲类综艺节目之战却成为2010年中国荧屏最热的话题，其被关注之广度、持久度和速度近乎匪夷所思，同时像《中国达人秀》、《我要上春晚》、《壹周立波秀》、《老公看你的》、《职来职往》、《我们有一套》等节目也表现不俗，这预示着节目多样化时代的到来。

3. 广播电视总收入突破2000亿元，广播电视覆盖能力持续提高

据统计，2010年全国广播电视行业总收入预计为2238亿元，首次突破2000亿元，比2009年增长20.78%；实际创收收入预计为2002亿元，比2009年增长26.55%。其中，广告收入970亿元，占实际创收收入的近48.5%、总收入的

① 《2010年统计公报（广播电影电视部分）》，http://gdtj.chinasarft.gov.cn/showtiaomu.aspx?ID=00aaf458-472b-4744-800f-576a9916d8de。

43.3%，比 2009 年增长 24.04%；有线电视网络收入预计为 506 亿元，比 2009 年增长 20.77%。同时，收入结构也向多元化方向发展，近年来广告所占比重呈下降趋势，由占半壁江山逐渐下滑到近 40%，其他收入有明显的上升趋势。

2010 年广播电视覆盖能力继续增强，全国广播人口综合覆盖率达 96.78%，比 2009 年增长 0.49%；全国电视人口综合覆盖率达 97.62%，比 2009 年增长 0.41%。全国有线广播电视用户为 18730 万户，比 2009 年增长 6.89%；数字电视用户数为 8798 万户，比 2009 年增长 39.19%，① 可见数字电视增幅是最大的。截至 2010 年底，全国共有广播电台 227 个，电视台 247 个，广播电视台 2120 个，教育电视台 44 个②。与 2009 年相比，广播电台减少了 24 座，电视台减少了 25 座，广播电视台增加了 33 座，教育电视台保持不变。

4. 三网融合试点城市工作正式开启，资源整合步伐加快

2010 年 1 月，国务院常务会议通过了《推进三网融合的总体方案》，标志着中国三网融合进入实质性推进阶段。6 月 9 日，国务院办公厅发布《三网融合试点方案》，提出了三网融合试点工作的具体要求。6 月 30 日，国务院办公厅下发试点城市（地区）名单，批准在北京、上海等 12 个城市（地区）开展三网融合试点工作，为此，国家广播电影电视总局和各试点城市等相关部门和地区积极推进三网融合工作，开启了信息传播业大融合之路。

电台和电视台资源整合力度加大，有线网络省级整合稳步推进。据统计，全国共有 244 家副省级和地市级播出机构实现了两台合并，上海、北京、湖南以及沈阳、广州、大连等省市均组建了广播电视台，这也是为何近年来电台、电视台的数量在下降，而广播电视台却在增加的原因之一。全国共有 19 个省份完成或大部分完成有线电视网络整合工作，“一省一网”的有线电视网络格局正在形成，国家级广播电视网络公司筹备工作也在开展中。同时，广播电视业与报刊等其他传统行业的资源整合与战略合作步伐加快，台网一体、台网捆绑以及台与移动通信的合作更是如火如荼。

---

① 资料来源：国家广播影视总局财务司《2010 年广播电视事业产业继续保持良好发展态势》，http：//www.sarft.gov.cn/articles/2011/01/14/20110114163045950874.html，2011－01－14。

② 《2010 年统计公报（广播电影电视部分）》，http：//gdtj.chinasarft.gov.cn/showtiaomu.aspx？ID＝00aaf458－472b－4744－800f－576a9916d8dc。

5. 广播电视新业态不断涌现，融媒体视听内容与服务发展迅速

基于互联网、移动通信和数字技术之上的广播电视新业态雨后春笋般涌现，手机视听、互联网视听、电视棒等广播电视新样态让人目不暇接，融合化视听内容和服务发展迅猛。据统计，CMMB（移动多媒体广播电视）已覆盖330多个城市，全国运营支撑体系已基本建成，开始规模化服务；IP电视、手机广播电视，特别是基于互联网、移动通信接收终端的视听内容和服务发展势头看好，央视、上海文广、人民日报、新华社、中国国际广播电台、央广视讯、视讯中国、华夏视联等8家获得首批3G手机视听牌照，全国共10家网络广播电视台获准开办，594家互联网视听节目服务从业机构获准合法运营。其中，国家级网络广播电视台就有中国网络电视台、央广广播电视网络两家。同时，电视购物、电子商务、电子政务等增值业务成为电视产业新服务领域。

二 2010年中国电视产业发展分析

1. 电视节目制作时间总量波动很小，播出时间持续缓增

十一五以来，中国全年电视节目制作时间基本保持在260万小时左右，增减均未超过10万小时（见图1），实际上这种情形始于2005年（255万小时）。这说明全国电视节目制作时间总量趋于稳定，也意味着年节目生产时间基本饱和，因此，节目创新成为电视节目制胜的最为关键的因素。相比较而言，电视播出时间总量持续增长，保持在5%以上的增长率，足见电视播出总量尚有一定的增长空间。

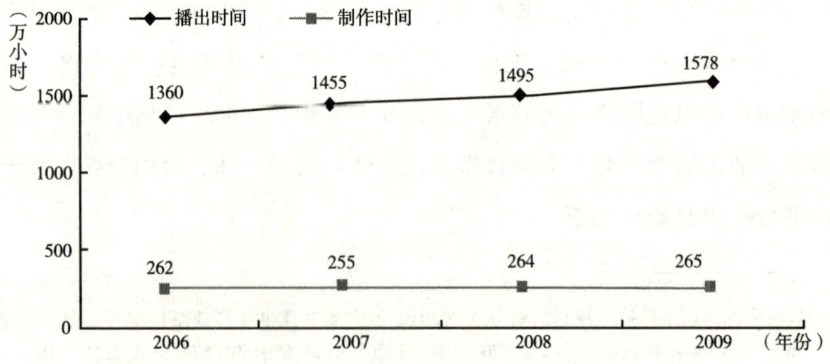

图1 2006～2009年中国全年电视节目制作和播出时间变化图

同样，电视节目制作时间总量在当年的播出时间总量所占比例呈下降趋势，而且与广播相比，电视节目制作时间总量所占的比例更小，在 20% 以下（见图 2）。这说明国产电视新节目年播出率很低，重播率和域外节目所占比重太高；也意味着国产电视节目创新严重不足，同质化程度太高，亟须提高电视新节目质量。

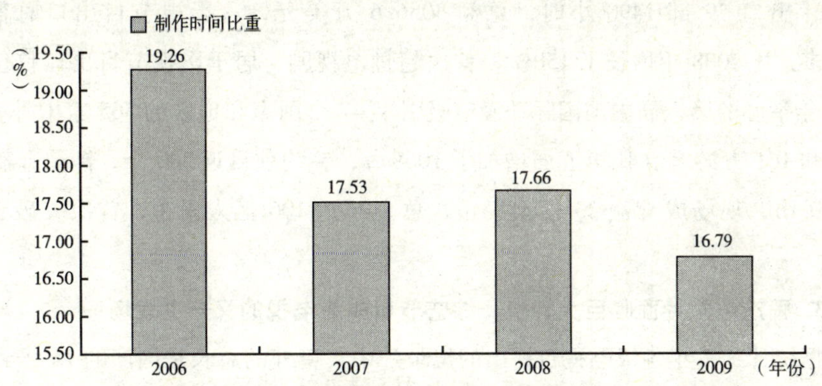

图 2　2006～2009 年电视节目制作时间占播出时间的比重变化图

2. 电视剧产量基本稳定，电视动画发展迅猛

据统计，2010 年电视剧产量超过 1.4 万集，与 2009 年的 1.3 万集相比略有增长，从近两年的走势上看，在现有的市场规模上电视剧产量基本趋于稳定，这意味着提高电视剧质量和向海外拓展成为中国电视剧发展的必由之路，也是由电视剧大国向电视剧强国过渡的关键所在。当然电视剧仍然居于电视市场的主导地位，成为 80% 观众的收视首选。2010 年谍战剧余热未解，《最后的较量》、《永不消逝的电波》、《黎明之前》等取得了口碑和收视率双效益；《媳妇的美好时代》、《老大的幸福》等现实题材作品大量涌现，颇受观众的青睐；《红楼梦》、《三国演义》、《水浒传》、《西游记》等名著翻拍在非议和讨论中走热，收视率表现不俗。

2010 年全国电视动画产量达 22 万分钟①，比 2009 年增长近 30%。实际上，十一五期间，国产动画片年产量、年增长率均在 20% 以上。长三角地区、华南地区、华北地区、东北地区、西南地区以及中部地区等动画产业集群带已经形

① 上述数据源自《广电总局新闻发言人吴保安答记者问：介绍 2010 年广播影视工作情况和 2011 年广播影视工作规划》，http://www.sarft.gov.cn/articles/2011/01/13/20110113153845340167.html。

成，产业价值链也在不断完善，以影视动画为核心的动漫衍生产品开发也日渐成熟，一批民族原创动画品牌涌现，并运用于图书、音像、玩具、文具、服饰等行业，取得了良好的市场效益。同时国产动画走向全球市场的步伐加快，截止到2010年年底，全国共有33家少儿频道和5个专业动漫上星频道；2009年，中国动画片出口79部1490小时，总额3056.6万美元，占影视节目出口总额的51.9%，比2008年增长了150%，首次超过电视剧，居于影视节目出口首位①。2010年举办的第六届中国国际动漫节吸引了47个国家和地区的365家中外企业参展和161万游客（比第五届增加了106%），签约项目近200个，涉及金额83亿人民币，现场成交额23亿人民币，总金额达106亿人民币，首次突破百亿元②。

3. 国产纪录片面临巨大转机，综艺节目成为电视的又一主战场

据统计，每年各级电视台播出的纪录片中，境外的总长是国产的15倍到20倍，达1.5万~2万小时，国产的总量仅1000小时③，国产纪录片长期以来在“无渠道、无资金、无市场”的窘迫中艰难前行。随着《大国崛起》、《公司的力量》和《华尔街》等的热播，具有知识性、国际性和史实性的纪录片引起政界、业界、学界和社会的广泛关注，成为提升国家软实力以及了解自然和社会的重要载体。由此，2010年10月国家广播电影电视总局出台了《关于加快纪录片产业发展的若干意见》，将纪录片提升到展示中国发展进步的重要文化传播载体和重要的文化产业的地位，并对引进境外纪录片实行“总量控制”。2011年第一天，作为全国性播出平台的央视纪录片频道开播，该频道以“全球眼光、世界价值、国际表达”为定位，旨在整合全国纪录片资源，推动中国纪录片的发展，这些都为国产纪录片带来了巨大的发展机遇。

近年来，综艺节目一直处于电视节目制作和播出前列，而2010年年初，江苏卫视的新派交友节目《非诚勿扰》收视率一路飙升，湖南卫视的《我们约会

---

① 《广电总局：2009年中国影视节目出口5889万美元》，中国新闻网，http://www.chinanews.com/cul/news/2010/03-11/2164623.shtml。

② 《第六届中国国际动漫节闭幕 交易金额首破百亿》，中国经济网，http://comic.ce.cn/news/dmzx/201005/04/t20100504_21354397.shtml，2010年5月4日。

③ 《广电总局将总量控制：境外纪录片挤压国产片市场》，http://cpc.people.com.cn/GB/64093/64387/13434220.html，2010年12月9日。

吧》、浙江卫视的《为爱向前冲》和东方卫视的《百里挑一》等相继跟进，卫视黄金时段相亲之战不断升温，直至6月9日国家广播电影电视总局出台《关于进一步规范婚恋交友类电视节目的管理通知》和《关于加强情感故事类电视节目管理的通知》，才有所降火。同时，《中国达人秀》、《壹周立波秀》、《名师高徒》等竞相争艳，《天天向上》、《快乐大本营》、《我爱记歌词》等老牌节目持续热播，由此，综艺节目成为各级电视台除电视剧以外的又一博弈主场。

4. 数字化、网络化进展迅速，高清电视达到规划目标

2010年有线电视网络的数字化、双向化改造以及全国网络整合步伐加快，省级以上电台、电视台制播系统数字化、网络化改造基本完成。据统计，全国有260多个城市进行了数字化整体转换，其中170多个大中城市实现整体转换，有线数字电视用户接近8000万，增长超过30%，其中双向用户3000万①。同时，地面模拟电视大幅度向地面数字电视转换，至2010年年底，全国近300个大中城市实施了地面数字电视工程，这些大中城市已具备了开通地面数字电视和提供多套数字电视节目的能力。

高清电视技术应用和推广成效显著，据统计，全国共开播了13个高清晰度电视频道，已完成“十一五”规划的目标。全国共有100多个城市可以通过有线网转播多套高清节目，行业规范也不断加强。2010年9月2日，国家广播电影电视总局出台的《关于进一步促进和规范高清电视发展的通知》明确了高清电视发展的原则、措施和要求，并批准中央电视台新闻综合频道和北京等8个卫视频道高、标清同播，这预示着中国高清电视产业的滥觞。

5. 电视支付新模式试水，植入性广告涌现

2010年4月，中国人民银行会同中宣部、财政部、文化部、广电总局、新闻出版总署、银监会、证监会和保监会九部委联合发布的《关于金融支持文化产业振兴和发展繁荣的指导意见》不仅为电视产业提供了金融保障和资本运作的政策支持，而且开启了新的电视服务模式。2010年12月22日，上海东方传媒集团有限公司与银联商务有限公司、中银通支付商务有限公司签署协议，合作开展新媒体平台与电子商务、金融支付相结合的电视支付新模式，用户可以通过电

---

① 《广电总局新闻发言人吴保安答记者问：介绍2010年广播影视工作情况和2011年广播影视工作规划》，http：//www. sarft. gov. cn/articles/2011/01/13/20110113153845340167. html。

视终端自由选择互联网支付或IC卡支付方式，进行付费点播、电视购物、水电煤缴费等在线支付。这不仅是一种电视和金融产业合作的新模式，而且促使新的电视交互式销售平台与支付产业链的形成，拓展电视增值服务，进而实现由看电视向用电视转变。

植入性广告是2010年电视收入模式中又一个值得注意的现象，电视剧、综艺节目等非新闻类节目嵌入大量的商品、标识、招牌、包装、品牌名称等，已成为电视剧、综艺节目广告播放的新模式，也被认为是一种双赢的电视收入模式，同时也引起社会的广泛讨论，特别是春晚等大型综艺节目中的植入性广告备受社会舆论非议，这无疑成为中国电视政策和法律法规制定的新课题。

6. 网络电视台发展迅速，网台合作共赢步伐加大

《中国互联网络发展状况统计报告》（2011年1月）统计显示，截至2010年12月底，中国网民规模达到4.57亿，比2009年底增加7330万人；我国手机网民规模达3.03亿，比2009年底增加了6930万人。其中国内网络视频用户规模2.84亿人，在网民中的渗透率约为62.1%。与2009年12月底相比，网络视频用户人数年增长4354万人，年增长率18.1%。毫无疑问，网络视频已成为新闻、电视剧、热门综艺节目等电视节目传播的重要载体，而且具有巨大的发展空间和潜力。比如，2010年，中国网络电视台联合42家国内重点新闻网站、全国广电系统网站和其他类型网站，组建了“2010年广州亚运会新媒体联合传播联盟”，覆盖90%以上的中国互联网。

同时，优酷、酷6、百度奇艺等各大视频网站也开始大批量购买影视剧等电视节目，或与电视台合作联动同步播出电视节目。比如，安徽卫视和土豆网合作同步播出《牌坊下的女人》、《就想爱着你》等热播影视剧，实现了互联网和电视台双赢，均获得了高收视率。实际上，迅雷、PPLive等网络公司播放影视剧，特别是海外影视剧已是众所周知的事情，有关其合法性和侵犯版权的讨论也不绝于耳，不过无法否认的事实是网络播放影视节目和网台融合是一种必然趋势，亟须相关法律法规予以规范。

B.18

广播电影电视让城市生活更美好*

田　进**

上海世博会举世瞩目。它不仅向全世界展示了一百多座巧夺天工、各具特色的场馆，而且还汇聚了21世纪人类发展的最新成就和先进理念，充分体现了人类创造更加美好社会的责任与意识。而上海世博会的主题——“城市，让生活更美好”则深刻揭示了在信息化、全球化的背景下，人类努力追求更加美好的生活，共建美好城市的时代命题。

美好未来的涵义包括以下三点：美好城市是主题，美好生活是核心，高度信息化是基础。信息化是当今世界经济和社会发展的大趋势，城市化是经济社会发展的重要推动力，信息化与城市化的有机互动与协调发展既是世界潮流，也是中国进入新世纪的战略选择。广播影视作为信息化的重要组成部分，在城市发展中占据着重要的地位，在创造美好生活中发挥着巨大的推动作用，在推动信息化的进程中承担着义不容辞的历史社会责任。目前，广播影视仍然是全球最具影响力的大众传播媒体，是重要的信息传播工具和平台。在上海世博会上，大多数场馆都选择利用影视多媒体技术作为重要的技术手段，其中包括世界上最大的高清晰LED显示屏、最大的360度球幕的3D、4D影片等。一幕幕由声光幕构成的美丽图景吸引眼球、令人震撼。

改革开放以来，中国的广播影视为推动信息化作出了很大贡献。目前，我国已建成世界上覆盖人口最多的广播电视网络，全国广播和电视的人口综合覆盖率分别达到了96.31%和97.23%。在数字技术发展方面，电视拍摄制作播出已基本实现数字化，传输覆盖网络和接收终端的数字化正在发展之中。目前全国已有160多个城市460多个县市实现了有线数字化的整体转换。有线数字电视用户超过6500万，双向化网络覆盖用户超过3000万。此外，中央电视台综合频道以及

* 本文依据在2010年5月16日上海世博会“信息化与城市发展”主题论坛上的发言改编。

** 田进，国家广播电影电视总局副局长。

北京、上海等9个地方卫视同步实现了高清和标清电视，全国100多个城市开通了地面数字电视。我国广播电视节目内容日益丰富、形态不断拓展、服务方式更趋完善。手机电影、网络短剧等新型视频节目成为传统节目的有利补充，满足不同终端观众的多样化内容需求。

我国的电影产业也取得了蓬勃发展。2009年，全国共生产电影故事片456部，在数量上位居世界第三。目前全国城市电影院线共37条，加盟影院达到1786家，银幕总数突破5000块。农村数字电影院线达到280条，数字电影放映队达到3.6万支。这为越来越多的观众带来了精彩的视听体验，使看电影成为社会文化生活的热点。

此外，电信网、广播电视网和互联网也正在加快融合的步伐。为了进一步提高广播影视的信息化水平，中国国家广播电影电视总局已着手推进以下几项工作：

一、加强构建下一代广播电视网NGB。NGB具有宽带、双向、可控的特点，能够提供高清电视、数字视音频节目、移动多媒体、高数据接入和语音等一站式服务，实现看电视向用电视的转变。

二、大力推进全国有线电视网络整合和双向化改造。目前全国已有13个省市区完成了一省一网的整合。同时，国家级的有线电视组建方案也正在制定过程中。网络整合和双向化改造将打破各地有线网络分散、独立的局面，实现互联互通和双向互动共通，为有线电视网络参与三网融合打下良好基础。

三、积极发展新媒体、新业态。目前移动广播电视已在全国300多个城市得以应用，同时还建立了IT电视、手机电视等新媒体业务的试点。积极探索创新广播影视新业态有利于为人类提供更加丰富、更加便捷的广播影视服务。

科技发展以人为本，信息化的终极目标是推动人类社会的进步与和谐。借助于数字网络等信息技术的发展，广播影视将为未来城市的建设和发展，为人民群众的物质文化生活带来崭新的变化。因此，我们应当努力推动广播影视发展，为建设信息化城市奠定坚实的基础。同时坚持以人为本，致力于开发广播影视新业态、新服务，让城市生活更丰富、更智能、更便捷、更精彩。

B.19

2010年中国电视市场收视特征与竞争趋势分析

陈晓洲　周欣欣*

在2008年奥运会和2009年国庆60周年对于电视行业产生重大影响之后，2010年电视市场的大环境相对稳定，频道和节目对于收视的竞争继续发挥着左右市场变化的重要作用。收视表现是频道竞争和节目变化的重要现实成果，回顾2010年电视收视市场动态①，可以为透视电视市场表象后的动因提供诸多参考。

一　收视总量及其分布特征

2010年1～10月，人均每日收视时长为172分钟，比2009年同期的176分钟下降了4分钟（见图1），与奥运年之前的2007年水平相当。

1. 收视总量的观众特征

电视收视向老年人集中，年轻观众给予的关注越来越少，这在历年的收视变化中成了最明显的趋势性变化之一。2010年1～10月，15～34岁人群的电视收视量一直维持于55岁以上中老年观众收视量的一半，且两者的差距小幅度但持续地扩大，15～34岁人群电视收视时间逐年减少，而老年人的收视时间逐年增加（见图2）。通过多种新媒体而非电视获得信息，享受娱乐，这早已成为年轻人媒体消费和生活方式的重要特征。

面对一老一少收视需求的明显差异，考虑到他们对于收视和广告市场的价值差异，一小部分电视媒体以青少年为重要目标受众，除此之外的大部分电视媒体

* 陈晓洲、周欣欣，CSM媒介研究。

① 如无特殊说明，本文收视数据基于CSM媒介研究历年所有收视调查城市。

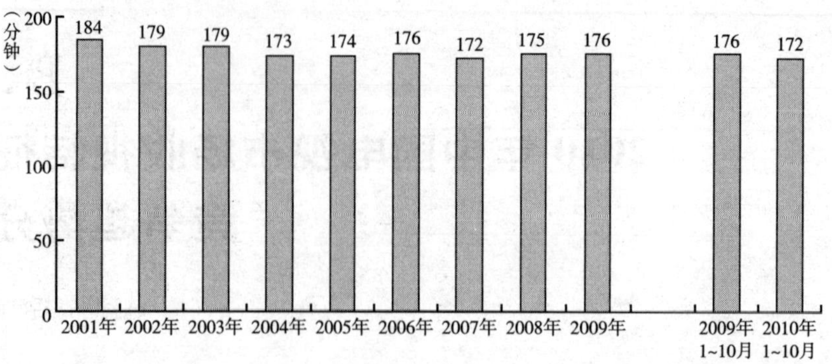

图 1　2001 年以来观众人均每日收视时间（历年所有调查城市）

资料来源：CSM 媒介研究。

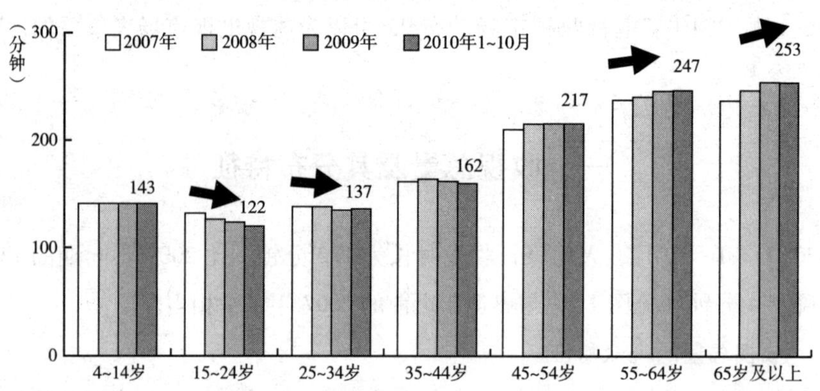

图 2　2007 年以来不同年龄段观众人均每日收视时间（历年所有调查城市）

资料来源：CSM 媒介研究。

则采取了立足于中老年需求的“大众方针”，为电视的重度消费者——中老年观众不断提供适应其需求的节目，巩固了传统电视媒体对于中老年观众的强大吸引力。

2. 收视量的时段分布

电视收视规律中最为典型和重要的晚间收视高峰在 2010 年继续稳固，2010 年 1～10 月，超过全天平均收视率的时段主要为中午 12:00～13:00 和晚间 17:30～23:30。19:30～21:30 的平均收视率为全年平均收视率的 3 倍以上，两个小时就

累积了全天总收视的 27%，18:30 ~ 22:30 的 4 个小时累积了全天总收视的 50%，因此，晚间收视战绩对全天收视战役的整体结果有着决定性的影响。同时，不容忽视的另 50% 收视分散于 18:30 ~ 22:30 以外的其他 20 个小时中，其中 11:45 ~ 13:00 的中午时段、17:00 ~ 18:30 的傍晚时段和 22:30 ~ 24:00 的深夜时段的收视相对较高，三个时段各贡献近 8% 的收视量，以近 1/4 的收视总量成为争夺收视的第二战场。其他低收视时段，依靠长达 15 个多小时的时间长度积累了全天收视的另 1/4，成为一些全天播出频道以长时间弥补低收视的外围阵地。

3. 收视量的周天特征

作为最大众化的媒介消费行为，观众收视与日常工作、生活、作息关系密切，周末休息日（周六/周日）的日间收视明显高于工作日（周一至周五），周五和周末深夜 22:00 之后的收视高于工作日。

在周末，上班上学的 54 岁及以下观众白天收视上升明显。尤其是 4 ~ 14 岁的少年儿童，他们在周末日间的收视率几乎增长了一倍。在 18:00 ~ 22:00，34 岁以下观众周末收看电视更多，45 岁以上中老年观众在周末黄金时段的总收视略有减少。周末为平时忙碌于工作和学习的年轻人提供了休闲娱乐时间，形成了一周内的收视高峰（见图 3）。

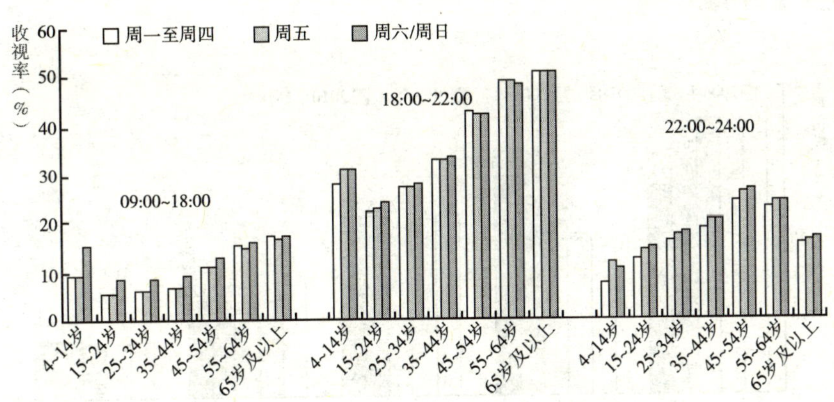

图 3　2010 年 1 ~ 10 月不同周天各年龄段观众全天主要时段收视率（所有调查城市）

资料来源：CSM 媒介研究。

二 各级频道竞争现状以及变化特点

1. 整体竞争格局

总量稳定的竞争局势势必导致竞争方的三种主要表现：份额基本稳定但暂时无竞争突破，竞争力上升市场份额扩大，损失部分阵地市场份额下降。在总量稳定的电视收视市场中，地面频道、省级上星频道和中央级频道的竞争力变化分别呈现出以上三种趋势。

中央级频道的市场份额在2009年以前多年保持稳定。自2009年明显下降后，2010年1~10月市场份额相比2009年平均下降3个百分点。省级上星频道的竞争力则逐年上升。2010年1~10月，其市场份额达到28.6%，取得了高于中央级频道组的竞争优势。虽然中央级频道和省级上星频道组成的卫视频道组内部有收视的此消彼长，但两者合计始终占据超过一半的市场份额。面对中央台和省级卫视强大的资源优势和竞争攻势，省级非上星频道和城市台频道组成的地面频道组长期存在很强的危机，收视下降是前几年地面频道面临的严峻挑战。2010年，地面频道组巩固了2009年止跌维稳的收视成绩。1~10月其市场份额达到36%，与2009年相比保持不变（见图4）。

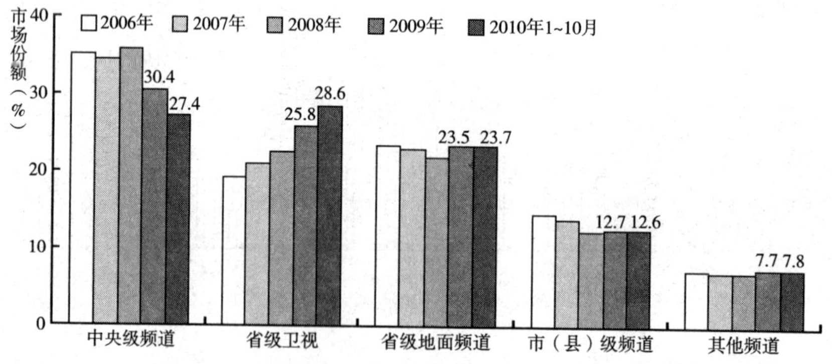

图4 2006年以来各级频道全天市场份额（历年所有调查城市）

资料来源：CSM媒介研究。

2. 时段收视表现

2010年各级频道的全天收视趋势与2009年一致。晚间收视上升最早的为地面频道，18:00开始收视逐渐上升，中央级频道和地面频道都在19:00~21:00之间达到全天最高收视率。省级上星频道在19:30之后才开始进入收视上升期，在20:00~22:00之间达到全天收视的最高水平。在中午时段，中央级频道的日间收视率高峰在12:00~13:00之间。在其他时段，省级上星频道的收视率持续领先。省级上星频道多数为全天24小时播出，尤其以电视剧拉动日间收视。

晚间时段对于总收视的贡献最大，影响最大，所以各级频道晚间的收视变化对于全天的整体表现作用显著。中央级频道在其晚间19:30~21:30收视高峰的收视率下降明显。省级上星频道在原有高收视时间段20:00~22:00的收视领先优势进一步扩大，在21:00~22:00的全天最高收视时段增长尤其突出。省级非上星频道和城市台频道的市场份额在全天各时段相对平稳。节目资源分配是影响竞争力的主要因素，强档电视剧和综艺节目是省级上星频道20:00之后市场份额领先的支撑。

3. 竞争力的时期特征

在各级频道的竞争中，收视的季节性变化在某种程度上受到重大事件的影响，由于各级媒体自身掌握的资源并不平衡，因而在重大事件面前所表现出的影响力存在差异。从2010年前11个月的情况来看，除了春节期间中央级频道和省级卫视凭借着大型节目和电视剧的集中播出获得竞争力提升以外，在玉树地震赈灾晚会、南非世界杯、广州亚运会三个重大事件期间，中央级频道凭借其较强的公信力和影响力在收视市场中获得了竞争力的大幅提升，其他频道组或由于自身资源的限制，或由于影响力的差距，在重大事件面前竞争力下滑（图5）。在各类重大事件中，2010年的几个重大体育事件让中央级频道中的专业体育频道CCTV5发挥了很大的传播优势。无论是年初的温哥华冬奥会，年中的南非世界杯还是年底的广州亚运会，CCTV5的市场份额上扬都有力地支撑了中央级频道的份额高涨，为重大体育事件期间中央级频道整体竞争力的提升作出了突出贡献（见图6）。

4. 受众市场竞争表现

各频道组在不同人群中的收视竞争力直接反映了各自节目内容与观众收视需

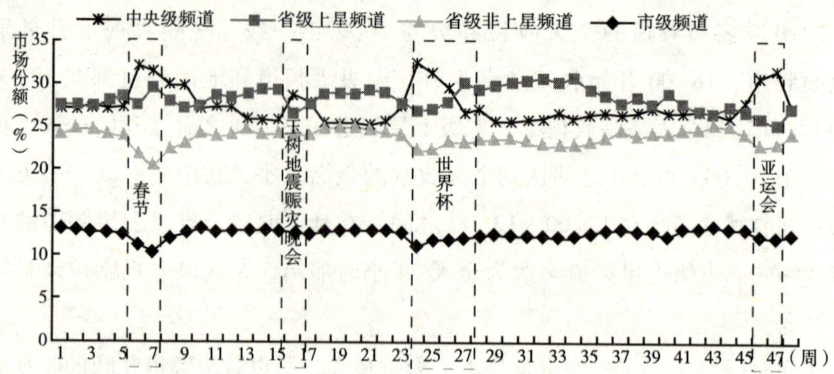

图5　2010年1～11月各级频道各周市场份额（所有调查城市）

资料来源：CSM媒介研究。

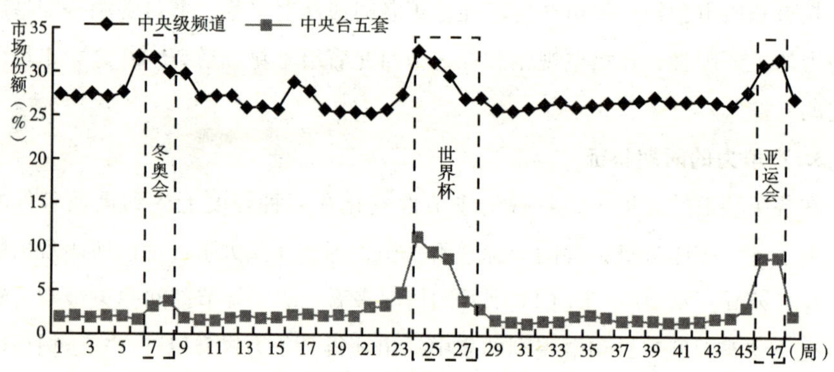

图6　2010年1～11月中央台五套各周市场份额（所有调查城市）

资料来源：CSM媒介研究。

求的关联。地面频道多为大众化的电视剧和民生节目，在各类人群中市场份额差异不大。中央级频道和省卫视几乎形成了观众选择互补的竞争格局。其中，中央级频道在男性观众中的市场份额明显高于女性，省级上星频道则更多为女性选择收看。此外，随着受众年龄的增长，收看中央级频道的比例加大，收看省级上星频道的份额则减小。中央级频道的市场份额也随着教育程度的提高而逐渐增大，省级上星频道则正好相反。这些收视选择差异成为各自频道组最鲜明的观众特色（见图7、图8、图9）。

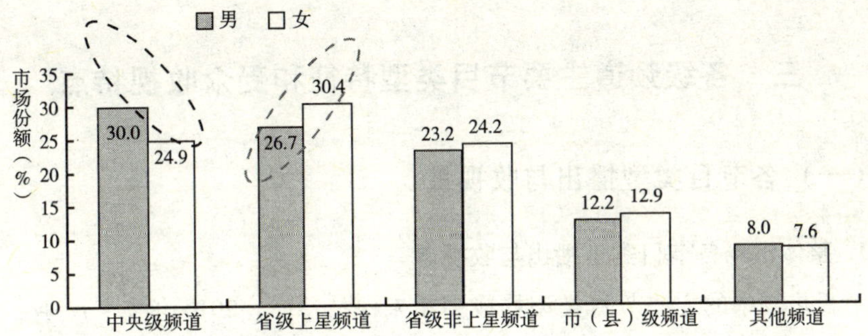

图7　2010年1~10月各级频道不同性别观众市场份额（所有调查城市）

资料来源：CSM媒介研究。

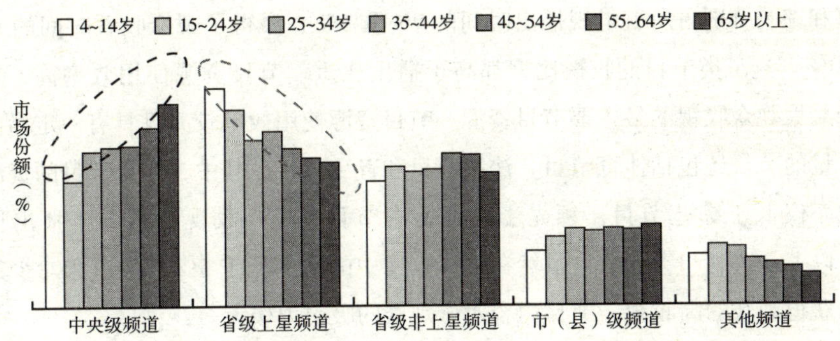

图8　2010年1~10月各级频道不同年龄观众市场份额（所有调查城市）

资料来源：CSM媒介研究。

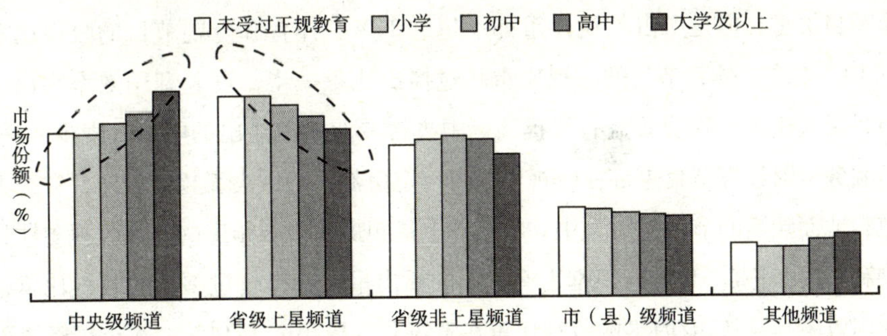

图9　2010年1~10月各级频道不同学历观众市场份额（所有调查城市）

资料来源：CSM媒介研究。

三　各级频道主要节目类型特征和受众收视特点

（一）各节目类型播出与收视量

1. 整体市场各节目类型播出与收视量

节目市场中的主要节目类型构成多年来保持稳定，2010 年 1～10 月，各主要节目类型的播出与收视比重均与 2009 年相近。观众收看最多的节目类型还是电视剧、新闻/时事和综艺，收看这三大类节目的时间占观众收看总时间的 56%。其中，电视剧占所有电视播出时间的 26%，观众收看时间的 32%；新闻/时事和综艺分别占所有电视播出时间的 9% 和 6%，赢得了观众收看时间的 13% 和 10%。这三类节目的收视比重都高于播出比重，节目资源使用效率高，是电视台凝聚观众收视的最主要节目资源。节目资源使用效率较高且具有一定播出和收看量的节目还包括体育节目、法制节目和青少节目。其中，体育节目的资源利用效率仅低于综艺节目，领先于其他所有节目类型，收视比重高于播出比重 50% 以上。法制和青少节目虽然在整体收视中的比例低于 5%，但以相对少量的播出获得观众的高收视，节目内容对于观众的吸引力较大。

2. 各级频道节目类型播出与收视特征

各级频道的节目构成呈现明显差异，2010 年 1～10 月，中央级频道的节目种类丰富，节目类型播出和收视相对均衡，虽然电视剧、新闻和综艺节目也是最大的三个节目类型，但是所占收视比重都不超过 20%。体育和专题节目的收视比重也达到 10% 左右。体育节目的收视比重超过播出比重一半，资源利用效率突出。专题节目供大于求，收视效益有待提高。中央台专业频道播出的电影、青少、法制、生活服务、财经等节目也都在收视中获得一定份额。与中央级频道相比，省级上星频道和地面频道的节目相对集中。省级非上星频道和市级频道的两大收视支柱是电视剧和新闻/时事。其中电视剧占有 1/4 的播出量，获得超过 1/3 的收视比重，资源利用效率高；新闻/时事的收视比重在省级非上星频道为 14%，在市级频道更是达到了 21%，而且收视比重高于播出比重一倍以上。作为播出量仅次于电视剧的第二大播出节目类型，生活服务节目没有获得等量的收视。相比之下，省级卫视频道节目类型相对单一，电视剧占播出量的 36.25%，收视比重达到了 42.67%，几

乎一力支撑了省级卫视节目的半壁江山。第二位的综艺节目近 8% 的播出比重贡献了 15.23% 的收视，是省级卫视资源利用效率最高的节目（见表 1）。

表 1　2010 年 1～10 月各级频道各类节目播出及收视比重（所有调查城市）

单位：%

类　别	中央级频道		省级上星频道		省级非上星频道		市(县)级频道	
	播出比重	收视比重	播出比重	收视比重	播出比重	收视比重	播出比重	收视比重
财　经	2.82	1.68	2.57	1.15	1.00	0.99	0.93	0.60
电视剧	14.90	17.77	36.25	42.67	25.39	34.56	28.84	36.61
电　影	4.32	8.13	2.09	1.00	5.55	4.78	3.05	3.74
法　制	2.76	3.41	0.19	0.17	1.47	2.39	1.59	2.39
教　学	1.34	0.58	0.48	0.14	0.35	0.11	0.31	0.07
青　少	4.60	5.79	7.79	5.80	3.33	2.95	2.87	1.98
生活服务	4.42	4.63	7.70	6.32	13.44	8.96	11.70	7.26
体　育	5.80	9.03	0.67	0.22	3.99	3.12	1.25	1.18
外　语	0.40	0.15	0.08	0.01	0.08	0.01	0.05	0.01
戏　剧	2.41	0.85	0.62	0.30	0.47	0.50	0.47	0.35
新闻/时事	11.62	15.87	9.28	6.71	7.42	14.32	9.69	21.28
音　乐	4.42	1.28	0.44	0.25	0.55	0.24	0.85	0.16
专　题	17.41	9.13	7.52	4.84	7.80	5.47	5.99	3.96
综　艺	6.90	11.20	7.91	15.23	6.43	6.19	5.41	4.73
其　他	15.89	10.50	16.41	15.20	22.73	15.43	27.01	15.68

资料来源：CSM 媒介研究。

（二）细分受众群体的节目类型收视特点

2010 年 1～10 月，在细分观众收视市场，不同观众对各类节目的收视继续呈现分化之势。男性观众花费更多的时间收看新闻/时事、专题、电影、体育、财经类节目，而女性观众则在电视剧、综艺和生活服务节目中投入更多的收视时间。从不同年龄段观众节目收视分化来看，新闻/时事、生活服务、专题、法制、体育和戏剧节目在中老年观众中的收视份额更高；综艺和青少类节目则获得年轻观众的更多收视关注。电视剧作为最为大众化的节目类型，虽然在各年龄段观众群体中的收视份额差异不大，但 15～24 岁以及 35 岁以上的观众群体愿意花费更多的时间进行收视。电影类节目以其紧凑的情节和较短的时长获得 25～44 岁青壮年观众的更多收视。不同学历观众的节目收视分化显示，中高学历水平的观众在新闻/时事、综艺、生活服务、专题、电影、体育、法制、财经等类节目中均花费更多的收视时间，而中低学历水平的观众则在青少和戏剧类节目中保持较高的收视份额，大众化的电视剧则捕获了中等学历水平观众更多的收视时间（见表 2）。

表 2　2010 年 1～10 月各类节目在各目标观众中收视份额（所有调查城市）

节目类别		电视剧	新闻/时事	综艺	生活服务	专题	电影	青少	体育	法制	财经	音乐	戏剧	教学	外语	其他
4 岁及以上所有人		32.09	13.36	10.69	6.62	6.08	5.01	4.34	2.51	2.06	1.02	0.62	0.55	0.24	0.06	14.73
性别	男	29.85	14.33	10.37	6.36	6.41	5.85	4.48	3.38	2.03	1.13	0.6	0.55	0.27	0.07	14.36
	女	34.21	12.44	10.99	6.88	5.78	4.21	4.21	1.7	2.1	0.92	0.64	0.56	0.21	0.05	15.09
年龄	4～14 岁	26.85	7.8	9.84	6.14	3.72	4.41	23.01	1.06	1.11	0.43	0.43	0.26	0.12	0.07	14.71
	15～24 岁	34.03	10.77	13.12	6.49	5.21	5.99	2.85	2.81	1.73	0.59	0.66	0.3	0.15	0.06	15.25
	25～34 岁	31.88	11.32	11.59	6.46	5.82	6.5	5.05	2.63	1.65	0.93	0.6	0.26	0.19	0.04	15.08
	35～44 岁	32.34	12.76	11.26	6.37	6.47	6.38	2.94	2.35	2.08	1.06	0.61	0.3	0.23	0.06	14.78
	45～54 岁	32.55	14.52	10.95	6.95	6.82	4.79	1.3	2.6	2.41	1.31	0.66	0.36	0.24	0.05	14.48
	55～64 岁	32.9	15.14	9.6	6.86	6.81	3.89	2.33	2.49	2.56	1.27	0.66	0.67	0.31	0.06	14.44
	65 岁及以上	32.27	18.13	8.48	6.76	5.92	2.74	1.68	3.25	2.26	0.99	0.62	1.82	0.37	0.06	14.67
教育程度	未受过正规教育	29.9	10.69	8.08	6.63	4.06	3.43	16.91	1.05	1.51	0.47	0.47	0.85	0.11	0.04	15.8
	小学	34.4	11.85	9.19	6.31	4.86	4.53	8.08	1.61	1.67	0.53	0.49	1	0.15	0.05	15.27
	初中	33.76	13.1	10.67	6.59	6.19	5.28	2.88	2.24	2.22	0.84	0.61	0.52	0.21	0.06	14.84
	高中	30.75	14.1	11.49	6.78	6.68	5.26	2.66	3.01	2.25	1.29	0.66	0.35	0.28	0.06	14.39
	大学及以上	28.73	15.24	11.83	6.79	6.72	4.94	2.53	3.76	1.99	1.71	0.72	0.4	0.39	0.07	14.17

资料来源：CSM 媒介研究。

B.20

2010 年中国网络电视发展特点及趋势

赵丽颖　徐 琰*

网络电视是指通过宽带互联网，以电脑显示器为显示终端来传输包括电影、电视节目、微视频等在内的多媒体内容，简而言之，即网络视频。网络电视可以为用户提供视频点播、直播、录播、数据广播、游戏等服务。

一般来说，视频网站如果按照平台运营商类型划分，主要分为六类：视频分享类、P2P 流媒体类、宽频影视类、视频搜索类、门户类以及电视机构类。如果单纯从内容来看，网络视频产业的内容提供主要有两种方式：一种是与传统内容提供商合作，另一种是通过用户创造内容（UGC）的方式获取视频资源。从这个方面来说，目前的网络视频基本分为三种，一种是视频分享类，如酷 6 和土豆网；一种是点播、直播类，如 PPLive，还有一种是二者兼而有之，典型的如中国网络电视台。

从 2006 年网络视频在国内兴起至今，短短 4 年的时间，中国视频网站的浏览量已经高速增长到逼近门户网站的水平，而且由于视频内容的特殊性，用户滞留时间大大超过图文类门户网站。互联网信息中心数据显示，2009 年，中国互联网网络视频受众规模为 2.57 亿人，比 2008 年年底统计的 1.87 亿人净增 7000 万人，增幅达 37.4%，较中国网民规模增幅（26.1%）高近 12 个百分点，成为中国互联网各网络媒介领域受众规模增幅最快的领域之一。

《2009～2010 年中国在线视频行业研究报告》显示，从 2006 年起，视频行业的广告收入一直保持着良好的增长势头，短短 4 年间，市场规模从当初的 1 亿元增长至 13.6 亿元，预计在未来几年中，视频行业还将继续保持年增长 60% 以上的速度，至 2013 年，广告收入将突破 100 亿元大关，达到 108.6 亿元。

---

* 赵丽颖、徐琰，中央电视台。

一　网络电视与传统电视的区别及网络电视的优势

2007 年，比尔·盖茨在瑞士达沃斯世界经济论坛年会上曾下过这样的论断：随着在线视频产品的日益发展，互联网将在 5 年内“颠覆”电视的地位。不可否认，随着网络技术和宽带技术的发展，网络电视逐渐成为一种新兴的娱乐模式，大有取代传统电视的势头，而传统的电视收看方式也通过网络这一模式得到了发展，新的数字电视革命也在酝酿当中。那么网络视频与传统的电视相比，到底区别在哪里？网络电视具有什么样的特点和优势呢？

1. 网络电视与传统电视的差异

总体来说，网络电视的核心特点和优势是内容的分众化、用户的自主性和播放的灵活性。具体而言，网络电视和传统电视的差异对比如下表所示。

	传统电视	网络电视
传播方式	广播式	互动式
传播特点	大众和分众	分众和小众
终端普及	非常高	逐步提高
终端使用频率	逐步减少	逐步增多
终端用户	两人或多人共享	个性化和自主性强
终端便携性	低、不可移动	高、可移动
频道数量	有限	无限
节目内容落地区域	局限性大	局限性小
内容点播	不可以	可以
画面质量	高	逐步提高
流畅度	高	逐步提高

可以看到，网络电视在传播方式、终端用户、终端便携性、频道数量、节目内容落地区域、内容点播六个方面优势明显，而在终端普及、终端使用频率、画面质量和流畅度上稍显逊色。然而，随着网络电视的普及和技术的提高，这些弱势都将不再存在。网络电视想要达到传统电视的普及率和收看效果只是个时间的问题。从这一点来说，网络电视将对传统电视构成一定的竞争。

2. 网络视频在满足受众个性需求和提高内容利用率上的优势

总体来说，传统电视观众仍占绝大多数。由于受到有线广播技术的限制，传

统电视产业为了收视率和广告利润最大化，通常会把最好的节目集中于有限的频道资源和黄金时段。然而，网络视频没有时间、空间和频道的限制，主流的和非主流的、商业的和非商业的视频节目都可以得到充分展示，在满足大众化需求的同时强化个性化需求的满足。

每年全球的原创电视内容长达 310075 小时。过去，由于受到时间的限制，只有高质量的节目才能够呈现在大众面前，而且绝大多数高质量的电视内容也只能成为一次性产品，重复播出的概率相对较小，只有极少数电视节目会出售或制成音像产品在市场上流通。网络视频的出现使得所有的视频都有多次呈现的可能，根据受众的需求展示在受众面前。并且随着传播成本的降低和网络电视的普及，这些过去只能库存的东西将为版权所有者带来可观的利润。

3. 网络电视在融合性、传播性和商务性上的优势

与传统电视相比，网络电视还在融合性、传播性和商务性方面体现出不同的特点和优势。

网络电视的融合性体现为三个方面：第一，网络视频已经渗透到各媒体领域，带来了传统视频的网络化和移动视频形式的多样化。第二，网络电视既可以作为传统电视新的传输渠道，作为传统电视的有力补充，又可以为传统电视提供富足的信息和资源。对于传统的电视节目，受众既可以通过电视终端接受，又可以通过网络收看，而且通过网络的互动性可以及时采集受众反馈的信息，为节目的改进提供富足的信息和资源。第三，网络电视已经融入到网民的生活当中，网民由以文字表达为主的方式逐渐上升到文字和视频表达齐头并重。网络视频将成为普通网民表达自己世界观、人生观和价值观的有力工具之一。

从传播角度来看，网络电视作为一种新的媒体形式有其独特的优势，具体体现在交互性、兼容各种传播活动的融合性、信息传播的灵活性、信息传播的即时性、信息表现形式的多样性和信息的海量存储等方面。DCCI 2009 调研数据显示，网络视频用户对视频具有强大的指数式传播效应。有高达 89.4% 的受众表示会把喜欢的网络视频推荐给自己的朋友或同事，这正是视频分享“病毒式”营销中指数式传播的体现。

此外，网络电视还有一个非常重要的功能，即商务功能，也就是通常所说的电子商务。把网络用于伴随商务活动展开的传播活动中，将网络电视的传播功能和商务功能完美结合，这是网络世界显著的应用功能。网络视频可以不受时间、空间和地域的限制，是商品良好的展现方式，可以在最大程度上展示商品信息，与电子商务相得益彰，从而彰显自身的商务特性。

二　2010 年网络电视的发展特点及趋势

2010 年，中国互联网最重大的事件就是国家推进三网融合。这个叫了很多年的概念终于一朝成为可行的现实，视频企业从精神准备到技术储备终于到达了从积累到释放的时间点。回顾一年的发展，网络电视行业动作频频。发展模式、营销方式、技术水平、资本运营等方面均具有较大的变化和发展。这些都将对今后网络电视的发展有着较为深远的影响。具体来看，共呈现六大变化。

1. 网络电视呈现“长视频”与“微视频”两种发展方向

“长视频”和“微视频”的区别在于：长视频节目往往都在半小时以上，以高清影视、综艺、纪录片等视频节目为主；而微视频节目时长短、内容精，更偏重于满足网民对时效资讯、时评、快速分享方面的需要。

从 2009 年开始，网络电视的竞争焦点转向发掘正版长视频网站的广告价值。有关人士指出，未来主流正版长视频网站的广告价格将是短视频网站的两倍以上。分析国外的网络视频格局演进过程我们会发现，Hulu 的广告营收达到 YouTube 同等量级只花了两年时间，而流量却仅为后者的 10%。长视频网站进行广告投放对品牌有显著的加分效应。目前在正版长视频第一阵营的为搜狐视频、百度奇艺与酷 6。以前，土豆网和优酷网等都以视频分享为主要模式，而后为了盈利，开始向 Hulu 的长视频模式靠拢。不过，长视频的内容来源更多的为网站购买的正版影视资源，由于目前正版内容的成本较高，所以在很大程度上限制了视频网站的发展。

随着网民工作、生活节奏的加快，快速获取信息、快速分享娱乐已成为目前网络用户习惯的一个主要特征，这也带动了微视频节目点播量的不断攀升。2010 年 7 月，第一视频集团高调推出“微视频”新闻门户网站。第一视频董事局主席张力军称，要打造中国第一的微视频新闻门户。而目前正在快速发展的三网融合和 3G 网络建设，也为微视频的发展营造了非常好的机遇。与长视频相比，从技术上来说，微视频所占空间较小，时间较短，这使得终端的下载和上传更为容

易。在内容方面，微视频门户创立了每天 16 小时全程自制类直播的微视频网络视频节目。这些优势使微视频可以很容易地在“互联网、广播网、移动网”三网上得到快速方便的传播。目前，第一视频已经与移动、联通、电信建立了长期紧密合作，开通了手机电视、手机彩信、彩铃等增值业务服务，目前已经覆盖了中国 5040 万手机电视用户。这为未来视频网站的发展又开辟了一条新的盈利模式路线。

2. 网络视频媒体开始具有“新闻媒体”资质

2010 年，网络视频的又一个典型特征就是已经朝着媒体的方向发展。视频网站不仅仅为网友提供好玩的视频和影视剧，同时也在积极提供鲜活的资讯信息。究其原因，视频网站的主要商业模式来自于广告。为了体现较高的品牌价值，吸引品牌广告，这就要求视频网站不能太草根。显然，参与新闻报道、向主流媒体发展，成为网络电视提升品牌的最佳策略。例如，玉树地震发生后，视频网站迅速反应，广泛深入地对青海玉树地震进行专题视频报道。酷 6 网当天就开辟了《青海 7.1 级地震》专题报道网页，并设置了多个视频报道专栏。此外，酷 6 网还派出以特约编辑刘畅为主的团队深入地震灾区一线，发回许多独家报道，迅速引起其他媒体的关注，被认为是“视频网站被政府认可成为新媒体的核心代表后的首次尝试”。

2010 年 5 月，激动网拿到新闻牌照，成为民营视频网站领域内获得首张新闻牌照的公司。官方宣称，与其他网站斥巨资投入影视版权购买不同，激动网除了保持影视引进之外，还将投入 5000 万元用于视频新闻资源的拓展。目前，激动网已在中国香港、中国台湾乃至欧美设立合作站。

激动网这个定位为门户的正版视频网站选择了走媒体化路线，内容方针是“资讯 + 影视 + 原创”，并利用这些多渠道获得的高品质视频资源，为“三屏”终端（PC、TV、手持设备等）提供内容整合服务，盈利模式是“广告 + 版权分发 + 用户付费”。这也是目前对于视频网站来说比较好的商业模式：媒体化路线 + 多元化盈利能力。

3. 视频网站的广告营销方式更加侧重于技术性创新

网络视频整合了网络媒体和电视媒体的双重优势。在受众覆盖方面，电视受众都是其潜在用户。在营销形式方面，网络视频则有更多深挖的空间，不断尝试技术性创新，拓展广告的营销方式，如引入新的广告形式甚至是双向互动

的营销手段。因此视频网络蕴含的营销潜力十分巨大，其广告形式相较于传统电视更加灵活多样。区别于大家所熟知的前插片、中插片、后插片等广告，视频网站还推出了视频播放器上的广告、视频暂停时出现的广告、视频中内置的广告，甚至是可以进行互动的广告。以 YouTube 为例，目前其主要广告类型包括三种：一是搜索广告。广告商可以将视频广告与 YouTube 搜索框中的搜索词捆绑起来。二是视频内广告。YouTube 经常采用的是交错放置在视频画面上、干扰性较小的广告，即视频内广告。三是在线服务广告。2009 年，YouTube 增添了一个购物广告服务功能，用户点击位于视频下面的链接，就可以购买相关的服务或产品。

在广告活动上，视频网站所能提供的活动将更加形式多样。如一些视频网站利用其网站的拍客与广告主的互动相结合，广告主每个城市的活动都能让拍客参与、记录、上传到视频网站上，大量的拍客在此过程中已经形成品牌体验，而上传的视频也将让视频网站受众体验到广告主的活动。在广告播放时长上，企业也可以灵活选择，从 15 秒、30 秒到 2 分钟、7 分钟的广告都可灵活选择，对于长时间的广告，企业可采取植入营销的方式，让视频广告变得更有趣，更具有用户二传的可能性。

4. 高清是网络视频行业形成新的增长点的技术关键

在视频行业发展的初期，视频分享网站无疑是占据主导地位的。网友可制造和上传视频，用户参与性很高。然而随着视频行业的发展，观众已经从猎奇性的观赏模式发展到了娱乐休闲的观赏模式。观众的品味越来越高，欣赏能力越来越强，对网络视频的片源质量和观看质量都提出了较高的要求。

这一转变带来的结果是，视频行业的竞争正在由内容的竞争回归到产品本身。如果说最初几年无论视频网站还是网络电视都在解决“能看”的问题，最近一两年都在解决“看什么”的问题，那么接下来将要解决和必须解决的就是“看得好”的问题。而高清是“看得好”的一个重要指标，是让用户享受到更高品质服务和获得良好用户体验的必要条件。

要解决高清的播放问题，除了购买正版高清片源之外，播放器成为关键。现在看来，只有 P2P 方式的播放器，可以达到 DVD 级别的流畅播放。值得一提的是，如果视频分享网站要达到 DVD 级别的高清播放，那么观看的人数越多，带宽的压力就越大，就越难流畅。而 P2P 的播放器则刚好相反，观看一部影片的

用户越多，画面越流畅，这就是 P2P 模式的优势。

目前，土豆网有高清品牌“黑豆”，酷 6 有专门的“高清影院”频道，搜狐有“高清影视剧”栏目，六间房有“高清影院”频道，56 网有“高清剧场”频道，迅雷看看也在最近推出了 720P 全高清频道。暴风、PPTV、风行等都已经大量采购正版的高清片源。

依照目前的行业发展态势，高清将成为我国视频行业发展的分水岭，是网络视频行业形成新的增长点的技术关键。有关专家分析，视频分享网站不会死去，但是会逐渐萎缩，而支持 P2P 播放器的视频点播模式将逐渐成为主流，成为网友享受网络视频的主要方式。

5. 3G 手机媒体将成为视频网络的延伸战场

3G，就是指第三代数字通信技术。3G 以手机语音功能之外的无线上网、手机电视等数据功能为特色。在日本和韩国，手机视频业务的占比达到 53%，已经成为每个人生活中不可分割的一部分。据业内预测，到 2012 年美国的移动媒体和娱乐服务的收入将从 2007 年的 31 亿美元增长到 66 亿美元，年平均增长率达到 16.3%。2009 年 1 月 7 日，我国正式迈入了 3G 时代，而视频网站则出发得更早。早在 2005 年，乐视网就启动了 3G 业务。目前，乐视网是央视唯一的手机电视合作伙伴。2009 年 5 月 17 日，优酷网正式启动了优酷 3G 版公测上线（3g. youku. com），逐步实现了最初的电脑、电视、手机“三网合一”的梦想。

目前和手机终端厂商建立合作关系是视频网站争取的一块重要阵地。客户端软件在视频网站 3G 布局中有特别重要的地位。与手机终端厂商合作内置软件，可以提供完善的视频应用服务和个性化的用户体验，有助于提升手机用户的忠诚度。优酷网与诺基亚、索尼爱立信合作，以出厂内置的方式在 3G 新机中嵌入了视频客户端。通过客户端，优酷网可以为手机用户提供视频浏览、精彩推荐、分类视频和搜索等与互联网几乎相同的视频服务。

不过从实际情况看，优酷等视频网站扮演的还只是追赶者角色，因为手机门户已经在此领域处于事实上的优势地位。据了解，像 3G 门户、UC 等手机门户早已把手机视频播放器纳入整体战略规划当中。而且以手机视频播放器为核心，已经整合了包括央视网、优酷网、酷 6 等大量的互联网视频内容，并与一大批国内电视台和内容提供商达成了手机视频合作关系。

在这场激烈的争夺中，电视媒体也是动作频频，央视网就是其中的代表。2009 年 8 月，央视网为手机电视倾力打造的国内第一部原创手机系列动画《绝对小孩》正式启动。2009 年 9 月，央视网和空中网共同推出全新的手机央视网 wap. cctv. com，为全国观众提供用手机看央视节目的全方位服务。手机央视网作为央视“台网捆绑”的重要战略组成之一，未来还将承担对央视大型事件及活动的无线互动任务。今后，用户不仅可以通过电视和互联网，还可以随时随地通过手机参与到央视精彩内容的立体报道中去。

电视媒体丰富的版权内容和广泛的影响力在 3G 时代将成为其竞争的有力法宝。视频网站深谙此点，也在手机视频内容上纷纷发力。优酷与中央人民广播电台（CNR）、中国国际广播电台（CRI）的战略合作也已经展开。显然，3G 手机媒体将成为视频网络的延伸战场。

6. 资本市场将改变网络视频媒体的竞争格局

2010 年，优酷、酷 6、乐视等国内视频网站纷纷上市。上市给企业带来了更充裕的资金，可以用于在版权等方面的投入，这可能会推高现已高涨的版权行情。这意味着在经历了模式之争、版权之争等诸多交锋后，国内网络视频行业又走到了一个分水岭。有关专家预测，优酷上市后，马太效应会显现，用户会集中，广告主会集中，未上市网络视频企业必须转型。2010 年 11 月中旬，六间房网站全面改版，将秀场、游戏频道等作为主打内容，影视剧内容被彻底抛弃。除了六间房外，迅雷也在尝试盈利模式创新，激动网也在谋求转型，方向是视频新闻门户。

总体来说，2010 年网络视频更加强调版权意识，视频网站纷纷通过购买正版资源来创造一个良好的视频内容和环境。在技术上不断提高和创新，一方面提升视频点播质量，实现高清播出效果；另一方面 3G 手机媒体成为网络电视的延伸战场。网络视频开始考虑提升品牌价值，增加盈利模式，并且向媒体化方向发展。网络视频行业的纷纷上市，不仅为其发展注入了新鲜的活力，同时也会改变网络视频行业的竞争格局。此外，视频网站还需继续重视及加强相关内容监控工作，保持内容的健康，才能更好地实现可持续发展。

中国电影产业
发展报告

China's Film Industry Development Report

电影产业地图

产品、服务流
资金流
环节、机构名
职务名
策划
制作
发行
放映
周边产品
小说、漫画、戏剧
原创故事
原创剧本
资金
电影项目策划（选定主题）
资料收集
剧本大纲、场景设计
分镜头绘制
分镜头剧本
独立拍摄
联合拍摄
电影资金来源
自有资金
共同出资
银行融资
分镜完成
导演选定
国有电影制片机构
六大国有电影集团公司
中国电影集团公司
上海电影集团
长春电影集团
西部电影集团
峨眉电影集团
珠江电影制片有限公司
省级电影制片厂
潇湘电影集团
山西电影制片厂
南京电影制片厂
天津电影制片厂等
民营影视公司
华谊兄弟影业投资有限公司
北京新画面影业公司
保利博纳电影公司
世代今典影业公司等
合资影视公司
中影华纳横店影视有限公司
制片机构（国有、民营、合资）
选景
服装、道具设计
美术、服装
大道具、小道具
特殊摄影
色彩技术
CG制作
前期准备
宣传用图
开始拍摄
现场实拍
拍摄结束
内部试映
定剪
配音、配乐
底片洗印
（视情况决定是否数字化）
试映完成
演职员建组
制定预算
制定拍摄计划
导演
演员演出
摄影
灯光
录音
洗印
数字处理
影视制作相关企业
策划公司
录音工作室
经纪公司
摄影工作室
美术公司
CG工作室
后期制作公司
器材租赁公司
洗印公司
胶片厂商
器材厂商
演职员
制片
导演
副导演
编剧
摄影
剪辑
录音
美术
灯光
化妆
服装
道具
布景
特技
剧照摄影
场记
演员
武术指导
场务
配乐
烟火枪械
电脑特技制作
其他
国产电影
外国作品
国产电影上映
引进国外电影
电影发行机构
中国电影集团公司
华夏电影发行公司
保利博纳电影公司等
相关企业
翻译公司
字幕制作公司
文化会展公司
海报设计公司
预告片制作公司
营销宣传
广告代理商
院线
影院
银幕
上海联
北京新影联
中影星美
中影南方
北京万达等
全国观众人次
国产电影观众人次
进口电影观众人次
全国院线总票房
国产电影票房
进口电影票房
电影作品流通方式
（多渠道）
［①影院公映］
［②DVD/VCD销售］
［③DVD/VCD租赁］
［④付费频道、VOD点播］
［⑤免费播映］
图书
音像制品
音乐会、展销会
玩具、饰品、服装
影视城、主题公园
广东盈艺文化传播有限公司
广东俏佳人集团公司
广东中凯文化发展有限公司等
上海影视摄制基地
长影世纪城
横店影视城
镇北堡西部影城等

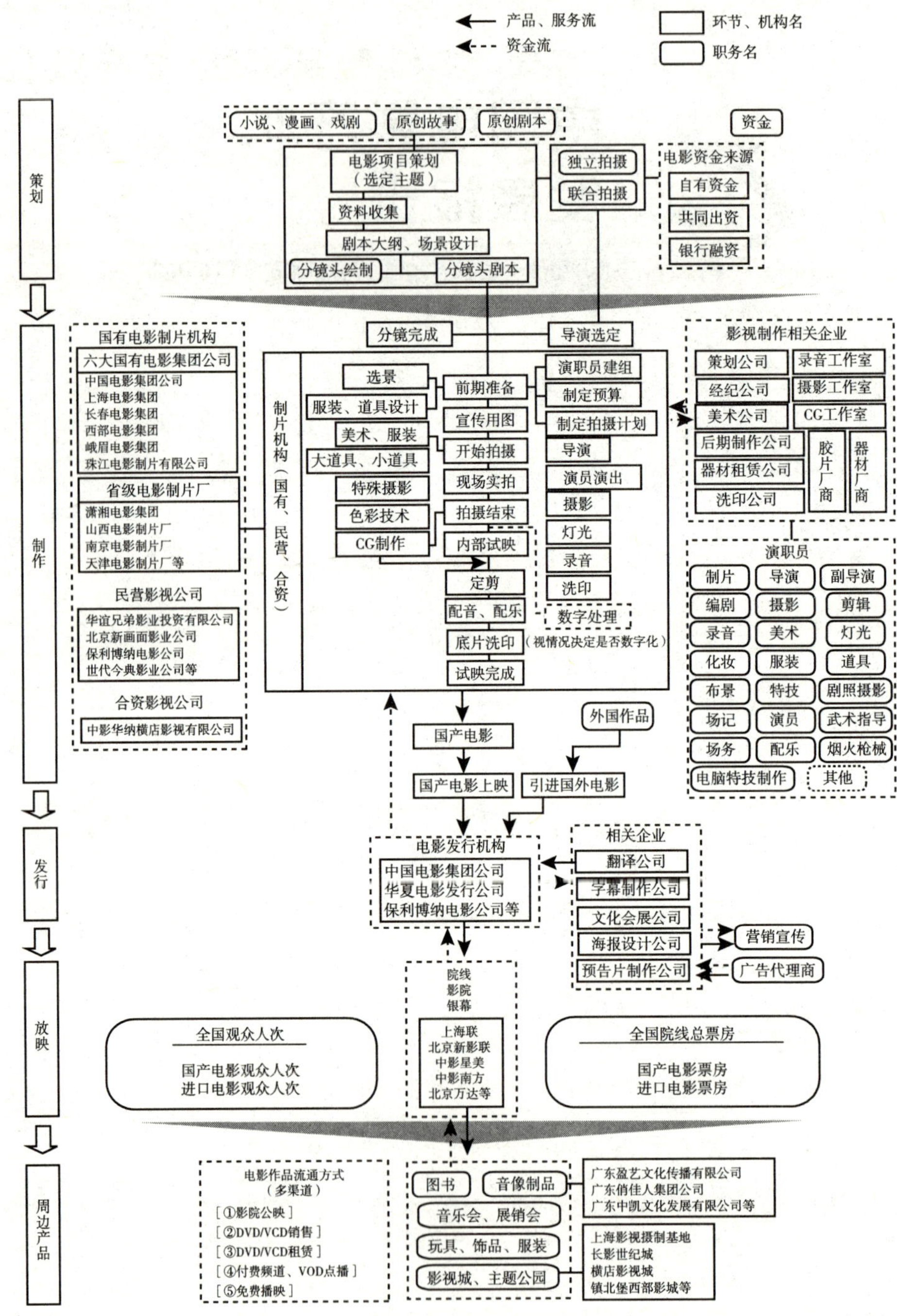

B.21
中国电影产业发展概况

蓝皮书课题组*

继2010年1月党中央国务院再次针对电影产业发布了更为具体的《关于促进电影产业繁荣发展的指导意见》后，国家广电总局积极落实相关精神，全国电影业继续保持跨越式发展的态势。

2010年，全年故事影片产量达到526部，较2009年的456部增加15%；同时生产动画影片16部，纪录影片16部，科教影片54部，特种影片9部，电影频道出品数字电影100部（见图1）。此外，2010年进入城市主流院线的国产影片有260多部，较上年多出一倍，这一可喜的现象一方面归因于2010年整体院线规模的扩增，另一方面是电影产业发行和放映理念的转变所带来的影响。

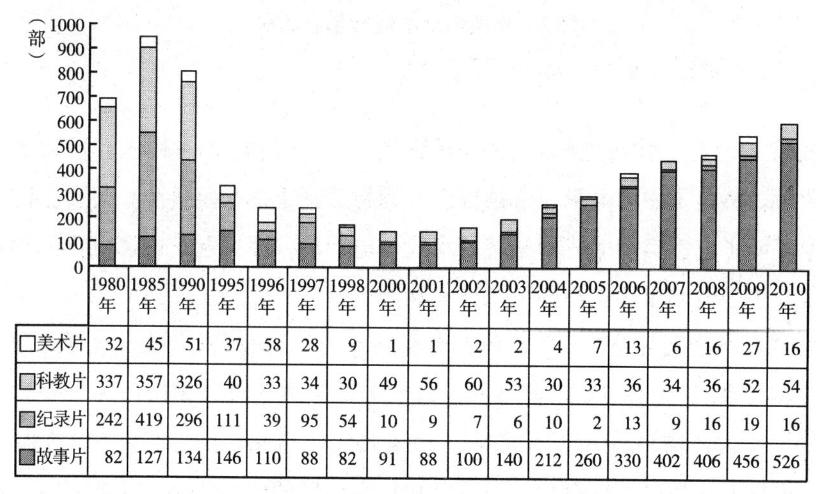

	1980年	1985年	1990年	1995年	1996年	1997年	1998年	2000年	2001年	2002年	2003年	2004年	2005年	2006年	2007年	2008年	2009年	2010年
□美术片	32	45	51	37	58	28	9	1	1	2	2	4	7	13	6	16	27	16
▨科教片	337	357	326	40	33	34	30	49	56	60	53	30	33	36	34	36	52	54
▨纪录片	242	419	296	111	39	95	54	10	9	7	6	10	2	13	9	16	19	16
■故事片	82	127	134	146	110	88	82	91	88	100	140	212	260	330	402	406	456	526

图1 中国内地电影历年产量

资料来源：国家广电总局电影局。

* 文本由郭亦丹根据蓝皮书课题组数据库资料整理写作。

2010年，中国电影各项数值指标均创造了自2000年以来的新高。其中最震撼中国影坛的消息莫过于全国电影票房收入达到101.72亿元，在2009年电影票房增幅42.96%的强势基础上，再次增长63.9%。产业化改革八年来，全国城市票房增长了10倍，年均增幅超过35%。在2010年的总票房中，国产影片票房总额为57.34亿元，占全年票房总额的56.4%；进口电影票房为44.38亿元。全年电影产业总收入为157.21亿元，较之2009年的106.65亿元，增幅达47.4%（见图2）。

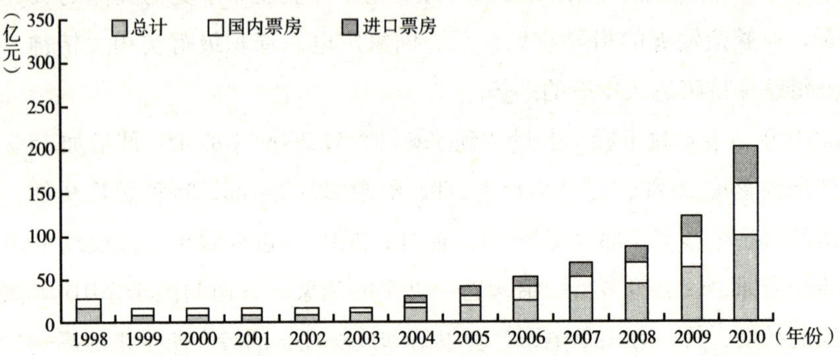

图2　中国内地电影历年总票房

资料来源：国家广电总局电影局。

截至2010年，中国电影总票房增幅连续八年维持在20%以上。可喜的票房数字背后，彰显了中国电影在营销推广及题材选择上的长足进步，过百亿的票房响亮地证明了电影类型的成功拓展、小成本电影的异军突起、电影资本的逐步成熟，以及中国电影市场正在趋于完善和壮大。

2010年在全国的总票房中，国产电影同比增长63.27%；进口电影总票房同比增长64.74%，增势迅猛。此外，进口电影票房总量约占2010年全年票房收入的43.6%，占比格局与2009年的44%基本持平。由此可见，尽管国产影片票房比例已连续七年超过进口影片，但进口片较为稳定的票房比例也说明其在电影市场中不可撼动的地位，因为国产影片的票房优势也是建立在对进口影片数量、拷贝及档期的严格限制之上，因此国产电影想要与炙手可热的进口电影一决高下，还需要中国电影人长久的努力和国内电影市场的进一步完善。

随着优秀国产影片数量不断增多，运作水平及商业化程度不断提高，中国电

影市场在影片的档期分布上正发生着深刻的变化。2010 年的电影市场月月有超亿元票房的中外大片撑市，热门影片排期均衡，中小影片搭配上映。除贺岁、暑期、国庆等几个票房产出较高的传统档期之外，以往十分低迷的 3 月中旬到 4 月中旬影市，以及介于暑期档与国庆档之间的 9 月，由多年形成的淡季变为旺季。传统非优质档期的市场潜力得到了进一步挖掘，市场供求趋于平衡，平均每个月上映 20 部以上的国产新片，使许多原先空白的市场空间得到了填补和拓展。在 2010 年的最后一个月，中国电影市场日票房纪录、周票房纪录、月票房纪录皆遭刷新。《大笑江湖》、《赵氏孤儿》、《让子弹飞》、《非诚勿扰 2》 四部大片携手瓜分 12 亿元，成就有史以来票房最高的贺岁档纪录。全年除 6 月受世界杯分流观众，致使只收 5 亿多元票房外，2010 年全年其余月份都在 6 亿 ~ 12 亿元之间高位运行。这种持续高速发展的态势，在国际影史上都十分罕见。

中国电影走向世界一直是电影界努力的目标。2010 年，国产电影的海外销售收入达到 35.17 亿元，较 2009 年的 27.7 亿元增长 26.9%。2010 年，我国在境外举办了 100 次中国电影展，展映国产影片 578 部次。中国电影展映活动所到之处，均产生热烈反响。全年累计 63 部次影片在 25 个电影节上获得 89 个奖项，《团圆》、《观音山》、《钢的琴》 等影片都在国际 A 类电影节获得重要奖项。除版权预售、音像、新媒体分销等方式外，中国电影企业开始借助资本运作进入国际电影市场。博纳影业公司在美国纳斯达克上市，橙天嘉禾入股好莱坞传奇影业等，为中国电影 “走出去” 提供了新的思路，对进一步加大电影业的融资力度、丰富融资手段、促进与金融业的广泛合作进行了有益的尝试。

2010 年是院线体制改革的第八年，也是中国推行电影产业化与市场化的第八年，电影市场的火热继续带动了影院投资的热潮。2010 年全年新增影院 313 家，目前影院数目已达到 2000 家，全年新增银幕数 1533 块，全国城市影院银幕总数达到 6256 块。目前，中国正以平均每天 4.2 块银幕、450 个座位的速度递增，这种增幅全球罕见。院线的井喷式发展，最大幅度地刺激了银幕数量的增加，而银幕数量的增加，也是市场容量增加的动力（见图 3）。

此外，2010 年中西部地区和中小城市新增影厅数均达到全国新增影厅数的 40% 以上。农村流动放映已基本完成了从胶片到数字放映方式的转变。截至 2010 年底，全国农村已组建农村数字电影院线 240 条，拥有数字放映设备 42000 多套，形成了遍布全国农村的数字电影放映新格局。各地放映影片已达 800 万

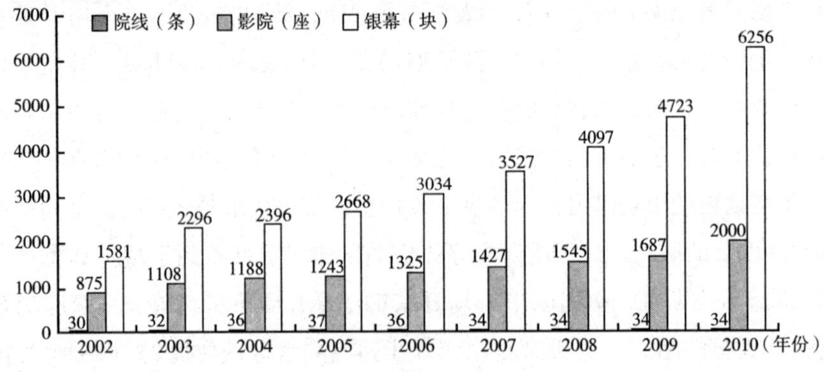

图3　中国内地历年院线规模一览

资料来源：国家广电总局电影局。

场，全年一村一月放映一场电影的公共放映服务目标基本完成。

近年来，资本对电影的追捧主要集中在电影投资制作、院线发行以及影院建设这三个关键节点上，其中电影商业地产的升温尤其火爆。据统计，至2010年底，博纳影业已开业影院8家，其中6家影院是在最近两年才正式营业的，预计未来二线城市将成为投资的重点。

2010年电影市场的又一大亮点是单片票房创历史纪录。2009年，《变形金刚2》、《建国大业》分别以4.55亿元和4.2亿元，先后打破了《泰坦尼克号》创下的3.6亿元且保持11年之久的单片票房纪录；2010年，《阿凡达》、《唐山大地震》又分别以13.79亿元和6.65亿元，刷新了《变形金刚2》、《建国大业》在2009年创下的进口影片和国产影片单片票房纪录。

《阿凡达》以13.79亿元雄踞票房榜首，上映周期长达4个多月，放映场次达到32.6万场，同时也掀起了3D电影风靡中国电影市场的狂潮。在其强势的带动下，2010年3D电影在随后的市场中屡创佳绩。《阿凡达》的成功也给中国电影工作者提供了一个直面强攻、正视差距的机会，如何在立足本土特色的基础上，缩小与进口大片的差距，成为国产电影必须积极面对的课题。

《唐山大地震》是国内首部用IMAX格式制作的电影，首映当日票房收入3790万元，7天突破3亿元大关，打破了《阿凡达》首映7天全国票房2.87亿元的历史纪录。此后，连创单片单场10万元、单片单日票房5250万元、3天破亿元11天破4亿元、累计票房6.65亿元和观众人数超1650万人次等10多项国

产电影市场纪录。作为一部有着平民史诗风范的主流电影力作，《唐山大地震》坚持本土化的故事元素，是中国电影实践“三贴近”创作原则的一个重要收获，也再一次鼓舞了中国影人将中国电影推向世界的信心。

伴随着电影产业的不断进步，多样化、多品种、多类型的中小成本影片创作也取得了突破性进展。纵观2010年全国城市主流院线上映的影片不难发现，中国电影在类型片创作上的突破不仅仅局限于贺岁档，在电影的类型化叙事上也进行了有别于既定模式的探索。其中一大批中小成本影片都立足本土文化、创新创作观念、关注现实生活、贴近观众需求、丰富表现角度，开创了新的电影语言类型与文本样式。观众很难再用爱情片、灾难片、喜剧片、古装片、悬疑片等既有的标签来界定电影，相反，每一部影片都杂糅了多种类型属性，并传递着中国观众熟悉和认同的价值判断。据统计，全年有59部国产影片票房超过千万元，其中大部分为中小成本影片，这标志着中国电影产业格局正在由大片垄断向多层次、多类别、多样化发展转变，并逐步走向丰富、合理、成熟的产品结构体系。

2010年，中国电影在开启了票房“百亿时代”的同时，也进入了由产业化初级阶段向产业升级阶段过渡的关键时期。截至2010年底，一壹影视文化投资基金、中华电影基金、A3国际亚洲电影基金、“铁池”私募电影基金等多只风投和基金都纷纷参与到电影产业中，风投和基金涌入电影产业，也从另一个侧面体现了中国电影的投资风险正在逐年降低。

无论是制片、营销、发行还是影院建设环节，民营公司在2010年也都表现得异常活跃。国内上市的华谊兄弟于2010年开始进军电影院建设领域。2010年底，在海外上市的博纳影业在其首轮融资成功后，将注意力由原来的发行领域扩展至制片和影院建设环节。观察2010年票房排名前十位的国产影片可以发现，每部影片的制作都有民营电影企业的加入，但同样从这十部影片的制作机构名单中也可以看出，真正能推出在市场上具有票房号召力影片的企业仍然屈指可数，大量民营电影企业的市场竞争力仍较薄弱。

此外，即使在影院增速如此高的背景下，如适逢热门影片上映，部分地区仍会出现一票难求的情况，这显示出影院数量与市场需求之间仍存在相当大的差距。在我国，以城市人口计算，目前平均10万人以上才拥有一块银幕。即使在银幕数处于全国领先地位的北京，2010年底银幕数突破500块，也仅仅达到了3.4万人拥有一块银幕的水平。因此，影院建设滞后仍然是制约整个电影产业发展的瓶颈。大部分院线在同档期内所排映的影片区别不大，大都集中在票房产出比较高的影片上，而一些相对小众的艺术影片常无法获得充足的放映空间，院线分层次、差异化、特色化经营的需求已经浮出水面。而要实现院线的差异化生存和发展，足够的银幕数和具有成熟观影取向的观众无疑是最根本的前提。

虽然2010年是中国电影票房大丰收的一年，但目前中国电影的收益仍然过度依赖于国内票房的收入，尤其对中高成本的影片来说，票房收入无疑是其成本回收的关键。相对而言，院线之外的其他发行渠道及电影衍生产品开发仍然十分薄弱。对此，国家广电总局电影局局长童刚表示，对电影版权的保护无疑是打造成熟健全的电影产业链的关键所在，也是未来中国电影产业亟待解决的问题。

B.22

2010年中国电影产业备忘

尹鸿　程文*

中国电影市场以近10年的高速增长传递了产业信心，新一轮影院建设出现高潮，国产电影整体商业品质不断提升，3D电影、IMAX等特种影片形成市场冲击，大众文化娱乐消费需求更加强烈，“供求两旺”创造了2010年中国电影产业的爆发式增长，中国电影票房跨入“百亿时代”，电影产业在从粗放发展向内涵发展的道路上迈进了21世纪的新十年。

一　数字解读：电影产业爆发式增长

1. 电影产量连续9年稳定增长，电影品种更趋丰富

2010年全国故事影片生产总量526部，创历史新高，产量已接近美国电影年产量，居全球前三（见图1）。此外，2010年还生产动画片16部，纪录片16部，科教片54部，特种影片9部，电影频道出品数字电影100部。电影品种更加丰富，为电影市场增加了更多选择。

2. 银幕数量大幅增加，电影市场扩容明显

2010年全国新增影院313家，新增银幕数1533块，银幕年增长率32.5%，为近八年来最高（见图2）。全国城市影院银幕总数达6256块。其中，3D数字银幕数1100块，居美国之后为全球第二。影院和银幕的大幅度增加，为2010年电影市场增长提供了可能性。

3. 票房出现井喷奇迹，中国市场跨入“百亿时代”

中国电影票房年收入突破100亿元，增幅达64%，创造了全球市场奇迹，

---

* 尹鸿，清华大学新闻与传播学院常务副院长、教授、博导，清华大学影视传播研究中心主任；程文，清华大学新闻与传播学院博士后。

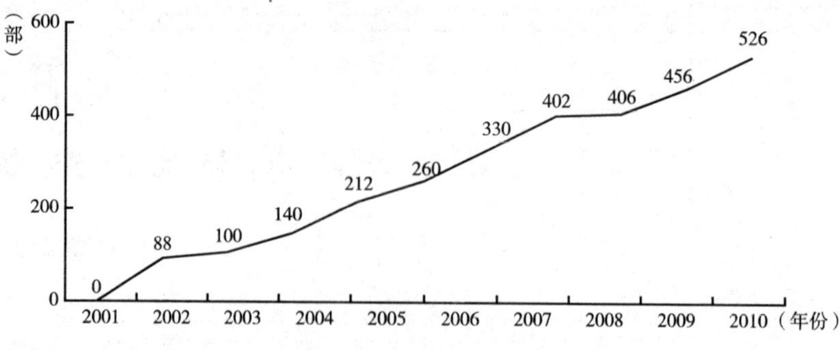

图1 2001～2010年内地故事片产量

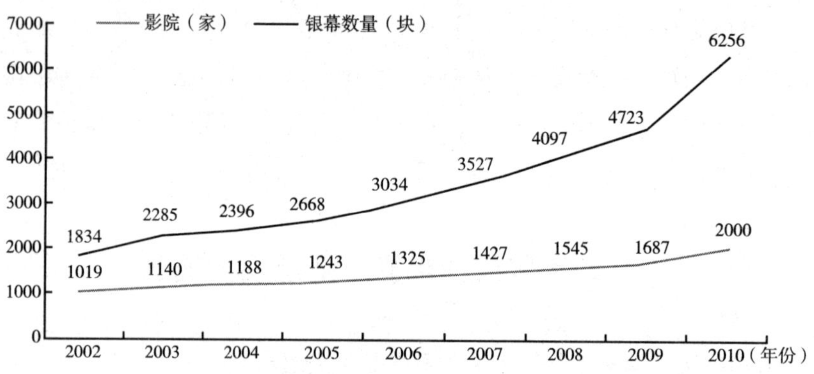

图2 2002～2010年中国内地影院银幕数量与增长趋势

票房总量超过英国，相当于世界最大电影市场——北美票房的1/7，已进入世界电影市场前十位。票房、海外收入、电影频道广告收入等各项综合收入接近160亿元，增幅47.4%，电影产业规模明显扩大（见图3）。

4. 全年影院观众人次接近3亿，电影消费需求持续上升

2010年电影市场火爆，电影观众规模和观影频次都有较大幅度提高，影院观众约2.9亿人次①，增幅43%。

5. 全年过亿元票房的影片27部，国产电影票房份额继续保持优势

全年过亿元票房的影片27部，其中国产影片在前一年11部的基础上增加到17部之多，约占总票房份额56%，中外过亿元影片票房占全年总票房的65%，成为票房收入中坚（见表1）。

① 按照近几年票房与人次的应对规律，按平均票价35元折算全年观众人次。

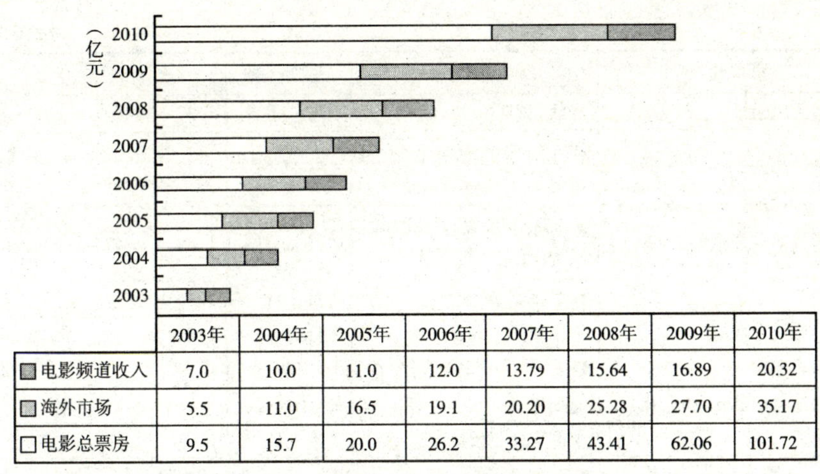

	2003年	2004年	2005年	2006年	2007年	2008年	2009年	2010年
电影频道收入	7.0	10.0	11.0	12.0	13.79	15.64	16.89	20.32
海外市场	5.5	11.0	16.5	19.1	20.20	25.28	27.70	35.17
电影总票房	9.5	15.7	20.0	26.2	33.27	43.41	62.06	101.72

图 3　2003～2010 年中国电影市场主要收入

表 1　2010 年中国电影市场过亿元票房的影片

单位：亿元

影　片	出品机构	上映日期	总票房
1. 阿凡达(引进片)	20 世纪福克斯	4 月 25 日	13.787
2. 唐山大地震	华谊兄弟	9 月 16 日	6.733
3. 让子弹飞	英皇电影、峨眉电影集团	12 月 26 日	4.798(截至 2011 年 1 月 10 日票房为 60365 万元)
4. 盗梦空间(引进片)	华纳兄弟	11 月 4 日	4.42
5. 非诚勿扰 2	华谊兄弟	12 月 26 日	3.345(截至 2011 年 1 月 10 日票房为 44137 万元)
6. 狄仁杰之通天帝国	华谊兄弟	11 月 11 日	2.92
7. 叶问 2	东方电影	6 月 10 日	2.34
8. 爱丽丝梦游仙境(引进片)	迪斯尼	5 月 2 日	2.26
9. 敢死队(引进片)	Millenium Films	9 月 30 日	2.18
10. 哈利波特 7(引进片)	华纳兄弟	12 月 9 日	2.058
11. 赵氏孤儿	盛世骄阳	12 月 26 日	1.93
12. 钢铁侠 2(引进片)	派拉蒙	6 月 10 日	1.763
13. 诸神之战(引进片)	华纳兄弟	5 月 20 日	1.75
14. 大兵小将	博纳	3 月 22 日	1.62
15. 波斯王子(引进片)	迪斯尼	7 月 8 日	1.58
16. 大笑江湖	博纳	12 月 26 日	1.539
17. 山楂树之恋	新画面	10 月 21 日	1.466
18. 锦衣卫	邵氏兄弟	3 月 1 日	1.447
19. 生化危机 4(引进片)	康斯坦丁	12 月 9 日	1.379

续表 1

影　片	出品机构	上映日期	总票房
20. 精武风云	光线、寰亚	10 月 21 日	1.37
21. 全城热恋	福克斯国际、星空电视、华谊兄弟	3 月 15 日	1.28
22. 喜羊羊与灰太郎 2	上海东方传媒、广州原创动力、北京悠扬文化	2 月 22 日	1.25
23. 枪王之王	保利博纳、英皇	8 月 5 日	1.26
24. 杜拉拉升职记	中影集团、DMG	5 月 20 日	1.24
25. 越光宝盒	珠江、小马奔腾、博纳	3 月 29 日	1.19
26. 玩具总动员 3(引进片)	迪斯尼	8 月 12 日	1.11
27. 孔子	中影集团、大地时代	2 月 1 日	1.03
票房合计			69.05

资料来源：国家广电总局电影局（截至 2011 年 1 月 5 日）。

2010 年，在电影生产数量、银幕数量、票房总量、综合收入总量、观众人次、国产电影市场份额等各主要指标上，中国电影都形势大好，显示出蓬勃发展的势头。

二　产业格局：核心企业逐渐成形

由于最大限度的开放准入政策，降低了电影产业的进入门槛，近年来中国的电影企业和电影产量都高速增长。但由于银幕数量和影院市场的规模限制，中国影院市场实际容纳量应在 200 部左右，目前大约有年产影片总量 2/3 的影片难以进入影院流通。为了提高竞争能力，增加影片效益，强化市场控制力，减少交易成本，延伸产业链，2010 年国有电影企业通过转企改制，民营电影企业通过资本市场，进一步推进了资源整合、产业链完善，从而带来了电影生产、发行和播映各个环节的市场集中度的提升，产业格局逐渐明晰。

1. 资本进入电影产业，电影产业进入资本市场

由于电影业的蓬勃发展，大量社会资金进入电影领域。这些投资主要集中于电影制作、院线发行以及影院建设三个主要环节。其中电影商业地产的升温更是火爆。一线城市影院投资市场竞争激烈、风险增加，商业地产项目前期投资成本过高且回报周期长，但二线城市回报率则显示出较大优势。

电影的影响力价值引入更多的社会资本进入电影行业。目前全国排名前 50 名的影院中，有 49 家都坐落于商业地产项目中。业内人士认为，影院带来的实际利益有“1∶15”的带动作用，即电影院收入 1 元可带动商圈收入 15 元。以万达为代表的商业地产商，集影院、购物、娱乐、休闲、餐饮于一体的一站式商业综合体，逐渐形成共赢关系，被称为“万达模式”。2010 年，保利影业投资有限公司签下北京东直门商圈的大型购物中心国盛时尚，华谊兄弟签约北辰长沙项目，都试图复制这一成功模式。

与此同时，电影企业进入资本市场则是电影产业做大做强的必由之路。以影视内容制作为主业的橙天嘉禾和华谊兄弟分别在 2009 年的 7 月和 10 月在香港、深圳上市，开启了我国影视行业的资本化进程。2010 年多家影视企业或者对上市蠢蠢欲动，或者通过各种股权交易的方式募集资金，风险投资也仍然青睐电影产业。

年底，民营发行企业博纳国际影业集团通过 IPO（首次公开募股）方式在美国纳斯达克交易所上市①，成为第一家在美国上市的中国影视企业。同日，按照政策规定剥离了电影频道等媒体机构的中国电影股份有限公司（中影股份）成立，注册资金 14 亿元，② 正积极筹划上市融资，完成现代企业制度改造，破解国有企业原有体制的束缚。在各级政府支持下，银行等金融机构 2010 年也继续加大对电影企业的信贷支持。北京银行先后为华谊兄弟、光线传媒、保利博纳等娱乐公司提供贷款。

中国电影行业目前进入了“不差钱”阶段。尽管中国电影企业受到体制、政策等方面的限制，进入资本市场之后主要集中于影视制作和发行，不同体制、不同媒介、不同行业、不同区域的战略性整合重组仍然比较少，但资本市场对企业的优化作用和市场的淘汰作用将逐渐发挥出来。

2. 整合电影全产业链，形成综合性大企业

竞争有序的电影产业通常由若干家大型综合的全产业链企业所主导、众多有

---

① 博纳影业股票代码为“Bona”，募集资金达 9950 万美元；开盘价为 8.50 美元，与发行价持平，开盘之后股价有起伏。

② 中国电影股份有限公司由中影集团、中国联通、长春电影集团、江苏广电集团、湖南电广、国际电视、央广传媒、歌华有线联合成立，其中中影集团占股 93%，其他 7 家公司各占 1% 的股权。按计划，中影股份将于 2011 年年内在深交所上市，届时将成为国内首家上市的国有控股影视企业。

特色的专业化的独立电影公司作为补充。近年来，随着产业发展的需要，一些有实力的电影企业纷纷向集中化、规模化、综合性和全产业链方向发展。完整产业链延伸整合包括影视制片、制作、发行、营销、放映、影视服务等完整的传统产业内容，同时还涉及电影新媒体、演艺经纪、电视剧制作、新媒体电影、电影旅游项目以及电影衍生品的开发和市场培育。

中影集团、华谊兄弟、保利博纳集团等都分别在产业的上中下游进行拓展和延伸，整合营销和渠道。华谊兄弟将电影、电视和艺人经纪三大业务板块有效整合，实现从编剧、导演、制作到市场推广、院线发行等完整的生产体系，同时还计划两年内建设6家影院、5年内累计建设约15家影院。其已在重庆开业的首家影院对致力于打造全产业链的华谊兄弟具有指标性意义。① 华谊兄弟电影业务已逐步完成从内容制作到终端渠道的整合。成立于2005年的华策影视也正式在创业板挂牌上市，成为A股第二家影视制作业上市公司。② 万达集团不仅继续扩张其电影院线的规模，并且开始进入电影拍摄、后期制作领域，试图打造全产业链电影企业。

打通上下产业链条，对于提高电影生产的市场适应能力，降低投资风险所具有的意义已经逐渐显现。年内有些小成本电影，如《举起手来2》仅在7条院线发行，票房也过千万元；广东3条本土院线放映的港产喜剧片《完美嫁衣》所占全国份额超过58%。客观上，在市场供求关系的总体调节下，不同的产业链对市场细分、消费多样化会带来积极影响。

当然，产业链整合不仅在于电影制作、发行和放映环节的整合，也在于与新媒体、游戏业、电视、演艺业、旅游业、房地产、商业等跨媒介、跨行业的整合，在产业链迅速整合以及规模商圈不断建立的大趋势下，电影产业的目标已经不仅是票房而是业态资源的互动，大电影综合效益的目标应该至少是票房收入的3倍。

---

① 2010年6月24日，首家华谊兄弟影院（HBC）在重庆开业。这是全国首家全3D厅和首家拥有多媒体互动厅的现代化影院，放映设备和管理系统均属国际先进。影院位于重庆南坪西路38号百联上海城购物广场5楼，经营面积5000余平方米，共设置8个厅，含1个超豪华导演厅，座位数量达1500个。

② “电视剧第一股”华策影视，曾投拍《杨门虎将》、《地下铁》等电视剧，发行《地下铁》、《鹿鼎记》、《少年大钦差》等电视剧。目前已经形成年产约300集电视剧的生产规模，华策影视在2010~2011年计划制作20部778集电视剧、外购250集电视剧、投拍6部电影。

3. 广播电视行业与电影牵手联姻

电影行业近年来发展的强劲态势以及其影响力价值越来越受到重视，广电与电影过去是“隔行如隔山”、“老死不相往来”，现在也已开始了积极协作、合作、联合、互动。电影为广电提供优质内容和社会影响，广电为电影提供资金和渠道。

湖南、江苏、浙江广电集团积极介入电影生产，成效显著。贺岁档三部国产大片《赵氏孤儿》、《让子弹飞》和《非诚勿扰 2》都有广电集团参与投资。① 与此同时，正在以“制播分离”的名义进行资产剥离、进行“一台两制”改革的广电集团也开始深度介入电影行业。上海 SMG 成立了影视和动画投资发行机构，主导了动画片“喜羊羊与灰太狼”系列影片的生产和发行，创造了良好的市场效益和社会效益，既为电视提供了新的内容还创造了众多延伸产品。湖南电广传媒参与《赵氏孤儿》、《密室之不可告人》等影片的制作，同时也介入二三线影院建设。珠江广电集团则将电影与广播电视机构和企业重组，以发挥多媒介的整合功能。本年度票房排行前十位的国产影片，有一半作品都是与广电机构合作的。

随着广电行业的改革，广播电影电视的深度合作，甚至企业重组，很快将成为现实。以广电媒体为背景，包括电影、音像、新媒体、游戏、演艺等在内的综合性企业很可能将在近期出现。

电影产业的格局在资本推动下，目前正在向全产业链整合、跨媒介跨行业协同合作、核心企业逐渐成形的方向发展。尽管受到体制和政策的诸多制约，但是这种规模扩张和市场重组的趋势，必将使整个行业走向规模化。

三　电影生产：品种更加丰富　质量整体提升

2010 年电影生产状况依然活跃。企业上市、政府支持、广电业介入、行业外青睐、电影制作门槛过低，导致进入电影制作领域的资金踊跃。各种商业投资、社会赞助、政府赞助、广告投入、闲散资金等纷纷进入电影制作业，2010

① 湖南广电旗下电广传媒（北京）影业投资《赵氏孤儿》、江苏广电旗下幸福蓝海影业公司投资《让子弹飞》、浙江广电组建的浙江影视（集团）有限公司投资《非诚勿扰 2》。

年影片立项达1800部，完成审查的影片从2009年的456部激增到526部。2010年进入城市主流院线放映的国产影片260多部，平均每个月有20部以上的新片上映。电影产量已经远远超出影院现有的放映能力。

1. 优质企业产品优势更趋明显

2010年的526部影片，参与生产和投资的机构超过1000家，多方合作已成为趋势。但大多数电影生产的参与企业都是非专业性企业，缺乏生产优质产品的能力，更缺乏可持续生产能力，致使大量影片难以进入影院。每年大约有3/5的影片不能进入影院放映市场。

真正能够进入主流影院发行并取得良好市场反应的影片生产企业，则主要集中在内地的华谊兄弟、博纳系、中影集团、光线影业、小马奔腾和香港的英皇、寰亚、骄阳、东方、邵氏等10来家影视企业。其中又以华谊兄弟表现最为突出，全年票房过亿元的国产影片中占有4部，博纳系的表现也比较抢眼。中国电影制作机构的分化现象比较突出，大公司已初具规模。

而新画面的张艺谋品牌，上海SMG的动画品牌，香港几家公司的武打、警匪、动作片品牌也逐渐形成。实际上，其他多数制片公司的影片都已经很难在影院市场上获得较强竞争力，最多只能在中小制作领域获得一定的生存空间。更有大量影片基本无法进入市场流通。

2. 大制作影片形态多样，类型产品逐渐丰富

全年17部国产影片票房过亿元，59部票房过千万元，这说明国产电影的整体市场竞争力得到了提升。

票房冠军《唐山大地震》用灾难包装复活了中国电影的家庭伦理悲情传统，《让子弹飞》嫁接了黑色、悬疑、暴力、讽喻，甚至是神经喜剧中的部分元素，融汇成一部中国式商业大片。中国大制作电影从前一阶段商业元素的简单堆积进入了一个追求艺术完整性与市场吸引力相结合的道路。

2010年国产片的类型化生产也有所突破。全年上映的200来部国产电影中，喜剧类型片大约占30部，动作和爱情片大约占40部。由香港企业主导的古装武侠片、动作片、功夫片依然是生产热门，《狄仁杰之通天帝国》、《剑雨》、《锦衣卫》、《精武风云》、《叶问2：宗师传奇》等都有良好的市场表现；混杂风格的喜剧和浪漫爱情剧如《大笑江湖》、《大兵小将》等受制片方青睐；《杜拉拉升职记》、《爱出色》等时尚都市片也广受欢迎。此外，谍战、恐怖、警匪、枪战、歌舞、人物传记等都有着不错的实践。《西风烈》将警匪、枪战、动作以及公路片的一些元素熔于一炉，《孔子》则是中国近年来不多见的历史人物传记影片；《人在囧途》、《海洋天堂》、《80’后》、《决战刹马镇》等中小成本影片也都各有特色，市场反应不俗。

从进入影院市场的影片来看，大中小影片结构渐趋合理，类型品种也更加多样。但在全球市场上广受重视的科幻、战争、灾难等大型类型片和动画影片，我国的制作能力却相对薄弱，说明中国电影工业体系和专业化水平还有待提高。

3. 合拍片凸显市场竞争优势

资源互补、风险分担、利益共享的合拍模式，已成为世界电影制片业的大趋势。2010 年，内地与港台合拍、中外合拍影片质量较高。年度票房前 20 名的国产影片中，内地和香港合拍片 11 部，中外合拍片 2 部（《锦衣卫》为中国和新加坡合拍、《杜拉拉升职记》为中美合拍），全部票房过亿元。所有合拍片创造的票房占全年国产电影票房 65% 的份额。2010 年中国电影的海外票房收入则大部分来自中美合拍片《功夫梦》。

在这些影片中，香港导演、明星以及专业技术人员带来的专业技术和制片规范对国产影片的生产助益良多。《叶问 2：宗师传奇》、《狄仁杰之通天帝国》、《枪王之王》、《大兵小将》、《全城热恋》等影片对传统类型元素的继承和创新也为电影市场带来新惊喜。大陆与台湾电影界的合作也开始提速，如票房过亿元的《大笑江湖》由台湾导演朱延平执导。

中外合拍片的范围也有所扩展，除传统的中美合作以外，中韩、中新、中印等亚太地区的电影合作明显增加。这不仅对于提高中国电影的国内市场竞争力，甚至对于探索开辟海外市场都有一定的意义。

4. 电影创作格局依旧，新生代导演逐渐成长

2010 年，内地三大导演冯小刚、张艺谋、陈凯歌都有新作推出，所导演的四部影片票房均超 2 亿元。冯小刚在创造了内地单片票房超过 6 亿元的最高纪录之后，还创造了一个导演两部影片票房总和超 10 亿元的惊人成绩。张艺谋、陈凯歌的影片票房和口碑则反映平平，其市场吸引力有下降趋势。

曾创造过单片亿元票房纪录的宁浩、陆川 2010 年未有新作入市，而高群书的《西风烈》也未达到预期效果。内地 2010 年新进入亿元票房俱乐部的导演多达四位，分别为姜文、丁晟、徐静蕾、胡玫。姜文的《让子弹飞》超过 7 亿元

票房，已进入超一流导演行列。在进入影院市场的中小成本电影生产中，除王小帅、贾樟柯之外，李蔚然（《决战刹马镇》）、王力宏（《恋爱通告》）、柳云龙（《东风雨》）和郭德纲（《三笑之才子佳人》）以及一批女性导演的崛起（蒋雯丽导演的《我们天上见》、薛海璐导演的《海洋天堂》、岸西导演的《月满轩尼诗》、罗卓瑶导演的《如梦》）等，均为国产电影生产带来新活力。

港台导演的市场竞争力仍然突出。徐克、尔冬升、罗启锐、叶伟明、刘镇伟、叶伟信、王晶、黄百鸣等不仅继续在他们习惯的类型上大显身手，而且一些影片在艺术品质和商业元素的结合方面更加成熟，《人在囧途》、《岁月神偷》等影片都显示了香港电影的新突破。国产片 17 部过亿元票房的影片中，香港导演导演的影片占 9 部。香港制造仍然是中国电影市场的生力军。

5. 国产 3D 紧急起步，动画电影“喜羊羊”独秀

3D 电影促使了全球电影票房的上扬，《阿凡达》带动 3D 技术成为世界电影潮流。2010 年，好莱坞的《爱丽丝梦游仙境》、《驯龙记》、《天降美食》、《怪物史莱克 4》、《玩具总动员 3》、《生化危机 4》等进口 3D 电影蜂拥而入。《乐火男孩》、《齐天大圣前传》、《麋鹿王》、《魔侠传之唐吉诃德》4 部国产 3D 影片也试水国内市场。但由于创意不够成熟、制作水平一般，这些影片的市场接受度较低，其中表现最好的《魔侠传之唐吉诃德》票房也只达到 4000 万元，与期待的“2 亿元票房”相去甚远。国产 3D 电影面临的创意、投资和技术门槛需要更多的国际合作和生产积累才能真正跨越。

中国动画电影市场，2006 年仅有 1.7 亿元的总票房，2010 年一举超过 18 亿元。但进口动画片占据了 90% 以上的份额。国产动画片整体创意水平、制作水平和营销水平都不高。2010 年国产动画电影批准立项的数量增加，最终完成 16 部，数量比前一年还减少了 11 部，其中进入影院上映的 8 部，总票房接近 1.7 亿元，与前一年国产动画电影票房基本持平。其中，《喜羊羊与灰太狼》单部动画片占国产动画电影总票房的 80%。国产动画片的整体市场竞争力仍然不足。

6. 社会赞助、植入广告增加，前期消化电影成本

每年大量影片不能进入院线，超过 80% 的影片的票房收入难以收回投资成本，但电影产量仍然每年上升，这很大程度上是因为大量影片并非用商业资金拍摄，而是来自政府、企业、个人的赞助和资助，以及各种社会闲散资金。这些投资者并不需要或者不完全需要票房回报，或希望通过不同程度、不同范围的影响力获取荣誉回报；或者就是一种玩票试水的生产。这是中国电影效益不高、产量却不低的主要原因。实际上，这些资金本身已经不是投资，而是电影产业的收入。

2010年许多进入影院放映的商业影片，也通过争取政府、企业赞助和植入广告，抵消生产成本、降低市场风险。《唐山大地震》除获得了唐山市政府的资助外还有多种植入广告。《非诚勿扰2》、《杜拉拉升职记》等植入广告的过度突出，甚至受到电影消费者的严厉批评。各种非商业投资的资金进入电影，是电影制片降低风险、提升效益的重要途径。如何规避这些资金对电影艺术的完整性和产品品质的影响，不仅需要制片方平衡，也需要行业管理机构监管。

综上所述，2010年国产电影产量激增，而影院市场放映的国产影片大约只占其中的不到2/5。国产片品种和类型日渐丰富，国产3D和动画电影正在起步。内地和香港的10来家电影公司已成为影院市场的主导力量。香港导演仍然是国产商业电影的中坚力量。两岸三地电影新人逐渐显示出市场的影响力和竞争力。在大量影片从影院市场之外获得生存空间的同时，进入影院放映的国产电影整体质量明显提升。

四　电影市场：影院建设出现高潮 电影市场空前繁荣

连续几年电影市场的持续增长，数字化影院和银幕的方便性，商业消费环境的活跃，刺激了2010年影院建设的爆发式增长。电影消费市场开始从中心城市向二三线城市扩展。随着视频网站、移动视频等新媒体终端的发展，“后影院市场”面临新的机遇。

1. 全国票房收入突破百亿元，票房近亿元和过亿元影片多达几十部

在北美电影市场基本持平，观众规模略有下降的全球背景下，中国电影市场仍然出现奇迹般的高增长。2010年全国电影票房突破百亿元，全年过亿元票房影片达27部，超过4亿元的影片5部。票房过亿元的影片占全国总票房的65%。还有30部国产电影票房接近亿元。具有市场影响力和竞争力的影片明显增多。

3D电影获得市场青睐带来动画片市场的迅速扩张。动画电影票房从2006年的7%上升到2010年的17%。《喜羊羊与灰太狼之虎虎生威》成为全年唯一一部票房过亿元的国产动画片。《铠甲勇士之帝皇侠》、《虹猫蓝兔火凤凰》、《超蛙战士之初露锋芒》、《梦回金沙城》等国产动画电影票房表现一般。国产动画片市场的培育尚未完成。

2. 新增银幕迅速，中小城市进入主流影院市场

2010年全国城市影院银幕总数位居全球第四。中西部地区和中小城市新增影厅数达到全国新增影厅数的40%以上。一直以一线城市为主的影视市场向外部扩展。银幕数量激增为全年票房收入快速增长创造了条件，也为近30部影片票房过亿元提供了条件。

《阿凡达》的上映使中国成为全球3D数字银幕增长最快的国家，内地3D银幕数占全亚洲1500块的近2/3，不仅成为亚洲3D银幕大国，而且仅次于美国居世界第二。

影院建设成为电影行业的热点。中影集团宣布了全国社区影院计划；上影、SMG等先后进入影院建设；华谊兄弟、博纳国际、光线传媒、完美时空、小马奔腾等民营主体加入市场竞争；大量业外资金涌入院线投资领域，甚至出现“不炒房地产炒影院”的投资风向。

3. 院线竞争格局基本稳定　市场集中度更趋明显

经过几年的竞争和发展，院线格局基本稳定。年度票房超过亿元的院线20条，占注册院线的57%。其中年票房超过10亿元的院线有3条。3亿元票房成为入围全国十强的最低门槛。与2009年相比，排名前十位的院线位次变化不大。民营的广东大地进入十强，国营的北京新影联位次下降，说明国营院线在民营企业的竞争下面临体制机制转变的压力。前十条院线票房收入总和76亿元，占全国票房总收入的74.7%。强者更强，院线市场集中度更加明显（见表2）。

4. 旺季更旺、淡季不淡，全年电影市场持续高温

2010年平均每月接近20部新片进入影院，影片供给充分、档期饱满。除贺岁、暑期、国庆等几个票房产出较高的传统档期之外，全年的市场潜力基本饱和。全年12个月的多数月份票房都接近或达到10亿元，除11月因为影片供给偏弱以外几乎没有明显低谷。

表 2　2010 年电影院线（票房收入）排名与 2009 年电影院线（票房收入）排名

单位：万元

2010 年票房排名	电影院线	2010 年票房	2009 年度票房排名	电影院线	2009 年票房
1	万达院线—	140265	1	万达院线	83300
2	中影星美—	121327	2	中影星美	79400
3	上海联和—	107128	3	上海联和	69864
4	南方新干线↑	95071	4	北京新影联	62400
5	北京新影联↓	79873	5	南方新干线	60017
6	广州金逸珠江—	68883	6	广州金逸珠江	44169
7	浙江时代—	42043	7	浙江时代	26099
8	广东大地↑	37552	8	辽宁北方	23560
9	四川太平洋—	35982	9	四川太平洋	20894
10	辽宁北方↓	32041	10	世纪环球	14072
累计票房		760165	累计票房		483775

资料来源：根据艺恩公司统计数据整理。

暑期和年末仍然是全年票房的两个高峰。贺岁档被延长到几乎一个季度。春节档开篇不俗，《锦衣卫》、《大兵小将》和《喜羊羊与灰太狼 2》三部影片票房均过亿元。暑期档更是高潮迭起，自《钢铁侠 2》进入影市后几乎每天上映一部新片。《唐山大地震》独占鳌头，《无人驾驶》、《分手说爱你》、《摇摆 DE 婚约》、《恋爱通告》等一批青春偶像剧或爱情片抱团出现；《荒村公寓》、《借室还魂》、《异度公寓》等恐怖片成为暑期档亮点；《80’后》、《海洋天堂》、《志明与春娇》、《枪王之王》、《全城戒备》、《线人》、《唐伯虎点秋香 2》、《七小罗汉》、《功夫梦》、《人在囧途》、《第一书记》、《日照重庆》等风格类型各异的影片都取得了不错的市场成绩。《狄仁杰之通天帝国》以 1.47 亿元票房领跑国庆档，再加上《精武风云》、《剑雨》、《山楂树之恋》等片，共为国庆档贡献 2.8 亿元的票房成绩，相较去年同期增幅近一倍。五一档的《杜拉拉升职记》、《岁月神偷》、《叶问 2：宗师传奇》也都大放异彩。贺岁档再次形成票房井喷。《大笑江湖》上映两周即取得过亿元票房；《赵氏孤儿》紧随其后；《让子弹飞》截至年末的 4.4 亿元票房与《非诚勿扰 2》五天过 2 亿元的局面更是同时双赢。

暑期档、贺岁档、春节档等黄金档期依然是大片的天下，中小成本影片有效地填补档期之间的缝隙和提供了大片之外的多样化选择。全年 50 部影片超过

5000 万元票房，使整个市场空间基本填满，影片进入市场的门槛越来越高。供大于求的生产和放映市场，将促使影片生产从数量向质量转变。

5. 票价居高难下，促销手段逐渐多元

由于新建改建影院成本的压力，3D 和 IMAX 影片的票价上扬，加上观众消费热情的高涨，导致被观众诟病已久的影院票价在供求关系调节能力不足的情况下仍居高难下。许多影院周末、节假日和晚间甚至经常出现一票难求的局面。票价降低的竞争压力明显不足。影院甚至在食品价格、映前广告等方面更加有恃无恐，消费者享受价廉物美的影院服务的要求难以完全满足。

同时，影院为了更好地利用相对空闲的时间、时段和空位，培养观众的观影习惯，也纷纷采用会员优惠价、特价场、半价日、半价时段、套餐优惠价等方式，降低票价，扩大消费。特别是一些影院还推出了团购价等促销手段。北京全年参与团购活动的影院数达 45 家以上。票价的差异化体系正在形成。

6. 引进片市场竞争优势突出

2010 年内地公映进口分账影片 20 部，其中美国影片 16 部，法国、俄罗斯、印度、英国等国影片各 1 部，[①] 公映的进口买断片 35 部。

引进的 20 部分账发行影片中，有 9 部以及 1 部买断影片票房均过亿元。10 多部进口影片占全国总票房的 45% 以上。进口电影发行的单片平均票房远远超过国产片。进口电影的市场竞争力在整体上对国产片仍然具有巨大挑战。

过去市场表现一直不好的价廉滞后的进口买断片 2010 年开始发力。成龙主演的美国影片《邻家特工》春节档收获了 6760 万元票房；同期上映的日本动画电影《名侦探柯南：漆黑的追踪者》成为首部登陆国内院线的柯南剧场版作品；法国导演吕克·贝松执导的《阿黛拉的非凡冒险》斩获了 5500 万元的票房；由史泰龙、李连杰等九大国际动作巨星联袂出演的《敢死队》则以两亿多元票房成为史上第一部票房过亿元的买断片。买断片也进入“大片时代”。

7. 港台市场更加活跃，华语电影市场空间有望扩展

据香港影业协会通报，2010 年香港电影消费市场继续增长，票房收入约

① 鉴于目前国内电影市场档期布局的特殊性，每一年在“引进”与“公映”的分账影片数量上，都会存在跨年的时间差。本统计是以 2010 年上映的影片为准。

15.4 亿港元，比前一年上升 35%。《叶问 2》以 4300 多万港元成为 2010 年港产片票房冠军；《72 家租客》、《岁月神偷》紧随其后。迪士尼的 3D 卡通片《玩具总动员 3》则以 8900 多万港元高居 2010 年香港票房排行榜第一名。十大最高票房电影中 7 部是 3D 电影。

这两年台湾的本土电影继《海角七号》后也强势反弹。以古惑仔为主角的青春动作片《艋舺》刷新了台湾本土电影的首周票房纪录，更成为 2010 年台湾最卖座华语片；《父后七日》以华人特有的殡葬文化为切入点，在台湾上映时，票房力压《唐山大地震》，位列 2010 年台湾华语片票房榜第四位。

港台市场的兴起，为华语片提供了更大市场。但内地电影在这两个市场上仍然缺乏品牌吸引力和观众号召力。

8. 墙内开花墙外不香，海外市场遭遇瓶颈

中国电影国内市场虽然风生水起，但海外表现却大为逊色。

国家广电总局正式公布的数据显示，2010 年我国电影行业在境外 30 多个国家和地区共举办 72 次中国电影展，展映国产影片 479 部次，累计 48 部次影片在 20 个电影节上获得 69 个奖项，有 43 部国产影片销往 61 个国家和地区，海外票房和销售收入超过 35 亿元人民币。实际上，这些数字体现的主要是中国对外电影文化交流的成绩，中国电影的海外表现在 2010 年相当黯淡。中国电影进入海外商业院线放映的数量很少，成效不明显。中国电影的所谓“海外票房收入”一半来自由索尼、哥伦比亚等好莱坞公司在北美主导发行的中美合拍片《功夫梦》。《功夫梦》在全美 3663 家影院同时上映，首周末即以 5600 万美元斩获当周票房冠军，截至 10 月 5 日影片 DVD 发售，共取得 1.76 亿美元的票房，折合人民币大约 12 亿元，列北美年度票房榜第 10 位。

9 月初，张艺谋导演的贺岁片《三枪拍案惊奇》在美国 5 家影院点映，每家影院首映周末平均票房为 5500 美元；《唐山大地震》与《非诚勿扰 2》先后在 AMC 商业院线上映，主要面对海外华人。《非诚勿扰 2》平安夜在洛杉矶、纽约、旧金山、温哥华等北美主要华人聚居地的 23 家 AMC 影院上映，这是中国国产电影在北美市场首次与中国内地同步上映，其观众对象主要是华人①。在好莱坞票房榜官方网站外语片排行榜中，2010 年在北美地区上映的华语片仅有《三枪拍案惊奇》、《投

① 根据发行商华狮电影公司统计，《非诚勿扰 2》首映前两天累计票房 15 万美元。

名状》和《春风沉醉的晚上》三部，成绩最好的《三枪拍案惊奇》仅以19万美元（140万元人民币）的"惨淡"成绩在美国2010年上映的519部电影中排第276位。[①]

总体而言，2010年中国电影国内市场活跃、影院建设迅速、有60多部影片具有良好的市场反应（平均每周一部以上），证明中国电影的确处在一个难得的发展机遇期。但国产片在海外境外市场表现暗淡，影院竞争不充分造成的票价过高、院线差异性不足，影片对影院市场的过度依赖和"后影院市场"尚未建立等问题，则表明中国电影市场的发展还有新的空间。

五　行业走向：市场体系亟待规范　大电影格局初现端倪

2010年中国电影产业雄姿英发、高歌猛进的局面，为进入21世纪新10年的中国电影带来了发展信心。与此同时，当前中国电影产业发展过程中存在的问题，也应该引起高度重视。

第一，中国电影产业缺乏大电影格局，产业发展过度依赖国内影院市场。

全球电影产业因为电影对整个娱乐工业和社会经济的带动作用，已经或正在走向跨媒介、跨行业、跨国界的大产业。英美国家的国内影院市场仅占其影片总收入的25%～35%。[②] 但中国电影产业的成本回收和效益来源则几乎全部依赖国内电影票房。2010年，国产电影全年不到60亿元的票房返回制片方大约20多亿元，实际只能支撑最多40部成本5000万元以上的影片。而好莱坞电影平均制作成本已经超过7000万美元，市场推广成本超过3000万美元，单片平均成本相当于7亿元人民币。[③] 按照这样的投资规模，中国电影市场只能投资生产3部电影。由此可见，中国电影平均投资水平和制作水平与好莱坞电影相差甚远，整体艺术质量和国际竞争力也不在一个档次。好莱坞电影由于受到大电影产业支撑，

---

① 由于海外发行时间的滞后性，一些2009年甚至更早年份出产的中国电影可能在2010年才上映，而2010年出产的可能尚未发行。

② 2008年，英国电影影院收入为8.5亿英镑，影片音像租赁收入2.2亿英镑，音像零售收入14.5亿英镑，电视收入10.7亿英镑，电视点播收入1.2亿英镑，影院收入在37亿英镑的总收入中仅占23%左右。资料来源：UK Film Council，*2009 Film Statistical Yearbook*。

③ 参见美国电影协会（MPAA）电影年度报告。

其投资规模、制作水平都是国产电影难以达到的。由于体制障碍、资本约束、知识产权保护不力，导致中国电影始终难以真正进行跨媒介、跨行业、跨所有制的整合，电影的主要市场空间被挤压在国内影院，电影产业的带动功能和知识产权延伸价值难以充分实现，电影投资规模、产品品质、技术水准都难以大幅度提升。

第二，中国影院市场仍然有扩容空间，观众规模有待继续扩大。

尽管中国影院建设迅速，但中国每10万人拥有银幕数0.4块，与国际平均水平相差10倍。① 大城市影院竞争不足，中小城市缺乏影院，观众看电影路途远、价格高、服务质量一般，观影频次难以提升。平均每个中国人5年进影院看一次电影，也明显低于世界主要电影市场的观众观影频次。② 中国电影市场总体规模与中国的经济总量和发展水平相比有很大距离。

第三，知识产权保护有待加强，市场体系尚待完善。

目前，电影行业缺乏规则和规则执行力，个别企业借助垄断资源干预市场运行，影片生产植入广告过多过滥，影院经营诚信下降，制片过程缺乏监管，版权保护力度不足，统计数据缺乏及时有效的透明度，电影版权收入至今未被计入电影综合收入等，都不同程度地影响电影产业的健康发展。电影投资、制片、发行、放映各个环节，以及数据采集、信息发布、版权交易等活动都需要制定和执行公开统一的规则，接受消费者的监督。只有市场体系的完善才能更加有效地推动产业健康的有序发展。

第四，电影产业人才短缺，可持续发展面临挑战。

目前，中国电影产业人才匮乏局面没有真正改观。作坊式的制片人一统天下，新生代电影人难挑大梁，专业化水平高、国际化水平高的创作人才、技术人才、制片人才、经营人才、管理人才都严重缺乏，以至于多数国产电影的观念陈旧、市场适应力不足；中国电影生产的许多硬件条件都已接近世界先进水平，但使用水平却完全不匹配；中国电影因为缺乏海外营销推广人才而很难真正“走出去”；懂艺术也懂经营的电影专业人才凤毛麟角。目前，整个中国电影业的人才断档现象比较突出。

---

① 2008年全球各国平均每10万人拥有银幕数，英国6.0块，美国12.7块，澳大利亚9.4块，西班牙9.1块，法国8.8块，意大利7.1块，德国5.8块。数据来源：Screen Digest。

② 2008年全球各国人均观影频次，澳大利亚4.2人次，美国4.1人次，法国3人次，英国2.7人次，西班牙1.7人次，德国1.6人次。数据来源：Screen Digest。

在电影产业继续高速发展的大背景下，2011年中国电影将呈现这样的特点。

第一，在电影产量基本稳定的情况下，电影票房将保持30%左右的较大增长幅度，随着视频网站、移动终端等各种新媒体消费市场的形成，电影的网络和新媒体版权收入等将出现爆发式增长。

第二，数字化影院的建设和多厅影院的发展，将继续向二三线城市延伸，中心城市影院建设将与影院改造、商圈建设密切结合，今典投资集团、星美国际集团、万达、华谊兄弟、博纳影业等企业都将加大影院的建设投资，银幕数量年增长预计将达到3000块左右。

第三，电影行业借助文化体制改革和资本市场，电影全产业链整合趋势还会加速，广电机构、互联网与电影的关系将更加紧密，电影的多媒体互动会逐渐成为趋势。

第四，随着冯小刚、张艺谋、陈凯歌逐渐度过创作高峰期和电影市场吐故纳新空间的扩大，姜文、宁浩、高群书、陆川、丁晟、尚敬、李蔚然等60后、70后电影人将很快成长为中国电影主力军。

第五，政府应强化电影的科研信息平台建设、人才培养工程建设，完善电影“走出去”政策，加强市场监管力度，通过行政方式发挥市场机制不能发挥的作用，促使电影产业更加健康有序地发展。

第六，大陆、香港、台湾电影界的合作将更加普遍，中外合拍的题材和方式也会更加多元，通过合作进入内地以外的市场会成为中国电影的重要策略。

总体来看，中国电影产业前景光明、发展良好，核心企业的轮廓已经越来越清晰，行业的资金来源更加丰富，观众规模也在逐渐提升，市场容纳量明显提高。目前，中国电影由于过度依赖影院市场，使电影生产风险高、回报低，极大地限制了中国电影的发展水平。如果中国电影能够走出影院、走出国门、扩大版权交易，让国内影院票房收入仅占影片综合收入40%以内，中国电影的投资水平、制作水平、专业化程度、市场竞争力等都将出现质的飞跃。市场是产业发展的硬道理，在影院市场已经成为中国电影必争之地的时候，互联网与新媒体市场、海外市场将成为中国电影升级的推动器。

B.23

3D 时代的中国电影

张 宏*

一 3D 电影票房市场概况

1. 2010 年 3D 电影票房综述

2010 年，在卡梅隆十年磨一剑的品牌号召力和强大的市场营销推动下，《阿凡达》火爆各大影院，不仅令国内观众集体接受了 3D 电影技术的洗礼，也令 3D 电影票房屡创佳绩，在 2010 年票房排行榜中，有 3 部 3D 影片入驻票房排名前十。

其中，《阿凡达》以无可争议的成绩一举超过了《泰坦尼克号》，成为截至今日中国电影史上票房最高的电影。尾随其后上档的《爱丽丝梦游仙境》，虽然褒贬不一，却也在传统的电影淡季中，斩获了 2.36 亿元的国内票房。而由 2D 转制的“伪 3D”电影作品《诸神之战》，虽然以 TOP10 票房榜中最小规模的场次上映，却依然创造了 1.78 亿元的票房佳绩（见表 1）。

2. 历年 3D 电影国内票房市场表现及特征概述

继 2008 年首部 3D 电影《地心历险记》上映，每年均有 7～8 部全 3D 电影上映。虽然连年的 3D 电影票房数值一直在攀升，但依然是由好莱坞 3D 引进片所包办。在这 19 部 3D 影片中，有 12 部均来自于好莱坞。而这 12 部 3D 电影，共创造了 24.38 亿元的票房，占 19 部 3D 电影票房总额的 97%（见表 2）。

面对 3D 电影的潮流，国内电影制作行业虽然也有了一些尝试，但从目前的国产 3D 电影所获得的票房情况来看，前景并不容乐观。5 部国产 3D 电影票房总计为 5189 万元，仅占 3D 电影票房总额的 2%（见图 1）。而在 5 部国产 3D 电影中，成绩最好的《魔侠传之唐吉诃德》仅获得了 3377 万元票房，虽然此片有着

* 张宏，中国传媒大学广告学院副教授。

表 1　2010 年国内票房排名 TOP10

单位：万元，万人次

排名	影片名	总票房	放映场次	观影人次	类型	上映日期
1	阿凡达	139120	326048	2728.37	3D+2D	2010-1-4
2	唐山大地震	66505	305864	1776.10	2D	2010-7-22
3	盗梦空间	45714	237972	1353.24	2D	2010-9-1
4	狄仁杰之通天帝国	29060	161012	853.54	2D	2010-9-29
5	爱丽丝梦游仙境	23625	145986	494.28	3D+2D	2010-3-26
6	叶问 2:宗师传奇	23100	159678	693.38	2D	2010-4-27
7	敢死队	21721	156523	668.97	2D	2010-8-20
8	钢铁侠 2	17955	140122	545.68	2D	2010-5-7
9	诸神之战	17870	84165	354.90	3D+2D	2010-4-16
10	波斯王子:时之刃	17227	131164	530.62	2D	2010-5-28

数据期限及来源：2010.1.1~10.31，艺恩咨询。

表 2　2008 年至今 3D 电影国内票房概况

排名	影片名	总票房(万元)	放映场次(次)	观影人次(万人次)	国家及地区
1	阿凡达	139120	326048	2728.37	美　国
2	爱丽丝梦游仙境	23625	145986	494.28	美　国
3	诸神之战	17870	84165	354.90	美　国
4	冰川时代 3	15690	49981	357.98	美　国
5	玩具总动员 3	11645	84116	258.53	美　国
6	飞屋环游记	9530	43432	218.91	美　国
7	驯龙高手	9124	71810	207.90	美　国
8	地心历险记	6776	26677	141.36	美　国
9	闪电狗	4460	19244	89.65	美　国
10	唐吉诃德	3377	35776	868.47	中　国
11	怪兽大战外星人	3220	23987	70.83	美　国
12	豚鼠特攻队	2655	17959	63.67	美　国
13	深海探奇	2174	19811	51.74	法　国
14	月球大冒险	1267	14051	29.85	比利时
15	超蛙战士之初露锋芒	803	7829	22.83	中　国
16	齐天大圣前传	472	7220	12.00	中　国
17	乐火男孩	327	6150	8.15	中　国
18	麋鹿王	210	2194	4.70	中　国
19	回到白垩纪	150	780	4.00	美　国

数据期限及来源：2008.1.1~2010.10.31. 艺恩咨询

说明：本表格中所罗列的电影为全片 3D 化的电影，部分剧情 3D 化的电影暂未计入。

高达 7000 万元的投资成本，但观众并未买账，一边倒的市场口碑令此片投资血本无归。而比之《魔侠传之唐吉诃德》，其余 4 部国产 3D 电影票房更加惨淡，

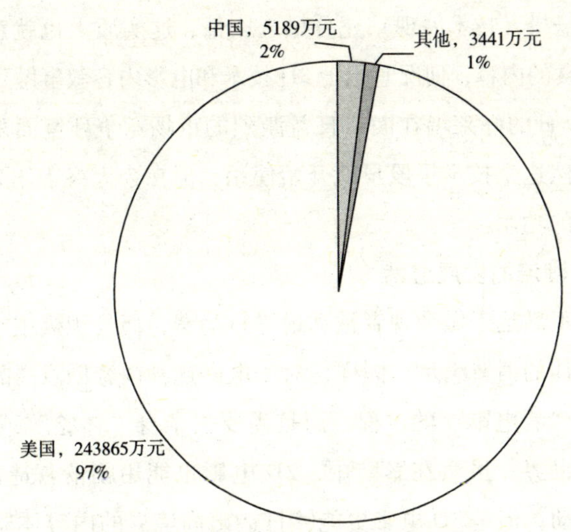

图1　3D 电影国内票房比例（按发行地区）

均未及 1000 万元的票房成绩，难以给投资商交上一份满意的答卷。然而，最令人疑惑的是，几部国产 3D 电影在上映宣传期间，均无一例外地打着“中国首部 3D 电影”的旗号，但事实上这种宣传旗号并没有促动票房的良性增长，观众普遍认为，这些所谓的“中国首部 3D 电影”不仅 3D 技术差，观感体验上难以创造良好的立体效果，剧情更是粗制滥造极度幼稚，严重挫伤了观众对国产 3D 电影的观影热情和信心，更降低了观众对于新国产 3D 电影的市场期待。

二　3D 电影的发展契机

1. 好莱坞电影产业的战略决策

从普遍的发展规律上讲，电影行业在经历过兴盛之后，必然会有一个整体发展的疲软期，走向下降通道。而如果想重新获得竞争优势，电影内容产业就需要新的刺激点，将生命周期的下降趋势重新抬升起来。而从电影内容题材方面看，该拍的内容题材都已经涉及了，所以寻找突破点就相对很困难，因此要从技术层面考量，把技术变为电影欣赏的内容，甚至是变成竞争媒体所不具备的战略工具。从这个意义上讲，3D 技术在本质上是一种商业噱头，和电影技术最初出现时带给人的感觉是一样的。而从个例上看，《阿凡达》也是一次典型的商业宣传上的成功，它把电影的场景（技术展现）充分融入剧情，这实质上也就意味着电影技术已经成了电影欣赏的内容，何况它也把3D技术和电影内容叙事做到了和谐统一。

3D电影是今日的好莱坞在面对日益激烈的市场竞争环境而采取的一种攻城略地的手段，虽然这个技术手段早就开始使用，但在今天终于作为产业发展的主战略发挥出巨大的功用。

2. 体验经济潮流的发展必然

人们早已经不满足于做旁观者被动地进行消费，而是积极主动地进行各种体验活动，获得最佳的消费满足。同样，对于电影这种内容创意商品，电影消费者也已经不满足于"看电影"的过程，而是需要去亲身"体验"或者"经历"电影所描写的内容世界。虽然在影院中，2D电影也能用剧情营造出体验的环境，并带来相应的感动，但是3D电影更能够打造出高境界的内容体验感受，带来身临其境的"参与感觉"的观影效果，从而增强了剧情对消费者心灵的冲击力，其所带来的消费满足效果不可同日而语。

内容产业的体验效果一旦给消费者带来了全新的感觉，其记忆感觉就会主导消费者的后续消费。这就意味着如今成为消费热潮的3D电影的体验感觉很容易成为日后电影内容消费的新标准。电影消费者会相应地减少体验低感觉的电影产品的频次，所以我们可以断言，随着技术的不断成熟，成本的逐渐下降，消费者体验标准会越来越高，3D电影肯定会逐渐取代2D电影。而从产业发展的一般规律上看，我们也有理由相信，未来的电影技术，例如全息电影、全景电影等，必将带来更高的体验标准，并意味着会带来更高的内容产业进入门槛。

三　3D技术亟待强化"融合性"

1. 3D技术与内容叙事创作的融合性

如今一些好莱坞的电影创作者也存在纯粹是为了赶3D潮流的倾向，很多电影在拍摄期间并未使用3D设备，后期强制转成3D上映，这样的电影在整体的观影效果上，只给予观众一种"即使摘了眼镜也能看"的感觉。这就是3D技术没有真正服务于内容叙事，没有从技术与内容叙事的深度结合的角度出发。《阿凡达》之所以能够获得票房上的成功，并且带动了3D电影的新趋势，更深的层次在于其技术与内容叙事的深度融合，其3D视角给予了人们全新的视觉体验，

“震撼”、“真实” 是更多观众在看了此片后的感言。

毫不夸张地说，3D 技术对于电影内容创作及产业将会带来一场全新的革命。以往导演在拍摄时只专注于剧情表现，而没有考虑过这些剧情在 3D 世界中以什么样的方式呈现才能赋予观众以体验感，比如在拍摄过程中是否需要增加纵向的场面调度以增强空间表现等问题，这些对电影内容创意的从业者们提出了新的技艺要求。

2. 3D 技术与观众观影体验的融合性

从与观众融合的角度上看，不少观众在观看 3D 电影时仍会有眩晕、呕吐等症状，沉重的 3D 眼镜也给观众的观影造成了不便，这些从技术层面仍然需要予以解决。其实，不少科技研发部门早已尝试开发裸眼 3D 技术，但距离技术成熟仍需假以时日，但我们有理由相信，未来的 3D 电影将给予观众更舒适的视觉体验感受。

3. 3D 技术与多媒体渠道的融合性

3D 电影带动的不仅仅是狭义的电影内容行业，伴随着技术的成熟，更能带动游戏、运动、电视等广义内容产业的发展。也就是说，电影内容产业会在形态和渠道上发生重大的变化。例如可以在电影院观看体育赛事、音乐会的 3D 实况转播。近几十年来，电视已经成为电影内容产业的播出平台，而近期的网络媒体也成为电影内容产业版权收入的新领域。电视和电脑显示技术 3D 化的推进，也会强化家庭影院等播控渠道的发展。而渠道的多样化，反过来也会刺激电影内容产业的发展。

四　现阶段中国电影产业发展的问题

1. 3D 电影软硬件的发展不相匹配

近几年，电影产业的硬件设施（院线和设备）有了大幅度的发展，面对着未来好莱坞 3D 电影的蓬勃发展，国内的院线机构都已经做好了准备，3D 放映厅如雨后春笋般地建设起来，因为有很好的投资回报，所以 3D 硬件的投资从来就不差钱。这对于院线和电影消费者而言，的确是一件好事。因为在前述的体验经济的浪潮下，中国电影消费者的内容体验标准也已经完全实现和世界同步，所以对于高水平的 3D 电影内容有着强大的消费需求，院线部门完全可以凭借强大的硬件优势，从电影消费者的手中获得高额的票房回报。而电影消费者也能因为硬件设施的增加，欣赏到越来越多的 3D 电影内容，收获体验经济带来的快乐和满足。这是电影内容产业中能令人欣喜的一面。

然而这种高消费需求和满足能力，也许能让未来的中国电影票房继续创出新高，但并不见得能为国内的3D电影内容产业带来任何益处。

这些年，国内的电影内容产业虽然在2D电影创作的数量上有了极大的发展，但国产电影在叙事、技术和艺术的融合质量上普遍缺乏竞争力，这是国产电影内容产业最为根源性的问题，并一直未能得到解决。而国内的电影内容制作部门大都属于小作坊式的产业结构，所以电影的拍摄资金普遍不足，因此现阶段的国产3D电影并不能获得充足的资金。而电影制作人员又想依靠3D效果作为宣传手段吸引消费者，所以就只能勉强在片中实现部分的3D效果。但是在电影消费者非常讲究体验效果的今日，在好莱坞树立的3D电影新标准面前，只在电影中实现部分3D效果反而会降低消费者的体验感觉，缺乏相应的市场竞争力，从一开始就已经造成了一种以弱碰强的战略败局，白白地浪费投资。

2. 电影产业缺乏创意型人才

国内真正缺少的是高层次的电影创意和营销等方面（能把叙事、电影技术和艺术乃至相应的商业活动进行深度融合）的人员，而这一关键资源的欠缺制约了中国电影的发展。我国的领导人和政府机构也认识到了这一点，多次出台相关文件，强调人才建设的重要性，提出了："创造条件，完善措施，积极发展电影高等教育和职业教育，加强在职人员的学习培训和实践锻炼，努力造就遵纪守法、爱国敬业、德艺双馨、技艺精湛、具有广泛社会影响力的优秀人才，重点加强创作、技术、经营、管理等各类专业人才队伍建设。高度重视青年人才的培养和使用，不断优化人才队伍结构。高度重视既懂艺术又懂现代信息技术的复合型人才，既懂经营管理又有外语交流能力、熟悉国际运作的外向型人才的培养。积极深化人事制度改革，建立和完善优秀电影人才脱颖而出的体制机制"①。

3. 电影产业的内容生产与实际消费需求不相匹配

电影产业的内容生产与实际消费需求不相匹配，这是最为深层次的矛盾。制片方很少顾及消费者的真实需求，一味拍摄满足自我欲望的作品，浪费了大量的社会资源。这个矛盾来源于国内电影行业根深蒂固的理念，也有电影教育领域的问题。我们的电影行业过于看重技术层面的东西，甚至把技术当作艺术看待，而

① 资料来源于中央政府门户网站，《国务院办公厅关于促进电影产业繁荣发展的指导意见》，http://www.gov.cn/zwgk/2010-01/25/content_1518665.htm。

往往忽视其艺术商品的属性。虽然国家提出大力发展电影产业的政策已经很久，虽然电影行业关于电影是艺术商品的概念达成共识也已经很久，虽然很多电影界人士开始谈论电影产业化、市场化的概念更为久远，但在执行过程中却很容易忘记电影技术和艺术是为消费者服务的这一根本宗旨。

五　中国 3D 电影产业的发展路径

1. 技术创新要依靠理念创新

3D 电影是一种技术上的创新，但是这种技术创新要深度地和叙事内容、艺术表现以及观众需求相融合，才会有实际上的产业意义。否则在电影消费者欣赏水平越来越高的今天，为了单纯地展现 3D 技术而拍摄出来的 3D 电影，最终不会获得消费者的认可。

电影技术和艺术只是电影创作的手段，是为电影所要展现的内容（或思想）等服务的。国内的电影界要摆脱以往那种盲目追随技术或艺术潮流的电影制作方式，不能因为动画片有市场就拍摄动画片，也不能因为今天的 3D 电影受追捧就大量拍摄 3D 电影，这样做只会造成国家和产业资源的严重浪费，也不符合当今社会可持续发展的理念。

2. 注重国际资源的整合

电影是世界性的产品，而好莱坞的电影根本就不是美国人的电影，它从骨子里就是要拍给全世界人看的，要向全世界的人推广，而为了完成这个目标，好莱坞就必须要调集全球的资源，包括创意元素资源、资金和技术人才资源等。在 3D 电影的内容创作上也没有任何特殊性。换句话说，好莱坞整合了全世界的资源，创作全世界都看得懂的电影，这就是好莱坞电影强大的根本原因。而我们总在强调我们要做中国电影，从一开始我们就已经把视野缩小了，再加上我们市场意识淡薄，资源整合能力欠缺，这也就决定了我们很难做出拥有国际视野和市场的电影。

发展 3D 电影内容产业有一个简单的思路，即是把关键资源实现国际融合。也就是说，中国电影界提供资金资源（或者资金也是由国际共同投入），在好莱坞乃至全球范围内搜罗内容创意人员（叙事、艺术、技术和商业）资源，并且在整合了这些资源后，打造出具有中国制造属性的 3D 电影，去占领国内和国际票房市场。实质上，这种资源国际整合的思路是所有的产业界都在普遍使用的战

略方式。

3. 生产具有比较优势的3D电影类型

从国际电影产业竞争的宏观大环境上看，中国的电影界不具备产业竞争的优势。但是从微观产业竞争的本质上看，决定竞争优势的不是绝对优势，而是比较优势。换句话说，也许我们在电影的各种题材，如科幻、恐怖、战争以及纪录片等领域，和发达国家相比都不具备绝对优势，但如果在某一特定领域具备比较优势，那就应该在这个领域集中资源进行发展。所以，从这个意义上讲，相对于剧情类题材的电影而言，我国的电影界相对适合拍摄写实类的纪录片电影，也就是从产业内竞争的角度上看，中国电影界在纪录片领域具有相对的比较优势。

而3D技术恰恰非常适合展现山川风景类、动植物类、世界自然遗产等题材类型的纪录片电影的拍摄。中国本身拥有丰富的自然资源，这很容易转化为3D电影的内容资源。因此，从这个意义上说，3D电影的热潮，也为我国电影界带来一种以往所不能展现出来的比较优势可行性，我们可以在纪录片领域，发挥出资源比较优势的效果，专注于这类题材纪录片领域的3D电影拍摄，不但能在影院中给电影消费者营造出非凡的体验效果，而且这类纪录片也具有相应的国际市场，更有可能进一步带动国际社会对中国自然、地理和文化消费的实际旅游需求。其实，在这个方面我国的电影前辈已经做出了榜样，早在20世纪50年代，当立体电影刚刚出现时，八一电影制片厂就拍摄制作了展现桂林漓江山水优美风景的彩色立体纪录电影《漓江风光》，引起了很大轰动。

如果中国电影界把资源集中到3D纪录片电影的制作中，那就意味着中国电影界利用产业内比较优势的理论，率先实施了电影产业内的分工，并可以以此为契机逐步实现产业技能的积累效果，从而逐渐扩展内容领域。这或许是中国电影在3D电影领域中可行的战略发展路径。

3D电影是当今电影产业发展的一个主流方向，也形成了未来一段时期内电影产业格局的一个技术标准。而面对这个世界电影的发展格局，中国的电影产业界应该以自己的比较优势作为战略竞争手段，从3D纪录片电影入手，参与到世界电影产业发展的分工合作当中，形成自己产业内的竞争比较优势的格局。这是相对短期的发展战略路径。

中国的电影界只有在长期和短期的战略发展目标的相互配合下，才能最终成长为电影产业有力的竞争者，最终实现电影产业的发展。

中国互联网产业发展报告

China's Internet Industry Development Report

互联网产业地图

国家规划
国家财政
项目策划
运营商
中国电信
中国移动
中国联通
网络搭建
科研机构
设备供应商
光缆
移动G网
移动双网
Internet骨干网
内容服务商
内容提供商
服务提供商
原始信息
个人
ICP
编辑集成
形成频道
网站发布
系统研发
个人
ISP
系统测试
形成服务
服务推广
资金来源
风险投资
自有资金
银行融资
网络运营
宽带出租
服务器托管
新闻
影音
信息
知识
搜索引擎
虚拟社区
非交易类
交易类
广告客户
广告代理
设备供应商
接入服务商
企业
交友
创作
下载
共享
交流
个人
企业
Web2.0
后端接入
宽带租赁
宽带入户
网络维护
计量收费
设备供应商
用户
用户
销售代理商
硬件制造商
软件开发商

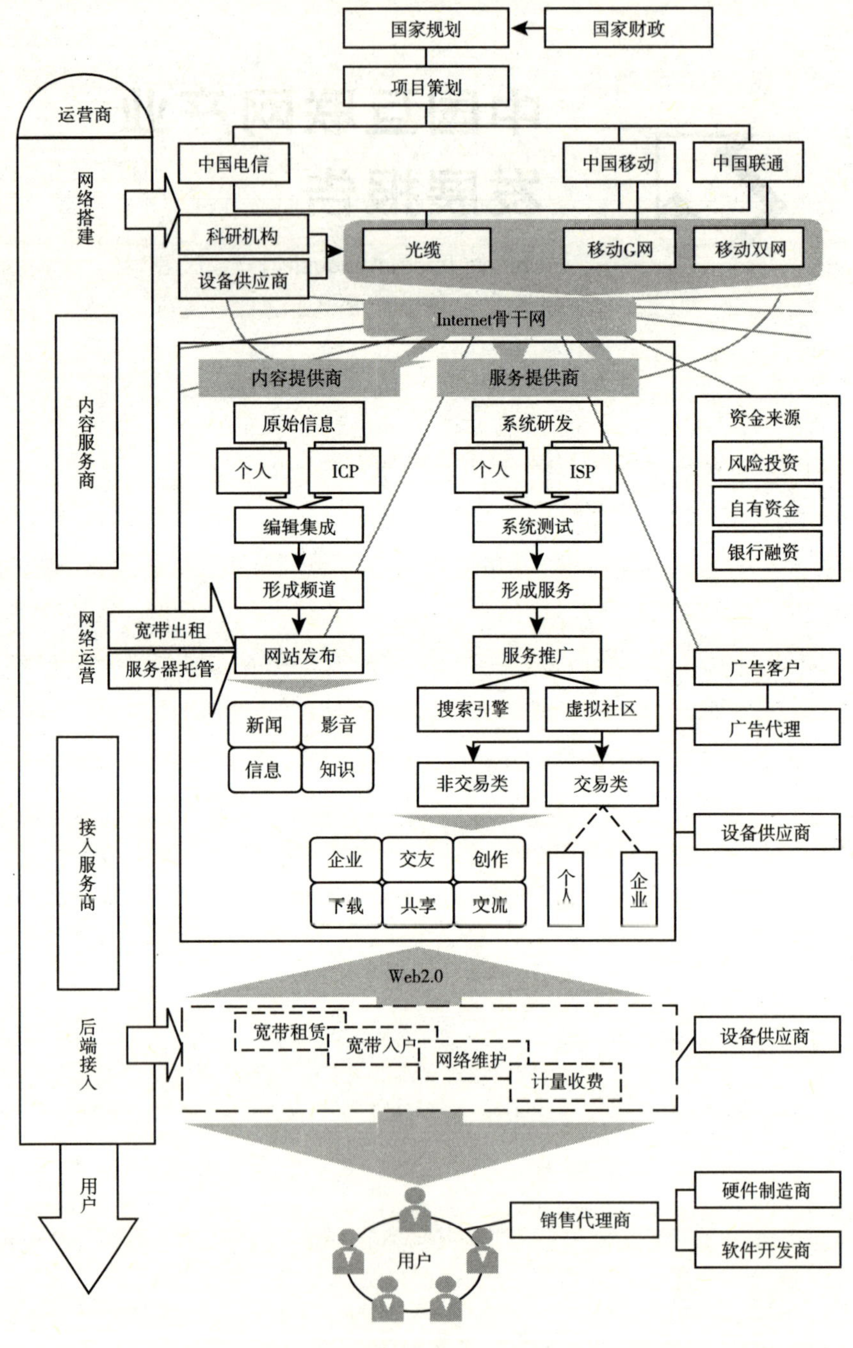

B.24

中国互联网发展概况

蓝皮书课题组*

2010年互联网产业的宏观形势持续向好。整体宏观经济向好是网络经济保持稳健增长的基础，2010年前三季度我国国民经济保持着平稳快速的发展，带动了网络经济的增长。此外，电信行业发展持续向好，这也为互联网基础设施建设、网络技术开发及其产品应用提供了基础保障。

2010年互联网发展政策积极稳定。自2009年1月政府发放第三代移动通信（3G）牌照至今，3G网络已经基本覆盖全国。2010年1月，国务院决定加快推进电信网、广播电视网和互联网三网融合，并相继确定了三网融合方案的试点城市。相关政策的出台，使得移动网络的基础设施得到了飞速发展和完善，互联网的使用门槛逐渐降低。2010年第二季度，多项监管政策出台，涉及网络购物、第三方网上支付以及网络游戏行业，这些政策致力于维持诚信、健康的互联网环境，有利于网络经济的持续发展。

2010年网络媒体在社会传播中的作用越来越趋于主流，越来越多的传统企业加入了电子商务市场，加快了利用互联网平台销售、营销、洽商和合作的步伐。另外，中国互联网行业对国外先进网络应用模式的复制取得了巨大成功，微博、团购等互联网应用的优势逐渐显现，吸引了社会各类群体的参与，互联网快速向社会各界渗透。

一 互联网网民规模

2010年以来，互联网发展政策积极稳定，网络新技术加快应用，网民规模

---

* 本文由王楠、耿雪莲根据蓝皮书课题组数据资料整理写作。

频创新高。截至2010年12月底，我国网民规模达到4.57亿人，较2009年底增加7330万人。我国手机网民规模达3.03亿人，依然是拉动中国总体网民规模攀升的主要动力，但手机网民增幅较2009年趋缓。最引人注目的是，网络购物用户年增长48.6%，是用户增长最快的应用，预示着更多的经济活动将步入互联网时代（见图1）。

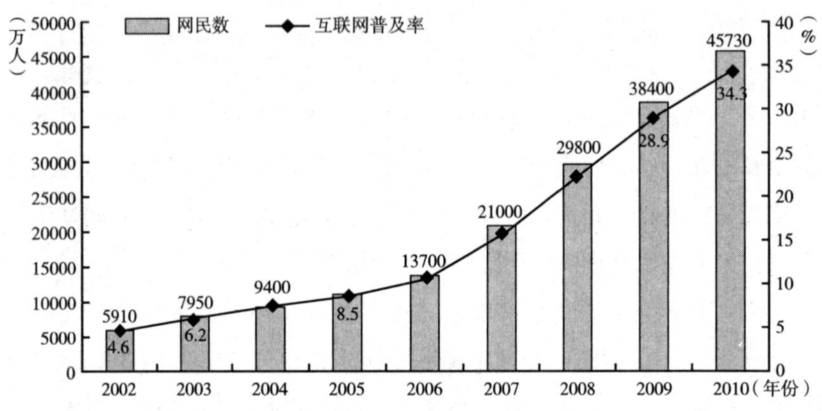

图1　2002～2010年中国网民规模和普及率

资料来源：中国互联网络信息中心编《中国互联网络发展状况统计报告》（2011年1月）。

近年来，宽带基础服务覆盖率不断扩大，带动了宽带用户规模的增长。截至2010年12月，在使用有线（固网）接入互联网的群体中，宽带普及率达到98.3%，宽带网民规模达到44953万人。虽然我国宽带网民的绝对规模在增长，但其在总体网民中的比例却有所下降，这主要是由于只使用手机上网的群体规模增速过快所致。截至2010年12月，只使用手机上网的网民规模增加到4299万人，较2009年底增长1227万人，占整体网民的比重提高到9.4%。

互联网普及率是衡量一个国家互联网发展水平的重要指标之一。中国互联网的普及率一直呈上升态势，截至2010年12月，我国互联网普及率攀升至34.3%，较2009年底提高5.4个百分点。虽然中国的宽带普及率很高，但是宽带接入速度远远落后于互联网发达国家（见图2）。

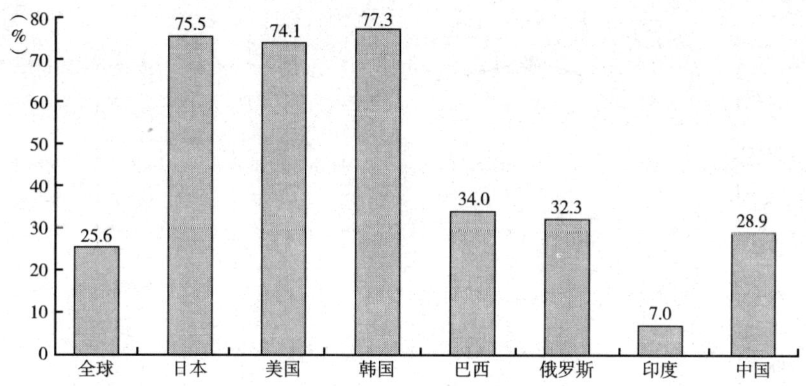

图2　2009年中国与其他国家互联网普及率对比

资料来源：中国互联网络信息中心编《中国互联网络发展状况统计报告》（2010年1月）。

二　互联网资源规模

1. IP地址数量

IP地址是互联网的基础资源之一，没有IP地址就不能接入互联网，所以IP地址数是制约国家互联网稳步发展的一个参数。随着近两年网民规模的迅速增长，以及其他互联网设备对IP地址的占用，IPv4资源的紧缺局面仍然非常严峻。截至2010年12月，我国IPv4地址数量达到2.78亿个，IANA在2011年2月把IPv4地址资源最终分发完毕后，IPv4向IPv6全面转换更加紧迫。如何推进互联网向以IPv6为基础的下一代互联网过渡，已成为未来几年中国乃至全球互联网产业亟须解决的问题（见图3）。

根据全球互联网IP地址资源分配机构的统计数据显示，截至2010年6月，中国大陆共分得IPv6①395块/32，较2009年年底增长332块/32，在全球排名第13位。

2. 域名数量

2010年基础资源中，域名数量仍在持续下降，其中，以CN域名下降最为

① IPv6地址分配表中的/32是IPv6的地址表示方法，对应的地址数量是2（128－32）＝296个，同样，/48对应的地址数量是2（128－48）＝280个。

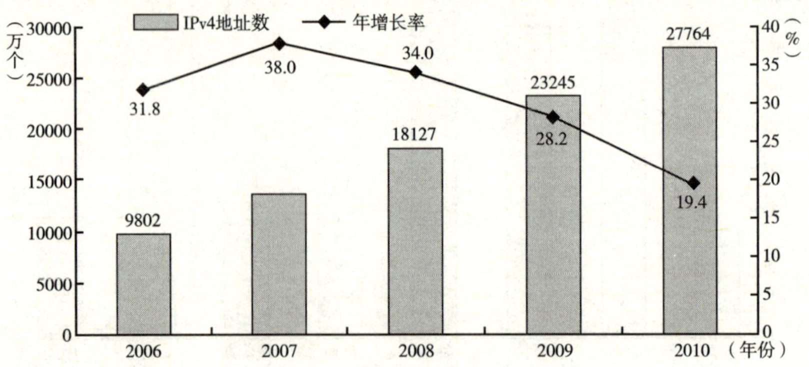

图3　中国大陆 IPv4 地址数量和增长率（2006.12～2010.12）

资料来源：中国互联网络信息中心编《中国互联网络发展状况统计报告》（2011年1月）。

明显。截至2010年12月，中国的域名总量约达866万个，较2009年底减少了815万个。其中CN域名435万个，在域名总数中的占比从80%降至50.2%。与此同时，COM域名增加93.5万个，比重从16.6%提升至42.9%。在CN域名中，以.CN结尾的二级域名比例仍然最高，占到CN域名总数的60.5%，其次是.COM.CN域名，占比为31.2%（见表1）。

表1　中国分类域名数

单位：个，%

项目	数量	占域名总数比例	项目	数量	占域名总数比例
CN	4349524	50.2	ORG	105279	1.2
COM	3713244	42.9	合计	8656525	100
NET	488478	5.6			

资料来源：中国互联网络信息中心编《中国互联网络发展状况统计报告》（2011年1月）。

3. 网站①数量

截至2010年12月，中国的网站数②减少到191万个，与2009年网站数量

① 此处的网站是指以域名本身或者“WWW+域名”为网址的web站点。不包含.EDU.CN下网站数据。

② 即域名注册在中国境内的网站数，其中包括境内接入和境外介入两种。

相比下降41%（见图4）。2010年中国网站数随全球互联网站点数下降而同步下降。根据互联网咨询公司 Netcraft 统计，2010年上半年全球互联网站点数减少2700万个，降幅达到11.5%。网站托管服务到期终止，是站点总数下降的重要原因。

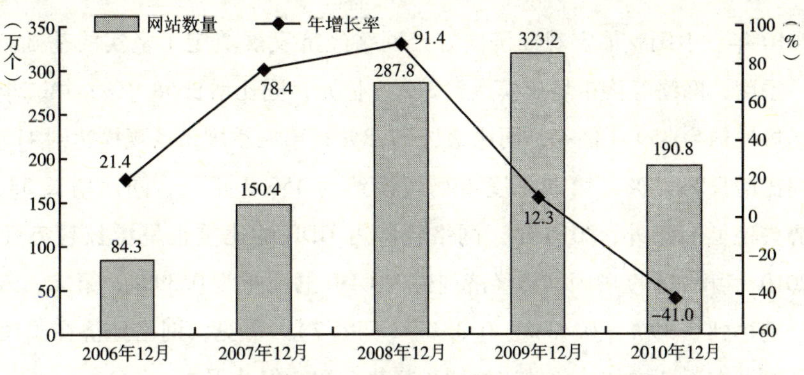

图4　网站数量和增长率（2006.12～2010.12）

资料来源：中国互联网络信息中心编《中国互联网络发展状况统计报告》（2011年1月）。

4. 国际出口带宽

2010年中国国际出口带宽迅速发展，截至2010年12月，中国国际出口带宽达到1098956.82Mbps，较2009年底增长26.8%（见图5）。虽然2010年国际出

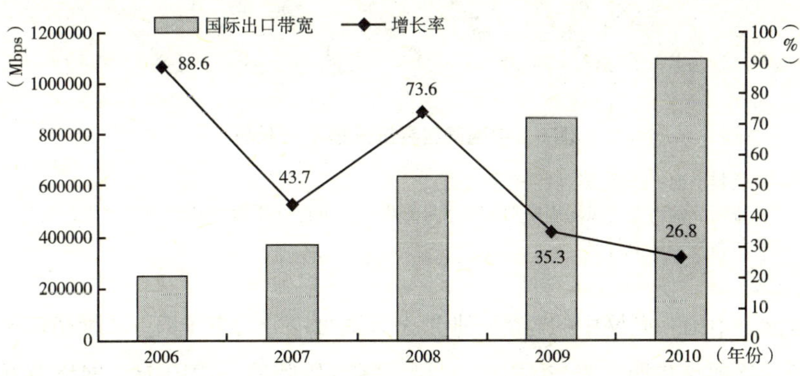

图5　国际出口带宽和增长率（2006.12～2010.12）

资料来源：中国互联网络信息中心编《中国互联网络发展状况统计报告》（2011年1月）。

口带宽指数仍保持较平稳的增长，但其难以扭转域名、网站、IP 三个指标形成的基础资源整体下降的大势。

三　互联网经济发展

2010 年，中国整体宏观经济向好给网络经济发展奠定了坚实的基础。2010 年第一季度，网络经济市场规模达到312. 3 亿元，同比增长 58. 2%；第二季度整体市场规模约为 359. 3 亿元，同比增长 57. 8%；第三季度市场规模达到 415. 7 亿元，同比增长 59. 5%；第四季度市场规模约为 456. 7 亿元，同比增长 53. 7%，上升势头稳健。此外，2010 年，网络经济占 GDP 的比重也呈增长趋势（见图 6）。2010 年第一季度中国网络经济规模占 GDP 的比重为 0. 39%，第二、三、四季度分别达到 0. 39%、0. 43%、0. 35%（见图 7）。可见，网络经济在国民经济中的重要性在逐渐增加，预计这种增长趋势会继续保持下去。

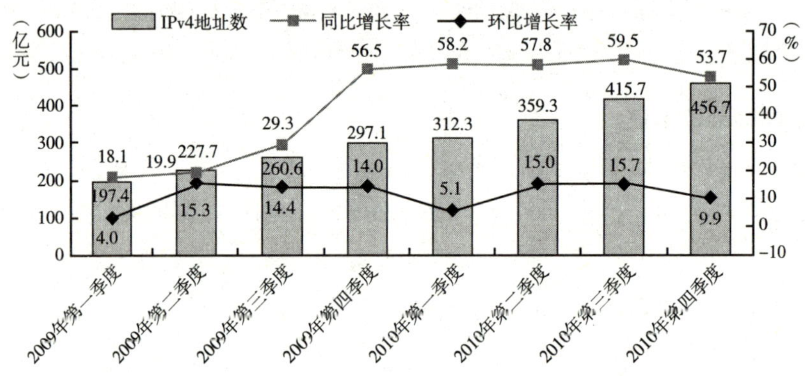

图 6　中国网络经济规模及增长率

资料来源：艾瑞市场咨询有限公司。

说明：网络经济市场规模只包括运营商收入，不包括渠道商和代理商收入，同时也不包括移动增值行业。

目前，中国互联网中的经济行业形态大致可以分为电子商务、网络广告、网络游戏、移动互联网、第三方网上支付、网络招聘等。2010 年，网络游戏、网络广告、电子商务三类业务收入在互联网经济市场规模中占比 76. 9%，成为互联网经济的主体（见图 8）。

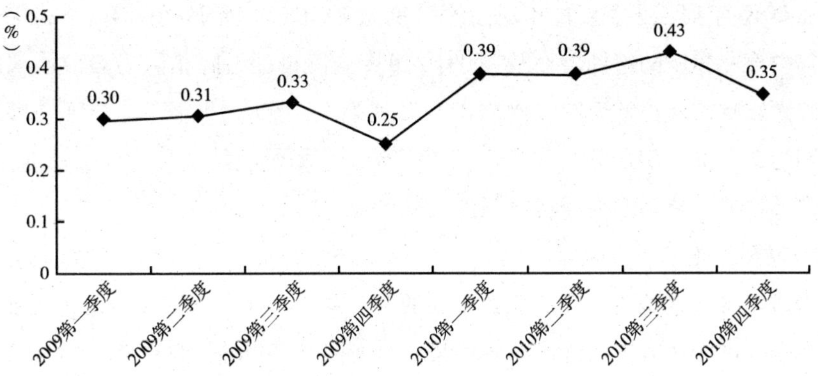

图 7　中国网络经济占 GDP 比重

资料来源：艾瑞市场咨询有限公司。

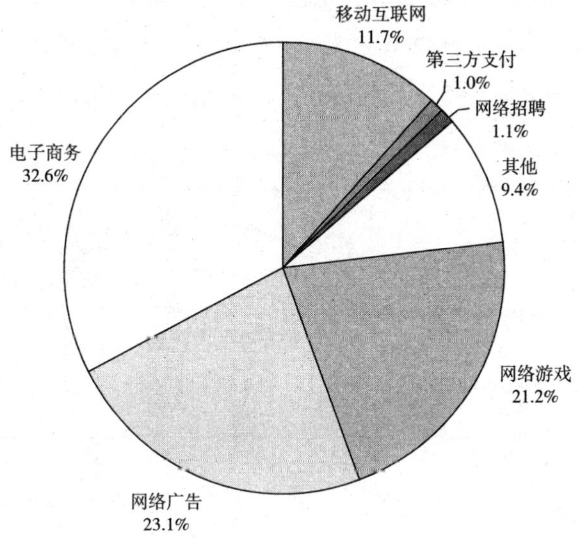

图 8　中国网络经济市场结构（2010 年）

资料来源：艾瑞市场咨询有限公司编《2010 年第三季度中国网络经济市场监测数据》。

说明：其他行业包括电子邮箱、域名主机、数字软件、在线音乐和网络社区等。网络广告包括品牌网络广告市场规模和搜索引擎广告市场规模。

从市场份额看，电子商务、网络广告和网络游戏排名前三位。其中，电子商务增速居前，市场份额稳步提升，2010 年第一季度市场份额为 29.4%，第二季度 30.6%，第三季度扩至 32.5%，第四季度达到 35.5%。除电子商务外，网络广告在2010年前三个季度的市场份额分别为20.3%、24.2%和24.1%，增速平稳，其中第一季度的市场份额较2009年第四季度迅速下降是因为春节假期的季节性因素影响，属正常反映。网络游戏名列第三，在2010年四个季度的市场份额分别为23.9%、21.3%、20.2%和24.7%，市场份额呈V形变化。由此看来，电子商务将成为拉动网络经济发展的支柱产业。

1. 网络广告

网络广告一直是互联网产业最主要的商业模式。与传统广告相比，网络广告具有精准、可靠性强、性价比高等优势。目前网络广告的投放形式主要有品牌图形广告、搜索引擎广告、视频及富媒体广告等形式。其市场集中度相对较高，主要集中在品牌广告和搜索引擎广告。

2010年，中国网络广告保持了稳健的增长态势。四个季度网络广告市场规模分别达到63.6亿元、87.0亿元、100.5亿元和105.6亿元，环比增长分别为-8.6%、36.8%、15.4%和5.1%，同比增长分别为85.4%、91.3%、73.3%和51.7%（见图9）。

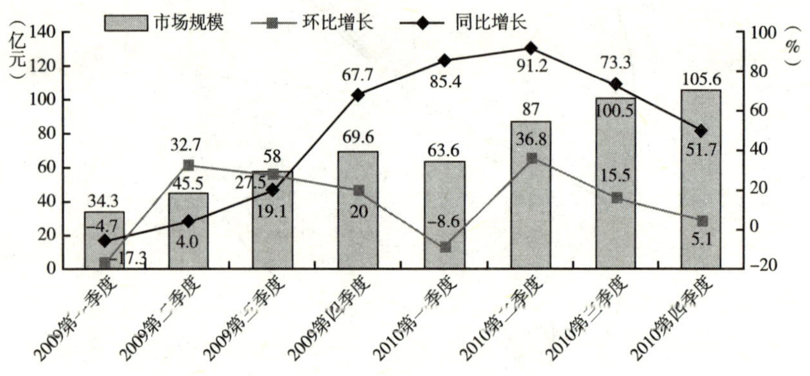

图9　中国网络广告市场规模

资料来源：艾瑞市场咨询有限公司编《2010年第三季度中国网络广告市场监测报告》。

2010年，网络广告市场格局稳定，但市场份额有微小的变化。品牌广告和搜索引擎广告仍然占有主导地位，分别占有市场份额的40.1%和31.1%。其中，品牌广告市场份额出现逐渐下降的趋势；搜索引擎广告表现稳健；视频广告、社交网站广告等新媒体广告越来越受到市场追捧，市场份额增长迅速。

2. 网络游戏市场

目前中国已经成为全球网络游戏的核心市场之一，拉动着信息产业、商业、传媒出版业、制造业、展览业等相关产业，网络游戏已成为中国互联网中不可或缺的支柱性产业。2010 年第四季度网络游戏行业的交易规模达 90.5 亿元，环比上涨 5.8%，同比上涨 24.7%（见图 10）。从整个市场份额分布来看，由于网络游戏市场进入门槛较高，网络游戏市场集中趋势没有太大改变。腾讯、网易、盛大位列前三，他们共同占据 58% 的市场份额。从整体份额占有看，2010 年中小型网络游戏运营商的营收增幅数较 2009 年增幅较大，因此稍稍削减了三大巨头的市场份额。

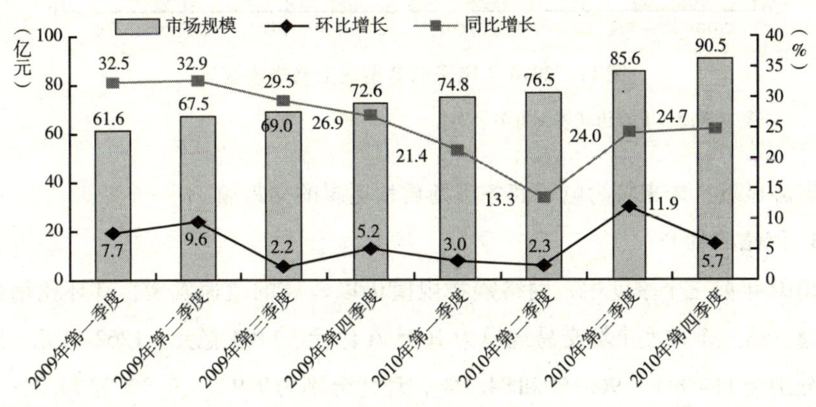

图 10　中国网络游戏市场规模

资料来源：艾瑞市场咨询有限公司。

3. 电子商务

2010 年中国电子商务市场整体交易规模增速平稳。2010 年四个季度电子商务市场整体交易规模分别达 1.02 万亿元、1.12 万亿元、1.19 万亿元和 1.4 万亿元。第三季度增速相对第二季度有所下降，主要原因在于 B2B 电子商务市场交易额环比增速趋于缓慢（见图 11）。

电子商务市场大致可以划分为四个细分市场，分别是网络购物、B2B 电子商务、网络预订和网上支付。2010 年电子商务市场细分行业构成中，针对企业级用户的 B2B 类电子商务交易额占比 88.3%，针对个人消费者的 B2C 类电子商务交易额占比 11.7%。其中，中小企业 B2B 电子商务交易规模占比最高，达 52.8%，比 2009 年上升 1.2 个百分点；网络购物交易规模占比也由 2009 年的 7.3% 上升至 2010 年的 10.4%。可见，中小企业的 B2B 仍然是未来电子商务交易规模的最主要的组成部分。此外，网络购物及机票酒店等个人用户网络消费的

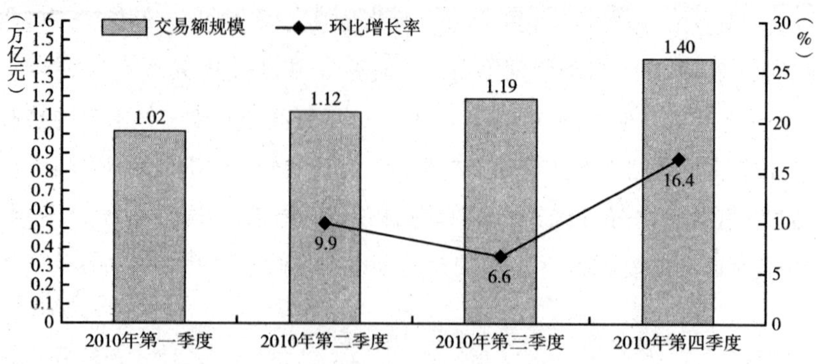

图 11　2010 年电子商务市场交易规模变化

资料来源：艾瑞市场咨询有限公司。

增长态势显著，未来将为电子商务市场贡献更多的交易额。

4. 网络购物①

2010 年前三个季度中，网络购物规模仍以较高的增速发展，其环比增速较为平稳。前三个季度市场交易规模为 1005.6 亿元、1104 亿元、1262 亿元。同比增速分别为 114.8%、96.1% 和 84.5%，环比分别为 9.9%、9.8% 和 14.3%。中国平台式购物网站交易规模增速有逐步放缓之势（见图 12）。

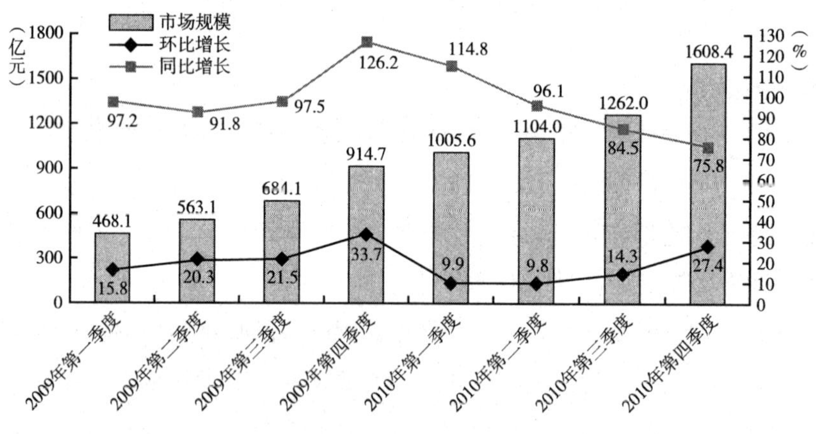

图 12　网络购物市场规模变化

资料来源：艾瑞市场咨询有限公司。

---

① 这里包括 B2C 和 C2C 的市场，而不把 B2B 的市场包括在内。

同时，中国 B2C 市场交易规模占整体网络购物市场的比重进一步提升。目前，像淘宝、拍拍等平台式购物网站，正持续推进从以 C2C 为主向以 B2C 为主的经营模式转型，较有实力的个人网店也将逐步转型为正规的企业化运作，形成自主销售式的购物网站。

目前，平台式购物网站中市场格局变化不大。在 C2C 领域，淘宝依然以 86% 的市场份额雄居榜首，拍拍和易趣分别以 10.6% 和 3.4% 的市场份额位列第二、三位。B2C 市场则是群雄割据的局面，目前，中国自主销售式购物网站中，京东商城仍然占据绝大部分的市场份额，达到 32.5%；当当和卓越亚马逊以各占 9.2% 的市场份额并列第二位；同样以销售 IT 产品为主的新蛋网增速超平均水平，以 5.4% 的市场份额跃居第四。

5. B2B 电子商务交易市场

2010 年前三个季度，中国 B2B 电子商务市场营收规模分别达到 20.8 亿元、24.2 亿元和 24.8 亿元，同比分别增长 50.7%、55.1% 和 45.0%，环比分别增长 13.7%、16.3% 和 2.5%（见图 13）。整体看，2010 年前三季度 B2B 电子商务营收规模保持了稳定的增长态势。

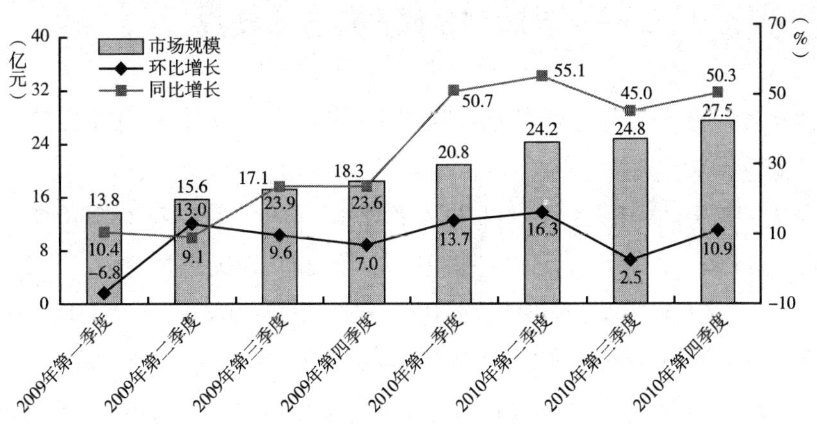

图 13 B2B 电子商务市场规模变化

资料来源：艾瑞市场咨询有限公司。

2010 年，B2B 电子商务市场格局基本保持稳定，阿里巴巴以 57.2% 的市场份额继续保持垄断地位。环球资源和慧聪分别以 9.9% 和 3.8% 的市场份额名列第二、三位。

B.25

2010年互联网传媒产业发展分析

熊澄宇　蒋亚隆*

2010年的中国互联网传媒产业整体走势比较积极。产业中的基本要素如网民规模仍然在不断增长，各个产业门类整体发展良好。新的网络形态如团购网走向火热；不少网络媒体如优酷得以上市融资，获得了充裕的资金；一些新兴的网络媒体如微博引发的事件总能成为传统媒体和大众关注的焦点，这或许表明网络媒体已经成为社会的主流媒体之一。而2010年发生的一些互联网事件则表明互联网传媒领域的治理问题需要受到关注，也许只有做到机会公平、权责对应，良好的产业市场才能得以形成。

一　互联网传媒产业基本状况

截至2010年12月末，中国网民规模达到4.57亿人，互联网普及率（渗透率）达到34.3%。

2009年中国互联网渗透率仅高出世界平均水平1.3个百分点，而2010年，这个数字扩大到了2.9个百分点，这说明我国互联网渗透率正在边向世界前列。然而，毋庸置疑的是中国互联网渗透率仍远低于美国、德国、日本等发达国家，与巴西这样的发展中大国以及俄罗斯这样的传统大国相比也仍然有差距（见图1）。2000~2010年，10年来我国的用户增长率一直居高不下，潜在市场仍在扩大。但是值得注意的是，和2009年相比，俄罗斯的用户增长率超过了中国，这或许说明我国网民基数达到一定数值后，增长态势正在开始放缓。截至2010年6月，我国手机用户达到了2.77亿人，近一半用户（1.22亿人）是在2009年6月至2010年6月之间增长的，速度惊人。

---

* 熊澄宇，清华大学新闻与传播学院教授、博导，清华大学新媒体传播研究中心主任；蒋亚隆，清华大学新媒体传播研究中心研究助理。

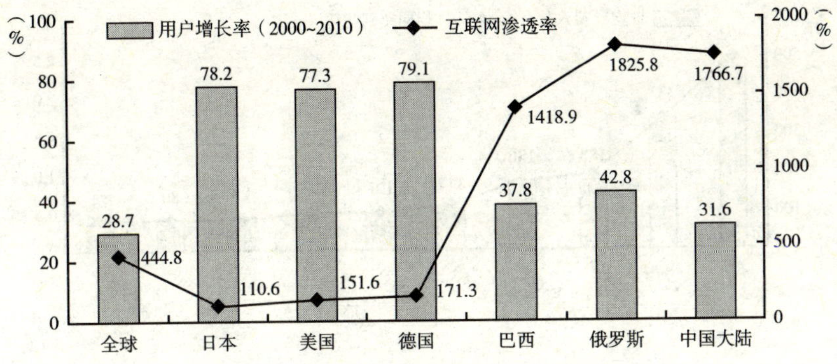

图 1　各地区互联网渗透率及增长率对比

资料来源：世界互联网统计网站，http：//www. internetworldstats. com/。

二　互联网传媒产业细分情况

互联网传媒产业主要可以分为如下类别：新闻网站、视频分享网站、搜索引擎、网络游戏、即时通讯、网络社区（SNS）、博客和微博、邮件列表、数字音乐。在此我们将就不同类别分别进行论述。

1. 新闻网站

新闻网站可分为新闻门户网站和门户网站的新闻频道，前者主要是依托于新闻传媒集团，是传统媒体内容发布渠道的拓展，后者则依托于民营网络公司，将新闻作为其网络子产品进行运作。门户网站的新闻频道没有新闻采写权，它通过与传统媒体建立契约关系取得该媒体内容的转载权。

在新闻门户网站中，新华网稳居日均覆盖人数第一，高出第二名人民网 0. 8 个百分点。环球网的长处是国际新闻，这一优势使其与新华网、人民网一起成为有效覆盖率超过 1% 的网站。而在前十名的网站中，关注国际新闻的网站占了相当一部分（见图 2）。

与新闻门户网站相比，门户网站的新闻频道在覆盖率上占据着明显的优势。腾讯新闻频道覆盖率为 21. 8%，在新闻网站中排名首位，相比 2009 年的 24% 略有回落，但仍然超过了 20%，新浪新闻频道和搜狐新闻频道的覆盖率也都超过 10%，在覆盖率排名前五位的新闻网站中，只有新华网和凤凰网能与门户网站的

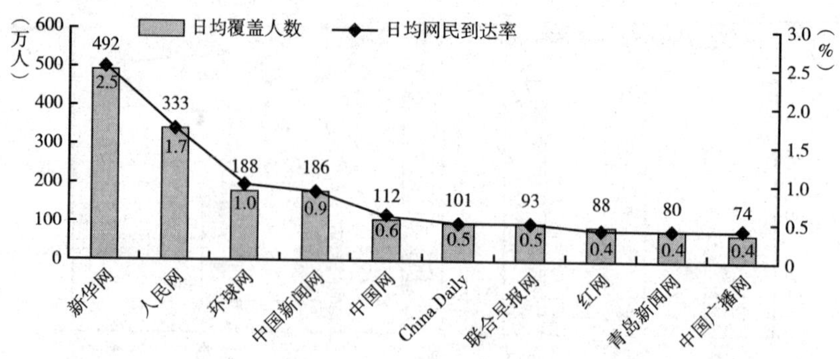

图2　新闻门户网站覆盖人数及到达率排名

资料来源：艾瑞咨询2010年10月新闻门户网站行业数据。

说明：日均网民到达率=该网站日均覆盖人数/所有网站总日均覆盖人数。

新闻频道相抗衡。一个极大的原因是新华网是官方独家的最大新闻发布平台，而凤凰网借助大量视频和独特的新闻视角得以进入前五。与门户网站的新闻频道相比，传统媒体的网络新闻平台在覆盖率上不具备太大优势，但是相差也不是非常大。

正如历年数据一样，与之相反的是，新闻门户网站在粘连度方面占据优势地位，网友的浏览时间是衡量网站粘连度的重要指标，如图3所示，平均在线时间在400分钟及以上的5个新闻网站有3个是新闻门户网站，传统媒体新闻的独有性在网络媒体的竞争中是一个巨大的优势。但和2009年的情况相比，传统媒体在粘连度方面的优势正在减小，这主要是因为门户网站如腾讯在新闻视角方面狠下工夫所致。

2. 视频分享网站

2009年下半年到2010年，中国网络视频用户飞速增长，2010年4月规模达到3.16亿人，82%的网民是网络视频用户，其中还有4000万人是独占用户。①这一年中，虽然视频网站也遇到了版权与政策的瓶颈，但是市场规模和广告收入都有大幅稳定增长，预计在线视频行业总体市场规模和广告收入将分别达到45.5亿元和23.6亿元（见图4）。

---

① CNNIC：《2009年中国网民网络视频应用研究报告》，http：//research.cnnic.cn/html/1270691299d2051.html。

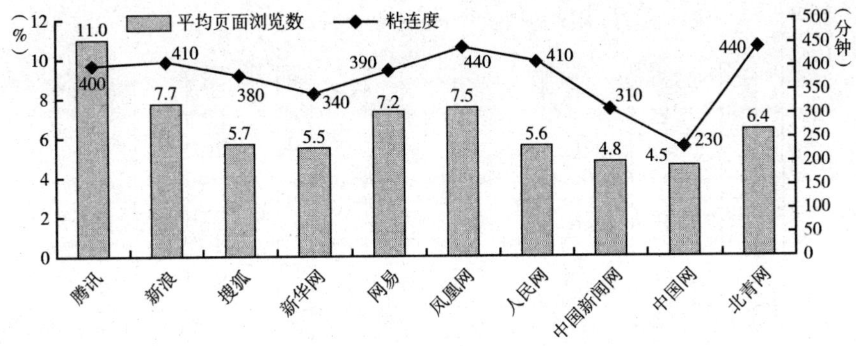

图3　主要新闻网站覆盖率及粘连度排名

资料来源：中文网站排行榜，http：//top. chinaz. com/list. aspx? id =29&page =1&order =1。

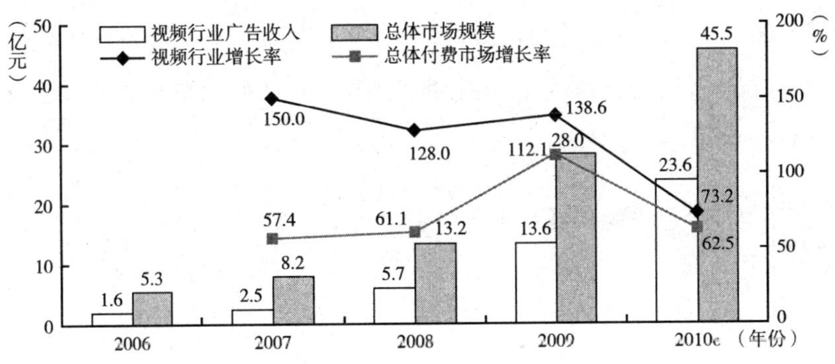

图4　中国网络视频市场规模及广告收入

资料来源：艾瑞咨询《2009~2010年中国网络视频行业发展报告简版》。

3. 搜索引擎

2010年前三季度，中国搜索引擎市场规模达79.43亿元，相比2009年的69.5亿元，同比增长了53.7%。如图表5所示，搜索引擎在中国互联网经济市场中的比重在逐年上升，预计这一上升态势还将持续。搜索引擎快速增长的原因固然与我国互联网的普及有关，但更多的是因为2010年世界杯、上海世博会等热点云集，使得品牌类广告获得一定增长推力。据测算，中国网络广告市场规模已达31.5亿元。

4. 网络游戏

尽管自2008年以来互联网游戏行业就遇到了政策和版权之争等各种困难，

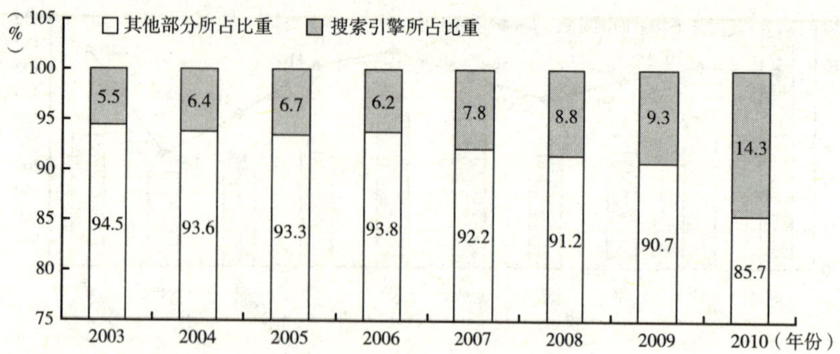

图 5　搜索引擎在中国互联网经济市场中所占的比重

资料来源：艾瑞咨询《中国互即时通讯行业发展报告简版（2009～2010）》。

但 2010 年网络游戏用户规模仍然增长到 3.38 亿人，较 2009 年增长 24%，而总收入达到 338.9 亿元，相比 2009 年增长 25%，在互联网娱乐领域中仍然是最赚钱的行业（见图 6）。这与媒体游戏化进程加快，广告收入增长有关，也与网络游戏的商业模式创新有关。

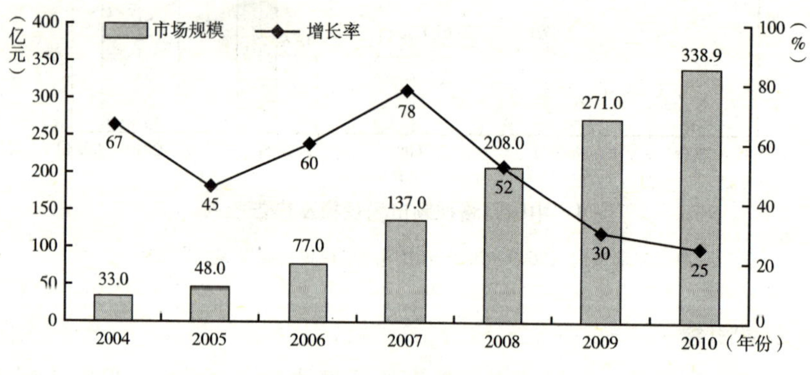

图 6　中国网游市场规模

2010 年，受宏观经济环境影响，大量热钱从各方涌入网络游戏产业，有的热钱甚至来源于房地产行业，所以相对来说资金比较充裕。总体来看，中小游戏开发商，综合或者垂直网站营运商以及虚拟货币交易平台商等新兴的网络游戏领域也获得了较大的发展机会。

但是互联网游戏行业经过十多年的发展，增长势头在逐渐变缓。由于国内的政策环境不够稳定，网络游戏公司纷纷寻求海外发展。当然，这也是中国网游在

借机扩大海外领地，同时扩大在亚洲的掘金点。

2010 年，网页游戏正在崛起。网页游戏（Web Game 或者 Browser Game）指基于网站开发技术，以标准 http 协议为基础传输形式的无客户端或基于浏览器内核的微客户端游戏，不需要下载安装客户端，相对大型游戏在玩法和使用方面较为轻松，但画面表现的精致程度有限。网页游戏使用形式多样，技术实现形式丰富，分类也较多。截至 2010 年 4 月底，中国网页游戏用户规模达到 1.05 亿人次。CNNIC 将网页游戏分三类：社交网页游戏、大型网页游戏以及单机网页游戏，其中社交类网页游戏用户规模最大，达到 9209 万人次，大型网页游戏用户规模 2384 万人次，网页单机游戏用户规模 3791 万人次。

CNNIC 报告显示，社交网页游戏使用比例高达 87.7%，是用户规模最大的网页游戏类型，由于游戏可以植入广告和提升社交网站使用粘连度，所以具有较大的商业价值。截至 2010 年 4 月，大型网页游戏用户规模达到 2384 万人次，其中 44.3% 的大型网页游戏用户在游戏中产生过花费，所以这方面的市场前景也还不错。单机网页游戏主要的商业价值是广告，就这点来讲，单机网页游戏的发展空间比较有限。

5. 即时通信

2010 年即时通信用户规模达到 3.5 亿人，较 2009 年增长 8025 万人。即时通信软件集成了电子邮件、博客、网络新闻、网络音乐、网络游戏和搜索引擎等多种功能，成了一个信息发布平台，随之而来的是带有垄断性质的即时通信软件腾讯 QQ 急速增长。

同时，移动通信用户的增加使得移动即时通信软件日趋主流化，其跨终端的特点使得手机 QQ、手机 MSN、飞信、天翼 LIVE 等移动即时通信软件迅速膨胀，同时即时通信软件也开始进入企业用户并在自身各种软件之间形成互通。

6. 网络社区（SNS）

截至 2010 年 6 月，我国使用社交网站的网民规模达到 2.1 亿人，使用率为 50.1%。半年新增用户 3455 万人，增幅达 19.6%。

2009 年 75.7% 的网络社区用户在使用 SNS 社交网站，而 2010 年几乎所有调研用户都在使用社交网站。2010 年调研显示，18.8% 的网络社区用户使用 1 个社交网站，使用 2 个以上社交网站的用户比例达了 81.2%，其中 41.3% 的用户经常使用 2 个社交网站，25.6% 的用户经常使用 3 个社交网站，14.4% 的用户经

常使用4个以上社交网站。

在网络社区带来的产业中，社交游戏市场是一块新兴的市场，近年来增长迅速。社交游戏从拉动用户、保持黏性的角色，转向承载营销价值和前向收费的角色，很多大型在线游戏以及游戏平台进入社交游戏市场，由此带来的结果是，预计在经过2010年的增长后，2011年社交网络游戏规模将达到7.8亿元。

7. 博客

中国博客用户规模迅速壮大，2009年12月至2010年6月，博客应用在网民中的用户规模达到2.31亿人，增幅为4.5%。[①] 这主要是社交网站与博客互为依托造成的。社交网站需要通过博客增加粘连度，博客则通过社交网站的社会网来增加关注度和阅读量。

2010年，博客最大的变化是微博客的兴起。截至2010年6月，我国微博使用者约为1.5亿人，而这个数字正在快速增长。微博的兴起带来的是传统博客的式微，MSN的博客在2010年遭到了SNS和微博的双重挤压，在2010年彻底关闭。

8. 邮件列表

2010年电子邮箱市场依然以两位数增长，营收规模有望达到4.05亿元。这是因为最近几年中国的中小企业信息化正处于快速发展时期，协同办公、统一通信已成为企业竞争力的工作平台，因此管理软件提供商和大型互联网企业在服务企业用户的同时，必然伴随有企业邮箱的基本需求。因此，除了提供企业邮箱服务的老牌网易和阿里巴巴之外，网络新霸主腾讯也于2010年7月正式公测企业邮箱，这些新的市场参与主体在一定程度上加剧了企邮市场的竞争。

中国企业邮箱自发展十年以来，至今渗透率仅为6.6%，整个企邮市场的发展仍处于初级阶段，所以市场潜力还比较巨大。但也正是处于初级阶段，企业邮箱市场方面的竞争将会非常激烈。

9. 数字音乐

数字音乐是指在音乐的制作、传播及储存过程中使用数字化技术的音乐，这类产品包括歌曲、乐曲以及有画面作为音乐产品辅助手段的MV、flash等。数字音乐可以分为在线音乐（通过互联网获取）和无线音乐（通过移动互联网获取）。互联网是中国网民获取音乐的最主要的途径，这个市场潜力巨大，近年来在不断增长。

---

① CNNIC：《第二十六次中国互联网络调查统计报告》。

中国数字音乐市场2009 年达到了 300 亿元的规模，2010 年用户达到了 3.7 亿人，前景巨大。但是同时中国数字音乐市场也面临着巨大的问题，即缺乏清晰的盈利模式。实体音乐市场正在不可避免地走向衰落，然而数字音乐市场的盈利模式还未能得到发展。中国 2009 年无线音乐市场收入达到 300 亿元，其中运营商拿走了 94%，SP 拿走了 4% ~5%，音乐内容提供商拿走了不到 1%，这直接造成了中国音乐市场发展的不平衡。同时，音乐人和数字音乐企业无法解决盗版问题，几乎所有的数字音乐产品都有盗版，其利润直接进入了盗版商的腰包。

三　互联网传媒产业的主要变化和未来趋势

2010 年的中国互联网传媒产业所发生的变化是以前从未有过的。一方面，谷歌退出中国市场，腾讯公司和奇虎公司发生重大争端，这些现象显示出中国互联网传媒产业的不成熟。另一方面，优酷等视频网站上市，微博正在崛起，中国网络游戏走向世界市场，这些现象又显示出中国互联网市场的潜力和生机。

1. 2010 年中国互联网传媒产业之变

2010 年的中国互联网产业发生了很多重大变化。在国家政策方面，政府继续执行着 2009 年以来的既定策略，出台多项措施管理互联网。2010 年 2 月 5 日，在文化部的指导下，盛大、腾讯、网易、畅游、巨人、完美时空六家网游企业发起行业自律公约，网游未成年人家长监护工程首批试点工作启动。这是文化部最新一次对网游内容进行监管的行动。

在技术和新产业形态方面，微博等新形态正在走向成熟，同时团购网站正在大量涌现。2010 年，中国团购网站出现从无到有，从小到大的奇迹，年初 3 月份平均增量达到 700%，6 月行业访客量达到 126 万人次，9 月底这个数字更超过了千万人次，10 月团购网站数量突破了千家大关。但毋庸置疑的是，这种增长速度业已减缓。据 CNZZ 数据中心统计，2010 年 10 ~12 月团购网站的月均增量为 80% 左右，大大低于年初 3 月份月均增量 700% 的走势，页面浏览量的月均增量为 250% 左右，而这一数字在年初 4 月份为 800% 左右。① 团购作为一种销售模

① 《CNZZ 分析数据发布　团购模式渐入佳境》，http：//www.chinanews.com.cn/it/2010/12-15/2722999.shtml。

式，已被消费者逐渐习惯，他们的热情也在逐渐减缓。在以后，随着垂直网站、社交网站、传统电子商务网站等的加入，团购网站将会在激烈竞争中走向集中化。

在融资方面，2010年前9个月，整个国内网络购物行业网站融资达到3亿美元，说明投资者非常看好这一行业在未来的发展。2010年1月，京东商城获得老虎基金7500万美元投资，为当年金额最大的一笔融资。8月5日视频网站土豆网完成其第五轮融资，金额达5000万美元。12月8日，优酷网和当当网在美国纽约交易所上市，视频网优酷大涨161.25%，报收33.44美元，创下美国五年来IPO上市首日涨幅之最，仅次于百度，这说明全球投资对于中国互联网视频业有着较大的信心。

2010年网络传媒产业发生了两个重大事件，首先是由即时通信软件商发展成“网络巨无霸”的腾讯公司与北京奇虎科技有限公司发生争端。2010年11月3日晚，腾讯发布公告，在装有360软件的电脑上停止运行QQ软件。360随即推出了“Web QQ”的客户端，但腾讯随即关闭Web QQ服务，使客户端失效，事件进入持续紧张状态。2010年11月10日，在工信部等三部委的干预下，腾讯与360恢复兼容，但是这一事件让腾讯这一中国市值最大的网络上市公司蒙受了巨大损失。其次，在中国搜索引擎市场上，2010年3月23日凌晨起，谷歌公司决定将原有谷歌中国的两域名（google. cn和g. cn）中的网页搜索、图片搜索和资讯（新闻）搜索重定向至Google香港的域名（google. com. hk）。谷歌公司的这一动作直接导致了其中国市场份额的下滑。截至2010年8月，百度营收份额为71.6%，而谷歌仅为26.8%；请求量份额百度为80.2%，而谷歌仅为14.1%。百度搜索引擎在中国内地市场上开始一家独大。

2. 互联网传媒产业的未来发展趋势

（1）云计算初露端倪，这将成为影响中国互联网传媒产业发展的重要技术因素。云计算（cloud computing）是一种基于因特网的超级计算模式，在远程的数据中心里，成千上万台电脑和服务器连接成一片电脑云。因此，云计算甚至可以让你体验每秒超过10万亿次的运算能力，拥有这么强大的计算能力可以模拟核爆炸、预测气候变化和市场发展趋势。云计算会给用户提供不同的应用程序，用户可以自由地运用这些软件。只要用户的PC或手机等终端里安装了一个简单的操作系统和完整功能的浏览器，开机后输入自己的用户名和密码，你存在

“云”中的应用软件和数据就会同步到终端里。现在，谷歌、微软、IBM 和亚马逊都推出了自己的云计算产品，而中国政府也已将云计算产业列为战略新兴产业。虽然目前还未找到相应的盈利模式，但是政府已经开始大力推动云计算产业的发展。各个城市相继发布云计算规划，筹建云计算产业基地。

（2）支持第三方软件开发的在线开放式应用程序平台如 APP Store 将会迅速得到普及，这将成为影响未来中国互联网传媒产业的重要商业模式。苹果公司首创了 APP Store 这种商业模式：由苹果提供 iPhone，iTouch 等平台和应用开发包（SDK），供免费下载，以便第三方应用开发人员开发针对 iPhone 及 iTouch 的应用软件。开发出来的软件被放到 APP Store 供用户付费下载，所获费用将由苹果和开发者分享。2008 年 7 月 11 日，苹果 APP Store 正式上线，到 2009 年 12 月，App Store 上已经有了 6.5 万个应用，并被下载了 30 亿次；到 2010 年 12 月，App Store 上的应用已经增长到了 22.5 万个。现在国外的谷歌、黑莓和微软，国内的移动、联通以及电信都在开发自己的应用程序平台。因此，可以预见，将来这一商业模式将会成为一股潮流，人们将更多地使用各种应用程序来接入网络，因特网将趋向半闭合化。而随着三网融合工程的发展，电脑终端、手机终端和电视终端或许都将会出现各种各样的应用程序（APPs）。

（3）保护版权已经成为网络传媒产业内容提供商的共识。随着互联网发展及宽带普及率的提高，视频服务已经成为继电子商务、电子邮件、搜索引擎之后的第四大互联网应用。2010 年上半年互联网用户观看网络视频达 111 亿小时，预计 2010 下半年访问时长总量将与综合门户网站的时长持平。据悉，电视剧是黏性最大的内容，能让网民长时间“挂”在网上，并吸附广告。现在国内外几乎所有的视频网站都在亏损，而在美国由 NBC 和新闻集团合作成立的专门播放高清影视剧的正版视频网站 Hulu 仅创办一年就实现了近 1200 万美元的盈利。这使得很多视频网站看到了希望。2010 年 12 月 8 日，国内最大的视频网站优酷网在美国纽约交易所成功上市，加上之前已经上市的酷 6 网、乐视网，国内上市视频企业已达三家。国内另一视频网站土豆网也即将在纳斯达克上市，56 网、PPTV 等视频企业也都在为上市谋划。而视频网站要顺利上市，就需要通过各种手段来保护版权。土豆网为了能在纳斯达克顺利上市，2010 年前 9 个月付出了 5600 万元的版权成本。在 IPO 之前，还斥重金与中影、香港寰亚、美国迪士尼等 1500 多家影视机构签约。以重金获取正版影视资源必然会成为今后视频网站发展的潮流。

（4）微博客作为具有较大潜力的传媒形态正在崛起。微博客自进入中国以来，前前后后经历了饭否网曾经的辉煌和新浪微博的后来居上，在经过完善后，微博在真正意义上实现了内容多样化和个性化的矛盾统一。微博通过限定字数使得人们可以在有限的时间内提供和获取信息并得以在移动终端迅速延伸，通过关注使得各种事件得以突出并使人们能够实现个性化的订阅，通过转发使得哪怕一个字都不写的人，也可以成为微博内容的创作者，从而突破传统博客的限制。这些都是微博的优越之处，以后微博必将超越传统博客，成为主要的网络传媒。

（5）网游产业进入转型期。网游产业在经过高速发展以后，如今正进入一个转型时期。一方面这与中国的政策环境相关，另一方面也与网游产业的内部形态变动有关。首先，大型多人在线角色扮演游戏（MMORPG）生命周期正在逐渐变短，空间逐渐变得狭窄，而动作网游、FPS 网游和社交网游等则发展迅速，网游正在逐渐多样化。其次，在技术上达到国际水平后，中国网游企业纷纷向国外拓展，一方面是因为海外市场环境较好，利润丰厚，另一方面也是出于企业自身发展的需要。在 3G 普及和三网融合的大背景下，网游与移动互联平台、PC 等多平台的相互融合，使网游企业有可能寻求跨平台发展。

B.26

2010年中国动漫游戏产业发展

邓林 凌宇鹏*

借助6年来动漫游戏产业的持续发展，2010年中国动漫游戏产业逐渐成为文化产业和经济增长中的一个亮点。具有市场竞争力的动漫作品类型愈加丰富，致力打造原创影视动漫品牌的一批企业逐渐形成盈利模式，中国的独立动画国际影响力渐增，中国网游市场趋向饱和，手机动漫市场快速发展。

一 2010年中国动漫产业发展概况

1. 电视动画片数量持续增长

2010年1~10月，我国动画片产量已经达到约11万分钟，比2009年同期增长2万分钟（见图1）。截止到2010年10月，全国累计备案公示的动画剧目数量达到513部，517854分钟。平均每月备案51.3部，5.2万分钟，分别同比增长29.3%和23.53%。

截止到2010年10月，全国报批备案的电视动画产量是513部，总共517854分钟。按题材划分：历史题材46部，82295分钟，占备案公示总数的8.97%、15.9%；童话题材190部，186054分钟，占备案公示总数的37%、35.9%；教育题材124部，100719分钟，占备案公示总数的24.2%、19.4%；科幻题材62部，64281分钟，占备案公示总数的12%、12.4%；神话题材27部，25969分钟，占备案公示总数的5.3%、5%；现实题材32部，29680分钟，占备案公示总数的6.2%、5.7%；其他题材39部，33816分钟，占备案公示总数的7.6%、6.5%；特殊题材无。2010年1~10月电视动画的选材大多集中在童话类，其次

---

* 邓林，上海交通大学媒体与设计学院副教授、博士；凌宇鹏，上海交通大学媒体与设计学院研究生。

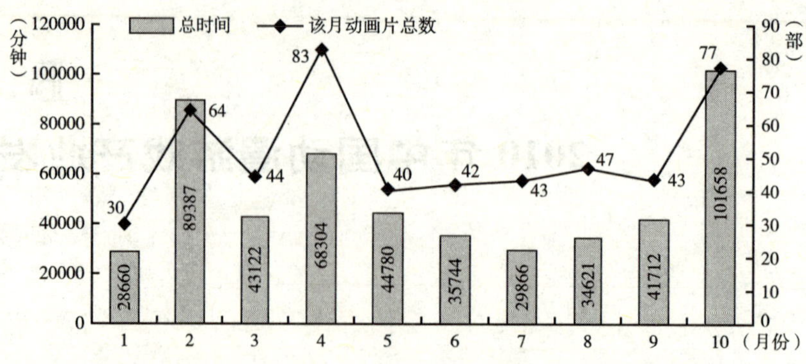

图1　2010 年 1～10 月全国国产电视动画片备案公示量

资料来源：国家广电总局。

是教育、科幻和历史题材。

2. 动画电影票房增长迅猛，喜羊羊票房一枝独秀

截至 2010 年 8 月，中国内地上映的国产动画电影共 8 部，取得票房 1.64 亿元，已基本达到 2009 年全年 1.68 亿元的国产动画电影票房总额。但 1.64 亿元的国产动画电影票房中，有 1.24 亿元票房来源于《喜羊羊与灰太狼之虎虎生威》，大部分动画电影始终无法取得良好的市场反馈。

而与之形成鲜明对比的是，进口动画电影却在中国大卖特卖。根据国家广电总局公布的前三季度全国城市电影票房的统计，进口电影票房排名前十位的影片中，除了排在第一、二位的《阿凡达》、《爱丽丝梦游仙境》以及《诸神之战》是“动画 + 真人”外，还有《驯龙高手》和《玩具总动员 3》两部纯动画电影，票房总数占据榜单的“半壁江山”。

3. 网络游戏增速放缓

中国网络游戏前三季度总收入已达 185.657 亿元，加上未统计的公司和第四季度的收入，年底的总体数据应保持持续增长的态势（见图 2）。

根据对各大游戏公司 2010 年前三季度在线游戏业务收入的分析，行业内梯队区分明显（见图 3），腾讯依然保持行业老大的地位，业务收入是位于第二的网易的两倍多，其位置在一段时间内无法撼动，腾讯依靠庞大的用户群体抢占市场的策略非常成功。第二梯队为网易、盛大两家公司，前者依靠自主研发的西游系列和 2010 年刚获得代理权的魔兽世界成功上位，盛大则逐渐向

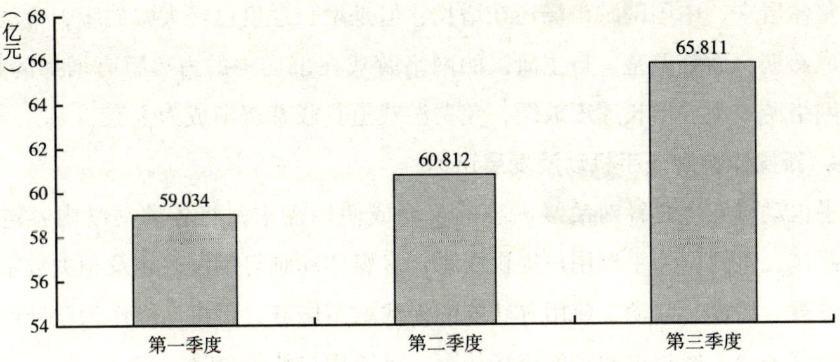

图 2　2010 年前三季度在线游戏整体行业收入

资料来源：国内主要九家游戏公司前三季度报表和 2009 年的年度财务报告*

说明：数据来源主要出自 9 家游戏公司前三季度报表和 2009 年的年度财务报告，这几家企业占据了绝大部分的网络游戏市场份额，尤其在大型 MMORPG 领域，因而具有一定的市场说服力。

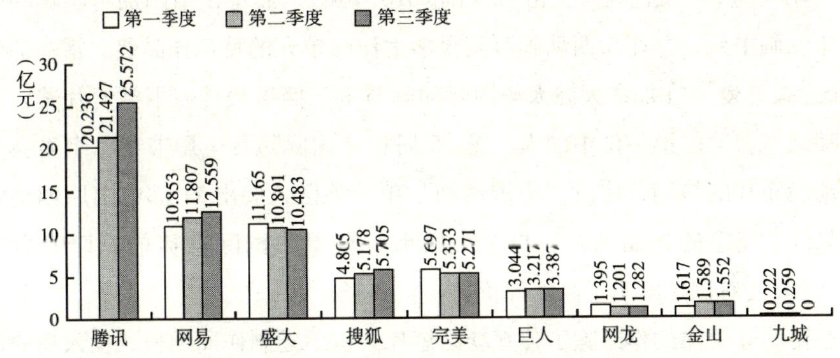

图 3　2010 年前三季度各大公司在线游戏业务收入

说明：1. 搜狐数据单位为美元，按照数据统计时的汇率 1 美元 = 6.6643 元人民币折算。2. 九城第三季度财报没有公布。

自主研发路线转移，产品线极其丰富。第三梯队为搜狐、完美时空和巨人，三者都在力争扩大市场占有率。第四梯队为网龙和金山，这两者基本上主要依靠一两个产品在支撑，市场发展潜力依然很大。至于九城，由于失去了魔兽世界的代理权，并在 2009 年 6 月 6 日正式关闭服务器，公司收入缩水 95% 以上，从第一梯队迅速跌到市场占有率的边缘。从 2010 年各大公司前三个季度的表现来看，多数存在业务增长放缓甚至缩水的现象，只有腾讯和网易保持着显著的增长。

整体看来，中国网游市场还在增长，但是增长速度已经大幅放缓，市场逐渐进入成熟期，面临调整。自主研发的网络游戏在市场中的占有率有增加的趋势。付费网络游戏用户增长速度放缓，免费游戏道具收费逐渐成为主流。

4. 新媒体特别是手机动漫发展迅速

手机动漫业务是针对动漫内容的观看或使用需求，将各类动漫内容进行整合、制作、编辑，为手机用户提供漫画、多媒体动画等动漫内容及相关数字衍生品的下载、播放、互动、使用等功能的无线增值服务。手机动漫作为动漫产业发展的新兴平台，经过这两年的市场培育，已被用户快速接受。

5. 中国独立动画赢得国际关注

2010 年，多部中国独立动画作品亮相国际舞台，入围国际知名动画赛事，更有佳作获得动画节大奖。第 37 届法国安古兰漫画节上，我国独立漫画群体 SC 编撰的《special comix 3》获得了正式竞赛单元的“另类漫画奖”。李智勇创作的短片《功夫兔 3：菜包狗大反击》入围 2010 年第 17 届德国斯图加特国际动画节的青年动画单元，并在昂西动画节获得学生作品单元的特色作品奖。雷磊的作品《这个念头是爱》在加拿大渥太华国际动画节上，摘得最佳叙事类短片奖，成为在该动画节获奖的第一位中国人。第 26 届柏林国际短片电影节中，组委会鉴于中国动画短片的热潮，特设“中国动画”单元展区，展出 11 部中国原创动画作品，最终，杨宇的作品《打，打个大西瓜》获得“国际竞赛单元评委会特别奖”，评委会对该片给予了高度评价。

获得国际关注的作品除了独立动画短片，也不乏制作周期长、投入高的动画长片。动画电影《刺痛我》，片长 74 分钟，获得埃里温动画电影节最佳长片奖，入围 2010 年比利时布鲁塞尔国际动画电影节、德国斯图加特国际动画节和法国昂西国际动画电影节等知名动画节的长片竞赛单元。不论是动画长片，还是动画短片，这些作品的成功都体现了中国原创独立动画的生命力与日渐扩大的影响力。

二　2010 年中国动漫产业发展分析

2010 年中国动漫产业呈现持续发展的态势，动漫发展遇到了前所未有的好时机。从产业外部环境分析，2009 年政府将该产业作为文化支柱产业之一进行战略定位并给予了高度重视，各级政府也纷纷出台各类措施进行扶持，而金融创

新业务也开始助推动漫发展。从产业内部环境来看，致力打造原创影视动漫品牌的一批企业已逐渐形成盈利模式。

1. 各级政府加大扶持力度

近年来，各地方政府在巨大的转型压力下，纷纷将动漫列为重点发展的行业。据统计，2009年全国共制作完成超过17万分钟的国产动画，其中创作数量排名前五位的省份是江苏、浙江、广东、湖南和辽宁，前十位的城市则是杭州、无锡、广州、长沙、沈阳、苏州、北京、南京、深圳和重庆。2010年，各地为加快推进动漫游戏产业发展，纷纷调整并加大了各项扶持力度。比如，杭州市从2010年起，每年安排动漫游戏产业发展专项资金7000万元，重点支持动漫游戏作品原创、中国国际动漫节承办、动漫产业研究以及对动漫游戏企业和各类动漫游戏平台建设的资助、奖励、补贴等，同时对实施企业从播放、发行、销售以及入驻等方面进行奖励，扶持动漫演出，进行人才队伍建设，引导融资担保支持。

2. 金融创新业务助推动漫发展

一些银行进一步发挥机制体制创新优势，推出金融创新业务，有效解决动漫产业发展中的资金等关键制约问题，为借助金融资本推动动漫产业发展提供了宝贵的契机。例如，2010年北京银行为中国动漫集团提供意向性授信30亿元，业务包括为中国动漫集团制定涉及公司、个人、网银、外汇、结算、现金管理、财务顾问等一揽子金融服务方案，同时全力支持中国动漫集团建设动漫游戏产业服务平台、创作生产动漫游戏精品、拓展动漫产品传播及营销渠道、建设产业基地和示范园区等。

3. 产业发展模式的探索

第一，影视动画制作增加，质量提高明显。由于黄金收视时段必须播放国产动画片和近些年各地政府加大政策扶持等原因，从2004年开始，中国电视动画产量逐年提高。2004年，电视动画产量为21800多分钟，到2010年前10月就接近11万分钟。随着产量的上升，一些原创品牌脱颖而出，其中“喜羊羊”是中国电视动画的成功典范。

电视动画播出平台也发展迅速。目前国内的金鹰卡通卫视、炫动卡通卫视、卡酷动画频道、央视少儿频道等播出机构发展迅速。动画片正在成为我国电视节目出口的新突破口。2009年我国动画片出口达到3056.6万美元，占出口总金额的51.9%，首次超过电视剧等节目类型，在影视节目出口中占据最大比重。动

画片出口区域也出现新的变化，中东、非洲正逐渐成为我国影视节目，尤其是动画出口的重要地区。

第二，动画电影数量猛增，国产动画竞争力亟待提高。根据统计，中国动画电影市场从2006年票房1.7亿元增至2010年超过18亿元，5年间翻了10番。动画电影票房市场占中国电影票房市场的比例，由2006年的不到7%，增长至2010年的约17%。但正如我们上面提到的，对中国动画电影票房做出绝大部分贡献的国产动画仅仅为两部“喜羊羊”动画电影，中国动画电影市场份额目前还是以海外动画电影为主，基本都是来自梦工厂与迪士尼的美国3D动画电影。

2010年，大部分国产动画电影始终无法取得良好的市场反馈。如《铠甲勇士之帝皇侠》、《虹猫蓝兔火凤凰》和《超蛙战士之初露锋芒》等影片被制片单位寄予厚望，但票房却不尽如人意，特别是投资5000万元的《超蛙战士之初露锋芒》，票房仅730万元。此外，由杭州盛世龙图动画有限公司历时5年、耗资8000万元打造的动画电影《梦回金沙城》，虽然进入第83届奥斯卡奖最佳动画长片奖的入围资格候选名单，但这部动画长片7月在国内上映后，只取得了100多万元的票房。

第三，动漫企业形成良性发展模式。借助影视播出平台，一些致力打造原创影视动漫品牌的企业逐渐形成盈利模式。广州原创动力公司由于将“喜羊羊”作为一个品牌而非仅仅是一部动画片来精心打造，已经形成了集动画制作、电视播放、电影制作、图书出版、人偶剧巡演、嘉年华活动和品牌授权于一体的完整产业链模式。2010年与迪士尼达成全球播映协议：100集《喜羊羊与灰太狼之羊羊快乐的一年》动画片通过迪士尼拥有的播放渠道，计划在亚太地区52个国家和地区播映。《喜羊羊与灰太狼》作为中国动漫品牌首次在亚太区有机会享有如此广大的电视播映覆盖面积，也成为迄今为止中国动画片大规模推向全球市场的成功案例。这样在电视播放环节上，“喜羊羊”通过卫星、省台、市台，然后到国外播放的播出顺序，达到了动画制作与播出的盈利。

第四，游戏尤其是网游产业整体增长，市场逐渐进入成熟期。中国网络游戏实际销售继续保持增长，增长的势头大大超过历年的分析与预测，但从2009年开始，增长速度大幅下跌，除去全球金融危机的影响，市场逐渐进入饱和也是重要原因（见图4）。

国产游戏持续大幅增长，正在从依靠进口国外游戏的阴影中走出来，中国自主研发的民族网络游戏显示出明显的竞争优势（见图5）。

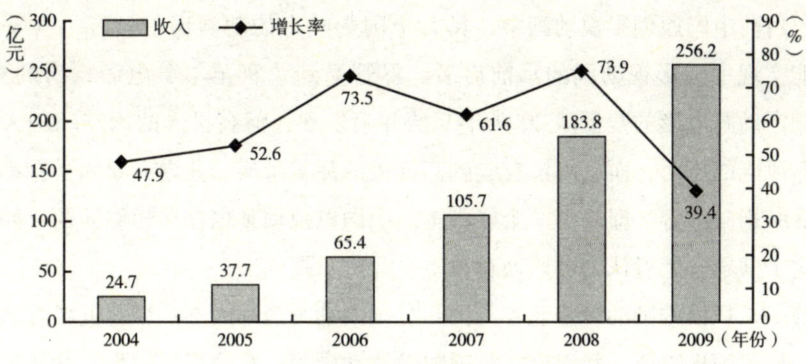

图 4　中国网络游戏实际销售收入

资料来源：历年《中国游戏产业报告》摘要版。

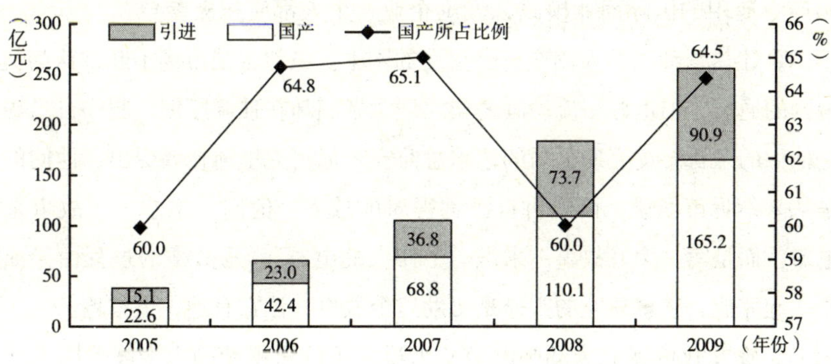

图 5　2005～2009 年中国自主研发的民族网络游戏实际销售收入

资料来源：历年《中国游戏产业报告》摘要版。

三　中国动漫产业发展展望

经过这些年的初创期，中国动漫游戏产业正在迎来发展时期。要使中国动漫游戏产业保持持续发展，确立在国内国际市场上的竞争力，中国动漫游戏产业需要沉下心来，着力打造精品，并在动漫知识产权保护上有所突破。

1. 树立品牌意识，致力打造动漫精品

由于政府的大力推动，目前全国上下正掀起一股动漫投资热潮。一个成功的动漫形象，经过建立在成熟市场体制下的完善的营销开发，会实现其最大的商业

价值。目前中国原创影视动画中，具有全国影响力的动漫形象只有“喜羊羊”，还不能实现中国影视动画的承前启后。尽管受到“喜羊羊”电影票房的激励，中国国产动画电影的数量从2009年开始井喷发展，但高投入的国产动画大多承受了高风险的压力，而最终没有尝到高回报的甜美果实。业内专家和学者都将问题的症结指向内容，即缺少一个好剧本。中国电视动画也存在相似问题。如何解决好这个问题，笔者认为可以通过以下途径进行探索。

第一，积极鼓励动漫企业参与国际、国内动画短片大赛。纵观世界著名动画公司，如美国皮克斯、梦工厂，英国阿曼达动画等，在公司的起步、发展阶段一直通过短片进行技术、形式以及内容上的探索，动画短片一旦在国际上获得提名乃至获奖，即是接受了成熟市场的检验，积累了相关经验，并受到业内关注。这是动画产业通用的国际商业模式，无论企业、个人都应积极参与。

第二，让热爱动画的人创作自己喜爱的剧本。虽然忽视市场不断被认为是国产动画编剧的通病，但世界一流动画公司的创意者们却在强调原创，制作自己想看的动画是他们的宗旨。皮克斯公司的艺术总监安东尼·克里斯托弗提出，他们的创作原则是从来不听市场说，而只讲自己觉得对的故事。他们“不拿一个故事来做一个好电影，而是写一个好故事，来做一个伟大的电影”。写故事的过程由导演和专职编剧一起完成，艺术总监的工作是协助这个故事，让它有趣，更有趣。

第三，让文化内涵成为动画的核心力量。美国影视动画为全体美国人乃至全世界人创造了“美国品牌形象”，即那种一旦被看到，就会被注意的形象特征：有正义感、追求自我实现、有勇气等，这些都是被美国人信奉的价值观。而在中国原创动画近年来最成功的《喜羊羊与灰太狼》中，中国的传统价值观也渗透在角色的性格设计中，剧本一直秉承的两个主线：狼永远吃不到羊以及灰太狼不能离开红太狼都反映了中国传统的文化和家庭价值观。只有对这些价值观保持忠诚，并在创作中将之与其他文化融为一体，才能让中国动画形象深入人心。

2. 全方位建立、完善动漫知识产权保护和监管的法律体系与管理体制

中国动漫产业发展遇到的最大障碍之一是知识产权保护与监管不力。因此保证动漫版权的有效流通和商业开发，成为关系到中国动漫产业发展的关键。要保护知识产权，需要大力进行知识产权的宣传、普及和培训工作，尽快建立完善知识产权，尤其是版权保护和监管的法律体系，并加强动漫产业知识产权保护的管理和执法力度。

中国移动媒体产业发展报告

China's Mobile Media Industry Development Report

移动媒体产业地图

产品服务流
资金流
内容提供商（CP）
报社
通讯社
新华社
人民日报
各地报纸
……
广播
电视台
CCTV
上海文广
各地电视台
……
搜索引擎
谷歌
百度
……
杂志、出版社
唱片公司
电影制作公司
游戏制作公司
广告主
新闻、资讯、广播节目、电视节目、歌曲、
音乐、电影、电视剧、小说、游戏、广告等
服务提供商（SP）
独立SP
空中网
专业移动增值
技术公司
短信制作公司
……
门户网站
旗下SP
新浪
搜狐
网易
TOM
腾讯
……
CP旗下SP
滚石移动
网络公司
东方龙信息
公司
……
运营商
旗下SP
移动卓望
联通新视讯
分众无线
……
游戏、手机报、无线搜索、移动资讯服务、手机广告、车载电视、户外广告等
移动增值内容
运营商
移动电信
运营商
中国移动
中国联通
中国电信
车载电视
运营商
世通华纳
巴士在线
华视传媒
户外广告
运营商
分众传媒
航美传媒
郁金香传媒
……
设备制造商
软件开发商
系统集成商
短信、彩信、手机报、手机杂志、手机小说、
手机电视、手机电影、无线音乐、手机游戏等
终端用户
用户

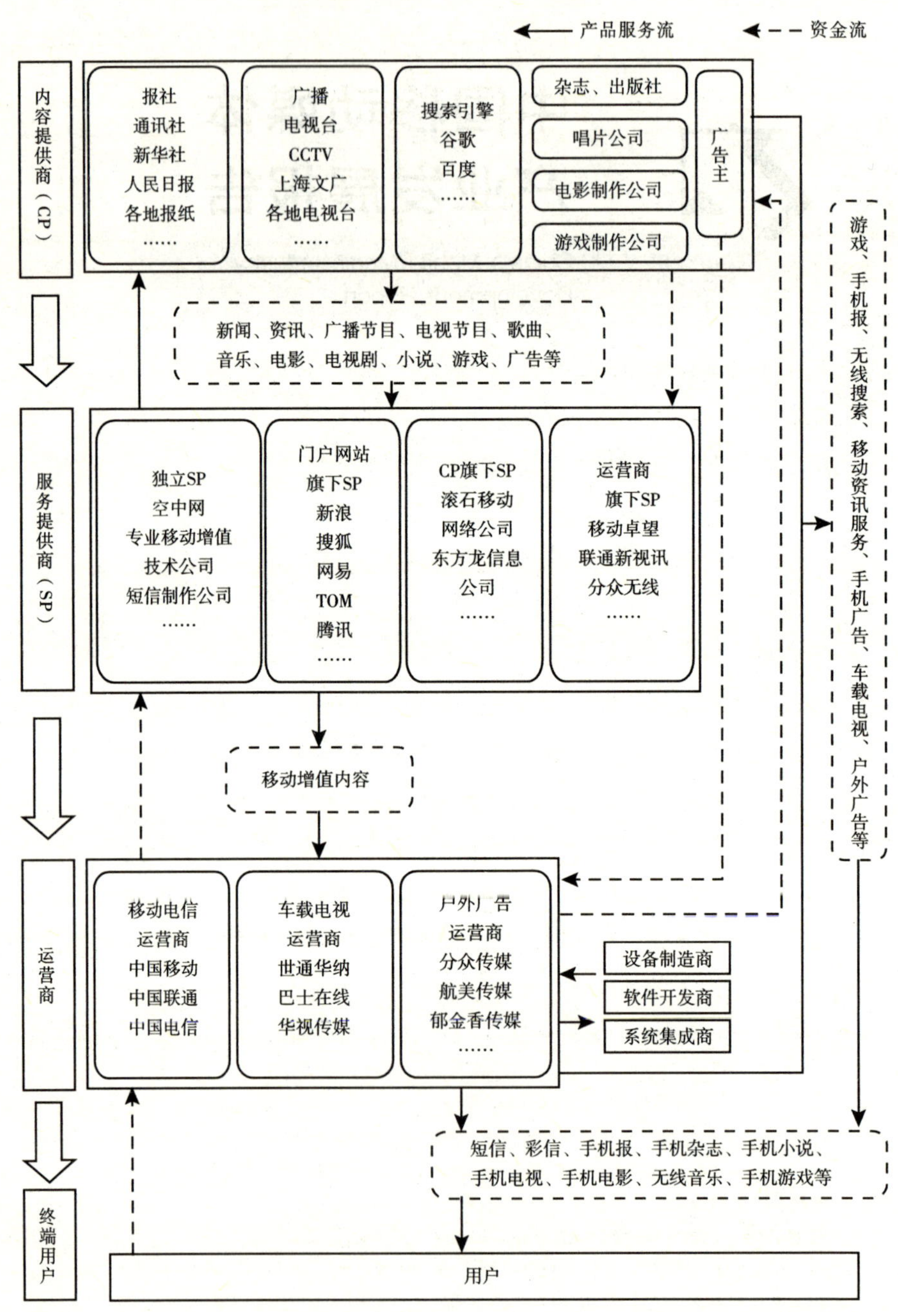

B.27

中国移动媒体产业发展概况

徐 佳*

随着移动通信技术与媒介技术的交融发展，移动媒体应运而生。本报告将移动媒体定义为“满足人们在移动中的信息传播需求的媒体”。狭义的移动媒体①通常包括由移动通信技术及媒介技术赋能、由各种移动数字终端承载的媒体。近年来，随着移动信息传播技术的发展、且在不断满足人们在移动中对媒介产品与服务的需求的同时，我国移动媒体自身实现了快速发展。

一 电信业规模增长情况

电信业的规模增长是移动媒体发展的基础。

2010 年，我国业已铺设的光缆线路长度达995 万公里，较上一年净增166 万公里；移动电话交换机容量较上一年净增6433 万户，达到15.0518 亿户；基础电信企业互联网宽带接入端口达到1.8760 亿个，较上一年净增4924 万个；全国互联网国际出口带宽为1098957Mbps，同比增长26.8%。②

2010 年，我国累计完成电信业务总量约为30955 亿元，同比增长20.5%；实现电信主营业务收入约为8988 亿元，同比增长6.4%。③ 这组数据表明，主要由通话与互联网接入构成的电信主营业务本身虽有所增长，但在大幅增长的电信业务总量中，其占的比例正日益缩小，提供信息传播相关产品与服务的增值业务

---

* 徐佳，浙江理工大学文化传播学院讲师，清华大学新闻与传播学院博士研究生。

① 广义的移动媒体还包含在交通工具中承载的媒体（车载媒体）等，本文仅对狭义的移动媒体发展作一综述。

② 数据来源：《2010 年全国电信业统计报告》，工业和信息化部，2011 年1 月，http：//www.miit.gov.cn/n11293472/n11293832/n11294132/n12858447/13578942.html。

③ 数据来源：《2010 年全国电信业统计报告》，工业和信息化部，2011 年1 月，http：//www.miit.gov.cn/n11293472/n11293832/n11294132/n12858447/13578942.html。

所占比例则逐渐增加，电信业日益朝“媒介化”方向发展。

2010 年，我国电话用户总数达 11.5339 亿户，其中移动电话用户达 8.59 亿户，占我国电话用户总数的 74.5%，约是固定电话用户的 3 倍。在移动电话用户中，有 4705 万户为 3G 用户（见图 1）。

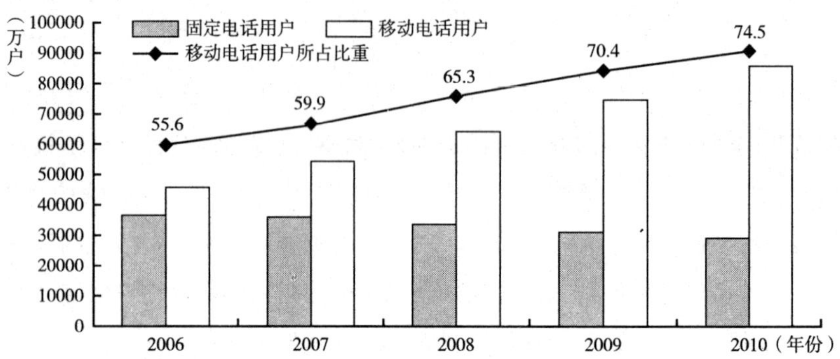

图 1　2006～2010 年中国移动电话用户所占比重变化情况

资料来源：工业和信息化部，2011 年 1 月。

同时，在 21 世纪的第一个十年间，我国网民规模及互联网普及率呈快速稳步增长。至 2010 年底，我国网民总数较上一年底增加 7330 万人，达到 4.57 亿人，互联网普及率达 34.3%。我国网民总数占全球网民总数的 23.2% 以及亚洲网民总数的 55.4%。①

二　移动媒体基础资源发展情况

用户规模、移动终端设备以及与之相关的 IP 地址拥有量构成我国移动媒体产业的基础资源。

1. 用户规模

我国移动媒体用户主要由手机互联网用户构成②。截至 2010 年底，在 4.57

① 数据来源：《第 27 次中国互联网络发展状况统计报告》，中国互联网络信息中心，2011 年 1 月。

② 移动媒体用户还应包括通过笔记本电脑接入互联网的用户、使用 iPad 等个人移动终端接入互联网的用户等人群。由于这些人群很难统计，且往往与手机互联网用户群重合，差异用户群不具规模性，因此本报告仅统计手机互联网用户规模。

亿中国网民中，手机网民数达3.03亿人，较上一年底增加了6929万人，占总体网民的比例从上一年末的60.8%上升至66.3%。

尽管2010年我国手机网民规模增幅仍大于互联网网民整体增幅，但较上一年增长有所放缓——2009年间我国手机互联网用户数增长1.2亿，2010年间则仅增长6929万人。在很大程度上，这是由于2009年是我国“3G元年”，在三大运营商的大力推动下我国手机上网用户数量出现了一次激增，然而2010年3G并未呈现出预期的发展，无法成为手机互联网用户增长的持续动力。尽管在2010年我国3G用户净数值也出现了不小的涨幅，但其中包含许多用户转网换号和一人多号的情况，因此数值的增长并不能完全反映我国3G用户市场的规模变化。

2. 移动终端

近年来以笔记本电脑和智能手机为代表的移动互联网终端设备呈多元、快速发展——有45.7%的网民通过笔记本电脑上网，66.2%的网民通过手机上网。尽管台式电脑仍然是中国网民首选的上网工具，但2010年笔记本电脑上网使用率增加了15%，手机上网使用率则增加了5.4%（见图2）。

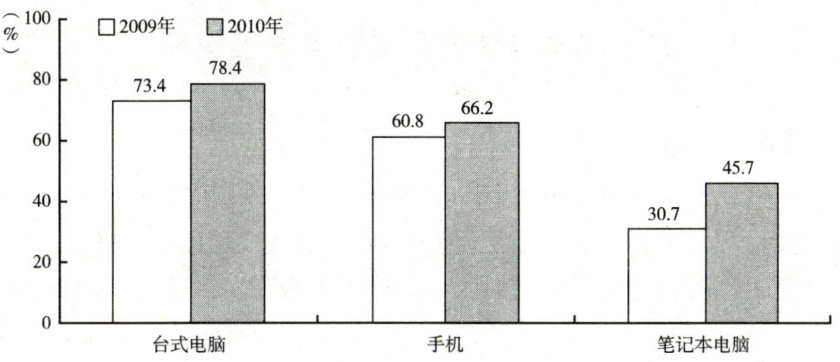

图2　2009年与2010年中国网民上网设备使用情况对比

资料来源：中国互联网络信息中心，2011年1月。

这一方面是由人们对“随时随地”接入互联网的需求不断增长造成的，另一方面是因为笔记本电脑和智能手机的价格逐渐拉开梯度——过去可上网的移动终端仅针对高端用户市场，近年来随着终端设备价格范围的延展，其用户市场也不断扩大；尤其是在我国，手机用户市场本身基础较大，一旦智能手机向中端市场拓展，未来可释放的潜力将十分巨大。

近年来，手机终端（硬件）的发展与手机操作系统（软件）的不断开发紧密关联。苹果 iPhone 手机操作系统、谷歌的开放平台 Android、微软的 Windows Phone7 以及中国移动的 OPhone 是目前市场上几款主要的手机操作系统。参与开发手机操作系统者包括终端制造商、互联网公司、传统（电脑）操作系统开发商以及网络运营商等多个类别。可见，移动媒体终端领域的下一轮竞争已从硬件拓展到软件。

此外，值得注意的是，除笔记本电脑、手机这两样传统意义上的移动终端，在 2010 年间还出现了以苹果 iPad 为代表的新型终端。2010 年初 iPad 在美国开始发售，9 月正式进入中国市场。在国际上 iPad 被认为是传统媒体进行数字化转型的一个重要契机，在我国，包括人民日报、CCTV 手机电视、中国新闻周刊等在内的国内媒体纷纷开发了针对 iPad 终端平台的应用（程序）。虽然 iPad 在中国市场的销售量还不大，但由于其现有用户主要是媒体从业者、学者及其他领域的“意见领袖”，其对移动媒体产业的重要性和未来推广的前景不容小觑。

三　移动媒体产品与服务发展情况

1. 用户使用情况

在用户规模与终端数量不断增长的同时，用户使用移动媒体产品与服务的程度也在加深。以手机用户为例，各项移动产品与服务应用的渗透率均有所上升，其中，即时通信使用率（67.7%）、新闻使用率（59.9%）与搜索使用率（56.6%）排名前三位。从趋势上看，与整个互联网媒体类似，移动媒体中的娱乐类产品与服务进入平稳发展期，与生活相关的通信服务、商务活动服务等则呈快速增长的态势（见图 3）。

第一，沟通型应用。由于各种媒介形式的发展逻辑最终是为了满足人们进行信息传播与沟通的需求，而通过移动终端实现的应用则最有可能“随时随地”地满足人们的需求，因此，即时通信自然而然地成为人们在移动终端上从事最多的活动。至 2010 年底，我国即时通信用户规模达 2.05 亿人。①

① 资料来源：《第 27 次中国互联网络发展状况统计报告》，中国互联网络信息中心，2011 年 1 月。

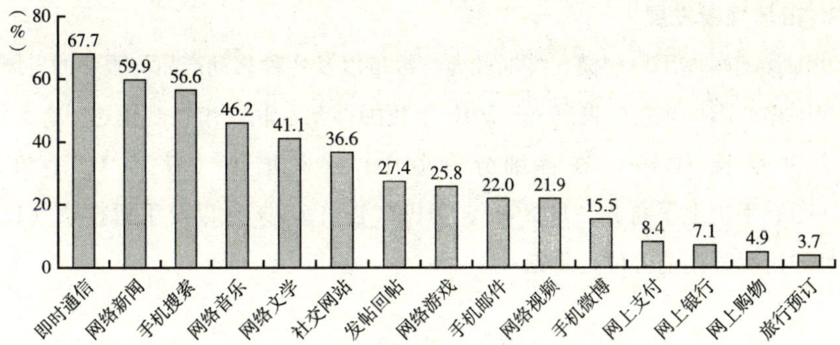

图3　2010年中国移动用户网络应用情况

资料来源：中国互联网络信息中心，2011年1月。

与此相关，社交型产品与服务也日益成为移动媒体的一种新兴应用。至2010年底，我国约有1.11亿人在移动终端上使用社交网站。① 除传统社交服务之外，2010年间，LBS（基于地理位置的）社交服务在我国悄然兴起，对于空间移动性的开发为社交型应用注入了新的活力。此外，有4700万人加入了移动微博的行列。② 可以说在我国，微博从一开始便具有“移动性”。

第二，信息获取型应用。沿袭互联网媒体应用的特征，新闻仍然是移动媒体的一大重要应用。网络新闻满足人们在移动中获取信息的需求，至2010年底，我国移动互联网新闻用户规模为1.81亿户。③

然而，与台式电脑等固定设备相比，移动终端对信息的展示性和操作性均具有“天生”的劣势，移动搜索则可“弥补”这一不足，并更加人性化、个性化地为用户获取信息提供服务，因而移动搜索被普遍视为一种具有较大发展潜力的移动应用。至2010年底，我国移动搜索用户规模大致为1.71亿户。④

第三，商务活动应用。尽管移动电子商务尚未形成气候，但手机支付、手机银行、手机购物、手机预订等个人商务活动已经成为移动互联网的新兴应用。随着更多经济活动加速进入互联网时代，相信满足人们在移动中的商务需求的产品与服务将成为移动媒体产业的下一个发展点。

---

① 资料来源：《第27次中国互联网络发展状况统计报告》，中国互联网络信息中心，2011年1月。
② 资料来源：《第27次中国互联网络发展状况统计报告》，中国互联网络信息中心，2011年1月。
③ 资料来源：《第27次中国互联网络发展状况统计报告》，中国互联网络信息中心，2011年1月。
④ 资料来源：《第27次中国互联网络发展状况统计报告》，中国互联网络信息中心，2011年1月。

2. 市场规模发展

我国移动媒体用户规模、终端种类与数量以及各种移动产品与服务的发展最终促成我国移动市场规模的发展——2010年我国移动互联网市场规模达202.5亿元，较上一年增长31.1%。在各细分行业中，移动增值（57.3%）、手机游戏（12.7%）、手机电子商务（11.8%）、手机广告（5.9%）以及手机搜索（1.2%）所贡献的份额分列前五位（见图4）。

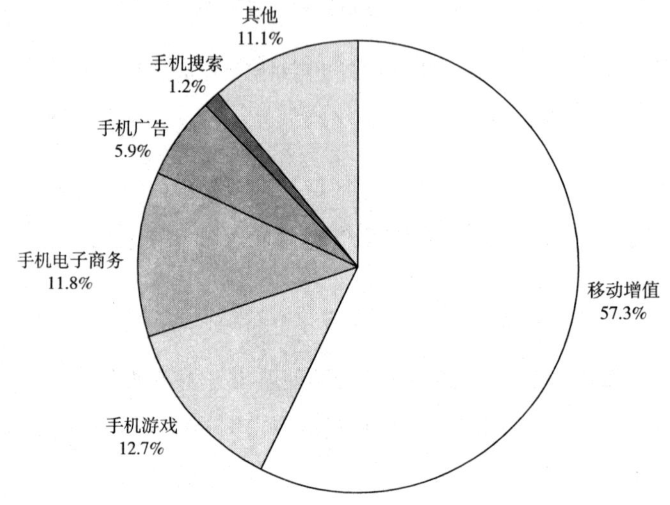

图4　2010年中国移动互联网细分行业构成

资料来源：艾瑞咨询，2011年1月。

综上所述，在2010年间，从基础设施到市场规模再到业务应用，我国移动媒体产业经历了可观的发展。我国传媒产业的发展趋势可大致总结为，互联网对传统媒体的补充与部分替代业已形成，而在互联网媒体中，移动媒体发展最快、潜力最大。

B.28

2010 年中国移动媒体发展扫描

赵子忠　徐 琦*

2010 年，中国移动媒体发展整体上还处在2G 和3G 的技术转型期，基于2G 平台的移动媒体业务已经基本成熟，基于3G 平台的移动媒体业务才刚刚起步，后3G 的技术平台正在积极投入试验，下一代移动媒体业务正处于创意和实验室阶段。移动媒体是一个新生技术体系和产业体系，其所涉及的领域和内涵还没有完全廓清。本篇所指移动媒体研究，主要是基于移动通信网络的移动媒体网络及业务的研究。

一　2010 年移动网络建设情况

2010 年我国3G 网络建设持续推进，目前三大运营商3G 用户规模均超千万户。中国移动是国内电信运营商中最早启动3G 建设且投资最大的。截至2010 年6 月底，中国移动投入使用的 TD 基站数达 11.5 万个，网络覆盖全国 238 个城市，实现了具备不同的覆盖能力和业务场景的2G、3G 以及 WLAN 的协调发展。此外，中国移动对3G 后的技术演进投入了极大热情，其在上海世博会期间首次推出 TD-LTE 演示网并取得成功。

中国联通方面，截至 2010 年 6 月 30 日，其 3G 基站和载扇数量分别达到15.3 万个和 44.2 万个，同比增长率分别为 127.8% 和 92.7%，3G 网络县城覆盖率达到 95%。

中国电信拥有全球最大的 EV-DO（3G）移动网络，EV-DO 基站超过 10 万个，覆盖 342 个城市，2000 多个县和 60% 的乡镇。通过 CDMA2000 网络部署，中国电信在全国率先实现了3G 无线网络覆盖。

* 赵子忠，中国传媒大学新媒体研究院院长；徐琦，中国传媒大学新媒体研究院讲师。

二 2010年移动媒体业务发展情况

从2010年移动媒体业务发展的整体格局来看，手机音乐、手机报等发展较为成熟，手机阅读普遍被视为当前的发展重点，而手机视频、手机动漫、手机游戏等业务尚处于拓展和成长阶段，现阶段用户规模和实际收入并不高。移动媒体业务发展总体上还处于启动和成长阶段。

1. 手机音乐业务

2010年中国手机音乐收入规模继续增加，市场增速有所放缓。易观国际10月发布的数据显示，2010年第三季度中国无线音乐收入已达74.13亿元，同比增长14.3%，环比增长4.58%。从市场格局来看，三大运营商依旧占据主要地位，合计占总量的96.27%，其中中国移动、中国联通和中国电信分别占比75.38%、14.83%和6.06%。而剩下的无线音乐CP/SP的收入份额不足4%。

具体看来，中国移动手机音乐业务已处于成熟阶段，与其展开合作的内容提供商超过400家，其中EMI、环球、华纳、索尼四大唱片公司均与其结成紧密联盟。目前其手机音乐有几种主要类型：基于中央音乐平台的彩铃、振铃、音乐随身听和歌曲下载等全网业务，省公司与服务提供商开展的彩铃业务以及移动梦网与服务提供商开展的振铃合作业务。2010年其业务重点转变为歌曲下载，提升彩铃、无线音乐俱乐部等规模产品信息费收入等方面，并开始逐渐尝试版权升级、门户媒体化等业务扩展。

中国联通方面，其手机音乐还处于成长阶段。目前与其合作的内容提供商包括金牌大风、滚石、华纳音乐等，总数超过50余家。中国联通2009年手机音乐实现收入29.5亿元，炫铃用户渗透率达到35.5%。2009年9月中国联通在广东设立了中央音乐平台基地，中央音乐平台曲库内容达到23万首。目前中国联通手机音乐涵盖了炫铃、多媒体炫铃、振铃、整曲、MV、音乐俱乐部等多种形式。

在三家运营商中，中国电信手机音乐目前市场份额最小。2010年年初中国电信发布的数据显示，截至2009年12月，中国电信的七彩铃音业务收入4.7亿元，累计完成收入43.8亿元。中国电信于2007年在广东建设了“爱音乐”基地，为全网音乐业务提供支撑。

2. 手机报业务

经过数年的发展，手机报业务已经走过早期短信报阶段，逐步进入转型突破期。手机报目前产业链分工合作较为明晰，市场容量趋于饱和。从市场格局来看，运营商的全网手机报，尤其是《新闻早晚报》，是用户规模最大、收入贡献最高的类型。新闻机构、其他内容组织与运营商合办的手机报，各自的用户规模和收入情况差异较大，但总体占比较小。

运营商手机报发展方面，截至2009年底，中国移动手机报业务付费客户数达到4912万户，月均付费客户达到4493万户，手机报业务收入达到19.2亿元，全年累计期发5.94亿份。其中《新闻早晚报》月均付费客户数为3308万户，已经成为全国发行量最大的彩信手机报。此外，中国移动手机报发行量超过100万份的有2款，超过50万份的有8款。中国联通方面，其唯一一份自办全网报《新闻早晚报》2010年4月底客户数量约为625万户，其合作报共有16份，客户数量不足10万户。中国电信目前拥有《新闻早晚报》和《天翼快讯》两份集团自营报和若干集团合营报，此外还有省级自营报和省级合营报。但中国电信手机报的客户数量和收入规模都相对较小，2009年5月其手机报客户约为106万户，其中彩信手机报客户仅约8万户。

新华社、人民日报社、瑞丽杂志、中央电视台、凤凰卫社、中数传媒、中央人民广播电台、新东方教育集团等都已经参与到手机报合作当中，它们既可以内容提供商身份参与到运营商自办手机报业务中，也可以利用运营商的通道优势自办手机报，如人民日报、新华手机报、凤凰聚焦、凤凰周刊、中国国家地理、VOGUE等手机报就是后者的代表。

3. 手机阅读业务

手机报的发展与成熟逐步带动了手机阅读等其他领域的成长，特别是在2010年3G用户和3G应用规模提升的背景下，运营商的手机阅读业务先后商用，内容机构大举涉足数字阅读领域，终端厂商集体发力，这些因素使手机阅读成为2010年移动媒体发展的热点。目前，手机阅读被各界普遍视作继手机音乐之后的下一个“金矿”。

目前三大运营商都已先后建立了手机阅读基地。2010年5月中国移动浙江阅读基地正式运营、移动手机阅读业务启动商用，6月中国联通手机阅读业务正式推向全国市场，9月中国电信“天翼阅读”业务在杭州正式发布。其中，中国

移动的手机阅读平台由华为承建，“卓望信息”和“中文在线”负责业务运营支撑，已与多家出版社、互联网文学网站、书商等具有出版发行和编辑资质的机构展开合作。据《中国移动2010年中期业绩》数据显示，中国移动手机阅读5月份正式商用后，其月计费使用客户超过600万户，手机客户端、覆盖和适配情况已全部完成，其中累计适配TD终端已达79款，与国家权威出版机构合作内容提供商达51家，图书入库9.1万册。中国联通将手机阅读产品视作中国联通3G生活化和大众化的重要切入点，与数字版权内容提供商合作开发有特色、可适配各类3G终端的手机阅读客户端，以推进联通手机阅读业务的发展。中国电信“天翼阅读”2010年9月才正式上线，目前可支持多种终端接入。

4. 手机游戏业务

2010年手机游戏市场处于高速发展阶段，部分游戏企业实现营收新高。据易观国际数据显示，2010年第三季度中国手机游戏用户数量突破1.2亿户，同期手机游戏市场规模突破9亿元。2010年手机游戏运营平台呈现多元化发展的趋势，手机游戏开发商明显加大了新款游戏的开发力度。

目前手机游戏主要的平台运营商有中国移动、腾讯、新浪、华友世纪、空中网、掌上灵通、掌上明珠、斯凯等。以运营商手机游戏平台为例，三大运营商目前都已建成各自的手机游戏产品基地，并与多家游戏厂商开展了深入合作，运营商的移动应用商店平台正在成为手机游戏的重要市场。其中，中国移动2010年中期业绩报告显示，目前中国移动的手机游戏主要由移动应用商店平台打造，2010年上半年手机月计费使用客户超过350万户，收入约为15亿元，合作内容提供商超过70家。中国联通方面，重组前其手机游戏的主要收入源于C网“神奇宝典”BREW平台，重组后，新联通积极发展GJAVA游戏业务。据统计，GJAVA当前活跃用户数约为5万户左右，月信息费收入不到100万元。中国电信方面，其于2009年底完成省平台建设，目前可支持100万用户容量和1万用户同时在线，适配终端43款，游戏合作厂商30余家。

手机游戏开发商方面，国内手机游戏开发商正在不断加大新款游戏的开发力度，积极建立更多的非运营商渠道。如2010年年初盛大游戏宣布以8000万美元全资收购美国游戏分销和内置广告平台Mochi Media，以增强其社区游戏和手机游戏的布局；“第九城市”也在近期宣布引入手机游戏平台Open Feint，并在年内推出多款手机游戏；几年前就涉足手机游戏的腾讯也在日前成立工作室，专门

从事高端手机游戏的研发等。但从整体上看，国内手机游戏仍处在起步期，大量的手机游戏开发商重视产品数量远大于产品质量，游戏产品类型和题材同质化现象严重，甚至存在一些回购过期游戏重新包装再二次发行的情况。

5. 手机视频业务

手机视频作为三网融合特征最鲜明的业务之一，其发展虽处于起步阶段，但商业前景却非常被看好。在上海世博会、广州亚运会等重大事件的推动下，运营商和广电机构纷纷投入，2010 年手机视频取得了较大的发展。

TD-CMMB 方面，2009 年 3 月中国移动和中广传播签署合作协议，CMMB 成为中国移动手机电视的新模式之一。2010 年 3 月中国移动宣布 TD-CMMB 正式商用，并开始向手机用户收费。截至 2010 年 11 月 19 日，CMMB 已经在全国 346 个城市开通，现已开通地级城市 330 个，县级城市 9 个。目前 CMMB 基础业务提供六套中央、省市级电视频道及“睛彩电影”等业务。支持 CMMB 的终端已经超过 900 款。但由于诸多原因，TD-CMMB 的用户发展并未达到预期。

运营商开展的流媒体手机电视业务方面，截至 2010 年 6 月，中国移动已与国内 7 家权威媒体合作，累计上线视频节目 80 万条，月使用费超过 600 万元。中国联通目前已与 11 家牌照商展开合作，WAP 手机电视已上线 41 个直播频道、点播/下载内容已超过 2 万条；iPhone 手机电视已上线 59 个直播频道，点播内容超过 2 万条，2010 年上半年，手机电视累计收入超过 2000 万元。中国电信方面，原中国电信 3G 手机影视业务 2010 年更名为“天翼视讯”，目前与央视、新华社等 6 家牌照方合作，据新华网数据显示，截至 2010 年 9 月，“天翼视讯”可提供 32 个直播频道和 5000 小时的影视、新闻等众多短视频点播节目以及 17 个节目回看频道。目前“天翼视讯”（手机）登录用户数超过 800 万户，注册收费用户数突破 160 万户。

2010 年中央电视台、人民网、杭州华数等拥有内容优势的电视台和大型传媒集团等也在手机电视领域进行了积极部署。截至 2009 年 12 月底，央视国际在中国移动和中国联通两大运营平台上的手机电视用户已达 400 万户，全国市场占有率超过 50%。

6. 手机动漫业务

国内手机动漫目前还处于产品开发期，市场规模不大，整体处于蓄势待发的积累阶段。中国移动已在福建设立了手机动漫创新产品基地，以整合手机动漫上下游资源，推动终端定制与手机动漫产品的专业化研发。中国联通将手机动漫划分为战略补充型业务，将其作为下一步发展重点。中国电信已搭建了动漫平台，但暂未推出手机动漫产品。2010 年 11 月，位于福建厦门的中国电信动漫运营中心已投入运营，中国电信福建分公司与中国电信上海研究院共建了中国电信动漫平台。此外，中国电信还与中国版权保护中心、上海美术电影制片厂、漫友文化传播机构等 35 家机构开展了战略合作。

三 机遇与挑战

纵观 2010 年手机媒体的发展，其所面临的机遇与挑战主要来自以下几方面。

首先，3G 网络建设的提速和 3G 用户规模的大幅提升给下一阶段移动媒体的纵深发展带来了机遇与挑战。3G 网络覆盖逐步提高、技术体系逐步完善、用户大规模发展是移动媒体大规模发展的必要基础，反过来也对移动媒体的技术平台、运营支撑体系、客户服务体系等提出了严峻的挑战。

其次，以智能手机为代表的终端极大地推动了移动媒体的发展。由于拥有更大的屏幕尺寸和更优的性能表现，智能手机能更好地支撑丰富的移动媒体业务。应用商店目前正在成为移动媒体业务推广的主流平台。智能手机的低价化将做大移动媒体的终端基础，进而推动移动媒体业务的多元发展。

手机内容建设方面，主要的机遇和挑战来自对用户需求的把握以及产品和商业模式的创新。从用户需求层面看，用户倾向于更大的选择权和更强的内容定制欲望。这种“个体化”、“碎片化”特征非常明显的用户需求，需要通过更加丰富、更加定制化的产品设计来满足，同样也需要更富创新性的商业模式设计来实现。

从底层产业链合作的层面来看，三网融合背景下移动媒体发展最大的机遇和挑战来自于融合和创新。长期处于产业链主导地位的通信运营商如何以开放的心态广泛开展与广电、新闻出版及互联网等机构的合作，如何在新的价值链体系中开展各层面的创新活动，将从根本上左右移动媒体下一步的发展。

B.29

摩尔定律与手机媒体发展*

方之熙**

嵌入式系统包括手机、电视以及工业应用的嵌入式系统等领域。英特尔公司对嵌入式行业发展的愿景有其独特的看法。

出自英特尔的摩尔定律是如何推动嵌入式系统发展的？手机、电话、电视以及车载的电子设备和其他各种电器设备的变化趋势和方向又是什么？信息技术使得城市生活更加方便，更加和平、自由、享受，这种趋势还会不断向前发展，这是由于很多高科技信息技术都是在大型城市及其周边发展出来的，然后扩展到其他城镇、乡村，再不断推广到全国各地。从城市发展的情况来看，很可能在今后五年内会增加 10 亿城市人口。然而，无论在城市还是在乡村，会有更多的人上网。中国网民的增加速度会很快。除了个人上网以外，物联网将使得更多的互联设备接入网络，这会带来非常大的挑战，同时也会给企业带来很好的机遇。

今天，中国高科技的发展带来众多商机。摩尔定律是英特尔的基本信念之一，是摩尔博士在 20 世纪 60 年代提出来的。这个定律认为，在一个芯片上集成的半导体个数每隔 18 个月会翻倍。从最近英特尔的制程技术路线图上，可以看到摩尔定律在英特尔仍然有效。2005～2010 年，英特尔公司的半导体制程工艺在持续提高，从 65 纳米到 32 纳米，2010 年将实现 22 纳米的工艺。在每次制程工艺更新的同时，都有实验室里领先两代的工艺研究作为后备技术，从而使英特尔在半导体制造工艺上持续领先。例如，2005 年时，当时生产线上实现的是成熟的 65 纳米工艺，而在英特尔的实验室里已经在做 30 纳米的制程研究了。到 2007 年时，45 纳米的技术成熟后就在英特尔的半导体生产线上实施，实验室里则开始 20 纳米技术的研究。可以看到在实验室里的技术与真正的工业界实施的

---

* 本文依据在 2010 年 5 月 16 日上海世博会“信息化与城市发展”主题论坛上的发言改编而成。

** 方之熙，英特尔中国研究院院长。

技术还是有差距的，需要时间不断完善。20 纳米的工艺技术是 2007 年进行的原型技术研究，要在两个更新周期之后，即 2011 年，才有可能足够成熟并进入实际生产车间。现在英特尔半导体生产线工艺是 32 纳米的，而实验室里在做的是 15 纳米的技术。在 15 纳米的技术成熟之后，研究人员还会再继续研发新的技术。这就是英特尔半导体技术的发展过程——英特尔实验室先展开研究，几年之后把研究结果转让给生产部门，技术就这样源源不断地往前发展。

如果实现了 22 纳米制程工艺，这就意味着在一个芯片上可以集成 320 亿个半导体晶体管。如何利用这些晶体管，是一个非常大的问题。一个方向就是继续增加集成度。比如大家所讲的 SOC（片上系统），就是把很多目前手机上、电视上、电脑上的功能全部都整合在一个芯片上，做成一个系统。这样有很多好处，不仅是成本低、体积小，买的时候买一个芯片就够了，并且能降低能耗。

在电子产品的产业链中，英特尔作为芯片制造商，处在比较上游的位置。因此，英特尔在半导体产品设计与制造技术方面更新步子加快，将会带动下游厂商的技术更新步伐。半导体芯片的更高集成度将成为整个产业链的发展方向。如半导体产业按摩尔定律的速度来发展，那么手机、电视、电脑等电子产品的持续集成化会更加丰富人们的生活。这样一来，智能芯片将不光被应用到传统的服务器、台式电脑、笔记本电脑等产品上，同时也会应用在智能手机、汽车以及生活中的各个方面。

然而，这带来一个很大的问题——目前的手机、电视、电脑等产品的屏幕有大有小，且不同的平台往往是互不兼容的。怎样把这些相关的服务都做到无缝连接？在这方面，中国的技术是走在世界最前面的，因为中国的嵌入式设备市场不光是世界上最大的，也是增长最快的。这个巨大的市场对技术的要求和应用系统的要求为产业界带来了很多新课题。有些问题实际上在世界上都没有解决。比如中国政府近年来推进的三网融合，目的就是为了做到三网服务的无缝连接，这是一个非常大的技术挑战。

另一个问题是带宽资源。随着使用手机观看视频节目的人数日益增多，带宽成为了一个大问题。纽约已经开始限制 iPhone 等移动产品的使用，因为其使用者大概只占移动通信用户的 6%，却占据了 70% 的数据流量。在很多人同时用手机传送数据的情况下，如何能够把带宽均匀地分配给大家，如何能够把一部分工作放在系统的后端？这都是非常有趣的技术挑战。

在通信功能方面，最早的手机功能非常简单，就是打电话，后来有了手机短信，到2006、2007年的时候用手机可以看网页，而现在的手机则可以看电视。将来手机的通信功能不光包括打电话，还可以看到对方讲话的人（视频通话），甚至是多方会谈。尽管有这些变化，但是手机应有一些最基本的要求，即通信期间不能有太多的音频和视频的延时。

在娱乐功能方面，最初只能通过手机下载一些很简单的音乐和彩铃，现在的手机音乐则越来越多，后来可以在手机上玩一些比较复杂的游戏，再后来手机可以看电视，甚至可以玩一些很先进的三维游戏。可以说在短短十几年里，手机的娱乐应用不断进步。此外，手机用户个性化的内容在手机里会越来越多，不光是单纯下载音乐或者下载电影，更可能像互联网的应用一样有很多个性化的东西。

在信息功能方面，手机也是同样变化巨大。起初人们只是可以向服务台问些简单的信息，自手机上网功能实现之后，用户到网站上能够查找信息。GPS出来以后，用手机能够查找交通方面的信息。将来，更多的服务都可以通过手机实现。内容丰富、便于获取、内容个性化等特性对手机用户来说都是有所帮助的。

此外，手机用户界面变化也很快。从单纯地作为电话机来用，或是用很小的一个键盘来输入文字，如今手机已经发展成可以用触屏输入。比如像iPhone这样非常符合人们自然习惯的交互方式已经出现。将来甚至可以用自然语言，或是用手势表情来方便地使用手机。这要求技术模拟人的自然习惯和姿态，在声音、键盘等输入方式之外，实现手势等姿态的识别。这些都能为产业界与学术界带来一些挑战和机会。

英特尔希望提供功能更强大，同时具有通信和计算能力的半导体器件。在嵌入式系统的应用范围里，或者是移动互联网应用、物联网应用，这个趋势实际上才刚刚开始。在发展过程中，新技术、新理念、新建议提了很多，有不少是学者或者研究机构提的，但是其中很多想法离真正的应用还很遥远。目前的机遇和挑战是针对整个产业链的，是远远超过英特尔及任何一家之力的，我们整个产业界应一起努力来创造新产品的硬件、软件和系统，并共同应对服务开发与应用开发，这样才能推动技术发展，造福全人类。

B.30

2010年中国移动互联网的发展热点解析

彭 兰*

2010年是中国移动互联网发展走向深化的一年。这不仅是因为3G进入实质性发展阶段，还因为新的移动终端的出现、移动社区的发展以及移动产品的拓展等，使得移动互联网在人们日常生活中的渗透更加常态化、深入化。

移动互联网是传统互联网与手机媒体相互融合的产物，是通信技术、终端技术、内容产品、社区产品、服务产品等多方面因素共同作用的结果。对其发展的思考需要超越手机媒体这个领域。

2010年的几个产业热点问题，显示出来自几个方向的推动移动互联网发展的动力。

一 3G发展——量变中等待质变

2009年，3G在中国正式进入商用阶段，3G也成为电信业的发展重点之一。但是由于种种原因，中国3G的用户规模和增长速度仍不够理想，3683.4万的3G用户数与8.3亿的手机用户和2.77亿的手机网民相比，比例仍是很低的。与之形成对比的是，截至2010年10月底，日本手机用户总数已达1.16亿户，手机普及率达89%，其中3G用户数1.14亿户，3G占有率高达98.3%。①

我国3G发展的不尽如人意，与很多因素相关。目前3G的发展主要以3G手

---

* 彭兰，中国人民大学新闻学院教授、博导，中国人民大学新闻与社会发展研究中心研究员、新媒体研究所所长。

① “NTT Docomo已发展5511万3G用户 占日本3G市场份额49%”，中国通信网，2010年12月14日。

机的普及程度作为衡量标准。但是从用户方面来看，转向3G手机的动力仍然不足。在功能上，3G手机的竞争对手包括可接入移动互联网的电脑、可上网的2G手机、具有上网功能的电子阅读器、CMMB手机以及iPad等。也就是说，它面对的是相似技术与应用的重重包围，而它在目前还不能提供“杀手级”的应用或产品，更多地提供的只是锦上添花的服务，这就妨碍了用户的使用热情。从使用成本方面看，费用高也是一个重要障碍。

3G发展的另一个障碍来自于对其定位的不清晰。大多数时候，人们是把3G等同于移动互联网来认识的，但事实上3G只是移动互联网的一个组成部分，而不是全部。在3G的起步阶段，我们更多的是需要探索手机自身的独特发展方向和业务模式，避免受到基于电脑的互联网的思维惯性的影响。只有充分发掘手机媒体的个性并在产品中实施，才能使它在移动互联网的发展中扮演重要角色。

从手机业的发展历史来看，短信的普及带来了2G的飞速增长，但3G要进入高速发展期，就很难依靠单一的“杀手级”产品的拉动，它更需要全方位的理念与产品的升级，需要在脚踏实地的用户培养与产品探索这些量变过程中等待质变的机会。

二 iPad——异军突起的新移动终端

2010年1月27日苹果公司iPad正式发布。随着iPad在一些人群中的风靡，传统媒体进军iPad的热情也日趋高涨，甚至有些报纸与杂志将iPad视为自己的救星，认为传统的报刊形态可以依靠iPad得以延续。在国际上，包括《纽约时报》、《今日美国》、《华盛顿邮报》、《时代》、ABC、CBS、MSNBC、CNN、BBC、《泰晤士报》、《金融时报》、路透社、《产经新闻》在内的大批传统媒体都开发出了专门针对iPad的客户端。

国内的多家媒体也开始实行iPad战略，《人民日报》、《中国日报》、《南方周末》、《南方都市报》、《经济观察报》、《东方早报》、《华西都市报》、《潇湘晨报》、《扬子晚报》、《现代快报》、《新华日报》、解放日报报业集团、安徽日报报业集团、CCTV、凤凰卫视、新华社、人民网、北青网、新民网等媒体纷纷推出iPad版。

作为一种新的移动终端，iPad带来的影响不可小视。

首先，它与智能手机一起，使“应用”（Application）这样一种新的客户端模式在移动互联网甚至传统的互联网领域普及开来。借用各种“应用”，人们可以更个性化地浏览信息、享受服务，而不是只能千篇一律地借助于网站以及浏览器。

其次，iPad 介于电脑和手机之间的屏幕大小和便携性，为人们提供了一种新的选择。受到 iPad 成功的鼓舞，诸如三星、DELL 等公司都在推出平板电脑。

再次，iPad 的触摸屏带来了新的人机互动方式与乐趣。无论是读书、看报还是玩游戏，触摸控制都有其独特的魅力。

当然，iPad 并非万能的，单单指望这一终端来拯救传统报纸与杂志，很不现实。从目前的使用情况来看，iPad 的娱乐功能发挥得更充分。媒体要利用好这一新终端，还需要对其传播特性做出更深入的研究，有一点可以肯定，媒体的 iPad 版不应是传统报纸杂志的翻版，也不应是互联网站的翻版。

三 “应用”（Application）——万维网的终结者？

2010 年 8 月，美国《连线》杂志主编克利斯·安德森等人的一篇文章引起一些业内人士的关注。在这篇题为《万维网已死互联网永生》的文章中，安德森谈到了苹果的“应用”（Application）对万维网（Web）以及浏览器等的冲击。尽管多数人对他的极端预测持保留态度，但是，“应用”已经成为获取网络信息与服务的重要手段，这是一个不争的事实。据称，至 2010 年 10 月，苹果“应用商店”的“应用”已有 30 多万个；[①] Android 平台上的“应用”约为 10 万个。[②]

传统互联网上网站中的内容与服务是以网站为主体来建设的，而“应用”这样一种方式可以借助于各种开发力量，为用户提供丰富而个性化的满足，在某种意义上，它是实践“长尾理论”的一个重要思路。很多“应用”采用收费模式，这也为移动互联网的盈利模式的建立提供了新的可能。

① 《苹果 App Store 应用软件逾 30 万款　半年涨 50%》，http：//tech. qq. com/a/20101105/000121. htm。

② 《IDC：2014 年全球手机应用营收将达 350 亿美元》，http：//www. techweb. com. cn/world/2010 - 12 - 14/725942. shtml。

据市场研究机构 IDC 预测，2014 年全球智能手机的市场占有率将超过普通功能手机，“应用”营收将超过 350 亿美元，年增长率超过 60%。IDC 预计，手机“应用”年下载量将从 2010 年的 109 亿次增至 2014 年的 769 亿次，“应用”被分析师视为推动智能手机销量增长的一个重要因素。①

在“应用”潮流的推动下，中国的三大电信运营商都开始把“应用”的平台建设作为自己新的战略重心。2009 年 8 月 17 日，中国移动的应用商店 Mobile Market 正式上线，它甚至被称为移动增值业务的“二次创业”。2009 年 12 月 1 日，中国电信天翼空间应用商城正式商用。2010 年 11 月 10 日，联通正式推出其应用商店产品“沃商店”。“沃商店”采用了与开发者 3∶7 分成的模式，产品支持几乎所有的 WCDMA 智能终端。

截至 2010 年 12 月 14 日，移动应用商店 Mobile Market 中共有应用 44058 个，其中软件类 8396 个，游戏类 2897 个，主题类 32765 个。联通“沃商店”全部应用 2935 个，其中游戏类 461 个，工具类 82 个，娱乐类 23 个，主题类 1050 个，生活类 171 个，阅读类 1148 个。电信的天翼空间的应用为 9434 个，其中游戏类 2037 个，阅读类 1568 个，工具类 2807 个，娱乐类 906 个，主题类 2116 个。

除了电信运营商外，在中国，“应用”平台的开发还有另外三种模式。一是终端厂商主导模式；二是服务提供商主导模式，如谷歌电子市场、微软 Windows Marketplace 等；三是独立第三方平台主导模式，如机锋、3G 安卓、安智市场等。

据不完全统计，目前国内“应用”下载网站数量超过千家。另据 3G 门户数据显示，目前手机用户下载应用软件偏重于第三方应用下载平台，尤其是机锋市场、HiAPK 市场、N 多市场、3G 安卓市场等平台。②

尽管“应用”这种模式在目前不会成为“Web”模式的终结者，但是，它是互联网以及移动互联网领域的一次重要的技术拓展。它意味着过去门户网站自给自足的产品生产模式受到强大冲击。在某种意义上，平台建设比直接的产品开发更具有战略性意义。

---

① 《IDC：2014 年全球手机应用营收将达 350 亿美元》，http：//www.techweb.com.cn/world/2010-12-141725942.shtml。

② 《应用商店：应用战国时代到来》，http：//digi.it.sohu.com/20101213/n278272574.shtml。

四　微博与 LBS——移动社区的新方向

早期的手机媒体强调的是内容产品，但是随着移动互联网的发展，社区产品的意义不断凸显。

2010 年，互联网领域的一大发展亮点是微博。除了 2009 年 8 月已推出微博服务的新浪，腾讯、搜狐、网易等门户网站都在 2010 年先后推出微博平台。微博将社交与新闻传播紧密结合在一起，显示出巨大的传播能量。微博平台形成的舆论对于现实社会的干预也日益频繁而深刻。

微博与手机平台的发展相辅相成。一方面，微博的兴起，促进了手机的高端用户（商务人士）对于移动社区的使用；另一方面，3G 手机等的使用，又提高了手机用户在微博平台上信息更新的频率和参与程度。更重要的是，微博促进了传统互联网与手机平台之间的融合，使网络社区进入移动社区新阶段。

微博不仅是移动社区发展的新阶段，也在一定意义上推动着网络信息传播模式的变革，那就是从以门户网站为中心的“点对面”传播模式向以个人为中心、以社会网络为基础的“网状”信息传播的转变。

移动社区的另一个发展热点是 LBS。LBS（Location Based Service）服务的思路是充分利用手机等移动终端的定位功能，使人们可以基于特定的情境、地理位置进行交流。例如人们在特定的地理位置“登录”，以此为基础与他人进行互动或获得商家的优惠。参与 LBS 的用户往往也被称为“切客”。LBS 为个性化、定向化的移动信息服务提供了新思路，也为移动社区的构建提供了一种新的维度。美国的 Foursquare 是最早推出 LBS 服务的网站，之后 Facebook、谷歌等企业也在自己的产品中提供了 LBS 服务。

在中国，街旁网、嘀咕网、拉手网、玩转四方、开开网等提供 LBS 服务的公司先后出现。腾讯、新浪、网易等门户网站也在研发相关产品，盛大集团推出的游玩网也是基于 LBS 的。电信运营商方面，中国移动已将辽宁移动确定为其进军 LBS 的重要基地。

LBS 也成为网络企业与终端制造商以及传统企业间合作的契机。例如，手机生产商 HTC 投资街旁网，TCL 与嘀咕网确定合作关系，而嘀咕网还与音像企业 FAB 精彩集团达成战略合作。

来自艾瑞市场咨询的数据显示，2010 年中国位置服务行业市场规模有望达到9.98 亿元，而预计到2013 年，中国 LBS 个人“切客”应用市场总体规模将突破 70 亿元。①

尽管 LBS 是移动互联网在 2010 年的一大热点，但是，它如何能持续吸引用户、如何产生强大的盈利模式，仍然是有待解决的问题。

五　从手机游戏到移动支付——仍待突破的盈利能力

对于移动互联网的发展来说，盈利模式问题仍是终极问题。2010 年，手机游戏、手机阅读和移动支付等热点产品，都试图在盈利模式与盈利能力方面有所突破。

相对而言，手机游戏的收费模式更早确立，盈利能力也更为突出。易观国际发布的报告称，2010 年第三季度中国手机游戏用户数量突破 1.2 亿户，达到了1.208 亿户，环比增长 9.1%，同期手机游戏市场规模达到 9.175 亿户。②

尽管如此，手机游戏的发展仍有不少障碍，例如，游戏的同质化现象较严重，引进的游戏较多，中国自主创新的游戏较少，一些游戏服务商的信用和服务存在问题。手机游戏市场的竞争也十分激烈，但这种竞争将带来良性还是恶性的结果，还有待观察。

手机阅读也是移动互联网领域的重要产品。2010 年，三大电信运营商都加紧了手机阅读产品的开发，中国移动、中国联通、中国电信先后推出自己的手机阅读平台。工信部也在研究制定手机阅读的相关标准，以推动电子阅读产业的发展。从终端方面看，手机阅读需要向包括电子书、iPad 等终端的更多元的移动阅读发展。

2010 年手机产业的另一个热点产品是手机支付，而市场环境的日益成熟是其推动力量之一。艾瑞咨询发布的《2009 年中国手机支付发展研究报告》数据显示，2009 年中国手机支付市场交易规模为 24 亿元，处于高速增长态势。艾瑞预计在 2010 ~2011 年，手机支付将出现爆发式的增长，而 2012 年手机支付交易规模将有望超过 1000 亿元。③

① 《LBS 中国起步：探索空间关系的商业化》，2010 年 11 月 4 日《21 世纪经济报道》。

② 《2010 年三季度中国手机游戏用户数量突破 1.2 亿》，2010 年 11 月 29 日《北京商报》。

③ 《2009 年中国手机支付发展研究报告》，http://www.docin.com/p-78345254.html。

2009 年 3 月 27 日，中国移动全国唯一全网手机支付平台在湖南建成并上线试运行，这被业界看作中国移动着力圈地手机支付的标志性事件。之后，中国移动与浦发银行在手机远程支付领域联手合作。2010 年 1 月中国移动在上海推出手机地铁票和手机世博票服务。目前，中国移动的手机支付用户已经超过 1000 万户。中国联通通过与各地金融机构合作等方式，将手机支付业务推向地级城市。同时，继 2009 年 4 月在上海推出手机公交卡业务后，2010 年联通又与北京市政交通一卡通公司合作、推出“联通手机一卡通”服务。中国电信基于天翼 3G 推出了“翼支付”业务，同时，由旗下的号百公司运营的号百融合支付平台累计交易量已突破 10 亿元。中国电信还在上海南京路步行街发布了手机刷卡业务，办理了该业务的上海电信用户“刷”手机即可在南京路上 50 家指定商户内消费购物。

手机支付首先要解决的是技术标准问题。2010 年 10 月，央行与中国移动、中国电信达成共识，确定采用银联主推的基于 13. 56MHz 的技术方案作为国内手机支付标准。此前，中国联通已采用了银联标准。

当然手机支付是一个复杂的新产品，除了电信运营商，银行、银联等也是推动这一产品发展的主力。谁扮演主导角色，各方利益如何协调，成为手机支付商业模式中的主要问题。此外，安全问题也是手机支付必须迈过的一道坎。

无论现实发展中有多少障碍，2010 年各方的共同努力已经为移动互联网的发展打下了重要的基础，也在较大程度上推动了手机媒体与互联网的深层融合。另外一个值得注意的动向是，与移动互联网相关的物联网建设已经逐步上升为中国的国家战略。根据新华社发布的《2009 ~ 2010 年中国物联网年度发展报告》提供的数据，2009 年中国物联网产业市场规模达 1700 多亿元，预计 2010 年中国物联网产业市场规模有望超过 2000 亿元，2015 年中国物联网整体市场规模有望达到 7500 亿元。① 相信未来的移动互联网将由于物联网所带来的新的信息采集与传输机制而呈现出新的面貌。

本文为“高等学校全国优秀博士学位论文作者专项资金”项目成果。

① 《新华社发布〈2009 ~ 2010 年中国物联网年度发展报告〉》，http：//news. xinhuanet. com/eworld/2010 - 10/29/c_ 12714388. htm。

中国广告与受众市场发展报告

China's Advertising Industry and Audience Development Report

广告产业地图

广告主
广告主地域
全球性广告主
区域性广告主
全国性广告主
地区性广告主
广告主类型
政府机构
事业单位
非政府组织
经营性企业
非营利机构
其他行业
个人
诉求主体
政府/企业形象及知名度
产品/服务
意见/主张
通知/公告
诉求形式
企业广告
产品广告
观点广告
事件广告
公益广告
广告行业
广告及相关企业
内容生产
文案、平面设计公司
影视、音乐制作公司
网络广告制作公司
户外广告制作公司
活动策划与执行公司
市场调查公司
其他内容生产公司
渠道发布
综合性广告公司
专业广告代理公司
媒体兼营广告公司
效果评估
市场调研公司
市场监测公司
广告制作流程
广告主市场推广计划
消费者市场调查
广告诉求
广告预算
媒体计划
广告内容创意
广告制作
广告效果评测
媒体
传统媒体广告
电视
广播
报纸
杂志
其他媒体出版物
新媒体广告
互联网（门户网站、搜索引擎、SNS）
手机等移动媒体广告
户外广告
楼宇广告
车体/车载广告
其他
受众/消费者
受众地域
全球受众
区域受众
全国受众（城镇居民、农村居民）
地区受众

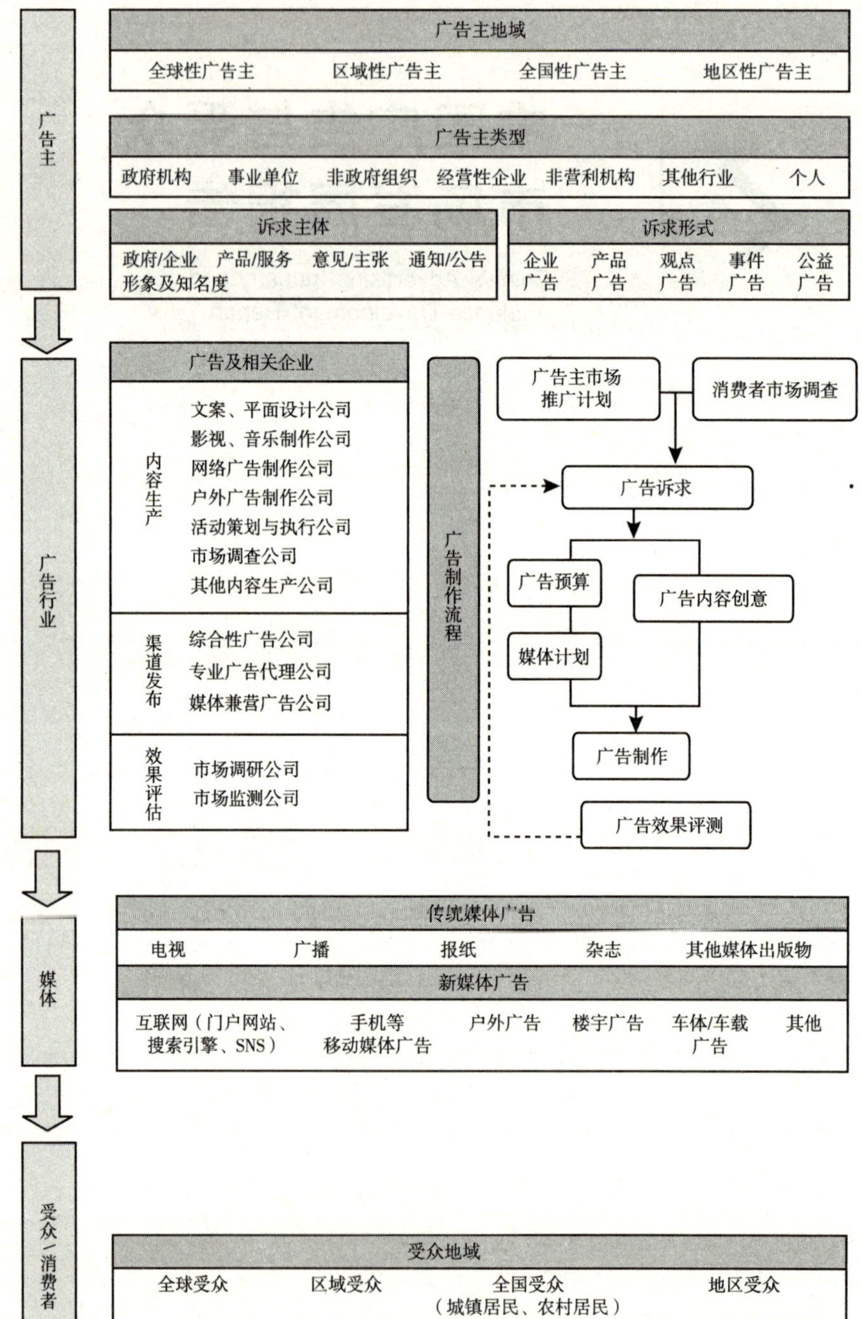

B.31

2010年中国广告业发展报告*

陈 永**

根据国家工商行政管理总局办公厅统计中心公布的数据，2010年中国广告经营额达2340.51亿元，比2009年增长299.50亿元，增长率为14.67%，高于国内生产总值（GDP）10.3%的增速，比2009年7.45%的增长率大幅上扬7.22个百分点。2010年中国广告经营额占GDP（397983亿元）的0.59%，与2009年基本持平。2010年，广告经营单位与从业人员规模继续稳步增长，全国共有广告经营单位243445户，比上年增长18.76%，广告从业人员1480525人，比上年增长10.91%（见表1）。

表1 2009～2010年中国广告业经营状况

项 目	2010年经营单位(户)	2009年经营单位(户)	增长率(%)	2010年经营额(万元)	2009年经营额(万元)	增长率(%)
合计	243445	204982	18.76	23405076	20410322	14.67
1. 广告公司	143727	124886	15.09	9403495	8494297	10.70
其中:股份有限公司	2588	2333	10.93	186534	369235	-49.48
有限责任公司	141139	122553	15.17	9216961	8125062	13.44
2. 兼营广告企业	57063	43766	30.38	815981	891412	-8.46
3. 电视台	2816	2719	3.57	6798263	5361903	26.79
4. 广播电台	686	697	-1.58	771668	718703	7.37
5. 报社	1823	1894	-3.75	3815060	3704633	2.98
6. 期刊社	3916	4266	-8.20	322270	303792	6.08
7. 其他	33414	26754	17.71	1478339	935582	58.01

中国广告业近五年的增速分别是11.1%（2006年）、10.68%（2007年）、9.11%（2008年）、7.45%（2009年）、14.67%（2010年）。自2005年起，广告业增长速度进入逐步放缓的阶段，特别是在全球金融危机爆发的2008年和

* 数据提供：国家工商行政管理总局办公厅统计中心。

** 陈永，现代广告杂志社社长。

2009 年，中国广告市场虽未受到严重冲击，但海外市场的紧缩以及广告主投放的谨慎导致中国广告业增长减速。2010 年，中国经济不断升温，企业向好的基础逐渐稳固，这一势头带动了广告业的加速发展。

我们依托国家工商行政管理总局发布的 2010 年中国广告业统计数据，从产业规模、产业结构、区域结构、市场竞争、产业盈利水平等多个角度对市场变化进行解析，以求全面评估中国广告业的运营情况。

一　投放量加大，促使广告业快速发展

2010 年的第二季度，中国的 GDP 总额超越日本，成为全球第二大经济体，经济转型进程不断加速。在国民经济发展中发挥着重要撬动力量的广告业，既是经济的传感器，也是经济转型的真实写照，14.67% 的经营额增长率就印证了这一点。根据实力媒体全球媒体花费预测，2011 年中国将超越德国跃升为全球第三大广告市场。在亚太区成为全球增长最快的广告市场时，中国贡献了背后最大的推动力。全球营销者都将中国视为主要投资市场，以达到全球业务持续增长的目标。国际金融服务公司摩根士丹利近期发布报告称，2010 年是中国广告行业标志性的一年，随着企业增加广告支出，广告行业的复苏将成为最具获利能力的投资机会之一。

推动广告主支出上升的因素可以从跨国企业和本土企业两方面来看，2009 年由于全球经济衰退，许多跨国公司大幅削减了预算，这些跨国公司在 2010 年加强了营销活动，这种趋势也将在 2011 年继续。在金融危机之后，中国本土企业希望加强品牌建设，以期通过强大的品牌提升产品价格及利润率。

另一个推进广告业大幅增长的重要原因是媒体价格在 2010 年的全面上涨。2010 年，中央电视台黄金时段广告拍卖表现强劲，总价同比上升 18.5%，各地方电视台广告价格亦有所上升，2010 年平均上升超过 20%。2011 年央视春晚报时广告每秒价格创造了 235.05 万元的天价，超越美国的“超级碗”成为世界上最昂贵的电视广告时段。电视台希望通过涨价来弥补由于新监管规定导致的广告时长缩短，从而极大带动了广告经营额的上涨。

不只电视媒体，新媒体的价值在得到认可后，覆盖的人数快速上升，相对于传统媒体而言又具有更低的广告价格，新媒体行业的领导者，例如新浪、分众、

华视传媒等都纷纷提升了广告价格。

当然，伴随后危机时代到来的还有企业传播方式的转变与广告公司、媒体经营理念的多元化发展。据中国广告协会互动网络广告的统计数据显示，2010 年，中国互联网广告以 70% 的增长速度快速成长，经营额达到 185 亿元。标志着互联网媒体不仅进入广告主常规投放的名单，更成为影响广告业发展方式的重要媒体。无论是微博等社会化媒体的兴起，还是门户网站之间白热化的竞争，互联网改变着消费者的固有认知，更改变着媒体的传播环境，继而深刻影响广告业的业态发展。

二 广告主：品牌创新驱动行业增长

2010 年广告投放量前五位的行业依次是房地产、食品、汽车、化妆品、药品，其中药品行业继 2009 年被食品行业超越之后，2010 年涨幅继续缩小，已经排在汽车和化妆品之后。化妆品行业的投放额以 35. 40% 成为增长幅度最大的行业，其次是服装服饰 27. 37% 、家用电器 21. 04% 、食品 17. 07% 、汽车 16. 99% 。投放额有所减少的行业分别是医疗服务（ –17. 80% ）、医疗器械（ –0. 72% ）、服务业（ –0. 65% ）（见表 2）。

表 2 2010 年广告投放行业排行榜

单位：万元，%

排行	行　业	2010 年投放额	2009 年投放额	增长率	2008 年投放额
1	房地产	2397747	2070085	15. 83	2342516
2	食　品	2056272	1756407	17. 07	1476308
3	汽　车	1773572	1516022	16. 99	1381074
4	化妆品	1723013	1272575	35. 40	1140440
5	药　品	1643486	1568711	4. 77	1581640
6	服务业	1313943	1322526	-0. 65	1071337
7	家用电器	1194305	986663	21. 04	879224
8	医疗服务	1060993	1290670	-17. 80	951539
9	保健食品	988120	924961	6. 83	867734
10	服装服饰	848740	666354	27. 37	624060
11	信息产业	809654	704263	14. 96	682254
12	酒　类	731965	636695	14. 96	605343
13	金融保险	587871	512743	14. 65	476543
14	医疗器械	403078	405987	-0. 72	429383
15	招生招聘	355886	318626	11. 69	335638

服务业广告投放量的大幅增长出现在2008年，很大程度上是基于北京奥运会的拉动，化妆品在2010年的良好势头则有赖于产业的整体发展。目前，中国已成为亚洲第二大、世界第八大美容化妆品市场，同时是全世界最大的新兴市场，行业品牌化竞争格局已经形成。

三　传统媒体："贵时代"的新媒体冲击

从2008～2010年媒体经营情况中可以看出，电视台、报社、广播电台、期刊社等传统媒体经营额均实现了不同程度的上涨。最高的是电视台，2010年实现26.79%的涨幅，远高于2009年的6.92%。广播电台增长7.37%，高于2009年的5.16%，稳步上涨。期刊社在经营单位数量缩减8.20%的情况下，经营额实现6.08%的增长（见表3）。

表3　2008～2010年媒体广告经营情况

项　目	经营单位户数(户)				
	2008年	2009年	增长率(%)	2010年	增长率(%)
电视台	2639	2719	3.03	2816	3.57
广播电台	667	697	4.50	686	-1.58
报　社	2077	1894	-8.81	1823	-3.75
期刊社	4430	4266	-3.70	3916	-8.20
其　他	22258	26754	20.2	33414	24.89
项　目	经营额(万元)				
	2008年	2009年	增长率(%)	2010年	增长率(%)
电视台	5015037	5361903	6.92	6798263	26.79
广播电台	683409	718703	5.16	771668	7.37
报　社	3426737	3704633	8.11	3815059	2.98
期刊社	310246	303792	-2.08	322270	6.08
其　他	914933	935582	2.26	1478339	58.01

在电视台方面，2010年全世界电视广告开支增长只有6%，它的行业重要性似乎正在慢慢降低，但是这一数字远远低于中国电视广告经营额的涨幅，一方面，在中国的媒体市场，电视仍占据三四线城市的主导地位，另一方面，价格上涨则构成了支撑这一增长的主要动因。2010年是中国电视广告名副其实的"贵

时代”开端，2010年1月1日，规范广告播出的“61号令”正式施行，被“61号令”压缩的广告时间应该有8万小时，换算到每一个频道大概是60分钟，这8万小时按照2009年电视媒体的收入测量大概有126亿元。提高广告价格就成为电视媒体填补这一空白的首选办法。这对企业的传播预算，以及电视台与广告公司的谈判都造成了新的难题。

于是，如何通过提升传播价值来提升广告价值，从资源型媒体转变为价值型媒体，成为当下电视台广告经营人员谈及最多的话题。电视媒体的最终出路是要提高自身的传播价值，电视台大幅涨价的部分主要是特殊资源、稀缺资源，但是在2010年的具体执行过程中，许多电视台出现重新调低价格的现象，毕竟，从计划到落实存在一个适度调整的过程。

为了应对挑战，在广告形式上，我们看到植入营销成为广告创收的重要手段，这一形式在2010年获得较大发展。发展战略上，跨区域整合成为重要选择，比如湖南与青海、江苏与教育一套、第一财经与宁夏卫视的合作，他们通过各种形势的跨区域整合，以规模效应提升媒体价值，提高定价能力，掌握广告经营的话语权，以获得更多客户的投放选择。

社会化媒体与新兴终端对传统媒体的影响在2010年愈发明显。社会化媒体为企业提供了与现有和潜在消费者互动的渠道，深入影响了人们的生活方式和沟通理念，并不断改变着媒体环境。已经初现端倪的情景是，动辄耗资百万元的电视广告不再是影响消费者购买意愿的王牌，人们通过社会化媒体相互介绍、推荐产品。选择订阅成本高昂的报纸的消费者越来越少，因为人们可以通过社会化媒体及时获得朋友推荐的信息，这些信息不仅免费，而且更有价值。iProspect公司CEO Robert J. Murray在一本书中说道：“在我们生活的时代，与消费者的关系是影响企业生存的关键。你做好迎接新变化的准备了吗?”

四　互联网广告逼近200亿元

根据中国广告协会互动营销分会的数据，互联网广告继2009年突破百亿元之后，2010年的增长幅度高达70%，达到185亿元，逼近200亿元。互联网广告在广告业中的比例不断扩大，逐步接近10%。

广告投放行业方面，第三方互联网数据机构缔元信近日发布的数据表明，汽车类网络广告已经成为网络广告行业中的“支柱产业”，方兴未艾的电子商务类网络广告增长势头迅猛，相比之下，2010 年持续火爆的房地产企业却对网络广告“不感冒”。

从另一个角度来说，当互联网企业成为广告收入的大户时，他们之间的自身品牌争夺战也促使他们成为广告投放的大户。2011 年春节期间，新浪、腾讯、搜狐的广告纷纷在中央电视台等强势媒体亮相，为各自的微博平台招徕用户。围绕微博的竞争构成了门户网站在 2010 年尤其是下半年的最大关注点，这一状况必将在 2011 年得以延续。

五　广告公司运营平稳良好

2010 年，全国广告公司创造了 940.35 亿元经营额，较上年增长 10.70%，低于广告业的平均增速，占中国广告业经营额的 40.18%，较上年的 41.62% 稍有下降。兼营广告企业的经营额连续三年均呈下降趋势，较上年下降了 8.46%。

在广告经营单位中，外商投资企业增加了 103 户，但是经营额并没有相应提高，而是出现了 0.33% 的缩减。在此之前，2008 年，外商投资企业经营额下降了 21.5%，2009 年则出现大幅反弹，实现 47.14% 的高增长。与之构成鲜明对比的是私营企业，经营单位户数与经营额分别上升 22.65% 与 20.44%，基本保持同步（见表 4）。

表 4　2009～2010 年广告公司经营情况

项　　目	2010 年经营单位(户数)	2009 年经营单位(户数)	增长率(%)	2010 年经营额(万元)	2009 年经营额(万元)	增长率(%)
小计	243445	204982	18.76	23405076	20410322	14.67
国有企业	6975	6627	5.25	2458341	1873993	31.18
国有事业	8082	7945	1.72	9691209	8695976	11.44
集体企业	2683	2926	-8.30	279653	382401	-26.87
集体事业	557	712	-21.77	100974	116571	-13.38
私营企业	177345	144597	22.65	7142160	5930075	20.44
个体工商户	29313	23501	24.73	263084	282206	-6.78
外商投资企业	882	779	13.22	1199947	1203904	-0.33
其他	17608	17895	-1.60	2269709	1925197	17.89

六　二三线区域市场迅速扩张

2010 年全国广告市场中增长最快的区域包括湖南（808.21%）、宁夏（70.08%）、黑龙江（40.04%）、陕西（26.87%）、浙江（26.59%）、甘肃（26.00%）、安徽（25.17%）。出现经营额下降的地区包括湖北（-26.61%）、重庆（-19.46%）、河北（-18.74%）、江苏（-14.33%）、广西（-7.13%）、广东（-6.15%）、河南（-5.53%）。

北上广三地的经营额共计达 1124.71 亿元，占全国广告业的 48.05%。就北京而言，2009 年与 2010 年的增长率分别是 8.4% 和 27.76%，从 2008 年的 356.78 亿元增长到 494.06 亿元，是第一个突破 400 亿元的区域，突破 500 亿元指日可待。上海的广告经营额从 2009 年的 1.6% 大幅提升到 2010 的 18.81%，离不开世博会的拉动。而广东却在 2010 年出现了负增长（见表 5）。

表 5　2009～2010 年全国广告经营额最高的 20 个区域市场

地　区	经营单位(户)	从业人员(人)	2010 年经营额(万元)	2009 年经营额(万元)	增长率(%)
国家局	270	5497	425463	371024	14.67
北　京	17567	118085	4940612	3867176	27.76
上　海	47563	215208	3780770	3182216	18.81
广　东	25037	152136	2525674	2691187	-6.15
江　苏	15864	108523	1532984	1789402	-14.33
浙　江	15772	113701	1922537	1518759	26.59
天　津	8587	57768	1041410	929025	12.10
福　建	7588	57151	953866	815270	17.00
山　东	15436	97705	867693	763131	13.70
四　川	7075	32477	657248	560467	17.27
安　徽	6834	38526	584573	467037	25.17
辽　宁	5294	38870	510257	442073	15.42
河　南	7969	53463	331570	350995	-5.53
湖　北	5415	40745	253245	345066	-26.61
重　庆	8584	45763	267376	331961	-19.46
江　西	4063	35260	287216	249753	15.00
山　西	4047	25353	258859	241880	7.02
吉　林	3824	19167	256011	220606	16.05
黑龙江	2468	19154	300475	214565	40.04
云　南	4561	20377	212087	202360	4.81
陕　西	2253	15125	178182	140441	26.87

近年来，广告市场向二三线，甚至三四线城市下沉的趋势愈发明显。这些区域市场已经成为新一轮的利润爆发点。然而，要从这些容量小、客户分散、消费力弱的区域市场聚拢起天数小单广告，也绝非易事。

七　户外广告资本重置

2008 年，受到大规模的户外广告整顿和资本退潮的影响，户外广告在经营单位户数、媒体数、经营额方面均出现不同程度的下滑；2010 年，户外广告行业在 2009 年市场状况堪忧的环境下，逆势上扬，取得了经营增长率 7% 的好成绩，而户外广告数只增长了 1%；2010 年，户外广告经营单位增长 9.56%，户外广告数增长 1.98%，其中霓虹灯广告、水上漂浮物广告、充气物广告、模型广告、其他户外广告数量均有不同程度减少，电子显示装置广告则大幅增长 58%，户外广告媒体正不断向具有优势地缘位置和高科技含量的资源靠拢。经营额方面，2010 年户外广告经营额达到 273.63 亿元，增长率为 42.35%（见表 6）。

表 6　2010 年户外广告经营情况

项　目	单位	2009 年	2010 年	增长率(%)
户外广告经营单位	户	69300	75922	9.56
户外广告经营额	万元	1922153	2736267	42.35
户外广告数	个	2163796	2206547	1.98
其中:展示牌广告	个	421073	432993	2.83
电子显示装置广告	个	236108	373041	58.00
灯箱广告	个	379151	410124	8.17
霓虹灯广告	个	97503	77332	-20.69
交通工具广告	个	392753	401649	2.27
水上漂浮物广告	个	979	591	-39.63
升空器具广告	个	6002	5753	-4.15
充气物广告	个	24206	18759	-22.50
模型广告	个	12564	9951	-20.80
其他户外广告	个	593457	476354	-19.73

户外广告是受政策和大事件影响较大的行业。2010 年，世博会、世界杯、亚运会相继成为品牌推广的热点时期，户外广告则成为赞助商与非赞助商博弈中

最重要的竞技场。

我国进入了高铁建设的快速发展期，高铁的快速发展催生了高铁媒体的商机，由于高铁具有安全、高速等优点，追求性价比的商务人群会逐渐成为其最忠诚的消费者，因此高铁的媒体价值被认为即将比肩机场和航机媒体。同时，高铁媒体将孕育出更多、更具创新性的户外广告形式，将成为户外广告行业的下一个热点。

八　广告市场进一步净化

2010 年国家工商行政管理总局在全国查处违法广告案件 46889 件，较 2009 年的 46903 件减少了 0.03%，此前，2008 年较 2007 年查处案件数量下降 8.88%，2009 年较 2008 年查处案件数量下降 9.1%。2010 年查处案件中，虚假广告 13128 件，非法经营广告 7479 件，其他 26282 件。处理办法中，责令公开更正 3906 件，责令停止发布 13109 件，停业整顿 184 户，吊销证照 9 户，罚没款 24400 万元。

2010 年全年，工商总局多次发布对全国部分媒体广告发布情况的监测，对监测抽查发现的部分严重违法的药品、医疗、保健食品、化妆品及美容服务类广告进行了曝光。

B.32

2010 年中国广告市场发展报告

尼尔森公司

一　广告市场明显复苏，2010 年发展稳定，下半年增长幅度趋于平缓

自 2009 年以来中国广告市场已明显从全球金融危机中得以复苏。刚刚过去的 2010 年，面对复杂波动的全球经济环境，中国经济表现出强劲而稳定的增长势头。据官方初步测算，全年国内 GDP 总值达到 397983 亿元，比上年增长 10.3%，涨幅超过 2008 年和 2009 年。分季度来看，一季度同比增长 11.9%，二季度增长 10.3%，三季度增长 9.6%，四季度增长 9.8%，呈现逐季回调趋势，增长势头呈现平缓态势，但仍处于高位，其中第一季度增幅达到三年最高水平（见图 1）。

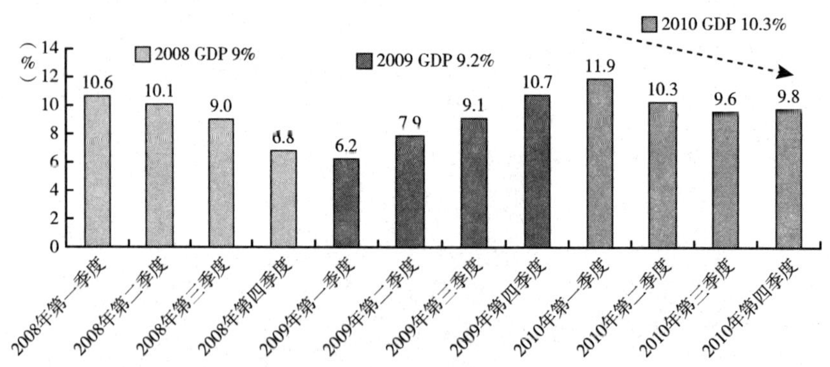

图 1　2008～2010 年中国全年国内生产总值（GDP）增长率趋势

资料来源：国家统计局。

面对如此宏观经济发展态势，作为中国经济晴雨表的广告市场，2010 年也相应地呈现出一致的大势走向。2010 年度中国广告市场传统媒体（包括电视、

报纸、杂志、电台）广告花费①总额达到6680亿元，相比上年涨幅达到了10%，略低于2009年15%的增长率。从近两年的广告花费总体趋势来看，自2009第二季度以来中国广告市场已呈现明显复苏，月广告同比增幅出现过近30%的高速增长。相对于此，进入2010年广告走势显示出更为稳定的发展，虽依旧保持健康增长，但涨幅开始有所回落，更趋向平缓。分季度来看，第一季度同比增长18%，第二季度增长12%，第三季度增长7%，第四季度增长6%，与整体宏观经济形成鲜明的呼应（见图2、图3）。

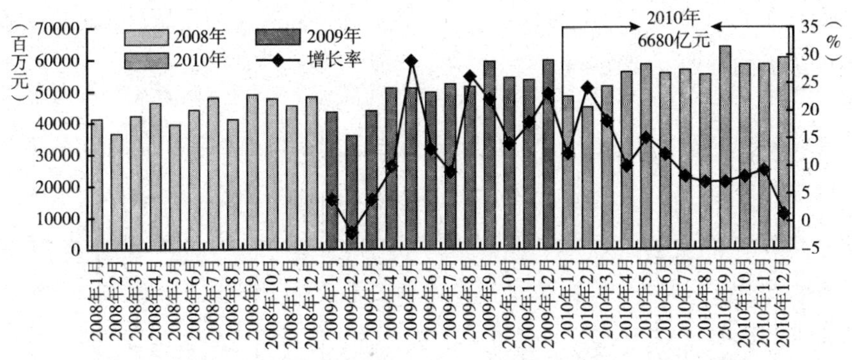

图2　2008～2010年中国广告花费市场总体走势及增长趋势

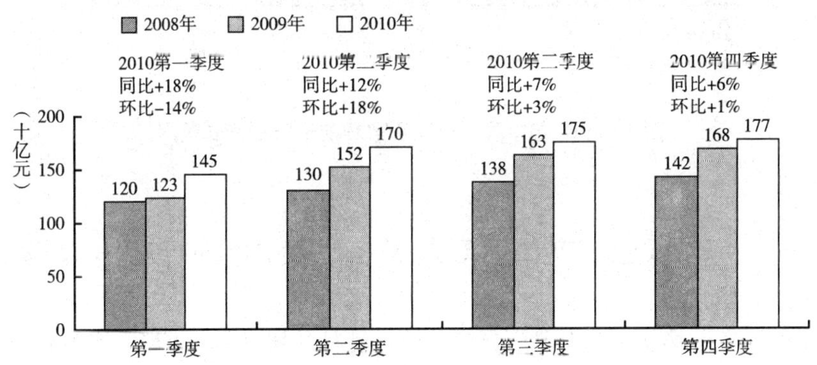

图3　2008～2010年中国广告花费市场分季度趋势

① 电视、平面、电台广告花费基于刊例价乘以广告实际播出或刊登次数，不含任何折扣和非常规投放方式。报告内的数据并不代表其真实广告投放金额。尼尔森会根据市场的变化情况对广告的监测范围做出调整，所有报告内的数据是按当时的媒体监测范围计算的。

尼尔森目前监测常规覆盖631个电视频道，347份报纸，224份杂志，47个电台频率（7大主要城市）。

二　2010 年中国广告花费市场前十行业中，汽车类、化妆品涨幅最大；服饰、药品降幅最大

从广告花费排名前十的行业增长情况来看，化妆品行业在 2010 年以强劲的上升势头一路领先，成为广告量排名第一的行业；排名前三的化妆品、药品及健康产品、饮料行业的广告总量占到 2010 年全年广告花费总额的 44%；而从增长和下降幅度来看，排名第七位的汽车行业和排名第一位的化妆品行业是涨幅最大的两大行业类别；排名第十的服装及饰品行业和排名第二的药品行业则是全年下降幅度最大的行业（见图 4）。

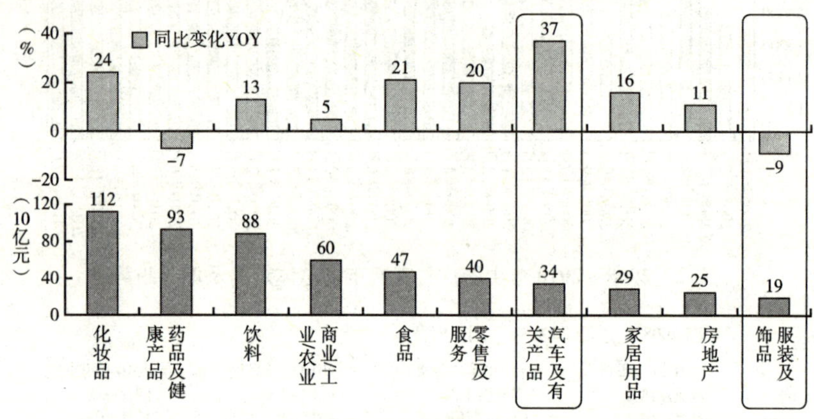

图 4　2010 年中国广告花费市场前十行业增长情况

三　汽车行业：产销两旺刺激各品牌加大广告竞争力度

中国汽车市场呈现高开稳走态势，产销量月月超过 100 万辆，平均每月产销突破 150 万辆，全年累计产销超过 1800 万辆，汽车产量及销售量同比增长均达 32.4%，随着汽车消费市场的一路飘红，汽车行业广告增长幅度自 2009 年下半年始就一直保持了高水平的增速，2010 年全年广告花费总额达到 340 亿元，与 2009 年同期相比增幅高达 37%，占全年广告花费市场总额的 5% 左右。而在汽车广告花费有如此大幅度增长的背后是整个汽车行业各大品牌、各类车型广告共同推高投放量所致（见图 5）。

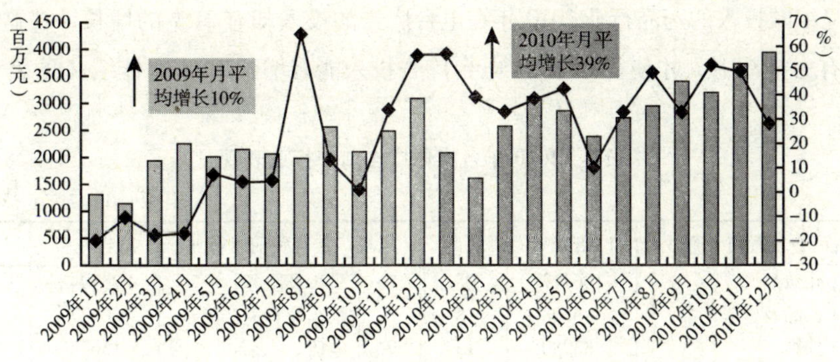

图 5　2009～2010 年汽车行业广告花费增长趋势

四　汽车、金融和房地产行业推动电台广告大幅增长

从媒体分类上来看，四大主流媒体广告份额基本保持不变，2010 年电视广告花费市场价值达到 5428 亿元，比上年增长 11%，占传统媒体市场广告总额的 81%，依旧占据无可置疑的首要地位；报纸媒体广告总量为 989 亿元，同比增长 6%，占总体广告市场总额的 15%；另一平面媒体——杂志广告全年总额 153 亿元，同比增长 15%，占总体广告市场总额的 2%；在尼尔森电台监测范围内的全国 7 个主要城市中，电台广告花费价值总量达 110 亿元，同比增长幅度高达 26%，广告数量同比增长 8%，是所有传统主流媒体中最为突出的媒体类型（见表 1）。

表 1　2010 年电视、报纸、杂志、电台四大传统主流媒体广告

2010 年	亿元/小时/页	同比（%）	2010 年	亿元/小时/页	同比（%）
电视广告花费	5428 亿元	11	杂志广告花费	153 亿元	15
电视广告总时长	50 万小时	0	杂志广告总页数	11 万小时	1
报纸广告花费	989 亿元	6	电台广告花费	110 亿元	26
报纸广告总页数	80 万页	1	电台广告总时长	4.8 万小时	8

从各媒体广告前十行业表现来看，汽车、化妆品行业是电视广告花费增长幅度最大的两大行业；旅行/运输、汽车是报纸广告花费增长幅度最大的两大行业；电器/音频产品类、汽车类行业是杂志广告花费增长率最高的两大行业；汽车、房地产、财务/投资/银行类行业是电台广告花费增长最主要的推动力，同时在电视媒体

有明显缩减投入的药品行业2010年在电台广告的投入却有21%的增长，在这些行业的有力推动下，才使得2010年电台广告投入能有增长26%的佳绩（见表2）。

表2　2010年各媒体广告前十行业表现

单位：百万元，%

电视广告花费前十行业		广告花费	同比	电视广告花费前十行业		广告花费	同比
1	化妆品	106317	25	7	零售及服务	25194	21
2	药品及健康产品	86208	-8	8	汽车及有关产品	20127	38
3	饮料	83980	13	9	电信	15678	-11
4	商业/工业/农业	54164	4	10	服装及饰品	13395	-16
5	食品	46014	21	其　他		66168	16
6	家居用品	25530	15				
报纸广告花费前十行业		广告花费	同比	报纸广告花费前十行业		广告花费	同比
1	房地产	17953	6	7	家居用品	2779	26
2	零售及服务	13402	17	8	财务/投资/银行	2458	24
3	汽车及有关产品	9926	32	9	电信	2378	-11
4	药品及健康产品	6557	0	10	服装及饰品	2357	17
5	商业/工业/农业	5921	12	其　他		32208	-6
6	旅行/运输	2978	33				
杂志广告花费前十行业		广告花费	同比	杂志广告花费前十行业		广告花费	同比
1	化妆品	4168	12	7	房地产	421	22
2	服装及饰品	3405	14	8	电器/音频视频产品	416	36
3	汽车及有关产品	2379	28	9	药品及健康产品	415	24
4	饮料	518	17	10	零售及服务	397	3
5	家居用品	468	23	其　他		2312	7
6	电脑及配件	434	-5				
电台广告花费前十行业		广告花费	同比	电台广告花费前十行业		广告花费	同比
1	汽车及有关产品	1941	60	7	房地产	722	56
2	财务/投资/银行	1290	47	8	娱乐及媒体	653	-3
3	零售及服务	1268	22	9	商业/工业/农业	556	-2
4	药品及健康产品	931	21	10	家居用品	390	46
5	电信	811	9	其　他		1605	15
6	饮料	801	20				

五　广告主投放额榜单：快速消费品行业仍占统治地位

2010年广告花费前十广告主还是些老面孔，大都来自于日化类、饮料类两

大快消品行业。宝洁、欧莱雅、联合利华这三大日化业巨头依旧以绝对的优势牢牢占据前三的位置，其中宝洁以 439 亿元占据全年广告市场总量 7% 的份额，相当于其他两大日化巨头广告总量的 1.5 倍，同时其广告花费额与 2009 年同期相比增长 69%，是前十榜单中增长幅度最大的广告主。相对于此，排名第四的哈药集团则以 46% 的同比下降成为榜单中下降幅度最大的广告主（见表 3）。

表 3　2010 年中国广告花费市场前十广告主（电视/报纸/杂志/电台）

单位：百万元，%

广告花费前十广告主		广告花费	同比	广告花费前十广告主		广告花费	同比
1	宝洁	43895	69	7	娃哈哈	6269	1
2	欧莱雅	15154	8	8	顶新国际	5911	-2
3	联合利华	12971	-12	9	伊利集团	5732	38
4	哈药集团	10762	-46	10	中国移动	5425	6
5	百胜国际	10559	15	其　他		543001	10
6	可口可乐	8314	29				

B.33
2010~2011年广告市场发展态势分析

黄升民　邵华冬*

2010年是具有承上启下、新旧更替特征的一年，全球金融危机旧的影响还未消除，很多新的观念、策略却已然在实践中悄然成型。回顾2010年，中国广告市场虽取得了良好的成绩，但成绩背后仍隐藏了诸多问题，本文通过回顾2010年中国广告市场三大主体表现，谋求对实践中新的理念、规则的总结，与业界共享。

一　2010年宏观经济企稳回升，2011年挑战与机会并存、审慎乐观

2010年，全球金融危机的影响仍在全球范围内继续。2011年中国经济的总体运行环境仍存在较大的不确定性，从国际市场来看，经济复苏乏力，但中国已成为领先亚洲甚至是全球经济发展的先锋力量。国家统计局统计数据显示：2010年前三季度国内生产总值268660亿元，同比增长10.6%，比2009年同期增幅高出2.5个百分点。反映在中国广告市场上，在2010年广告业生态调查中，被访广告主比较同意和非常同意未来一年广告市场预期良好的比例共占到了59.1%，非常不同意和比较不同意的仅占8.1%，可见未来一年广告市场将呈现出良好的发展势头。2011年的央视黄金资源广告招标总额达126.7亿元，同比增长15.5%，企业在央视广告招标会上一掷千金也说明了企业对来年市场的信心。

* 黄升民，中国传媒大学广告学院院长、教授、博导；邵华冬，中国传媒大学广告学院教师、博士。

二　2010年广告市场三大主体的年度特征

（一）广告主：新品牌观、媒体观浮现

1. 实效总基调下重归以产品为核心的品牌观

后金融危机时代，尽管中国经济一枝独秀，但国内外众多的不确定性仍使得企业延续以实效为主基调的营销传播观。然而，与2009年企业主要以促销快速回款为主要目标的营销传播观念不同的是，2010年众多企业开始了品牌回归之旅。并且，这场品牌回归之旅具有鲜明的后危机特征，即以产品为核心的品牌建设开始启动。

危机前市场需求旺盛，彼时的企业重在打造品牌差异化，以满足消费者在情感诉求和身份识别上的需求，2009年危机期间消费需求减弱偏于务实，广告主通过花样百出的促销手段直接刺激消费者购买欲拉动消费，大部分企业以防御性的品牌策略为主。2010年，在金融危机中经历了洗礼的企业认识到了品牌的巨大防御能力，开始了新的品牌建设之旅。2010年中国广告市场生态调研数据显示，77.4%的被访广告主“希望通过广告达到提高或保持品牌知名度”这一目的。不过，这场新的品牌建设之旅又具有鲜明的后危机特征，即不再单纯强调所谓的品牌性，而是开始了与消费者最为关注的产品紧密结合的新品牌建设运动。2010年认为产品策略最重要的广告主占到了67.9%，较2009年的59.1%上升明显。

2. 新整合运动：广告主新媒体浮现

伴随着消费者生活形态及媒体环境的变化，广告主的新媒体观亦逐渐清晰。以消费者为核心，创造开放式的信息共创平台，强调多元媒体协同互动，实现传播平台与销售终端的无线贴近甚至融合，成为新媒体形势下广告主新整合运动的四大核心特征。

其一，以消费者为核心。2010年广告生态调研数据显示，2010年被访广告主选择广告媒体的主要依据中选择“媒体受众与企业目标消费者的吻合程度”的比例为47.9%，较2009年跃升9%。

其二，广告主开始利用媒体的互动性吸引消费者参与，提供开放式的共创信息平台，鼓励受众自发创造、参与和传播。2010 年广告主利用 SNS、微博、手机等多种媒体形式与消费者互动实现品牌体验，包括企业官网也逐渐地由单纯向消费者传递信息的平台转为和消费者产生互动的平台。广告主利用不同的媒体手段与消费者互动共创式的品牌传播，一方面是吸引消费者主动地对品牌内容做出自己的注解，赋予品牌更深入的内涵；另一方面是吸引消费者主动地参与到品牌传播的过程中，在这个人人皆媒体的时代，分享带来的口碑成为品牌传播中不容小觑的势力。

其三，多元媒体的互动协同。伴随消费者生活的碎片化，广告主需要追随消费者生活形态，以多元媒体有效捕捉其注意。2010 年广告生态调研数据显示：2010 年广告主在媒体选择上除传统户外小幅下降外，其他各种媒体形式均呈现上升状态，特别是互联网较上年上升 5%，跃升至第一位；各种媒体形式高选择率的现实反映了广告主在媒体组合上更加多样、多元，广告媒体投放策略积极且务实。在这样的背景下，企业的媒体投放不再是过去媒体间简单的、物理性的整合，而是广告主通过不同媒体类型的相互牵动产生多米诺骨牌式的联动，表现出多媒体协同的特征。

其四，传播平台与销售终端的无线贴近甚至融合。金融危机以来，直面销售压力，企业加强了对终端营销推广的投入。2010 年在广告主实效观念的指导下，具有天然的贴近销售终端属性的户外媒体，尤其是表现形式丰富的数字户外广告受到广告主的青睐。家电类、房地产等行业开始全面启动，三四线市场的广告主也加大了对公交移动数字户外的投放。另外，近年来电子商务的迅猛发展凸显了广告主对互联网渠道价值的认同。2010 年，淘宝商城已经迅速同宝洁、欧莱雅、联想集团、戴尔、李宁、三星、阿迪达斯等知名品牌签约。同时，企业自建平台也成为一种新趋势，一些已经实现网络销售的大型企业选择自建平台。独立销售平台可以与企业官网、消费者互动平台连接，对于销售和品牌起到双重拉动的作用。

3. 大事件营销传播三大亮点

上海世博会、南非世界杯、广州亚运会成为广告主 2010 年最为看重的营销大事件。2010 年广告主在这三件大事的传播中表现出了三大亮点。

第一，广告主在大事件营销上的表现日益成熟，综合利用了文化营销、体育营销、娱乐营销、教育营销、绿色营销等多种营销手段。不同行业和规模的企业

在大事件营销当中表现不同，总体来说大广告主主要依靠赞助形式实现品牌建设；中小广告主大都开展搭车性的营销活动，以开展消费者互动、促进短期销售为目的。

第二，体验营销成为世博营销中广告主的最佳选择。首先，体验营销强调消费者的参与和互动，适应周期较长的世博会；其次，良好而愉快的体验可带来品牌的溢价；再次，良好的体验导致进一步的口碑传播。

第三，互联网等新媒体成为此次大事件营销的重要舞台。以南非世界杯为例，广告主打破了原有“明星＋广告轰炸”的旧形式，表现出更多差异化和整合传播的趋势，广告主依靠微博、网络视频、手机等新兴媒体平台的创新营销形式带来更多看点，利用网络社区、社交网络、微博与消费者沟通与互动，实现多接触点的深度沟通。

（二）媒体：异动背后释放增长方式调整信号

1. 2010 年异动释放增长模式调整信号

宏观来看，2010 年广告市场的总体走势跟 GDP 基本一致，广告市场总体投放总额的同比增长率略高于 GDP 的增长速度，但到第三季度出现了异动——广告业总体市场投放总额同比增长率较第一季度出现了较大幅度的下滑，与第一季度相比下降了 13.9 个百分点。2010 年第三季度的异动原因何在？分析来看，广告市场增长方式的调整，尤其是电视媒体在政府政策主导下增长方式的转变，是造成短期内数据异动的主要原因。通过分媒体投放总额同比增长率数据可以发现，拉低总体市场增长的是占中国媒体广告市场 75% 左右份额的电视媒体。从第一季度到第三季度电视媒体的增幅皆落后于广告市场的总体增幅。而导致电视媒体增长率走低的主要原因在于 61 号令的影响导致电视媒体广告资源大幅缩减，前三季度都处于负增长的状态，第三季度尤甚，减少了 11.1%。广告资源的减少给广告收益总量增加带来相当巨大的压力，强势媒体可以通过价格增长的方式填平缺口，而其他大量的省级卫视、地方省级台、地市级台由于缺乏强有力的溢价支持而增长乏力。但总的来看，61 号令引导下的媒体广告市场的调整与 GDP 的调整是一致的，不再一味追求量的增长，而是要通过结构的调整、优化来实现市场可持续的良性发展。

2. 分媒体广告经营年度特点

（1）电视：61 号令强化马太效应　提价之外谋空间。

2010 年初，电视媒体的经营者都面临着年度难题：在国家广电总局 61 号令执行后电视媒体广告资源锐减的情况下，媒体经营指标仍不断高启。在这一减一增中，如何实现创收保证增长。从相关数据来看，61 号令强化了电视媒体竞争格局的强弱分化。央视、强势省级卫视等媒体面对广告资源锐减，价格提升的背后有价值支撑，广告溢价可以得到很好的消化。但对于部分弱势媒体而言，提价缺乏价值支撑，收入锐减不可避免。

为应对资源锐减带来的经营压力，电视媒体经营者努力改变以往依靠资源增长拉动媒体创收的方式，转型为精耕细作，依靠增加自身资源的含金量提升价值，积极采取相应策略应对新政：第一，适度提价弥补资源压缩；第二，改变单纯售卖广告资源为主的经营方式，实现活动营销、植入营销等多元化的营销方式，提升广告价值。

（2）广播：多重外因拉动　领跑广告市场。

2010 年中国广告生态调研的数据显示，2010 年上半年 80% 的被访广播媒体实际广告收入实现了增长，这一数据创五年以来的新高。广播媒体 2010 年强势增长主要受益于外部因素的拉动：第一，宏观经济的回暖，汽车、金融、房地产等支柱行业投放有不同程度的回升；第二，受 61 号令影响，电视广告价格普遍上涨，广播性价比优势凸显，分流部分电视广告费用；第三，伴随着城市私家车数量的剧增，车载广播收听群迅速扩大，这部分具有较高消费能力的受众扩容了广播广告的市场空间。

（3）平媒："全媒体"努力后　反思未来核心竞争力。

2010 年，报纸媒体经营业跟随广告市场的回升有所起色，2010 年中国广告生态调查的数据显示，被访报纸媒体上半年实际广告收入较上年的平均增幅大幅上升至 27.4%。亦有 50% 的被访杂志媒体表示 2010 年上半年实际广告收入实现增长。但这并不能掩盖平面媒体发展的隐忧：纸的成本不断提升，数字化技术冲击之下传播介质逐渐老化，年轻读者流失。

因此，平媒在 2010 年率先提出了"全媒体营销"概念，试图通过媒体的融合找到报纸的出路。但全媒体对于报纸曾经倡导的"内容为王"这一核心竞争力能带来多大的正面影响？如果报纸这一载体萎缩严重，未来报纸到底是以什么

渠道或载体的内容为王？面对互联网、电视等如此多的渠道，报纸固守的东西能不能作为一种经营的支撑？这些问题仍需业界共同探讨。

（4）网络媒体：回归快速增长轨道，急需建立成熟规范的媒介文化。

中国网络广告在经历了2009年的低谷之后，重新回归快速增长轨道。据易观国际发布的中国互联网行业半年核心数据显示，2010年上半年，中国网络广告运营商市场规模突破100亿元，同比增长49.1%，环比增长14.7%。2010年第三季度，互联网广告运营商的市场规模首次单季度破百亿元，达100.5亿元，同比增长73.3.%。DCCI 2010年7月22日发布的上半年中国互联网与互动营销数据认为，网络广告营销规模的驱动主要来自两个方面：一方面是搜索引擎广告规模仍将保持较快的增长，另一方面是视频、社区等广告营销价值将不断提升。

但与此同时，表面来看互联网经历了行业初期的疯长和烦恼，内部的整合日趋成熟，平台化运作和多元收入来源已经成型。但是互联网广告也存在着虚假广告盛行、缺乏广告效果评价体系统一标准、互动性优势未能充分利用等问题。总的来说，互联网广告的发展除了靠行业自律外，相关法律法规及行业标准的出台显得更紧迫。腾讯和奇虎360的混战更凸显了新媒体成熟、规范的媒介文化，媒介规则及基本商业伦理道德的缺失。从受众规模和影响力的角度来看，互联网媒体实际上已经是一个大媒体了，但自身的文化、操作、制度仍然不成熟，亟需进一步的规范、完善。

（三）广告公司：业绩回升、内外发力谋发展

1. 广告公司业绩回升至金融危机前

2010年中国广告生态研究数据显示，2010年60.3%的被访广告公司上半年营业额呈现增长态势，比较2009年同期的数据，增幅达到11.8%，营业额方面，呈现增长的被访广告公司比例已基本恢复到金融危机前的状态。2010年上半年税后纯利润与2009年同期相比呈增加的被访广告公司的比例为48.5%，同样摆脱了金融危机的负面影响，回升并超过了2008年同期的数据。

2. 广告公司内外发力，谋求发展

经历过2009年金融危机的寒冬蛰伏，广告公司开始抓住经济回暖的机会，迅速复苏发展。以广东省广告公司“昌荣传播”为代表的综合广告代理公司成功上市，开启了综合代理公司借助外部资本谋求发展的探索之路。上市的广告公

司借助资本的力量，进行资源整合，包括优秀的媒体资源和专业人才资源，进一步提升公司的专业能力和竞争优势。

同时，以奥美、电通、实力传播为代表的综合广告公司和媒介策划购买服务公司，2010 年持续回归广告专业研究的发端——消费者，纷纷投入大量资源开展对三四线市场消费者的研究，为伴随广告主三四线市场开拓的步伐，储备新市场发展的竞争优势。

2010 年直接拉动广告公司业绩发展的业务，就是互联网相关的策划和营销服务。广告主互联网营销传播需求的增长，直接为众多广告公司提供了新的业务空间，无论是综合代理广告公司还是专门从事互联网策划、购买服务技术、咨询服务公司，均业绩飘红。随着广告公司互联网策划、购买服务的日益成熟，综合代理公司与专业互联网策划、购买或技术公司之间也形成了多种合作形式，在保证价格透明的基础上，为广告主提供性价比更高的规范服务，愈发得到广告主的认可。2010 年中国广告生态调查数据显示，54.2% 的被访广告公司表示未来一年会拓展新业务领域，而新业务领域则主要包括互联网媒体策划、购买服务。

三　展望与反思

纵观 2010 年全年的广告市场，业界最为关注的是当下的问题及未来的发展空间何在。以笔者看来，主要有以下几点。

第一，新空间：三四线城市和农村市场。

对于新的一年，不可预知的情况很多。首先表现在国际市场上美国和欧洲的经济复苏很难，美国采取“量化宽松”的做法，接着从希腊开始，冰岛、爱尔兰也要进行账务重组，传达的都是不乐观的信号。唯独亚洲情况走好，尤其又以中国市场为代表。国际市场看不到太乐观的复苏，而内需市场会进一步强化。那么对中国的企业来讲，就是冰火两重天，外需仍是压缩的，内需是长久的白热化竞争。尤其是在政府的政策拉动之后，那下一步做什么？下一步的内需市场在哪儿？企业表现出了困惑。对于新市场空间的探索在物流之前必须有信息流，需要有产业的“粮草”先行，此时业界的目光不约而同地投向了三四线市场。市场的下沉已经被鼓吹了很久，真正做起来还需要很多前期准备。但是毋庸置疑，市场的下沉必将为企业带来新的市场空间、新的广告物理空间。

第二，新规则：大品牌需要大担当。

2010年，企业之间的商业大战额外引人注意，无论是“伊利、蒙牛诽谤门”的恶性公关大战，还是两大网络媒体——奇虎360和腾讯之间恶性的产品和服务竞争。虽然它们都是各行业规模较大的企业，但两大事件却共同反映出企业在商业道德和信誉方面存在的缺陷。诚然，伴随着二三十年的经济积累和快速发展，我国已经出现了一批规模和资金实力庞大的企业，然而真正强大品牌的内核是对消费者和产品服务品质始终如一的诚信坚守。随着信息传播环境的日益透明，消费者维权意识和自主表达习惯的形成，今后在我国大企业向大品牌发展的过程中，首先必定是注意及时检讨自身商道，积极履行社会责任，成为一个有大担当的品牌。

第三，新体系：新营销体系和新传播系统。

目前营销的问题，核心是对碎片化受众的“重聚”问题，实际上各种“聚”的可能，就是营销的机会。在我们的城市生活中，人们越来越离不开虚拟的网络，每个网络背后都连接着一个庞大的数据库。人们的行为是可记录的，需求是可捕捉的。企业要把握这一趋势，打造开放式的信息平台，吸引碎片化的受众重新聚合，并引导受众在此平台上共同参与、创作。在这种共创式的开放媒体平台下，人人都是媒体，事事都是传播。虽然目前来看只是一个概念，还没有真正落实到可操作性上来，但这给我们提供了一个理念，即以往管道式的营销传播手法显然无法适应受众变化，而以重聚为手段、以受众为主体、以企业为引导的新营销手法将大行其道。

B.34

2010 年受众媒介接触习惯的新变化*

沈 颖 李筱悠**

本文数据基于 CTR 央视市场研究的中国城市居民调查（China National Resident Survey，CNRS）。CNRS 是在中国大陆进行的关于居民媒体接触习惯、产品及品牌消费习惯和生活形态的同源连续性大型市场调查。

CNRS 的调查对象为 15～69 岁的城市居民，年样本量近 10 万份，推及总体达 1.2 亿城市人口。

一 各大媒体到达率与卷入度

1. 五大媒体到达率

全国总体来看，2010 年与 2009 年的纵向比较显示，五大媒体的到达率都呈现出增长态势。其中，以互联网到达率的增长最为明显。其他四大媒体的到达率稳中有增。

五大媒体的横向比较表明，电视的到达率依然位居首位，保持在超过 90% 的高水平。报纸仍然位列第二，维持在 60% 以上的水平。而身处第三位的互联网崛起的速度较快，与第二位报纸的距离进一步缩小。

不同媒体的分城市增长显示，报纸在成都的增幅最大，广播在上海、广州的增幅最大，互联网在广州的增幅最为明显，而杂志在成都的增幅最大。

不同媒体的分区域增长态势显示，报纸在西北的增幅最大，广播在华中、西北的增幅最大，互联网在东北、华东和西北的增幅均较大，都超过了 10%，而

---

* 本文数据统计时间为 2010 年 1～6 月，2009 年 1～6 月，其中部分内容也使用到了 2008 年 1～6 月的数据。

** 沈颖，CTR 市场研究 MCB 总经理；李筱悠，CTR 市场研究 MCB 研究员。

杂志在华中和西北的增幅均较为显著。

总体来看，在互联网和其他新媒体的冲击下，传统媒体继续保持着较为稳固的地位，并没有受到剧烈的影响（见表1）。

表1　全国不同城市及区域五大媒体到达率

单位：%

地区 \ 项目 / 年份	电视(日到达)		报纸(日到达)		广播(日到达)		互联网(日到达)		杂志(周到达)	
	2009	2010	2009	2010	2009	2010	2009	2010	2009	2010
北京	92.5	93.3	75.8	77	22.7	27.2	54.6	58.6	21.9	25.1
上海	93.4	91.3	56.3	59.9	18.9	13.1	44.1	48.7	9.8	12
广州	98.1	97.9	73.3	76.5	6.1	4.2	38.0	42.4	14.8	21.5
成都	95.7	93.6	69.1	65.4	5.6	7.1	26.3	31.3	24.1	21.2
东北	88.6	88.6	61.5	63.1	16.8	18.6	29.6	38.3	11.8	11.7
华北	92.3	93.7	66.0	67.0	23.3	26.6	47.1	53.8	18.1	21.7
华东	90.6	91.0	68.9	70.7	13.8	12.9	38.3	45.0	16.4	16.7
华南	92.8	94.5	65.9	72.7	9.1	9.2	43.8	51.5	18.8	26.3
华中	88.8	88.4	61.1	63.2	8.3	6.4	37.4	46.4	9.9	8.6
西北	90.9	91.3	57.5	56.9	11.8	9.9	30.6	30.8	29.0	24.6
西南	89.8	92.2	58.5	59.6	6.9	6.7	28.1	33.7	21.8	16.3
总体	90.8	91.6	64.5	66.8	13.5	13.9	38.0	44.6	17.4	18.1

资料来源：CTR CNRS（中国城市居民调查）。

2. 四大媒体卷入度

2010年，全国城市居民对电视、报纸和广播三大媒体的日均接触时长都较2009年有所下降，唯有接触互联网的日均时长在增加。

通过不同媒体接触时长的横向比较，可以发现，电视仍然是接触时间最长的媒体类型，其次为互联网，接触时长也较多。相比之下，报纸、广播的日均接触时长要短很多。

分地域来看，虽然全国范围内电视的卷入度在下降，但北京、上海和成都三个城市居民的电视卷入度却有所上升，华东、华中和西南三个区域城市居民的电视卷入度也在增长，均呈现出与总体不同的发展态势。同样，即使报纸的卷入度在全国呈现出下降的态势，但北京城市居民对报纸的阅读时长却有所增长，而华北地区城市居民对报纸的卷入度也表现出了非降反增的趋势。不可否认，广播的日均接触时间在全国范围内是下降的，但北京、东北、华北这三个城市或地区城市居民对广播的接触时间却呈现出增长态势。互联网的卷入度在绝大多数城市和区域均表现上升趋势，然而在广州却有例外，2010年广州城市居民对互联网的卷入度较上年有所下降（见表2）。

表2　全国不同城市及区域四大媒体卷入度

单位：分钟

地区 \ 项目 年份	平均每天收看电视的时间		平均每天阅读报纸的时间		平均每天收听广播的时间		平均每天上网的时间	
	2009	2010	2009	2010	2009	2010	2009	2010
北京	179	187	42	43	15	19	129	144
上海	160	161	30	30	14	10	85	107
广州	179	154	39	33	7	4	63	57
成都	192	199	33	31	4	4	53	64
东北	205	191	37	35	15	16	66	83
华北	182	183	36	37	18	21	100	116
华东	162	165	34	34	10	8	79	95
华南	173	159	29	28	7	6	76	80
华中	161	168	31	27	8	6	79	92
西北	197	188	34	34	12	9	75	68
西南	184	188	29	28	6	4	61	66
总体	177	174	33	32	11	10	78	89

资料来源：CTR CNRS（中国城市居民调查）。
说明：媒体卷入度，即媒体接触时间。

二　报纸日到达率

1. 主要城市报纸日到达率

2010年与2009年相比，不仅报纸在全国城市居民总体中的日到达率有所上升，而且在北京、上海和广州三个一类城市里，报纸的日到达率也表现出喜人的增长，尤以上海的增幅为最大。

分城市的报纸阅读率显示，在2009～2010年里，报纸在北京、广州两个城市居民中的日到达率均超过全国城市居民总体的到达率水平（见图1）。

2. 报纸读者内容偏好

城市居民对报纸内容的关注度变化显示：2010年较之2009年，读者关注度表现出较明显的提升趋势的报纸新闻内容有以下几方面。

- 男性读者对国际新闻的关注度；

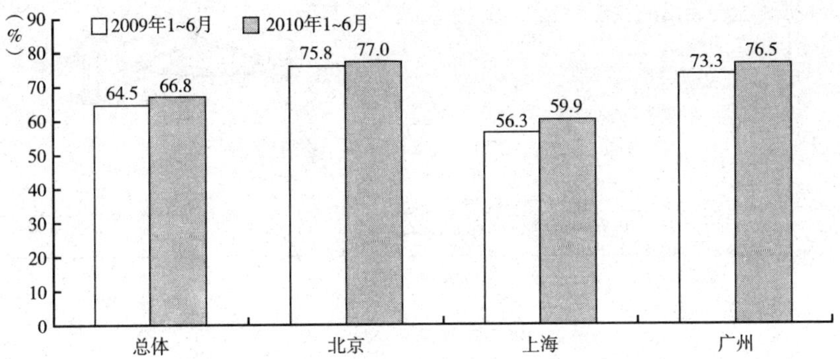

图1　2009～2010年报纸在北京、上海、广州日到达率的变化

资料来源：CTR CNRS（中国城市居民调查）。

• 25～44岁中青年读者对时政新闻的关注度；

• 全国城市居民总体、男性读者、女性读者及中青年读者对经济新闻的关注度；

• 城市居民总体，中青年、高学历（即大专及以上）读者，特别是男性读者、中青年读者和高学历读者对教育新闻的关注度。

与2009年相比，2010年读者关注度表现出较明显的提升趋势的报纸非新闻内容有：

• 全国城市总体，以及男性、中青年、高学历人群对房地产内容的关注度均呈现出了普遍的增长趋势；

• 男性、中青年、高学历读者对汽车内容的关注度更高；

• 男性、女性、中青年人群对天气预报都更为关注，总体和各主要类别细分人群对文学、历史、艺术、音乐类内容和娱乐内容的关注度普遍上升。

与此同时，对于情感/两性和体育这两类内容的关注度均表现出了普遍的下降趋势。

三　电视、互联网接触时间

分时段的收视比例显示，电视在晚间“黄金时间”的收视比例在2010年比上年更高，而此前的2009年也是比2008年的高。因此，可以说，电视观众进一步向晚间高峰时段聚拢。相应地，“黄金时段”的广告价值也将进一步提升（见图2）。

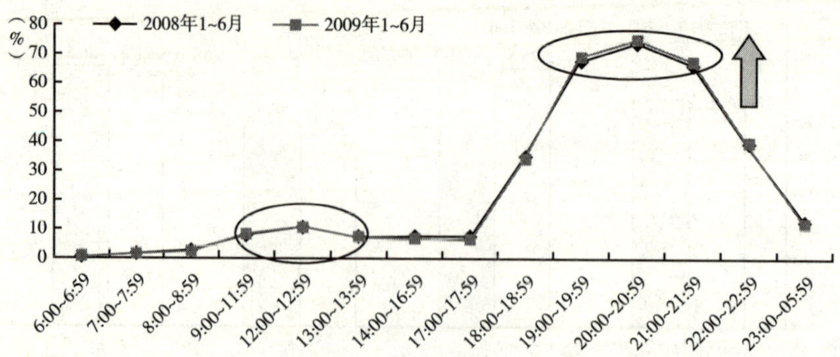

图 2　一天中不同时段收看电视的比例变化图

资料来源：CTR CNRS（中国城市居民调查）。

一天当中分时段的接触率显示，2010 年互联网的接触率与 2008 年、2009 年类似，依然是有三个高峰段，大约分别在上午 9:00～12:00，下午 2:00～5:00 和晚上 9:00～11:00 这三个时段里。2010 年，互联网在 9:00 以后的接触率均比上年更高，而尤以在上述三个高峰时段的接触率增幅更为显著。特别是在晚间的高峰时段，人们对互联网的接触率表现出最为显著的增长。

由此可见，如果说，电视的高峰日益趋于“单峰”的话，互联网的高峰则是日益趋于“三峰”的。这是互联网与电视高峰时段分布的重要差异。但互联网受众与电视受众一样，在晚间对这两类媒体的接触都是最为集中的，受众规模也是最大的。当然，这也意味着，互联网与电视争抢晚间受众的竞争将愈趋激烈（见图 3）。

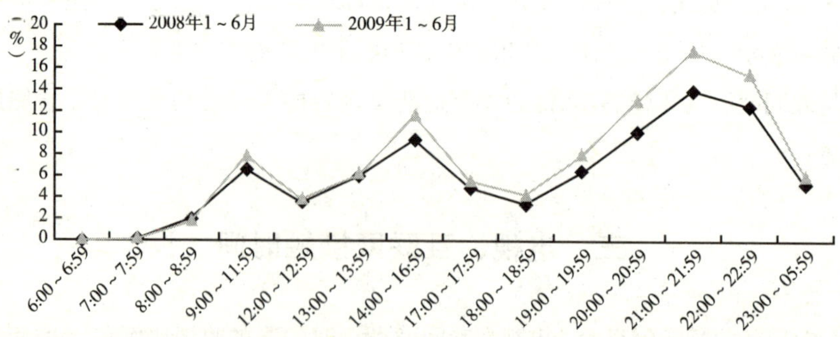

图 3　一天中不同时段上网的比例变化

资料来源：CTR CNRS（中国城市居民调查）。

四　电视、广播与互联网内容偏好、接触地点

1. 经常收看的电视节目内容

2010年和2009年相比，在观众经常收看的电视节目类型中，综艺娱乐节目、天气预报、经济节目、旅游休闲、选秀和电视购物节目等几类节目的经常接触率提升较大，而科技类节目经常接触率的下降则相对较大。

2. 经常收听的广播节目

与2009年相比，2010年，广播听众经常收听的广播节目里，新闻、交通路况信息、国内流行音乐歌曲和交通投诉等节目的经常收听率有所上升。特别是交通路况信息和交通投诉这两类广播节目的经常收听率增幅相对更为显著。

3. 收听广播的地点

在对广播收听地点连续三年的数据进行对比分析，广播收听的地点日益向家中和私家车中这两个地点大幅集中。其中，家中是听众收听广播最多的地点，在私家车中收听的比例位居第二。

4. 主要使用的互联网功能

2010年，受众对互联网的各类使用均呈现出更加活跃的面貌。并且，各主要功能的使用率的排名也与上年保持着较高的一致性。总体来看，与2009年类似。2010年使用搜索引擎获取资料仍是受众互联网应用的第一功能，聊天/交友位居第二，名列第三位的是玩网上游戏。此外，浏览生活休闲资讯、阅读门户网站新闻、阅读媒体网站新闻、观看上传视频和网上购物也是受众借助互联网来实现的主要功能类型。

五　杂志周到达率

2010年，杂志在一线城市的阅读率不仅有所增长，而且增幅较大。与此同时，其在二三线城市的阅读率变化则表现出了相反的趋势，均呈现出下降趋势，相对在三线城市的降幅更大一些。这与2008～2009年，杂志阅读率“一线降，二三线升”的趋势恰恰相反（见图4）。

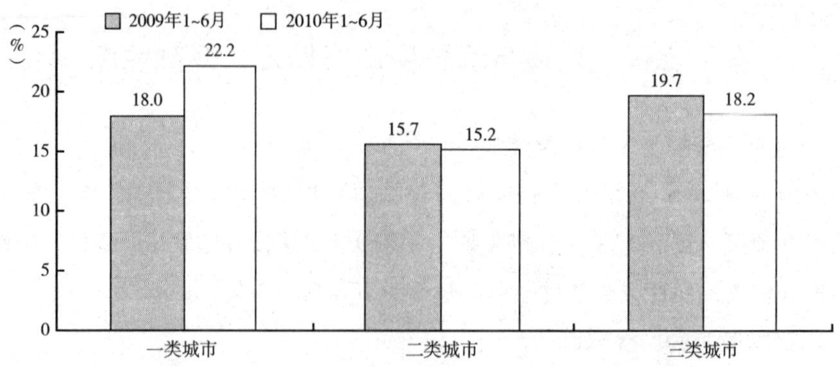

图 4　2009～2010 年杂志在三类城市周到达率变化

资料来源：CTR CNRS（全国城市居民调查）。

六　各媒体之间的渗透率

各媒体的相互渗透率是一个指标，借助相关数据，可以反映多媒体时代媒体间受众的争夺情况、媒体力量的角逐，以及受众在多媒体情境下的重叠接触情况。

从媒体间相互渗透的情况看，电视仍是渗透力最强的媒体类型，但其渗透率的跨年比较显示，2008～2010 年三年间，电视的渗透力总体上是呈下降趋势的，虽然其对报纸、互联网的渗透率在 2010 年较上年略有回升，但依然低于 2008 年的水平，所以总体上还是有所下降的。

报纸的渗透力仅次于电视，位居第二。并且其渗透率在近三年间呈现出增长的态势，仅在对杂志的渗透率上略有下降，对电视、广播、互联网的渗透率都有所提升。杂志的渗透力最弱，但其对互联网、电视的渗透率在近三年里保持在平稳状态，对广播、报纸的渗透率略有下降。广播对互联网的渗透率略有提高，对报纸、杂志、电视的渗透率略有下降。互联网对电视、杂志的渗透力很强，2008～2010 年三年间，呈现出大幅增长的态势，并且其对报纸的渗透率也表现出连续上升，但增幅不是很大。而互联网对广播的渗透率则不够强，三年间表现出先增后降的特点。

七　不同媒体在受众媒体接触时间中的份额

受众对不同媒体的接触时长在 2010 年均比上年有新的变化。电视的日均收视时长仍是最多的，几乎高达 3 个小时之多；其次为互联网，人们每天用于上网的平均时间已将近 1 个半小时，而且在可预期的将来，这一时长还会继续增长；报纸、广播、杂志的接触时长有所减少，但报纸、杂志接触时长的降幅比较微弱（见图 5）。

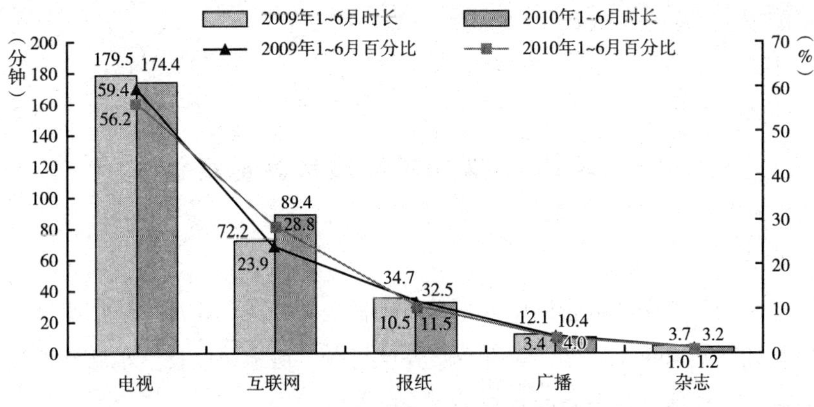

图 5　五大媒体日均接触时长及其占比

资料来源：CTR CNRS（全国城市居民调查）。

不同类型媒体接触时长在受众总接触时长中的占比变化为：除了互联网的占比有较大上升外，其余四类媒体的占比均有不同幅度的下降。这意味着，互联网对受众时间的争夺较为有力。

结　　语

基于 CTR CNRS 调查的上述数据和图表，可以总结出 2010 年媒体变化的特征。

- 在 2011 年，不同媒体都应着力发展和巩固自身的固有优势，同时借力其他媒体。

- 更优质的媒体内容、更好的媒体体验，都是受众所期望获得的。媒体也应据此来为受众全力“烹煮”、“调配”出最美妙的“媒体大餐”。

如能把握住上述两个要点，媒体实体和经营者方可在当今的媒体市场上占据一定的市场份额，赢得受众的瞩目。

B.35

2010 年中国报刊广告市场分析报告

梅花网

一　2010 年报刊媒体投放金额统计

1. 报纸

梅花调研数据中心最新调研数据显示，截至 2010 年 10 月，报纸媒体广告投放金额总计达到 369.8 亿元，零售及服务性行业、房地产以及汽车品类投放金额位居前三，占总体投放金额的 62%（见图 1）。

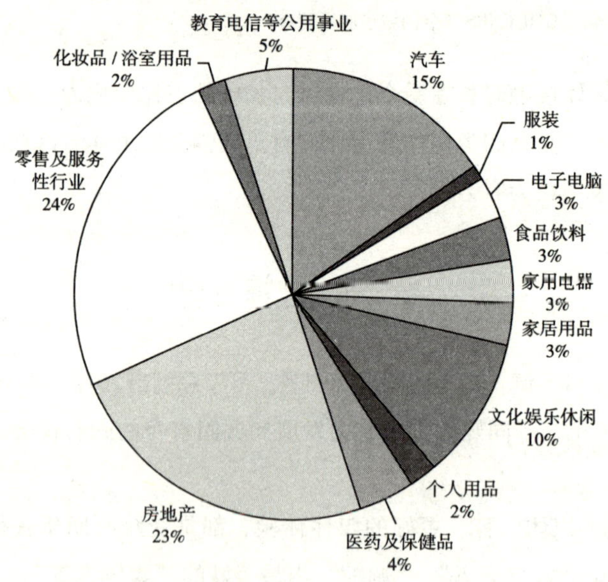

图 1　2010 年报纸广告收入构成

资料来源：梅花网。

2. 杂志

梅花调研数据中心最新调研数据显示，截至 2010 年 10 月，杂志媒体广告投放金额总计 135.8 亿元，化妆品/浴室用品、汽车以及个人用品品类投放金额位居前三，占总投放金额的 59%（见图 2）。

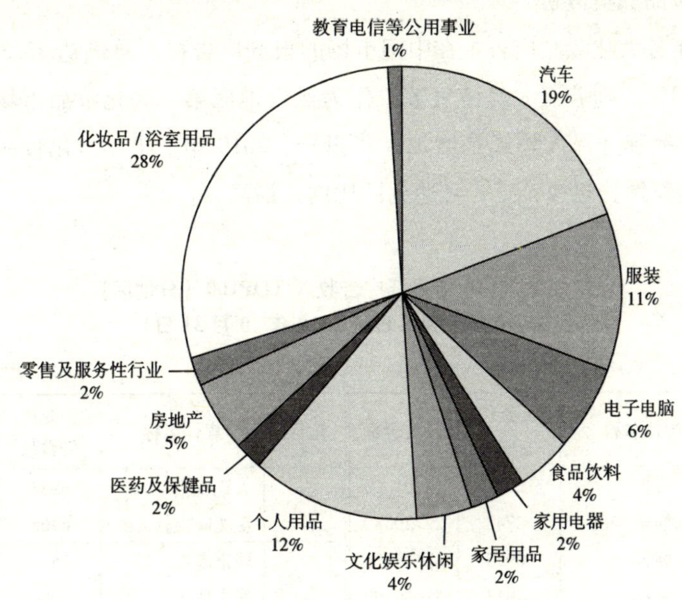

图 2　2010 年杂志广告收入构成

资料来源：梅花网。

二　主要广告主市场分析

1. 房地产品类分析

2010 年与 2009 年房地产品类广告的年投入趋势基本保持一致，4 月和 9 月为房地产广告集中投放时期，其主要得益于“五一”、“十一”，以及一些传统节假日带动的消费热潮。2010 年 4 月，由于二套房的界定、房地产市场调控“新国四条”以及“新国十一条”的颁布，房企争相观望，致使 5 月各广告主广告投放量急转直下，5 月和 6 月的投放金额均低于上年同期水平。随着调控声渐弱以及“金九银十”的到来，各大地产商加速推房入市，9 月迎来了广告投放金额的高峰。

2. 汽车品类分析

2010 年中国平面广告市场汽车品类的投放金额达到 81.5 亿元，同比增加 0.6%。得益于 2010 年第十一届北京国际车展的开幕，车购税优惠、新能源汽车补贴等一系列政策的相继出台，中国汽车市场广告投放量也呈现爆发式增长。

3. 化妆品品类分析

2010 年各大化妆品广告主在中国市场的报刊广告投入总额达 43.3 亿元，同比增长 0.19%。随着亚太经济复苏，作为亚太地区第二大化妆品市场，越来越多的化妆品品牌选择入华或是增加在华投资，2010 年上半年，化妆品品类报刊广告投放金额增长迅速，于 3 月达到同比增长最高点。

附表 1　2010 年报纸广告收入 TOP100（分地区）

（2010 年 1 月 1 日至 2010 年 10 月 31 日）

单位：次，万元

地区	媒体名称	工商广告数量	投放金额	地区	媒体名称	工商广告数量	投放金额
北京	北京晨报	2760	14701.09	辽宁	大连晚报	6933	36200.15
	北京娱乐信报	2743	22720.85		辽沈晚报	6465	55124.84
	法制晚报	6975	38312.06	吉林	城市晚报	2576	13201.6
	北京晚报	4913	51666.09		新文化报	3906	19323.99
	精品购物指南	6379	61313.65	黑龙江	新晚报	6951	35986.43
	北京青年报	6524	63212.49	上海	申江服务导报	1962	12527.92
	新京报	12540	78108.14		I 时代报	4794	21663.1
	京华时报	9750	85836.73		东方早报	4840	29458.91
天津	天津日报	1518	10919.8		新闻晚报	5265	35758.47
	每日新报	9943	45157.09		新民晚报	6172	49847.79
	今晚报	7085	56930.1		新闻晨报	8996	79399.36
河北	唐山晚报	3089	14168.62	江苏	扬州晚报	3923	12969.96
	燕赵晚报	4123	19917.45		东方卫报	2905	13507.6
	燕赵都市报	5187	32783.44		南京晨报	3162	14322.61
山西	山西晚报	3035	13686.46		姑苏晚报	4006	15244.06
	太原晚报	5142	20827.61		江海晚报	3297	15866.1
辽宁	沈阳日报	1400	16596.94		江南晚报	4577	25881.81
	沈阳晚报	3182	21585.89		扬子晚报	3551	27422.03
	半岛晨报	5676	30050.59		金陵晚报	7956	48778.83
	华商晨报	4997	31116.24		现代快报	9582	114654.37

续表

地区	媒体名称	工商广告数量	投放金额
浙江	每日商报	1440	12039.41
	今日早报	1556	13234.55
	杭州日报	1422	15038.28
	宁波晚报	4568	19279.66
	钱江晚报	3630	32093.68
	都市快报	5309	49662.77
安徽	合肥晚报	7696	31842.24
	新安晚报	7389	37753.23
福建	厦门日报	1883	12552.88
	东南快报	3698	14309.09
	福州晚报	3561	14500.02
	海峡都市报	5275	29368.34
江西	南昌晚报	3653	19395.95
	江南都市报	6248	26573.5
山东	烟台晚报	2864	10313.47
	济南时报	4350	14504.73
	青岛晚报	2781	17300.79
	鲁中晨报	4952	20745.47
	半岛都市报	7846	35430.57
	青岛早报	6182	37807.32
	齐鲁晚报	9446	79655.65
河南	东方今报	3039	14205.32
	河南商报	3750	17246.73
	郑州晚报	4163	21952.21
	大河报	9482	49711.61
湖北	长江商报	2296	15820.75
	长江日报	2169	19833.06
	武汉晨报	2806	22118.13
	楚天都市报	3784	35371.22
	楚天金报	3763	40404.1
湖南	三湘都市报	3998	18156.75
	长沙晚报	3457	27137.81
	潇湘晨报	6502	56267.93
广东	深圳晚报	2014	14323.87
	信息时报	3681	18382.05
	21 世纪经济报道	1884	19820.45
	新快报	3207	23928.67
	深圳商报	2193	25382.08
	晶报	3840	25979.16
	羊城晚报	3125	27448.99
	深圳特区报	4028	55567.7
	南方都市报	13449	77417.2
	广州日报	9681	88090.04
重庆	重庆晚报	4497	28039.32
	重庆时报	4803	37584.23
	重庆晨报	6949	50169.02
	重庆商报	6694	64225.29
四川	华西都市报	8990	74252.17
	成都商报	10876	97925.73
贵州	贵阳晚报	4372	25855.2
云南	生活新报	3672	12735.5
	都市时报	4349	22564.86
	春城晚报	6205	22604.04
陕西	西安晚报	2095	11080.48
	华商报	9422	47774.27
甘肃	兰州晚报	4243	22500.29
广西	南国早报	4808	17086.66
内蒙古	呼和浩特晚报	3464	15198
新疆	都市消费晨报	4071	19910.65
全国	环球时报	1564	11352.41

说明：本报告根据梅花网广告监测动态数据汇集而成，不代表梅花信息的观点，数据仅供参考。广告投放金额均根据广告刊例价格核算，不计算分类广告。

附表 2　2010 年杂志广告收入 TOP100（分类别）

（2010 年 1 月 1 日至 2010 年 10 月 31 日）

单位：次，万元

分类	媒体名称	工商广告数量	广告投放金额
健康与家庭生活	时尚健康(女士版)	382	14142.50
	时尚家居	410	8835.11
	时尚健康(男士版)	279	8617.38
	心理月刊	270	8440.97
	瑞丽家居	445	6890.22
	健康之友	382	6330.50
	妈咪宝贝(孕0~3岁)	643	5625.72
	ELLE 家居廊	337	4625.40
经济与管理	财经	760	15109.59
	财富	514	14605.07
	第一财经周刊	820	10946.65
	中国企业家	520	7968.44
	福布斯	276	6502.83
	安家	338	6320.61
	胡润百富	275	5449.48
	世界经理人	231	5322.84
	哈佛商业评论	283	4857.51
	环球企业家	337	4357.23
	成都楼市	294	4293.85
	红地产	164	4120.64
	商界	873	3805.34
	理财周刊	524	3770.48
	上海楼市	485	3713.81
汽车	名车志	577	13313.65
	汽车杂志	668	12837.89
	车主之友	402	12143.81
	汽车族	466	10365.65
	动感驾驭	395	9343.80
	座驾	268	9275.67
	车王	360	8983.72
	轿车情报	279	8786.49
	汽车与你	336	8745.86
	汽车生活	205	6528.88
汽车	汽车导报(综合版)	307	6418.77
	汽车博览	198	6148.55
	汽车之友(上半月)	339	5333.01
	汽车之友(下半月)	314	5085.68
时尚美容服装	时尚伊人	1168	67696.49
	世界时装之苑	1476	63661.12
	瑞丽服饰美容	1181	48323.03
	时尚芭莎	933	46610.50
	服饰与美容	1118	44061.26
	瑞丽伊人风尚	1055	43553.46
	周末画报	3397	43014.88
	悦己	754	27455.79
	嘉人	781	24114.87
	时尚先生	547	17817.43
	优家画报	882	16856.43
	外滩画报	1456	14716.58
	智族 GQ	371	12809.90
	伊周	728	11253.23
	姐妹	393	10521.78
	望	522	10284.19
	缤纷旭茉	404	10267.75
	红秀	387	10240.67
	风尚志	564	10126.42
	时装	310	9921.94
	都市丽人	381	9619.13
	商品评介	288	8438.29
	时装(男士版)	203	8108.70
	时尚芭莎男士	273	7692.91
	瑞丽时尚先锋	387	7588.06
	今日风采	446	7342.64
	男人装	261	7324.98
	优品	284	7224.19
	达人志(中国文艺家)	392	6229.21

续表

分类	媒体名称	工商广告数量	广告投放金额	分类	媒体名称	工商广告数量	广告投放金额
时尚美容服装	昕薇	344	6112.80	体育运动与兴趣爱好	华夏地理	188	4264.99
	米娜	345	5667.15		高尔夫	289	4021.37
	新娘	207	5596.99	文学文化艺术	北京青年周刊	1388	9894.27
	世界都市	239	5562.67				
	淑媛	269	4960.57	新闻时事评论	三联生活周刊	1280	12033.82
	明日风尚	250	4947.12		中国新闻周刊	754	6664.55
	型时代	196	4632.55		新周刊	601	6610.59
	橘子	351	4453.38		看天下	403	5041.86
	品位	332	4342.41		南方人物周刊	527	4579.92
	时尚新娘	180	3938.17		新民周刊	440	3718.19
	罗博报告	163	3936.34	英文及免费杂志	中国之翼	925	22120.09
	格调	341	3905.84		东方航空	948	19654.90
	中国美容时尚报（时尚版）	382	3802.01		中国民航	784	12884.75
					南方航空	1016	12010.64
体育运动与兴趣爱好	中国国家地理	302	8391.51		富甲天下	576	10334.40
	私家地理	335	7237.99		生活速递	211	7138.78
	时尚旅游	286	6820.96		头等舱	392	4999.05
	体育画报	237	4454.88		上海航空	328	4983.57

说明：本报告根据梅花网广告监测动态数据汇集而成，不代表梅花信息的观点，数据仅供参考。广告投放金额均根据广告刊例价格核算，不计算分类广告。

B.36

中国公益广告的发展

刘林清*

中国对于优秀公益广告的评选主要有两项活动：第一个是政府奖，党和政府主办的优秀公益广告的评选活动，即全国优秀公益广告作品评选活动；第二个是行业协会奖，即中国广告协会主办的中国公益广告黄河奖。另外，中央电视台与企业合作，探索出一条媒体、企业和广告客户三方互补共赢的推出优秀公益广告的有效途径。其推出的公益广告在我国产生了较大的影响。中国公益广告按照主题可以分为以下三类：政治类的公益广告，体现党和政府的执政方略；民生类的公益广告，以公信良俗内容为主题；环保类的公益广告，以环境保护为主题，倡导绿色低碳生活环保意识。

一　中国政府对公益广告的评选

在中国，公益广告既是广告事业的重要组成部分，也体现了党和政府的执政方略。公益广告改变了党和政府一贯的严肃说教模式，使方针政策的内容以寻常百姓喜闻乐见的形式呈现在世人面前，体现了“以人为本”和科学发展观的执政理念，形成了中国特色的政治广告。

中国公益广告的政治性主要表现在两个方面。其一，组织和倡导公益广告的机构是党、政领导机关。党的部门包括：中央宣传部、中央精神文明办和中央纪律监察委员会等；政府部门包括：国家工商行政管理总局、国家广电总局、新闻出版总署、文化部和地方政府等。其二，公益广告的主题表现党和政府的执政方向。例如：2008 年 4 月，中央精神文明办组织“迎奥运、讲文明、树新风”公益广告活动；2009 年 4 月，中央纪委办公厅、中央宣传部办公厅、国家工商行政管理总局办公厅、国家广电总局办公厅在全国推出“扬正气，促和谐”全国

---

* 刘林清，中国传媒大学广告学院教授、全国公益广告创新研究基地秘书长。

廉政公益广告作品；2009年国家工商行政管理总局、中央精神文明办组织了第八届（2007～2008年度）全国优秀公益广告作品评选活动等。

二　中国广告协会对于环境保护公益广告的评选

中国广告协会是中国广告的行业组织。1989年，中国广告协会举办了首届“全国优秀广告作品展”，截止到2010年已经连续举办了十六届，并在2009年和2010年设立中国公益广告黄河奖。新设立的公益广告黄河奖与原来设立的“长城奖”成为一年一度的广告节的两大奖项。2010年第十六届中国国际广告节公益广告的创作主题是：低碳时代。参赛作品的创意表现了人类社会与生态环境和谐发展的理念，围绕全球可持续发展理念和“低碳革命”发展趋势，围绕以“低能耗、低污染、低排放”为基础的低碳经济模式和低碳生活方式，倡导“经济社会发展与资源环境保护双赢”的发展目标。

三　中央电视台与企业共同探索环保类公益广告创作的新路

相较于其他媒体形式的公益广告，电视公益广告的影响是生动而且深远的。它利用各种艺术手段，运用准确而生动的艺术语言，将深刻的思想内涵融入生动感人的视觉形象之中，并通过多时段高频次地播出，在短时间内达到一种“势”，从而打动观众，影响观众。一则好的电视公益广告可以深入百姓心灵，它所营造的气氛和声势是其他宣传形式无法比拟的。中央电视台作为国家电视台，肩负着推动中国经济和社会健康发展的责任。这个责任意味着对社会效益和经济效益统一的追求。引领电视媒体发展方向，引领健康舆论发展的功能，坚持把社会效益放在首位，才能树立中央电视台作为国家大台的品位和风范。长期以来对公益广告的重视突出体现了中央电视台国家级传媒机构的责任与品质。据统计，中央电视台从1987年播出《广而告之》栏目开始，20多年来持续对公益广告的创意、制作和播出给予投入，近5年，16个频道每年播出的公益广告对应的时段价值高达10亿元。

中国有关的行政规章规定公益广告不能等同于商业广告运作。中国的电视公益广告制作、播出主要依靠政府力量推动，电视台出资，完全区别于商业广告业务的管理方法，公益广告不是企业、广告经营单位的自觉作为。近年来，在广电总局政策的支持下，中央电视台尝试与企业合作，植入商业企业品牌，开创媒体、广告公司和企业共赢的新路。中央电视台开办了《公益广告也是一盏灯》的节目，与海通广告公司进行合作，2010 年连续推出 22 条公益广告，其中环保类公益广告约占 14%。

四 中国公益广告学术研究的发展方向

中国公益广告的研究是伴随着公益广告的出现而产生的。中国的公益广告始于 1986 年，其后就有关于公益广告的文章，但大都止于报道层次。真正发表于期刊网上的学术论文是在 1991 年，此后关于公益广告的学术研究才逐渐兴起。2005 年以后，伴随着党和政府、媒体、企业、社会组织等的积极倡导和参与，公益广告学术论文数量猛增，在延续上一阶段对公益广告主题和内容研究的基础上，对公益广告的发展方向和运行机制等关键问题进行深刻的探讨。

当前，公益广告学术研究的主要特点表现在以下几方面。第一，中外学者和机构同时开展公益广告研究。学者将视角转移到国外，研究国外发达国家成熟的公益广告发展经验与模式，以期为中国公益广告的发展提供借鉴与参考；国外科研机构开始关注和研究中国的公益广告。第二，研究影响中国公益广告长远发展的重要问题——公益广告的运行机制，包括资金来源、各行为主体（政府、媒体、企业、广告公司）的职能，以及在中国特殊背景下运作的可行性问题。第三，国家机关下发文件成立全国公益广告创新研究基地，将公益广告看成一项事业，研究其自产生后所经历的发展历程。研究者对国外公益广告的特点、中国公益广告的运行机制、公益广告的历史这三个方向的重点关注，标志着中国公益广告学术研究开始走向成熟。

公益广告深层次的研究涉及不同国家政治制度和文化比较等方面的课题，因此，中外学者开展公益广告学术研究交流合作是必要的。2008 ~2011 年中国教育部和荷兰皇家科学院建立科研项目，研究中国公益广告，开公益广告国际化研究的先河。

目前中国对于公益广告的研究有诸多不足之处，制约了公益广告事业的发展。例如：公益广告资金不足的问题、公益广告分类方法简单和缺乏对公益广告科学选题研究的问题、公益广告效果研究缺位的问题等。我们相信，随着中国经济的不断发展、广告监管法制的不断健全，公益广告运行机制会不断完善，中国政府、媒体、企业、广告行业会共同加大资金投入，扩大制作规模和水平，使公益广告通过媒体有效地向公众传播，让公益广告真正成为一盏明灯，照亮社会的各个角落。

其　他

Miscellaneous

B.37

2010年中国传媒产业投融资发展报告

蓝皮书课题组*

2010年正值中国资本市场发展的第20年。20年间，我国资本市场大力推进市场经济体制的发展，进一步完善我国现代金融体系，推广现代市场经济理念。在传媒产业领域，1992年12月8日“*ST传媒”的上市，标志着中国传媒产业资本市场时代的到来（见表1）。此后，一批又一批的传媒公司通过资本市场配置资源，传媒业逐步成为支持我国文化创新产业的重要组成部分。与此同时，借助中国经济的高速发展和人均GDP的增长，传媒资本市场发展前景更加广阔。目前，中国资本市场传媒产业发展环境逐步优化，平面媒体政策相对宽松，广电媒体市场准入大门渐启，市场拓新先机显现，传媒投融资市场总体呈现良好的发展势头。

表1　在沪深两市上市的传媒企业情况一览

单位：百万股

证券代码	证券简称	首发上市日期	总股本
000504. SZ	*ST传媒	1992-12-08	311.5739
600825. SH	新华传媒	1994-02-04	1044.8879
600832. SH	东方明珠	1994-02-24	3186.3349
600831. SH	广电网络	1994-02-24	563.4385
600880. SH	博瑞传播	1995-11-15	615.8201
600088. SH	中视传媒	1997-06-16	331.422
000793. SZ	华闻传媒	1997-07-29	1360.1326
000917. SZ	电广传媒	1999-03-25	406.3784
600037. SH	歌华有线	2001-02-08	1060.3609
600386. SH	北巴传媒	2001-02-16	403.2
600551. SH	时代出版	2002-09-05	421.5211

* 本文由王卓彦根据蓝皮书课题组数据库资料整理写作。

续表 1

证券代码	证券简称	首发上市日期	总股本
002181. SZ	粤 传 媒	2007-11-16	350. 1619
601999. SH	出版传媒	2007-12-21	550. 9147
002238. SZ	天威视讯	2008-05-26	267
002261. SZ	拓维信息	2008-07-23	145. 3558
002292. SZ	奥飞动漫	2009-09-10	256
300027. SZ	华谊兄弟	2009-10-30	336
002315. SZ	焦点科技	2009-12-09	117. 5
601801. SH	皖新传媒	2010-01-18	910
300058. SZ	蓝色光标	2010-02-26	120
300059. SZ	东方财富	2010-03-19	140
300071. SZ	华谊嘉信	2010-04-21	51. 7553
300079. SZ	数码视讯	2010-04-30	112
002400. SZ	省广股份	2010-05-06	82. 3718
300104. SZ	乐 视 网	2010-08-12	100
300113. SZ	顺网科技	2010-08-27	60
002467. SZ	二 六 三	2010-09-08	120
300133. SZ	华策影视	2010-10-26	56. 48
300148. SZ	天舟文化	2010-12-15	75
601098. SH	中南传媒	2010-10-28	1796

说明：采用 2010 年 12 月 31 日当日交易数据。

一　2010 年传媒新股投融资情况

2010 年，我国有 12 家传媒企业在大陆挂牌上市，刷新了以往任何一年的上市数值，同时，这些上市公司在企业类别和业务构成等方面也有新突破。皖新传媒是 2010 年在上海证券交易所上市的第一家传媒企业，随后，蓝色光标与华谊嘉信相继上市，标志着我国营销公关类企业进入资本市场发展的时代。东方财富、数码视讯、省广股份、乐视网、顺网科技、二六三、华策影视、天舟文化、中南传媒的上市也为传媒板块注入了新的活力。12 家企业合计募集资金 154. 1 亿元，传媒股市盈率普遍高出市场平均值，近 5 年来，传媒板块的估值倍率是大盘的 1. 5 ~ 3. 7 倍。目前传媒板块整体 PE 值为全部 A 股 PE 的 2. 72 倍①，可见投资者对传媒板块有更多的预期，导致其溢价较高（见表 2）。

① 数据来源：中投证券《传媒行业 2010》上市公司分析。

表2　2010年传媒新股投融资情况一览

证券简称	股票代码	上市日期	总股本（百万股）	市盈率*（%）	总市值**（亿元）	首发募集资金（亿元）
皖新传媒	601801	2010-01-18	910	45.5251	137.683	12.98
蓝色光标	300058	2010-02-26	120	66.8503	42.36	6.772
东方财富	300059	2010-03-19	140	99.6301	74.55	14.203
华谊嘉信	300071	2010-04-21	51.7553	54.1036	17.2086	3.25
数码视讯	300079	2010-04-30	112	61.1386	79.2064	16.772
省广股份	002400	2010-05-06	82.3718	61.5907	42.6274	8.1988
乐视网	300104	2010-08-12	100	99.8969	64.38	7.3
顺网科技	300113	2010-08-27	60	112.3374	41.64	6.447
二六三	002467	2010-09-08	120	54.8304	38.412	7.8
华策影视	300133	2010-10-26	56.48	60.2333	65.5168	9.6016
天舟文化	300148	2010-12-15	75	65.8104	20.5425	4.1572
中南传媒	601098	2010-10-28	1796	35.1227	215.1608	42.4268
合计募集资金（亿元）			154.1114			

说明：*以2010-12-31当日收盘数据为计算标准；**依据中国证监会算法，交易日期依照2010-12-31当日数据。

二　2010年中国传媒上市公司总市值概况

2010年，资本市场传媒企业总市值为2248亿元，增幅高达44.20%。其中2010年新上市企业新增总市值624.1亿元，占全年新增总市值的90.56%。涨幅排在前三位的分别是广电网络、中视传媒、电广传媒，分别为51.30%、41.51%与35.41%。在平面媒体板块，行业整体特征不明显，各企业涨跌互现，增幅较大的是博瑞传媒与粤传媒。广告业板块走势不理想，只有两支新股拉动增长。动漫产业与网络媒体板块则有增无减（见表3）。

表3　传媒上市公司总市值概况（以2010年12月31日收盘价计算）

单位：亿元

	证券简称	2010总市值*	2009总市值**	变化*
平面媒体	新华传媒	81.0833	102.4861	↓
	博瑞传播	120.5776	101.0649	↑
	*ST传媒	29.5372	25.4556	↑
	华闻传媒	79.9758	95.4813	↓
	粤传媒	45.451	34.9812	↑
	时代出版	70.394	73.3949	↓

续表 3

	证券简称	2010 总市值*	2009 总市值**	变化
平面媒体	皖新传媒	137.683	—	—
	出版传媒	58.397	62.033	↓
	天舟文化	20.5425	—	—
	中南传媒	215.1608	—	—
广播电影电视业	东方明珠	271.1571	361.9676	↓
	数码视讯	79.2064	—	—
	歌华有线	132.5451	150.4652	↓
	广电网络	58.0342	38.3572	↑
	中视传媒	52.8287	37.3323	↑
	电广传媒	99.1563	73.2294	↑
	天威视讯	72.624	56.630777	↑
	华谊兄弟	98.5488	93.1224	↑
	华策影视	65.5168	—	—
广告营销	北巴传媒	41.2877	58.8672	↓
	省广股份	42.6274	—	—
	蓝色光标	42.36	—	—
	华谊嘉信	17.2086	—	—
动漫产业	奥飞动漫	89.5488	67.984	↑
网络媒体	二 六 三	38.412	—	—
	拓维信息	57.8371	44.7249	↑
	乐 视 网	64.38	—	—
	顺网科技	41.64	—	—
	东方财富	74.55	—	—
	焦点科技	90.4163	81.2865	↑
	东方财富	74.55	—	—
市值合计	2248.0767(2010 年)		1558.8644(2009 年)	↑

说明：* 依照中华人民共和国证监会算法计算，采用 2010 年 12 月 31 日当日交易数据；** 采用 2009 年 12 月 31 日当日交易数据，空白数据因该企业 2009 年未上市。

三 2010 年传媒上市企业运营概况

2010 年，传媒上市企业运营状况整体良好，传统广播电视媒体产业保持平稳较快发展，净资产收益率比 2009 年同期有一定的增长，如中视传媒、东方明珠。受出版业改制等政策性影响，平面媒体类企业增幅较大，如新华传媒、时代出版、出版传媒。随着我国电影票房收入的飞速发展，影视类企业如华谊兄弟、

华策影视有相当不俗的表现。网络媒体整体具有较高收益率，其平均水平高于其他传媒子行业（见表4）。

表4　传媒上市企业运营概况

单位：元，%

类　别	证券简称	每股收益 EPS (TTM)	净资产收益率 ROE (TTM)	总资产报酬率 ROA (TTM)
平面媒体	新华传媒	0.1995	9.5314	6.2858
	博瑞传播	0.5196	20.4715	18.5102
	*ST 传媒	-0.3947	-84.6473	-30.5608
	华闻传媒	0.1622	9.1418	12.517
	粤 传 媒	-0.2621	-7.6325	-7.1349
	时代出版	0.5686	9.2353	7.3768
	皖新传媒	0.3323	9.0323	
	出版传媒	0.2333	8.4259	4.8618
	天舟文化	0.4162	26.9902	
	中南传媒	0.3411	22.2035	7.8212
广播电影电 视 业	中视传媒	0.3535	12.3603	9.1981
	东方明珠	0.1581	7.0302	6.521
	数码视讯	1.1567	6.19	
	歌华有线	0.3728	8.1483	4.7937
	广电网络	0.1718	7.6762	4.4819
	电广传媒	0.1019	2.0623	3.4422
	天威视讯	0.2792	5.8905	5.9093
	华谊兄弟	0.3984	8.9933	8.5448
	华策影视	1.9258	40.8342	
广告营销	北巴传媒	0.326	11.0243	8.8437
	省广股份	0.8402	6.9578	
	蓝色光标	0.528	7.3323	9.2566
	华谊嘉信	0.6146	7.8349	
动漫产业	奥飞动漫	0.4123	8.3022	7.7809
网络媒体	二 六 三	0.5838	6.7696	
	拓维信息	0.7114	15.1102	14.4433
	乐 视 网	0.6445	7.012	
	顺网科技	0.6178	5.4669	
	东方财富	0.5345	4.7013	3.9772
	焦点科技	1.0703	8.4153	7.0548

四　2010年传媒上市企业盈利概况

综合看，除新上市的中南传媒，平面媒体的盈利普遍不高，其营业收入额基本维持在100多万至2000万元之间，行业盈利表现参差不齐。部分企业受宏观政策与企业重组事项影响较大，以传统报纸为主的上市公司成长性较低。与其他媒体行业相比，广播电影电视业的盈利状况较为乐观，利润率较高。广电业总体具有高成长性，电影行业尤为突出。2010年，华谊兄弟、华策影视的营业总收入同比分别增长62.26%与138.26%，结合2010年中国影片产量与票房表现，电影业可谓中国传媒产业中极具潜力的子行业。广告营销业利润率低，成长性高，2010年该行业从地域和广告额上都有大幅提高，其营业收入高于其他子行业。网络媒体营业收入一般，但其利润率高成长性好（见表5）。

表5　传媒上市企业盈利概况

类　别	证券简称	每股营业总收入*（元）	营业总收入**（百万元）	营业总收入***同比增长率（%）	净利润****（百万元）
平面媒体	新华传媒	1.4788	1545.1776	-4.0765	144.087
	博瑞传播	1.3997	861.9664	32.3647	269.2942
	*ST传媒	0.4029	125.5434	52.4064	-4.3924
	华闻传媒	1.761	2395.1988	40.3629	324.9502
	粤传媒	0.6965	243.8943	-17.0626	11.8532
	时代出版	3.3291	1403.2806	8.0149	185.9762
	皖新传媒	2.1588	1964.4813	7.1082	232.1144
	出版传媒	1.9239	1059.9122	9.5783	70.1452
	天舟文化	2.631	147.3352	56.1492	26.2092
	中南传媒	2.2069	3085.224	25.5527	449.723
广播电影电视业	中视传媒	2.4284	804.8361	6.7951	34.6114
	东方明珠	0.5942	1893.4219	37.1897	446.4614
	数码视讯	2.1576	241.6517	25.9836	106.4584
	歌华有线	1.2695	1346.1511	28.9658	311.8647
	广电网络	1.5639	881.1544	24.5819	71.793
	电广传媒	11.3923	4629.5792	53.5437	135.7499
	天威视讯	2.213	590.8583	5.1855	54.5973
	华谊兄弟	1.6047	539.1925	62.26	84.2889
	华策影视	5.723	242.4254	138.2564	84.9049

续表 5

类　别	证券简称	每股营业总收入(元)	营业总收入(百万元)	营业总收入同比增长率(%)	净利润(百万元)
广告营销	北巴传媒	3.2261	1300.7548	19.7982	103.9272
	省广股份	24.9517	2055.3189	70.1279	53.3294
	蓝色光标	2.6996	323.9529	33.0636	56.9359
	华谊嘉信	7.3522	380.5138	22.3716	21.2486
动漫产业	奥飞动漫	2.0225	517.7628	8.5488	75.3119
网络媒体	二六三	1.8223	218.6811	-1.0192	55.3293
	拓维信息	1.7405	252.9877	13.3275	84.0207
	乐视网	1.7305	173.0532	66.9576	50.5242
	顺网科技	1.5124	90.7468	61.3044	29.568
	东方财富	0.954	133.5658	14.2727	92.7281
	焦点科技	1.9246	226.1397	42.7956	

说明：* 2010年第三季度；** 2010年第三季度；*** 2010年第三季度同2009年同期对比；**** 2010年第三季度。

2010年我国传媒资本市场发展势头强劲、成果颇丰，行业利好消息频现。2010年4月9日，中宣部、中国人民银行、财政部、文化部、广电总局、新闻出版总署等九部委联合发出《关于金融支持文化产业振兴和发展繁荣的指导意见》，明确要求：第一，金融机构要根据文化企业的不同特点，积极开发适合文化产业特点的信贷产品，加大有效的信贷投放，建立符合监管要求的灵活的差别化定价机制；第二，推动符合条件的文化企业上市融资；第三，鼓励多元资金支持文化产业发展。该意见从金融领域为传媒业的发展提供了支持，可谓鼓舞人心。

在各种政策的助推下，传媒产业进入了“爆发期”。文化体制改革推进以及文化消费升级，势必引领整个产业释放前所未有的潜力。此外，三网融合、跨区域整合、高清电视、互动电视、下一代广电网、融资上市等一系列举措，将使我国传媒业在2011年有突破性进展，传媒资本市场总市值、募集资金、营业收入等方面也将会有大幅的提升。

B.38
2010 年中国通信产业发展概况

蓝皮书课题组*

一 通信网络建设

1. 宽带网络

宽带产业是当前信息产业发展空间最大的产业之一。工业和信息化部表示，2010 年我国宽带市场总体规模达 2000 亿元，宽带增值业务达到 1240 亿元。①

近年来，我国宽带网络覆盖率和接入速率不断提高。据工业和信息化部统计，2010 年，全国光缆线路长度净增 166 万公里，达到 995 万公里。基础电信企业互联网宽带接入端口净增 4924 万个，达到 18760 万个。全国互联网国际出口带宽达到 1098957Mbps（见表 1）。

表 1 2010 年主要电信能力指标增长情况

指标名称	单 位	2010 年	比上年末净增
光缆线路长度	万公里	995	166
固定长途电话交换机容量	万路端	1644	-41
局用交换机容量	万门	46559	-2707
移动电话交换机容量	万户	150518	6433
互联网宽带接入端口	万个	18760	4924
互联网国际出口带宽	Mbps	1098957	232590

资料来源：工业和信息化部《2010 年全国电信业统计公报》（2011 年 1 月）。

为了落实《电子信息产业调整和振兴规划》，2010 年 4 月，工业和信息化部、国家发改委、科技部、财政部、国土资源部、住房和城乡建设部、国家税务

* 本文由暨晗姿根据蓝皮书课题组数据库资料整理写作。

① 《我国光缆线路长度达 859.3 万公里》，2011 年 1 月 18 日《信息通信导报》。

总局联合印发了《关于推进光纤宽带网络建设的意见》（下称《意见》）。该《意见》要求，到2011年，我国光纤宽带端口超过8000万个，城市用户接入能力平均达到8兆比特每秒以上，农村用户接入能力平均达到2兆比特每秒以上，商业楼宇用户基本实现100兆比特每秒以上的接入能力。三年内光纤宽带网络建设投资超过1500亿元，新增宽带用户超过5000万户。①

2. 3G网络

2009年1月7日，我国工业和信息化部为中国移动、中国电信和中国联通三家单位发放了第三代移动通信（3G）牌照，分别批准其增加基于TD-SCDM、CDMA2000及WCDMA技术制式的3G牌照，3G正式投入商用。

中国的移动宽带成长相当迅速。工业和信息化部总工程师朱宏任在2010年10月28日的前三季度工业通信业运行情况新闻发布会上的发言说，截至2010年9月底，我国3G基站约54.2万个，3G网络已覆盖全国大部分地市、县城和部分重点乡镇。27个城市已经通过TD无线城市建设开展业务应用，CDMA2000和WCDMA在重点领域和行业的信息化应用也初见规模。② Ovum预测，移动宽带的成长将快过固网宽带，而且在2014年将占有整体宽带用户70%的市场。③

2010年3月，工信部等八部委联合印发了《关于推进第三代移动通信网络建设的意见》，提出3G发展规划：到2011年，3G网络覆盖全国所有地级以上城市及大部分县城、乡镇、主要高速公路和风景区等，3G基站超过40万个，3G用户达到1.5亿户。

二　用户规模

1. 固定电话用户

固定电话用户继续流失，用户总量不断下降。全国固定电话用户减少1935万户，达到29438万户。固定电话普及率为22.1部/百人，比2009年底下降1.5个百分点。

---

① 《关于推进光纤宽带网络建设的意见》，工信部联通〔2010〕105号，2010年4月。

② 《3G产业链成熟度逐步提升　总数达到3499万户》，载2010年10月29日《上海证券报》。

③ 《中国宽带市场预测（2010～2014）》，2010。

2. 移动用户

随着基础通信资源和通信能力的不断增长，全国电话用户数量逐年增加。2010 年，全国电话用户净增 9422 万户，总数达到 114862.8 万户。其中，移动电话用户 85900 万户，在电话用户总数中所占的比重达到 74.5%，是固定电话用户的 3 倍左右。

随着移动通信技术和通信基础资源的发展，以及移动通信资费的不断下降，我国移动电话用户规模保持稳定增长。2010 年，全年移动电话用户净增 11179 万户，创历年净增用户新高，用户总数达到 85900 万户。截至 2010 年底，全国移动电话普及率达到 64.4 部/百人，比 2009 年底提高 8.1 个百分点。上海移动电话普及率居全国第一，达 122.9 部/百人；北京地区以 121.4 部/百人的移动电话普及率居全国第二。

三大运营商最新公布的运营数据显示，截至 2010 年底，中国移动总用户数量累计达 58401.7 万户，2010 年净增 6173.4 万户。① 中国联通的移动用户总数为 16743 万户，② 中国电信的移动用户达到 9052 万户。③

3. 3G 用户

随着网络智能手机价格和通信成本的降低，及 3G 应用的用户体验逐步提升，2010 年 3G 用户出现了高速增长。截至 2010 年底，全国 3G 用户净增 3683.4 万户，累计达到 4705.2 万户。其中，中国移动 3G 用户最多，达 2070.2 万户；中国联通达到 1406 万户；中国电信达到 1229 万户。④ 2011 年我国 3G 将进入规模发展期，预计全年新增 3G 用户 6000 万户左右，3G 用户总数将超过 1 亿户。

4. 互联网用户

2010 年，全国网民数净增 0.73 亿人，累计达到 4.57 亿人。互联网普及率达到 34.3%，比上年底提高 5.4 个百分点。

互联网用户宽带化趋势明显。2010 年，基础电信企业的互联网拨号用户减少 164 万户，达到 590 万户。在拨号用户不断减少的情况下，宽带网民数净增

---

① 中国移动公布的营运数据，http：//www.chinamobileltd.com/ir.php? menu = 11。

② 中国联通公布的营运数据，http：//www.chinaunicom.com.hk/tc/investor/ir_data.html。

③ 中国电信公布的营运数据，http：//www.chinatelecom-h.com/gb/ir/kpi.php。

④ 三大运营商公布的营运数据，2011 年 1 月。

1.04 亿人，达到 4.5 亿人，占网民总数的 98.3%。而互联网宽带接入用户净增 2236 万户，达到 12634 万户。

工业和信息化部表示，中国的宽带用户年度增长率高达 25%。据市场研究公司 Ovum 预测，到 2014 年，中国的固网宽带用户将增长到 1.74 亿人，届时所有的宽带用户（包含移动宽带）将超过 5.51 亿人（见表 2）。

表 2　中国宽带市场预测（2010～2014）

单位：千人

项目＼年份	2010	2011	2012	2013	2014
拨号用户数	4860	4062	3704	3429	3086
宽带用户数	157782	215575	295636	424825	551197

资料来源：Ovum（2010 年）。

2010 年，手机网民规模继续扩大，净增 0.69 亿人，达到 3.03 亿人。手机网民占网民总数的比率进一步提高，从 2009 年末的 60.8% 提升至 66.2%。手机网民比传统互联网网民增幅更大，成为拉动中国总体网民规模攀升的主要动力。与 2009 年手机网民发展速度相比，2010 年中国手机网民增长趋缓。导致手机网民增速减缓的原因，一方面是由于存量手机用户中的潜在手机网民不足；另一方面是手机用户新增乏力，在达到 2009 年的 7.5 亿户规模之后，出现增长疲态。

三　终端生产情况

据 2010 年电子信息产业统计公报显示，我国生产手机 9.98 亿部，列全球第一。整机产品升级加快，平板化、网络化、智能化、绿色化趋势明显。3G 手机增长 60%，智能手机比重超过 20%。工信部统计数据显示，2010 年 1～10 月，我国规模以上工业增加值增长 16%，而手机产业增加值增长 37%，增长势头超过工业平均水平。

移动互联网的蓬勃发展也是中国 3G 手机强劲增长的助推剂。3G 新增用户和换机用户带来了对 3G 手机需求的增加。目前 3G 进网终端已达 881 款，三家基础电信企业都在致力于打造千元终端，降低用户购机门槛，3G 千元手机的款式已超过25款。① 运营商的定制仍是3G手机销售的主要方式。

中兴和华为作为本土一线厂商的代表，已经具备规模化生产和国际市场的开拓能力。据Garter统计中国厂商中兴和华为在2010年全体移动设备销售排行榜中的排名分别是第八和第十位，全球移动设备销售前五名分别是诺基亚、三星、LG、RIM和苹果。

据悉，2010年华为终端发货量达到1.2亿台，全球销售收入突破45亿美元，两者的同比增速均超过30%，华为也因此成为第一家终端年出货量超过1亿台的本土企业。华为的终端产品包括手机、移动宽带、融合终端和视讯终端。华为终端拓展采取先海外后国内的模式，目前75%的收入来自海外市场。

咨询机构iSuppli发布的最新统计数据显示，中兴3G手机终端销量居本土厂商第一位。与此同时，在2010年中国3G增量市场中，中兴同样以11%的比例位居本土厂商第一，在TD市场，它更以21%的份额超越所有手机厂商，成为国内普及型3G手机市场领导者。Android系统的崛起为中兴这样的中国品牌带来了新的机会。

四　电信营运情况

据工业和信息化部统计，2010年累计完成电信业务总量30955亿元，同比增长20.5%。实现电信主营业务收入8988亿元，同比增长6.4%。其中，移动通信业务收入6282亿元，增长11.2%，占主营业务收入的比重上升到69.9%；固定通信业务收入2707亿元，下降3.3%。

2010年，全国移动电话通话时长继续增加，累计达到43261亿分钟，同比增长22.4%。

短信业务量保持持续增长。2010年，各类短信发送量达到8317亿条，同比增长6.1%。

对于运营商而言，增值业务、3G、互联网业务成为拉动收入增长的主要动力。2010年1~9月中国移动营运收入达3526.43亿元，同比增长7.8%；净利润为872.45亿元，同比增长3.9%。增值业务成为拉动收入增长的重要动力，且

① 工信部“2010年全国工业通信业运行情况新闻通气会”，2011年1月27日。

增值业务收入结构进一步优化，移动数据流量业务、无线音乐等重点业务增势良好。中国联通实现营业收入1286.1亿元，同比增长8.79%，实现通信服务收入（不含初装费）238.5亿元，同比增长7.7%，净利润31.6亿元。中国联通2010年前三季度移动业务通信服务收入为620.7亿元，同比增长16.9%，主要系3G业务收入快速增加所致。中国电信经营收入为1631.62亿元，同比增长5.4%。2010年前三季利润为125.93亿元，比上年同期增长10.5%，互联网及数据业务继续显示出良好的增长势头。

B.39

2009～2010 年中国印刷产业发展概况

蓝皮书课题组*

虽然我国经济遭遇了全球金融危机的冲击，但我国印刷业却在不利环境中逆势上扬，保持了较快增长。

一 印刷产业规模

据国家新闻出版总署的统计，截至 2009 年底，全国有各类印刷企业 101566 家，从业人员 378.31 万人，资产总额 7968.72 亿元；印刷工业总产值 6367.73 亿元较 2008 年增长 10.1%，利税总计 603.87 亿元，对外加工贸易额 439.13 亿元。

从印刷企业类型看，2009 年外商投资的印刷企业有 2441 家，较上年增长 2%。其中中外合资印刷企业 937 家，比 2008 年减少 0.8%；中外合作印刷企业 261 家，比 2008 年增长 19.7%；外商独资印刷企业 1243 家，比 2008 年增长 1%。外商投资总额 2009 年达 162.09 亿美元，同比减少 17.3%；注册资金 109.12 亿美元，与上年的 109.88 亿美元相比，没有太大变化。

2009 年 8 月，国务院出台了《文化产业振兴规划》，明确指出印刷业是国家文化产业重点发展的九大产业之一。该规划对印刷业的发展提出明确要求，制订了强有力的措施，包括印刷业要发展高新技术印刷、特色印刷，建成若干各具特色、技术先进的印刷复制基地；实施重大项目带动战略，加快建设一批具有示范效应和产业推动作用的重大产业项目；培育骨干企业；加快产业园区和基地建设，建设一批包括印刷业在内的产业示范基地；加大政府投入，大幅增加中央财政“扶持文化产业发展专项资金”，落实税收政策，加大金融支持，设立文化产

* 本文由胡左高、任姣洁根据蓝皮书课题组数据库资料整理写作。

业投资基金等。这些都给印刷产业的发展提供了良好的机遇和发展条件。

进入新世纪以来，数字网络与新型媒体的大量出现给传统印刷媒体带来了挑战。在数字时代，印刷媒体将不再局限于以纸质为主的物理媒体，多媒体和跨媒体将成为印刷产业发展的新领域和新的增长点。现代化印刷生产完整系统将以数据库为基础、网络传输为纽带、各种输出平台为终端，一次制作多次发布，按需组织印刷。在这一过程中，印刷及发行仓库面积可以大大降低，甚至可以取消。由此可见，印刷产业已由过去单一的以印刷媒体为主的格局转变成多元发展的格局，这也将对新技术研发、复合型人才培养等方面提出更多需求。

二　印刷产业区域

作为文化产业的一部分，印刷业与经济基础息息相关。我国东部地区有着雄厚的物质基础和高尖端的人才资源，与中西部地区相比，东部地区印刷业在规模、从业人员数量、资产总额、工业总产值方面都位居前列。相比而言，中西部则要落后很多，呈现出我国印刷业市场发展的不平衡特征（见表1）。

表1　2008～2009年部分省市印刷行业概况

省　份	印刷企业（家）	从业人员（万人）	资产总额（亿元）	工业总产值（亿元）
北　京	2334	7.26	251.27	—
上　海	5143	14.60	531.00	483.00
天　津	3450	6.02	157.03	126.56
重　庆	3637	3.95	—	62.00
安　徽	2735	8.94	147.54	142.62
福　建	3057	13.12	254.90	249.30
甘　肃	2615	0.27	—	13.80
广　东	18890	84.47	—	1414.71
广　西	4167	—	59.31	58.22
贵　州	725	1.40	—	21.11
海　南	290	0.91		10.75
河　北	5442	20.00	252.55	240.01
河　南	6098	20.00	123.20	161.37
黑龙江	4500	—	23.52	—
湖　北	6074	8.00	150.00	—

续表 1

省　份	印刷企业（家）	从业人员（万人）	资产总额（亿元）	工业总产值（亿元）
吉　林	1527	3.26	13.10	26.50
江　苏	14428	25.16	575.36	—
江　西	1797	5.28	78.14	68.92
辽　宁	7303	9.80	1395.00	215.30
青　海	192	0.65	4.07	3.45
山　东	6907	35.00	320.00	350.00
陕　西	4316	8.50	41.26	70.15
深　圳	2140	18.20	308.00	—
四　川	3186	—	—	168.00
西　藏	378	—	—	2.60
云　南	5745	4.10	76.50	65.10
浙　江	14796	40.00	730.36	—

资料来源：中国印刷科学技术研究所。

三　印刷百强企业

在2010年《印刷经理人》推出的百强榜单中，百强企业销售收入总和为649.42亿元，比2009年上涨8.1%，其中95家企业销售收入超3亿元，15家企业销售收入超10亿元，创历年新高。百强企业资产总额总和为766.54亿元，比2009年增加了100亿元。98家企业提供的利润总额为57.95亿元，平均每家企业创利5913万元，相比2009年百强企业平均4821万元的创利水平，增幅高达22.65%。此外，上榜企业变换率为17%，与2009年相当，主体企业基本保持稳定。

2010年百强榜单中，单一从事出版物印刷的企业有9家，单一从事包装印刷的企业有50家，单一从事其他印刷的企业有6家。其中包装印刷企业占据半壁江山。与2009年榜单相比，2010年百强榜单在业务结构上最明显的变化，是单纯的出版物印刷企业在逐步进军包装印刷与其他印刷业务，以更为多元的业务形态应对市场的竞争。

海外传媒产业发展报告

Overseas Media Industries Development Report

B.40

全球传媒产业发展报告：现状与未来趋势

杭 敏　潘俊强　王甜甜*

2010年，全球传媒产业继续经受数字化的冲击。全球金融危机并未使传媒产业数字改革的步伐放缓，相反，数字化技术正不断扩大其在传媒娱乐产业中的影响。根据普华永道2010年的预测，① 经历过2009年经济下降的颓势后，未来五年，全球娱乐传媒产业将以每年5%的速度增长，即从2009年的1.3万亿美元增长到2014年的1.7万亿美元。在整个预测期内，增长最快的地区是拉丁美洲，该地区每年8.8%的增长率将使其在2014年的市场总值中达到770亿美元。亚太地区是另一个快速增长极，将以每年6.4%的速度在2014年达到4750亿美元。欧洲、中东和非洲则以每年4.6%的增长率于2014年达到5810亿美元。全球最大同时也是增长最慢的北美市场，将以每年3.9%的增长率从2009年的4600亿美元增长到2014年的5580亿美元。

一　数字媒体继续壮大，传统媒体霸主地位依旧

数年来，各媒体都倾力建设数字化平台。2009年，数字化建设领域（包括互联网接入服务）的开支占整个传媒行业的24%，较2008年提升了21%。尽管2009年经济萧条，但是人们在数字媒体上的消费却上涨了10.2%，与之形成鲜明对比的是，人们对传统媒体的消费下降了6.4%。

在接下来的五年内，经济的复苏有助于传统媒体产业市场的发展，传统媒体

---

* 杭敏，清华大学新闻与传播学院副教授；潘俊强、王甜甜，清华大学新闻与传播学院硕士研究生。

① http：//www.pwccn.com/home/eng/em_ outlook.html.

的收入将会有所增长。数字化平台建设及与之相关的服务预计在未来五年内将以每年12.1%的速度增长；相比之下，传统媒体的发展明显滞后，预计未来五年的年增长率为2.6%。数字化产业的市场份额将在2014年占到总体市场的33%。

数字媒体将继续在未来五年成为产业收入增长的主要动力。尽管数字产品成长迅速，但宣称传统媒体死亡的说法仍为时过早，传统媒体收入仍大于数字媒体，预计这种情形在未来五年内将继续；同时，数字媒体的收入也会有较大增长。艾瑞咨询整理 Experian Hitwise 数据①发现，在2009年美国 Top500 零售商的流量来源中，搜索引擎占比最高，达31.4%，较2008年增长2.4个百分点，其次是电子邮件，可见数字媒体及其平台的强大。

二　全球互联网用户超20亿户，但存在地区不平衡

2010年10月19日，国际电信联盟在发布的互联网统计报告②中称，截至2010年底全球互联网用户超过20亿户，约占全球人口的1/3。过去的五年，互联网用户数量增长了一倍。

在2010年新增的2.26亿户互联网用户中，有1.62亿户来自于发展中国家。发展中国家现在的互联网用户增长速度比发达国家更快。但截至2010年底，发达国家的互联网用户占其人口的71%，而发展中国家的互联网用户仅占其人口的21%。

与此同时，不同地区的互联网用户数量各不相同。欧洲互联网用户占其人口的65%，美洲为55%，亚太地区为21.9%，非洲只有9.6%。在发展中国家，只有13%的人家里有互联网连接，而发达国家为65%。

在互联网产业方面，新兴互联网公司迅速成长为世界性大企业，一直是网络造就的神话之一。据 Alexa 监测，③ 截至2011年1月15日，以社会化网络和微博客著称的 Twitter 网，成立仅四年多，其网站流量排名就居全球第十，美国流量排名第九；成立于2004年初的 Facebook，以其网站流量排名全球第二，在美

① http://ec.iresearch.cn/html/124226.shtml.

② The World in 2010: ICT Facts and Figures. http://www.itu.int/ITU-D/ict/.

③ http://alexa.cn/.

国的流量排名第二。Facebook 公司首席执行官马克·扎克伯格（Mark Zuckerberg）在 Web 2.0 峰会上透露，2010 年 7 月份其网站会员 5 亿人中，有近一半的用户每天都要访问 Facebook。这些网站在获得风险投资后迅速发展，登陆世界各个地方，瞬间风靡全球。

三 移动互联网发展迅速

如能摆脱网线的羁绊，互联网用户自然趋之若鹜。借助于无线互联网的随身行，越来越多的互联网用户开始习惯于使用便携式电脑或是手机等移动终端访问互联网。移动互联网的发展，要有移动无线终端设备来支持，特别是支持 3G 技术的智能手机。根据摩根斯坦利于 2009 年底发布的全球高速无线网络设备产值数据，① 全球网络设备产值增长迅速，预计未来增长还将加速。2009 年，全球高速无线网络设备产值为 6.86 亿美元，预计 2013 年将达 15.03 亿美元。其中 3G 智能手机增长最为迅速，预计将会从 2008 年的 0.92 亿美元增长到 2013 年的 6.56 亿美元（见表 1）。

表 1 2008～2013 年全球高速无线网络设备产值

单位：亿美元

产品类型	细分类别	2008	2009	2010e	2011e	2012e	2013e
便携式无线设备	3G 智能手机	0.92	1.31	2.05	3.16	4.91	6.56
	无线多媒体播放器	0.66	0.72	0.71	0.76	0.77	0.75
	3G 手机	2.27	2.55	3.43	3.92	3.52	3.34
便携式网络设备	手提电脑	1.27	1.31	1.52	1.83	2.18	2.47
	上网本	0.16	0.34	0.4	0.49	0.58	0.63
	互联网平板电脑	0.01	0.02	0.08	0.24	0.36	0.49
	植入设备	0.02	0.04	0.07	0.1	0.13	0.17
无线固定网络终端	游戏机	0.56	0.51	0.58	0.54	0.48	0.42
	家庭设备	0.05	0.06	0.09	0.12	0.16	0.20
	总计	5.92	6.86	8.93	11.14	13.09	15.03

Source：Morgon Stonley，2009.12.15.

© 2010.3 iResearch inc. www.ireseorch.com.cn.

① http：//news.iresearch.cn/charts/112472.shtml.

2010年移动互联网的发展格外惹眼。2010年5月27～29日，全球移动互联网大会在北京举行，大会围绕“移动互联网的亚洲机遇”这一主题，立足于中日韩等亚洲国家的相关移动应用技术和创新模式，与欧美等发达国家行业精英进行深入探讨和交流。根据Marketing Charts发布的数据，① 2009年全球手机上网用户规模为5亿户，未来用户规模还将继续增加，2014年有望达到14亿户。

随着3G技术的发展与深入，进入移动互联网的门槛将会进一步降低，现在已经出现的移动互联服务有移动支付、移动广告、定位服务、无线浏览与搜索、移动音乐等，预计未来它们将会得到进一步的发展。根据eMarketer的数据，② 2010年全球移动社交服务用户规模将达2.2亿户，占全球移动互联网用户的34.0%，占全球手机用户的4.6%。到2014年全球移动社交服务用户规模将达到7.6亿户，占全球移动互联网用户的45.0%，占全球手机用户的13.3%（见图1）。

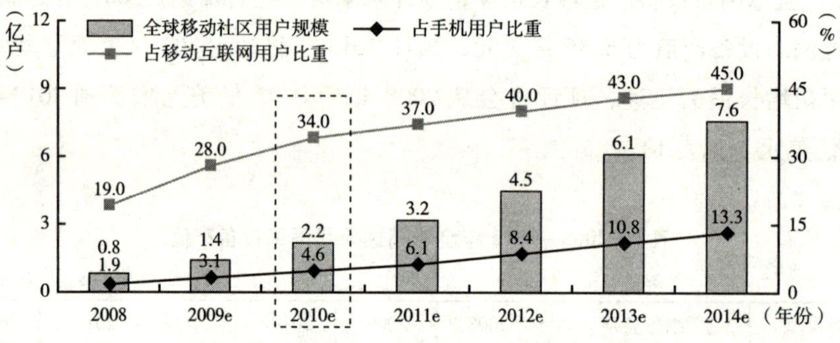

图1　2008～2014年全球移动社交网络用户规模

四　电子商务继续增长，团购风潮席卷全球

全球金融危机出现之后，世界各国人民为了节省开支，开始大规模在网上购物，从而促进了电子商务的迅速发展。摩根大通高级分析师伊姆兰·卡恩（Imran Kahn）预计，③ 2011年全球电子商务市场总规模将达到6800亿美元，同

① http：//news. iresearch. cn/charts/118138. shtml.

② http：//news. iresearch. cn/charts/105753. shtml.

③ http：//tech. hexun. com/2011－01－04/126560574. html.

比增长 18.9%，2013 年这一数字将达到 9630 亿美元。

2010 年团购之风刮遍全世界。从一开始创立便风靡全美国的 Groupon 团购网，以其强大的议价能力聚拢人气，吸引了庞大的客户群。这个团购网的客户群包括团购消费者和产品供应商。Groupon 获得了巨大成功之后，Living Social、Gilt City、Tippr、Juice in the City、We Cive to Get（WGTG）、BuyWith Me 等团购网站也随之诞生并快速发展。在中国，团购也进行得如火如荼。据中国电子商务协会研究，2010 年第三季度团购销售额为 11.7 亿元，比第二季度的 1 亿元增长约 1100%。

J. P. Morgan 发布考察全球各地区网络购物市场发展的最新数据，① 欧美地区（欧洲、美国）已处于全球网络购物领先地位，2009 年欧洲和美国就占据全球将近七成的市场份额。其次是亚洲和其他地区，近年来市场份额持续递增，2010 年亚洲网购市场规模占全球网购市场规模的 25.2%。另外，从 J. P. Morgan 数据中有关 2004 ~2012 年的情况看，亚洲及其他地区的网购市场交易规模全球占比呈持续增长态势，反之，欧洲和美国网购市场占比呈轻微递减态势。据此艾瑞预测②未来 3 ~5 年全球网购的发展将呈现“三足鼎立”的局面，即欧洲、美国、亚洲三大地区并重。艾瑞咨询③认为，欧美主要得益于其自身经济具有持续良好的发展态势，美国主要源于电子商务的传承，亚洲地区则主要依赖高速的经济增长（见图 2）。

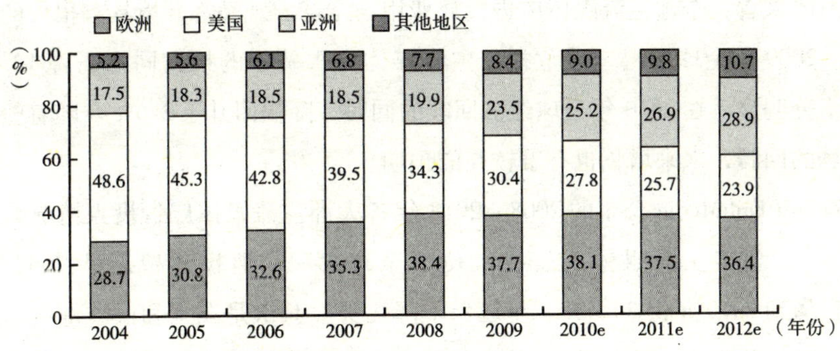

图 2　2004 ~2012 年全球网络购物市场交易规模地区分布情况

---

① http：//ec. iresearch. cn/html/122246. shtml.

② http：//ec. iresearch. cn/html/122246. shtml.

③ http：//ec. iresearch. cn/html/122246. shtml.

五　广告市场缓慢复苏，网络广告增长强劲

Zenith OptiMedia 发布的 2008 ~ 2012 年全球主流媒体广告投放费用数据显示，① 2008 年全球主流媒体的广告投放费用达 4940 亿美元。由于全球金融危机的影响，2009 年全球主流媒体的广告投放费用降幅达 12. 9%。预计 2010 ~ 2012 年全球主流媒体的广告投放费用将稳步回升，并且发展速度将不断加快。预计 2012 年全球主流媒体的广告投放费用将达到 4894 亿美元，增速达 2. 9%（见图 3）。

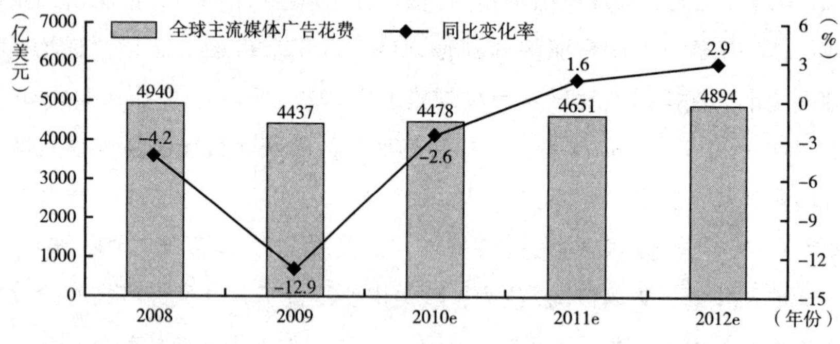

图 3　2008 ~ 2012 年全球主流媒体广告投放费用及预测

总的来看，全球主流媒体广告投放费用与全球宏观经济环境具有很大的正相关性。2009 年全球遭遇金融危机，主流媒体广告费用的投放同比下降 12. 9%，降幅十分明显。在 2010 年全球经济回暖的同时，降幅回升至 2. 6%。随着整体广告市场的回暖，未来增长也有着较高的预期。

Zenith OptiMedia 公布的 2008 ~ 2012 年各大洲主流媒体广告投入情况数据同时显示②，北美主流媒体广告投入位居全球第一，但投入费用从 2008 年的 36. 2% 降到 2010 年的 34. 4%，呈逐年下降之势。其次是亚太和西欧地区，其主流媒体的广告投入占比均为 24. 1% 左右，比例十分接近。需要指出的是，亚太地区的主流媒体广告投入呈逐年小幅提升态势，即从 2008 年的 21. 7% 增长到 2010 年的 24. 1%。但西欧地区的投入逐年略有下降，从 2008 年的 24. 5% 降到

① http：//news. iresearch. cn/charts/115811. shtml.

② http：//news. iresearch. cn/charts/115810. shtml.

2010 年的 23.7% 。其他地区的主流媒体广告投入比例均低于全球投入的 8.0% 。全球主流媒体广告投入形成两极分化的状态。

Zenith OptiMedia① 同时预计，北美主流媒体的广告投入在随后几年继续递减，到 2012 年将降至 33.1% ；而亚太地区的广告投入将继续逐年小幅提升，在 2012 年将达到 24.8% 。西欧地区的主流媒体广告投入会略微下降，在 2012 年将降至 23.2% ，而其他地区的主流媒体广告投入会略有上升。同时，北美和西欧地区受金融危机影响较重，整体经济复苏的进程将略显漫长，因此，其主流媒体的广告投入会轻微减少（见图 4）。

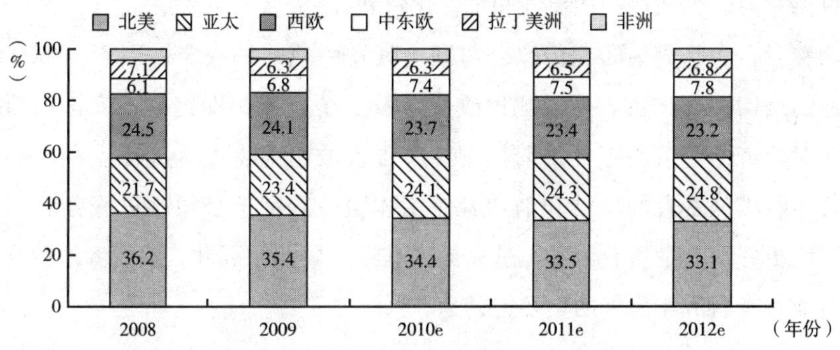

图 4　2008 ~ 2012 年各大洲主流媒体广告投入情况及预测

六　数字化下的消费者：消费者为王

消费者的反馈信息和使用经验为产品和服务提供了唯一可靠的指导，而全球各消费群体也为测试新产品作出了贡献。预测消费者的需求和希望将对以后产品的试验、改进与推广产生很大的影响。普华永道认为，② 数字化技术的崛起将从三个方面去改变消费者的行为。

• 移动设备的崛起。先进的技术将更多地体现在产品中，多功能和交互性更强的移动设备将在 2011 年底横空出世。消费者将处于一个“无处不在”的媒体环境中，他们将以新的方式使用手机，应用各种手机软件来实现他们的新型生

① http://news.iresearch.cn/charts/115810.shtml.

② http://www.pwccn.com/home/eng/em_ outlook.html.

活方式。消费行为与内容的交换将随时随地地实现，消费者通过社交网站来分享与讨论，这将成为人们生活中不可或缺的一部分。

• 在内容产品的消费上，互联网的优势越发明显。消费者与互联网的互动和对内容的访问将继续通过媒体扩大到消费的每个部分。这一趋势在电视方面体现得最为清晰。同样，人们在互联网阅读杂志、观看视频、定制音乐服务的浪潮也将涌现出来。

• 受众的参与程度越来越高，消费者愿意为改善消费经验、支付体验和便捷性付费。正在进行的市场细分意味着媒体产品将满足更多的消费者的需要。消费者更愿意为内容获取的便捷性和个性化付费。

消费者行为已成为影响传媒公司制定其发展战略的决定性因素。2009 年传媒行业的结构性变化也表明，这种改变涉及三个方面，即经济、广告和消费行为。在对经济预期信心不足的前提下，广告投放也显得尤为谨慎。在这种情况下，公司收集消费者的反馈和消费者使用体验，有利于公司改进服务和产品设计，以便更好地为消费者服务，进而提高其经济效益。因此，消费者的行为将是一个行业在今后五年发展的重要推动力。

七　对未来的展望与建议

展望前景，美国《华尔街日报》对八大传媒产业的发展趋势进行了预测分析。①

2010 年大批数字科技产品的涌现使传统媒体产业感受到前所未有的震撼，而经历过科技地震后的媒体产业，在 2011 年将迎来更为清晰的发展趋势。借助社交网络平台起步的在线游戏产业正在经历着日新月异的发展。而数字化图书、报纸和杂志的潜在巨大盈利空间也促使出版商不断变革。虽然媒体公司和科技企业间的对抗由来已久，但共同的利益会使二者之间的合作逐步加强。

广告商也在时刻担忧着新科技给其业务带来的损失，他们有可能远离以印刷为代表的传统广告媒介，继续向以手机为代表的移动业务高增长媒介转移；同时，他们也需要关注政府监管部门的政策。

---

① http://online.wsj.com/article/SB10001424052748703808704576061591797222296.html? KEYWORDS = media + industryKEYWORDS%3Dmedia + industry.

对于各大媒体企业的掌门人来说，在他们选择投资新兴业务的同时，可供传统业务发展的资源会受到限制，因此2011年将是充满冒险精神的一年。传媒产业和企业的领导者需要密切关注同行和消费者的动向。

1. 社交媒体

在新的一年里，社交媒体将冲破网络空间的束缚，加快自身的发展步伐。2011年社交媒体的一大发展趋势，就是涌现出一批将社交网络渗透到人们现实生活中去的新业务，这些新业务能够把人们的社交网络与在现实中的购买行为进行整合。

2. 电影

VOD（Video On Demand）即交互式多媒体视频点播是随着计算机技术和网络通信技术的发展，综合了计算机技术、通信技术、电视技术而迅速兴起的一门综合性技术。家庭用户可以通过额外付费VOD服务来提前观看自己想看的电影。

3. 有线电视

随着年轻一代消费者越来越多地选择通过上网而不是通过有线电视收看自己喜欢的电视节目，电视有线网络服务商正在研究如何从火热的在线影视市场分一杯羹。部分有线电视产业的掌门人表示，这一趋势可能促使媒体企业反思以前的电视节目在播出后迅速免费登录各大视频网站的营销策略。在线视频收费市场将成为有线电视产业发展的下一个利润增长点。

4. 数字杂志和报纸

对于传统杂志和报纸产业来说，好消息是印刷广告下降趋势已经有所缓和。而坏消息是，2011年其广告收入增长趋势仍然扑朔迷离，尤其是越来越多的读者都放弃纸质媒体而选择互联网、平板电脑和其他方式进行阅读，而这些新媒体上的广告费用要明显低于纸质媒体的广告费用。

平板电脑的兴起是一把双刃剑。一方面，以苹果iPad为代表的平板电脑再次掀起了新一轮的科技产品革命；另一方面，这一乐观情绪却在纸质媒体企业和科技企业之间拉开了一条难以逾越的鸿沟。部分纸质媒体发行商再次对苹果开发的电子产品产生抵触情绪。他们甚至期盼着一系列电子阅读设备的推出能够真正为市场带来良性竞争环境，从而使他们能够在市场中灵活定价以及更好地了解消费者的动向。

5. 电子书

2010年苹果和谷歌两大科技产业巨头进军电子书市场，使电子书发行商除了亚马逊和Barnes&Noble外又有了新选择。未来数月内，市场上又会有一系列平板电脑产品相继推出，这将再次扩大电子书的发行渠道。根据美国市场调研机构 Forrester Research 公布的统计数字，到 2015 年，全球电子书销售收入将超过 28 亿美元，而 2010 年的销售收入还不到 10 亿美元。

6. 广告

2010 年，美国互联网和广告产业由于涉嫌在线追踪消费者的行为而面临监管机构的严格审查。目前，企业也正在纷纷采取行业自律行为来规避政府的监管。

在 2010 年 12 月公布的一份报告中，美国联邦贸易委员会（FTC）呼吁美国政府制定互联网和广告产业“不要追踪”法案。美国奥巴马政府也表示，美国人应该行使“隐私权”来规范收集消费者在线数据的行为，美国政府应该在商务部旗下设立隐私保护办公室来鼓励企业遵守“隐私保护”法案。

7. 游戏

在数年前还很少涉足游戏产业的很多科技企业，现在正改变着这一产业的发展规则。苹果就曾经一度刻意回避游戏产业，而现在却正凭借其 iPhone、iPod Touch 和 iPad 系列产品重新描绘移动游戏市场的蓝图。苹果的这一系列产品都以触屏设计为核心，给玩家带来全新的游戏体验。其最具创新力的产品非其在线应用商店 App Store 莫属。玩家只需花费最多几美元就可以将游戏从 App Store 快速下载到其个人电子设备上。

苹果 App Store 成为传统游戏实体店销售模式的最大挑战者，而其相对低廉的价格也引发了包括任天堂 DS 和索尼 PSP 等游戏机生产厂商的持续关注。

8. 音乐

在结束了常年“以高票价平抑低出席率”的经验模式后，2011 年的全球音乐会市场将呈现复苏态势。2010 年，全球 50 大音乐会巡演观众出席总人数同比下滑了 15%；而与此同时，平均同比涨幅达 4% 的票价也未能挽回金融危机余波所带来的音乐会市场的颓势，全年巡演毛利润更是同比大跌了 12%。

总之，在未来几年中，数字化技术所带来的变革仍将主导传媒产业的发展。移动互联网的崛起、电子商务的浪潮和网络广告的增长将为传媒企业带来挑战，也提供机遇。数字化时代的消费者期待更为互动和便捷的消费体验。因此，理解消费者行为是传媒公司制胜的关键；而提供整合传统和数字媒体资源的平台，进一步推动传媒行业的结构性变革也将是未来发展的趋势。

B.41

美国媒介产业发展报告

黄桑若　李海容*

美国媒介产业由多行业构成，包括报纸、杂志、电视、广播、有线电视、卫星电视、影视、数字媒体和其他媒体行业，其规模居世界首位。2010 年，美国媒介产业扭亏为盈，在 2009 年总收入下降 3.8% 的情况下，实现了 2010 年上半年 6.1% 的增长。媒介产业的各个组成部分（除报业外）均实现增长，其中广告业增长 5.7%；有线电视的各种收费服务增长 19%，实现总体平均增长 14%；杂志业的收入也有所改善；然而，报业的状况继续恶化，尚未看到回升的迹象。

一　报业

美国总体报刊种类数量自 2003 年后以年均 2.4% 的速度逐年递减。其中，日报中的晚报递减速度惊人，六年内减少了 155 种，早报则缓慢递增，同期增加 75 种。周报相对稳定，只减少了 20 种。

就报纸发行量而言，其总体下降趋势与总体报刊种类数量下降趋势基本持平。2003 ~ 2009 年，美国报纸总发行量减少 1891.5 万份，年均减幅 2.7%。其中，日报减少 821.3 万份，年均减幅 2.4%，周报减少 1070.2 万份，年均减幅 3%（见图 1）。根据美国 Audit Bureau of Circulation 的最新统计，截至 2009 年 9 月 30 日，被抽样评估的 379 家日报在前六个月比上年同期减少发行 10.6%，而 562 家周报则比同期减少发行 7.5%，每日发行量创 1940 年以来最低。

2000 ~ 2010 年，美国报业收入从 626.88 亿美元减少至 407.26 亿美元，年均

---

* 黄桑若，毕业于浙江大学新闻传播学院，获得美国密歇根州立大学公共关系硕士学位，现为美国明尼苏达大学传播学院博士生，主要从事媒介产业和消费者行为研究；李海容，美国密歇根州立大学传播学院教授、《互动广告》学刊主编，兼任泛媒研究院院长。

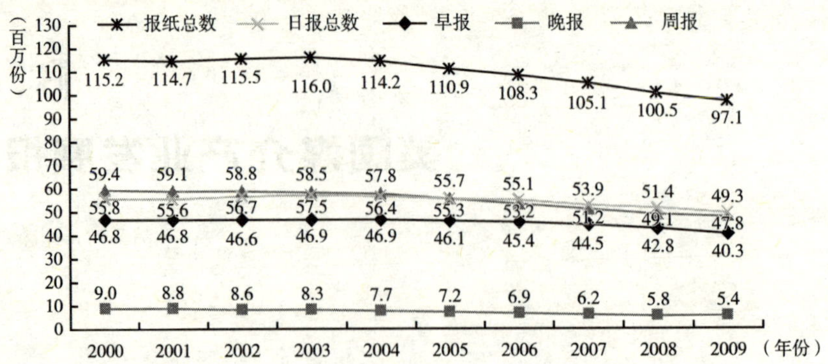

图1　2000～2009年美国日、晚报与周报的发行量

资料来源：Euromonitor International，2010；Newspaper Association of America，2010。

减幅3.5%（见图2）。到2010年，业界税前利润只占总收入的约1.7%。预计今后五年，行业收入将继续以3.3%的速度缩减。

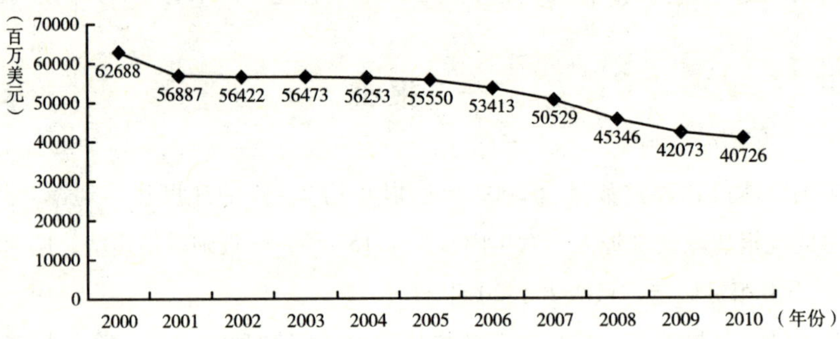

图2　2000～2010年美国报业收入

资料来源：IBISWorld，2010.11。

2009年，广告收入约占报业总体收入的80%。根据美国报业协会统计，2006～2009年，报业来自印刷和网络媒体的广告从4927.5万美元降至2756.4万美元，减幅近一半。其中，网络广告只占10%，保持在274.3万美元左右。印刷广告中，全国广告占17.8%，零售业广告占57.3%，分类广告占24.9%。尽管网络广告自2003年以来发展迅速，但由于其边际收益小，增长势头仍弥补不了印刷报纸广告收入的流失。

报业市场当前共有8309家公司，其前三大经营者仅拥有市场份额的21.1%，分别为 Gannett Co.，Inc（9.4%）、Tribune Company（6.7%）和 The New York Times Company（5.0%）。这三家公司的市场占有率都比前一年有所缩减，其中 The New York Times Company 更从上年的排名第二降至第三。其他的报业公司大都规模较小，其中只有 1.4% 的公司拥有超过 500 名员工。

报业的发展受到了来自新媒体的冲击。网络 2.0 的出现加速了市民新闻（Citizen Journalism）和参与新闻（Participatory Journalism）的增长。自 2007 年起，美国几大新闻社陆续将新闻卖给谷歌等搜索引擎公司，报纸继续失去发送最新消息的地位。

报纸自办网站在吸引读者的同时也进一步腐蚀了印刷报纸的收入。ComScore 数据显示，截至 2010 年 9 月，全美近 2/3 的网络使用者已阅览过报纸网站，这些网站在该月的访问量达 2033 万人次，共计阅览时间 33 亿多分钟。同时，来自 Pew Internet and American Life Project 在 2010 年的最新报告显示，当前 33% 的美国手机使用者通过手机读新闻，28% 的网民在个人主页上定制新闻，而 37% 的网民曾在网上自创新闻。

二　杂志业

目前全美共有印刷杂志 15204 种，为 2000 年以来历史最低。其中 2004 年、2006 年和 2008 年为杂志增长年，分别有 1000 多种新杂志上市。消费类杂志占印刷杂志的 1/3。自 2006 年以来，杂志网站的数量从 5395 家增至 8092 家，网络杂志种类也比 2005 年增加了 78%。在所有杂志中，出版页数最多的前三类杂志分别为娱乐名人、服装饰品，以及旅游交通，三者共占 36.3% 的市场份额。

2009 年全美发行杂志 34657 多万本，比上一年减少 6%。其中，杂志订阅量占杂志发行总量的 90%，其余为单本零售量。订阅用户较零售用户相对稳定，2009 年订阅用户比上年减少 4.4%，而单本零售量却比上年减少 17.2%（见图 3）。

杂志总收入包括发行收入、广告收入和其他收入。其中，发行收入占总收入的 41%。杂志订阅收入占发行收入的 70%，约为 63.6 亿美元，零售收入则占 30%，约为 27.3 亿美元。全美的超市、特大购物中心、药店，以及书店所售杂志占零售收入的 72%。杂志的广告收入在 2009 年占杂志总收入的 50%，约为 194.51 亿美元，比 2008 年下降 17.8%，广告总页数也比 2008 年减少 25.6%。

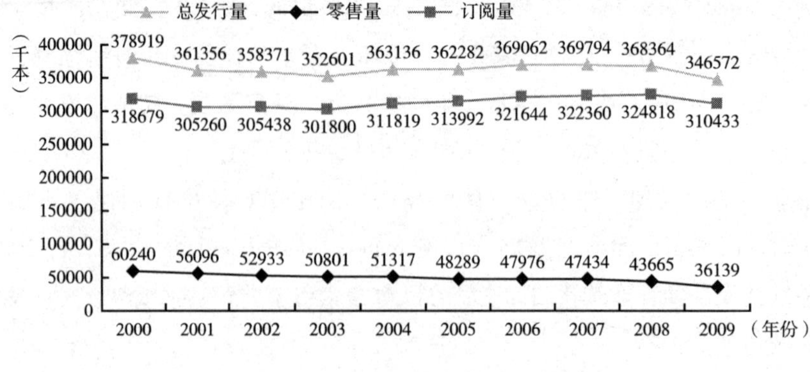

图 3　2000～2009 年美国杂志发行量

资料来源：Magazine Publisher of America Handbook 2010/2011。

杂志收入较其他印刷媒体相对稳定。自 2007 年以来，杂志年均减幅 5.9%，2010 年收入 423.3 亿美元。其中，印刷杂志收入增长不及网络杂志。2007 年网络杂志收入比前一年增加 18%，而印刷杂志仅增加 2%。今后网络杂志有望大幅增加，其收入将在一定程度上抵消印刷杂志收入的减少。预计到 2015 年，网络杂志年均收入将超过 38 亿美元。

杂志业市场前四大出版商在 2010 年占市场份额的 20.9%，其中包括 The Warner Inc.（8.8%）、Advance Publications Inc.（6.7%）、The Hearst Corporation（3.4%）和 Meredith Corporation（2.0%）。该行业 6000 多家公司中，仅有 31% 有超过 50 万份的发行量，也仅有 130 家拥有超过 500 名的员工。然而，这 130 家公司所雇员工却占杂志出版市场的 52%。在过去五年内，杂志出版商以年均 3.3% 的速度降至 2010 年的 5077 家，行业平均利润也从 2005 年的 5% 降至 2010 年的 3.7%。尽管每年都有众多新杂志诞生，但入行者只能覆盖非常小的细分市场，大的出版商继续享受规模经济带来的好处并在市场上占据竞争优势。

杂志业的目标是娱乐和传递有用信息。这个行业完成这些目标的程度将影响到读者群的数量以及广告收入。杂志对年轻人较具吸引力。然而，美国年轻人口增长速度缓慢。因此在未来几年内，各媒体争夺年轻人资源将愈加激烈。

杂志曾经的最大优势是能够到达目标细分市场。然而，如今这一优势已不再明显，并逐渐被电脑、手机和电子阅读器等新媒体代替。因此，这些新媒体的迅速发展将迫使出版商以降低杂志销售价格的方式扩大发行量。同时，杂志也将同其他媒体运营商联合，共同促进销售。

三　图书出版业

美国是全球最大的图书出版商，也是最大的图书消费国。2010 年，图书出版业总收入比上年增长 1.1%，达 306.32 亿美元（见图 4），但该行业的增长率仍低于美国整体工业的平均增长率。具体而言，自 2000 年起，收入持续下跌成为图书出版业的一个写照，十年内年均跌幅达到 2%。当前，印刷读物仍是出版业的主要产品，2009 年占图书出版总收入的 80%。电子书在 2008 年净收入达 1.132 亿美元。尽管电子书以年均 114.1% 的速度增长，但其在 2010 年只占出版业整体收入的 1.6%。此外，有声读物占图书总收入的 3%，其净收入从 2004 年起以年均 2% 的速度递增，至 2008 年达到 1.724 亿美元。出版总收入中，另有 15% 来自于书本内容销售和授权等。

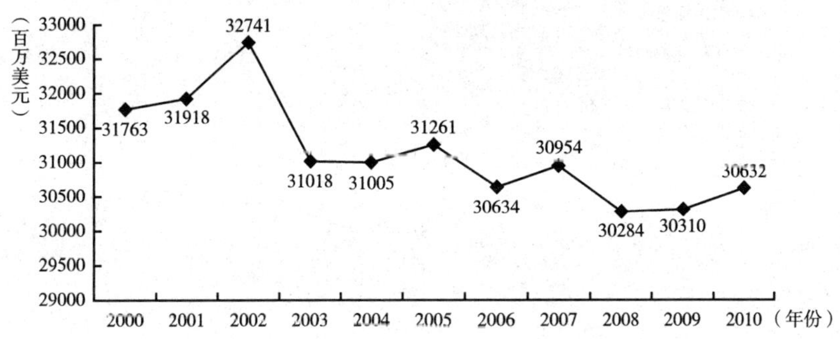

图 4　2000～2010 年美国图书出版业总收入

资料来源：IBISWorld，2010.11。

出版业前七大出版商占市场份额的 37.4%，包括 Pearson plc（10.4%）、The McGraw-Hill Companies，Inc.（5.6%）、Scholastic Corporation（4.7%）、Education Media and Publishing Group Limited（4.6%）、Gengage Learning（4.2%）、Bertelsmann AG（4.1%），以及 News Corporation（3.8%）。每家出版商的市场占有额都比上年有所减少。

这些出版商在新媒体环境下也面临着巨大的挑战。第一个挑战来自于读者阅读方式的改变。随着电子书的增长，市场上阅读电子书的设备也越来越齐全。电脑已经不再是阅读电子书的主要方式（见图5）。2010 年，Apple 推出 iPad，其在未来电子书市场将瓜分不少份额。有趣的是，在使用电子书阅读设备的读者中，年长者倾向于使用诸如 Kindle 等的大型阅读器，而年轻人则比较“移动”，更喜欢使用 PDA 和 iPhone。此外，电子书市场也吸引了诸如谷歌等搜索引擎公司，许多出版商因此受到威胁，尤其对那些已经失去版权的书在网络上流通束手无策。由于行业重组等原因，图书出版业的公司数量在过去五年内以年均 2.7% 的速度降至 2010 年的 2677 家。

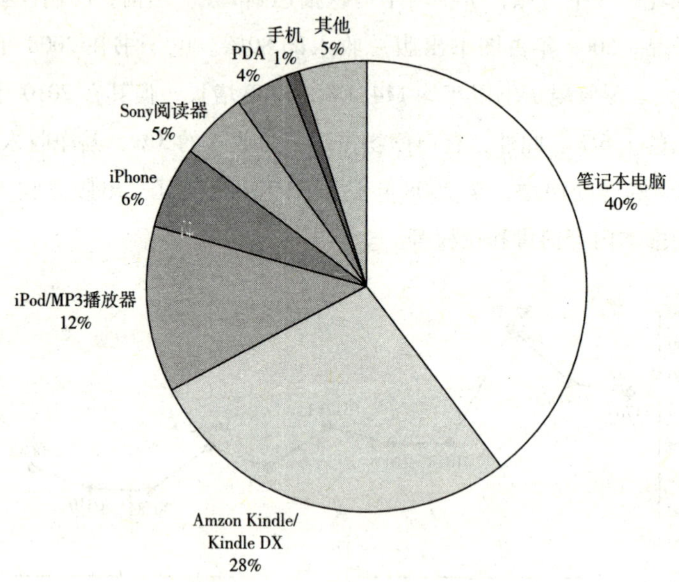

图5　2009 年美国电子书阅读设备市场占有率

资料来源：Bowker PubTrack™，2009。

第二个挑战来自于读者阅读时间的减少。在 1975 年以前，消费者只能通过八种媒体（即电视、广播电台、书籍、杂志、电影、有线电视、报纸和留声机）享受娱乐和信息服务。而如今，媒体种类已增加到 21 种，严重瓜分了消费者的时间。即便是购书者，其平均每周也只花费 3.5 个小时的时间阅读，远远低于其花费在网络、电视上的时间。而且，比起阅读来，男性和 13～44 岁的女性更热衷于上网。

预计今后五年，购书支出仍只占消费者总体支出的很少一部分。由于电子书等极大地减少了书籍的成本，并为读者在经济上减负，所以越来越多的出版商将卷入新媒体的大潮中。在经济危机大环境下，这很可能重新激发读者对书籍的需求。同时，更多的出版商将以书籍销售为基础建立读者网络社区，以加强与读者的联系并增加新的收入。

四 电视业

电视仍是比报纸、广播、杂志、网络和手机等能达到更多受众的媒体。截至2010年，美国98.9%的家庭拥有电视，82.9%的家庭拥有两台以上的电视。2009年平均每户家庭每日观看电视8小时21分钟。此外，66.7%的美国家庭拥有VCR，其渗透率自1980年以来以1.1%的速度持续增长至2003年的91.5%，其后开始下跌。预计2011年将只有61.9%的家庭拥有VCR。

美国电视产业主要由广播电视、有线和卫星电视网络，以及其他大大小小的电视台组成。2006~2010年，广播电视网的总收入以年均3.3%的速度递减。由于广播电视网的主要收入来源于广告，广告收入走势与总收入走势基本保持一致。然而，广播电视网在电视广告总支出中所占份额已从2000年的73%跌至2009年的36%。2000年是美国传统四大广播电视网在电视市场上仍占有大于有线电视网份额的最后一年。到2009年，前者的市场份额已跌至32.1%。更严重的是，在极具重要性的18~49岁的收视人群中，传统广播电视网所占份额更跌至19%。

越来越多的消费者在同一时期转向使用有线电视。虽经历经济危机，美国有线电视业近几年仍大量投资基础设施，2010年投资额高达124亿美元。这保证了有线电视的高速发展，当前收视频道多达1000个。此外，在全美电视用户中，虽然有线电视用户从1995年的62.7%下降到2009年的55.6%，卫星电视用户却在这一期间从4.7%突飞猛进至31.1%，增长将近7倍。但是，有线电视与卫星电视并不存在激烈竞争。有线电视将继续在城市地区占优势，卫星电视则主要为偏远的农村地区服务，因为这些地区安装有线电视在经济上并不可行。

电视业广告收入极不稳定，正负增长逐年交替。自2007年以来，广告收入以年均4.1%的速度递减，2009年仅收入526.36亿美元（见图6）。同一年，由于广播电视业整体收入10.4%的暴跌，再加上其将大量经费投向电子媒体，导致整体行业在2009年只获得0.9%的利润。进入2010年，广播电视业的广告收入有少许反弹，同时该行业也与有线电视网进行了积极的谈判协商，预计前者在2010年将获得1.3%的利润，即4.52亿美元。相对于广播电视而言，有线电视（包括有线电视经销商和有线电视网）收入较多样化，并一直增收稳定。有线电视既出售广告，也向用户收取订阅费，减少了收入风险。2010年，广告占有线电视总收入的44.7%，节目服务则占总收入的50.5%，均与2009年保持一致。

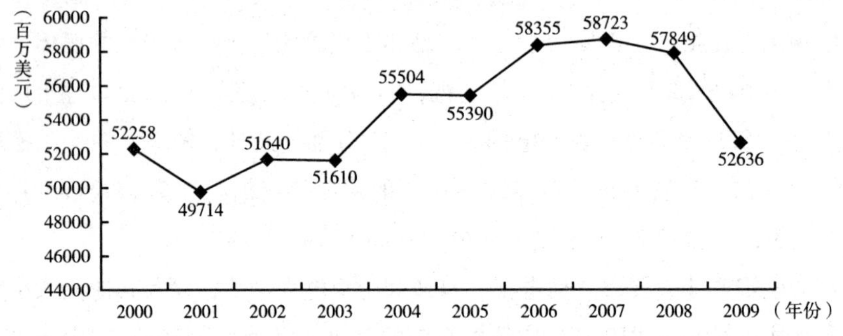

图6　2000～2009年美国电视广告收入

资料来源：Euromonitor International，2010。

2009年，广播电视广告，包括全国广播电视网、全国辛迪加、地方广播电视网，占美国所有媒体广告支出的36%。由于地方广播电视的健康发展，地方广播电视网的收入比上年增加了24.4%。此外，全美广播电视网的市场份额自2009年以来也经历了巨大的变革，主要公司的市场占有率都有大幅下降。其中，The Walt Disney Company（16.8%）一跃成为老大，挤掉了News Coportation（11.6%）、CBS（3.6%）和NBC（3.2%）。

由于新媒体的持续发展，广播电视的经营模式将经历深刻的转变。电视媒体将变得更加互动，并按照客户个人定制。消费者中的年轻人正越来越多地使用网络和移动设备来取代传统电视机。据Integrated Media Measurement在2008年的一项调查，20%的美国电视观众用网络来观看他们最喜欢的电视节目。而这些人中，又有50%的人已把电脑当作电视的替代品，并只在有空的时候才看电视节目。此外，由有线电视公司提供的基本有线电话服务也在近几年迅猛发展，2009年已拥有2220万用户（见图7）。

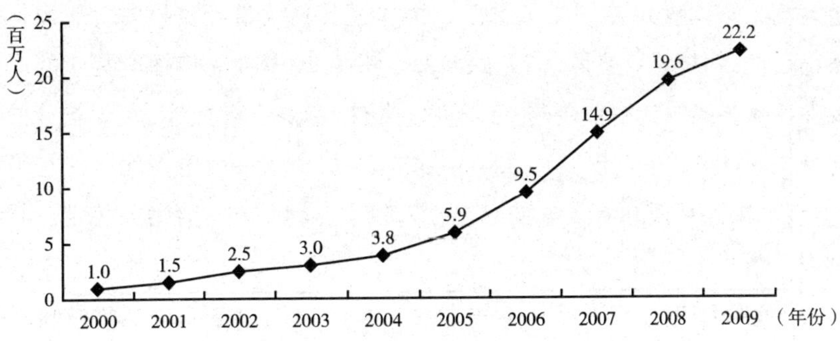

图7　2000～2009 年美国基本有线电话用户

资料来源：Euromonitor International，2010。

五　广播业

截至 2009 年秋季，美国广播电台的数量创新高，共拥有 24757 个 AM、FM、HD 和 streaming 广播电台，比 2008 年同期增加 2169 个，即增长 9.6%。同年，新的广播系统，诸如网络、数码和 HD 多点传送也首次超过了 FM 电台。

当前，美国广播网每周覆盖 93% 的美国人口，比 2008 年增加 0.2 个百分点，达 2.4 亿人。虽然广播听众比 2000 年增长了 8.9%，其在所有人口中的比例却下降了 3%。广播媒体尤其在 25～54 岁的听众中表现良好，约覆盖 77% 的这一年龄阶段的人口。同时，每周也有 90% 的青少年收听广播。就收听时长而言，45～54 岁的听众每周收听广播的时间最长，多达 18 个小时，而 12～17 岁的青少年则不超过 10 个小时。

同一时期，网络广播迅速增长。到 2010 年，美国 12 岁以上人口中月均 7000 万人收听网络广播，每周的听众也达 4000 多万人，和 2009 年持平，比 2000 年增长 8 倍多（见图 8）。其听众中，整体年龄大多集中在 25～54 岁，而且 55% 为男性。同时，网络广播更吸引上流社会、受过高等教育和有工作的人。此外，Arbitron 数字显示，2009 年有 22% 的美国人收听播客。到 2010 年，每月收听播客的人数则多达 3000 多万人，占 12 岁以上美国人口的 12%。

2006 年广播收入达 200.06 亿美元。此后收入骤减，到 2010 年仅剩 162.16 亿美元，年均减幅 4.7%（见图 9）。AM 和 FM 广播的总收入中，大约有 93% 来

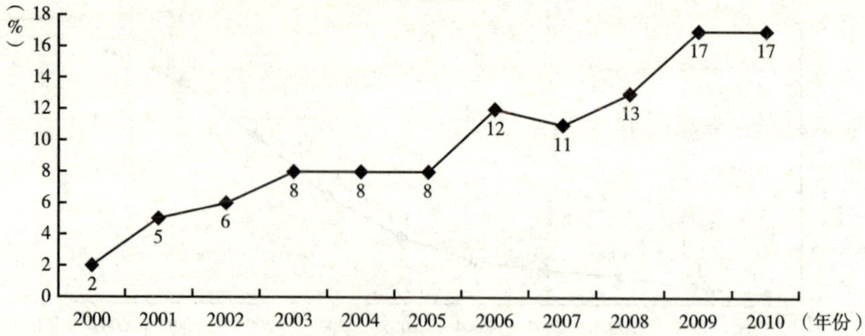

图 8　2000～2010 年美国每周网络广播听众占美国人口比率（12 岁以上）

资料来源：Edison Research/Arbitron 2010。

自于广告。其中，67% 为地方广告，26% 为全国广告，其余 7% 的收入则来自于政府补助、捐赠及礼物等。由于广告收入为广播收入的主要来源，广播收入的减少也直接反映了广告收入的走势。然而，在 2009 年第一季度，虽然整体广播收入减少 24%，但数码广播却增收 13%。

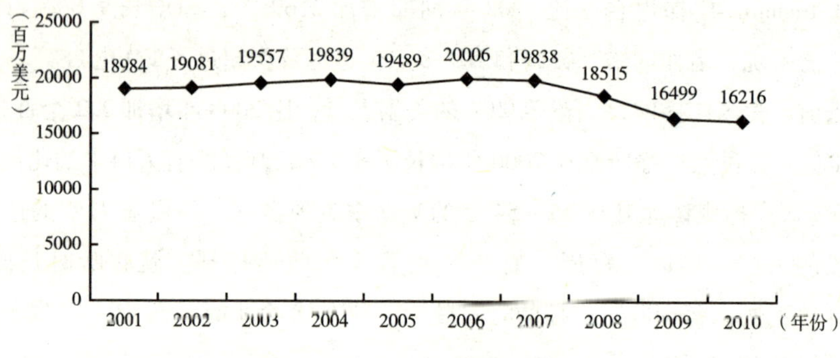

图 9　2000～2010 年美国广播收入

资料来源：IBISWorld，2010.11。

2010 年广播业前三大经营者占市场份额的 42.1%，分别为 CC Media Holdings Inc.（17.4%）、Sirius XM Radio Inc.（15.8%）和 CBS Corporation（8.9%）。每家公司的市场占有率都比 2009 年有所增长。全国超过 48% 的广播台分别只有不到 9 名员工，35.1% 的广播台有 10～49 名员工，其他则有 50 名以上员工。

总而言之，传统广播业正面临各类新型广播及广播替代品的挑战，这些挑战

将为消费者提供更多的选择，并导致市场进一步细分，因此也为广告商提供更明确的市场受众定位。对广播运营商来说，虽然当前绝大多数听众仍满足于收听传统广播，但在将来新媒体迅速增长的社会，或许只有及时采用新科技更新自我资源的运营商才能幸存。

六　互联网产业

当前，45%的美国家庭拥有两台以上电脑，于过去五年内增长50%。美国网民数量也已从2000年的1.24亿户增长到2009年的2.27亿户，增加83.1%。其中，64.8%的网民每月至少使用网络一次。

截至2010年，网络已经覆盖84%的美国12岁以上人口。网络用户比2000年增加87.4%。其中，宽带用户人口在这十年间翻了11倍，而拨号用户人口则减少了77%。就家庭用户而言，现有8000多万的美国家庭拥有网络接入，预计这一数字在2016年底将达到1亿户。当前约有84%（即7400万户）的家庭使用宽带，比2002年增长4倍，而拨号上网的家庭已降至13%，比2002年减少65%（见图10）。此外，62%的家庭已拥有无线上网，而高速上网用户也已达4180万户。虽然美国的宽带用户数量居世界第一位，但其宽带服务在美国总人口中的渗透率只排在全世界第19位。

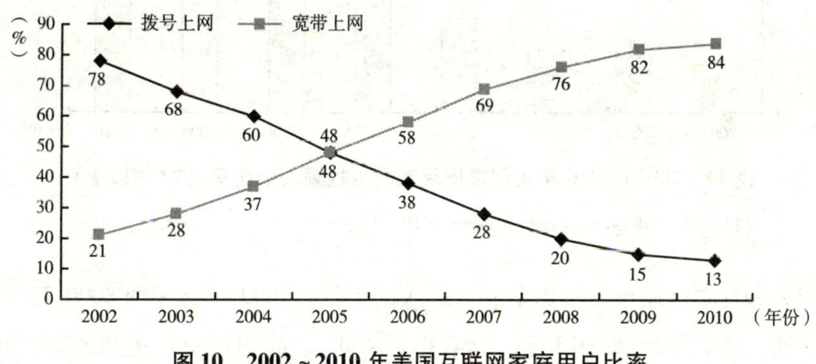

图10　2002～2010年美国互联网家庭用户比率

资料来源：Edison Research/Arbitron 2010。

目前，成年网民（18岁以上）约占美国成年人口的75%，比起2000年的47%有大幅提升。其中，约有一半的网民介于18～44岁之间；而18～29岁的网民比例最高，达92%。全体网民中，有60%的人在家使用宽带，也有55%的人利用无线上网。

美国人均在电脑上花费的时间为日均2小时22分，其中35~44岁的用户在网络上花费的时间最长。不同年龄的网民有着不同的网络爱好。整体而言，12~32岁的人倾向于在网络上玩游戏、看视频、找工作、发送即时信息、使用社交网站并创建个人主页、下载音乐、读写博客以及访问网络虚拟世界，而33岁以上的人则倾向于在网上获取健康信息、购物、访问网络银行和访问政府网站，以及获取宗教信息。不同年龄层中差别不大的活动包括使用电子邮件、搜索信息和获得新闻等。在这些活动中，观看网络视频异常流行。截至2010年，每周有大约7400万的美国人观看网络视频，占12岁以上人口的29%，比2003年增长近9倍（见图11）。其中，46%的美国人已在YouTube上观看过网络视频。按单击率排名，美国目前最大的五家网络视频品牌为YouTube，Facebook，Yahoo!，Google和Hulu，其用户分别占美国总人口的34.6%、9.0%、8.3%、6.4%和5.3%。

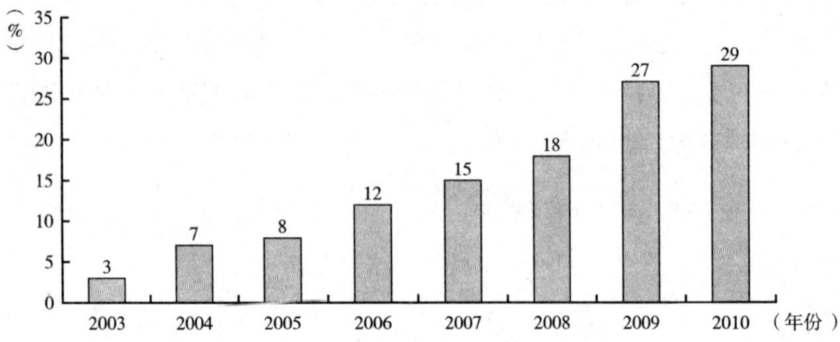

图11　2003~2010年美国每周观看网络视频人口比率（12岁以上）

资料来源：Edison Research/Arbitron 2010。

博客和社交网站也继续影响着美国人的生活。2009年有大约3000万的网络用户使用博客。预计到2013年，会有将近4000万的用户每月更新博客。此外，eMarketer的数据显示，2009年网络用户的社交网站使用率已达86%。

当前，美国手机用户人均每日花费20分钟在使用手机上，而网络的发展又进一步影响了手机用户使用网络的频率。综合数据显示，截至2008年，美国手机电视用户达到550万户，预计该人口将于2013年达到5600多万户，增加将近

10 倍。Nielsen Company 数据显示，2010 年第一季度有 2000 多万的手机用户在手机上观看视频，月人均观看 3 小时 37 分。

互联网也是众多媒体中收入增长最迅速的。该行业的主要运营商包括互联网服务提供商和搜索引擎公司。其中，互联网服务提供商的收入自 2000 年以来以年均 7.43% 的速度迅速增长，并从未受经济影响而出现过负增长。2010 年，互联网服务提供商的收入达到 403 亿美元，比 2009 年增长 4.5%。其中，网络接入服务占 72.2%，网络接入设备租赁占 16.6%，主机服务占 6.7%，主干网服务占 3.3%，网络电话服务则占 1.2%。

广告是互联网服务提供商以及搜索引擎公司的主要收入来源之一。2009 年，广告占前者总收入的 15%，而广告和付费点击占后者总收入的 95%。搜索引擎公司的其他收入则来自于订阅服务（4%）和特许服务（1%）。尽管 2009 年互联网广告收入比前一年减少了 3%，但比 2000 年增长近 3 倍，达 228.437 亿美元。其中，付费搜索广告增长最快，其所占份额从 2000 年广告总收入的 1.4% 增长至 2009 年的 47.6%，绝对值增长 93 倍，达 108.733 亿美元。传统的互联网广告，包括旗帜广告、赞助广告和弹出式广告则在这十年内增长缓慢。此外，受网络发展的影响，手机广告的收入在 2010 年也已达 90 亿美元。预计该收入将在 2014 年达到 566 亿美元。预计在未来几年内，互联网服务提供商将继续发展，而搜索引擎业内的大公司仍将是未来盈利的主角。

B.42

英国传媒产业发展报告

徐 佳*

英国传媒产业①的数据统计，通常由广播业、电视业与电信业三个部分构成。自2005年至今，英国传媒产业的总产值一直维系在500亿英镑以上并保持稳步增长。2009年度，整个英国传媒产业较前一年微缩2%，至528亿英镑，其中广播、电视与电信产业均有小幅下滑（见图1）。

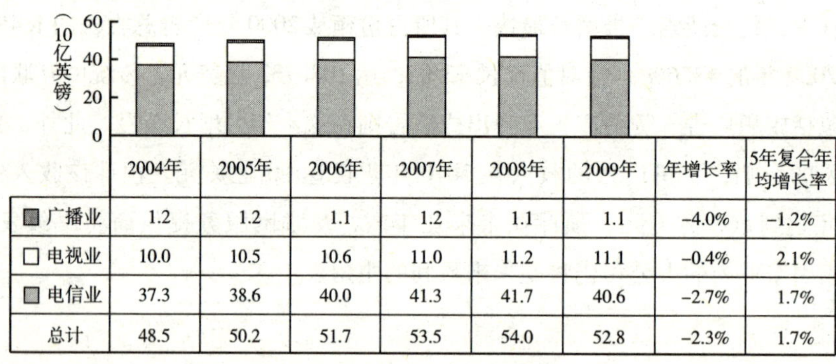

	2004年	2005年	2006年	2007年	2008年	2009年	年增长率	5年复合年均增长率
广播业	1.2	1.2	1.1	1.2	1.1	1.1	-4.0%	-1.2%
电视业	10.0	10.5	10.6	11.0	11.2	11.1	-0.4%	2.1%
电信业	37.3	38.6	40.0	41.3	41.7	40.6	-2.7%	1.7%
总计	48.5	50.2	51.7	53.5	54.0	52.8	-2.3%	1.7%

图1 2004~2009年英国传媒产业规模

将2004年与2009年的数据做一对比，可以发现近年来英国消费者使用传播服务的时间有明显的增加。例如，平均每人每天收看电视的时间从2004年的222分钟增加到2009年的225分钟，使用有线互联网的时间从2004年的12分钟增加到2009年的27分钟，使用移动电话的时间则从2004年的6分钟增加到2009年的13分钟（见图2）。

---

* 徐佳，浙江理工大学文化传播学院讲师，清华大学新闻与传播学院博士研究生。

① 如无特殊标注，本文数据均来源于Ofcom发布的The Communications Market Report 2010。Ofcom是英国传播产业的独立监管机构。

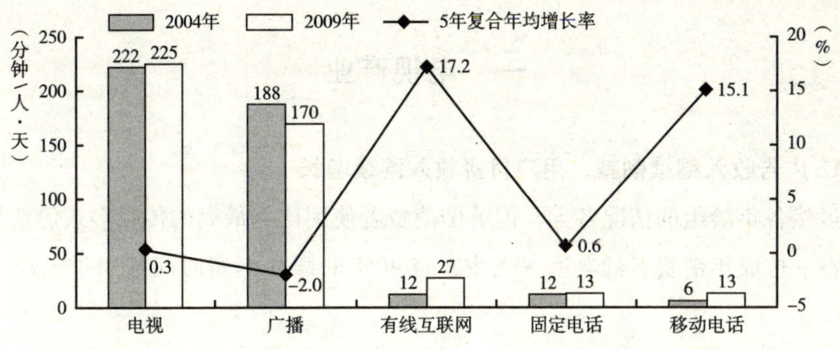

图2　2004年与2009年英国消费者平均每人每天使用传播服务的时间对比

虽然近年来人均使用传播服务的时间有所增长，但英国消费者在传播服务方面的支出却持续下降，平均每户每月的花费自2004年的100.71英镑减少至2009年的91.24英镑。在各个细分类别中，仅有互联网宽带服务和电视服务支出有所上升，移动电话服务、广播服务等支出均有所下降。在传播服务方面的支出占英国家庭总支出的比例也从2004年的4.74%小幅下降至2009年的4.42%（见图3）。

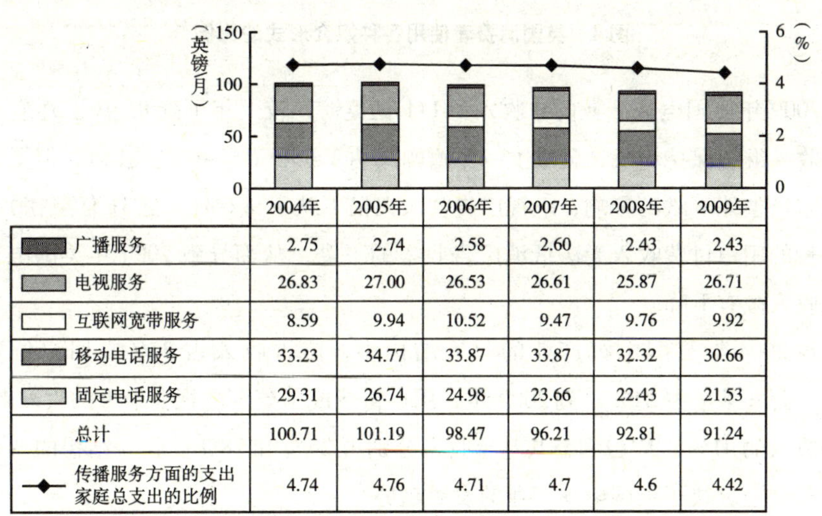

	2004年	2005年	2006年	2007年	2008年	2009年
广播服务	2.75	2.74	2.58	2.60	2.43	2.43
电视服务	26.83	27.00	26.53	26.61	25.87	26.71
互联网宽带服务	8.59	9.94	10.52	9.47	9.76	9.92
移动电话服务	33.23	34.77	33.87	33.87	32.32	30.66
固定电话服务	29.31	26.74	24.98	23.66	22.43	21.53
总计	100.71	101.19	98.47	96.21	92.81	91.24
传播服务方面的支出家庭总支出的比例	4.74	4.76	4.71	4.7	4.6	4.42

图3　2004～2009年英国家庭在传播服务方面的月平均支出

消费者使用传播服务的平均时间有所上升，支出费用却有所下降。这一现象表明，随着信息传播技术越来越普及，同时随着市场竞争日益激烈，近年来英国传播服务的使用成本有所下降。

一 电视产业

1. 广告收入继续削减、用户付费收入继续增长

虽然各年龄组的情况各异，但英国消费者使用比例最高的传媒形式仍然是电视。在一位成年消费者的典型一天中，有40%的媒介消费时间被用于电视（见图4）。

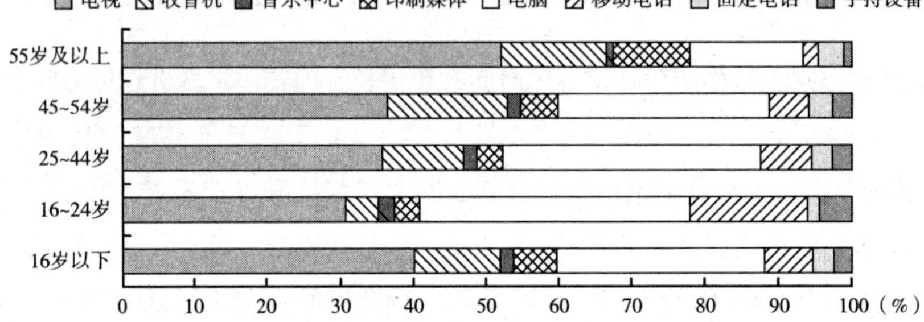

图4 英国消费者使用各种媒介形式的比例

2009年英国电视产业的总收入为111亿英镑，较上年下降0.4%。尽管用户付费收入继续保持增长，且较上一年增幅高达7.5%（至46亿英镑），但受英国广告市场整体下跌的影响，电视广告收入大幅下跌了9.6%（至31亿英镑）。快速增长的用户付费收入无法抵消广告收入的下跌，从而导致2009年英国电视产业总收入微有下降。

在2004年英国电视产业的收入结构中，广告收入占35%，用户付费占34%，公共基金占24%；到2009年，用户付费成了英国电视业最大的收入来源，占总收入的41%，广告和公共基金收入分别占25%和28%。收入结构的变化在一定程度上反映了英国电视产业的发展趋势。

2. 数字化进程加速

2009~2010年，英国数字电视转换规划进展良好。至2010年第一季度末，92%的英国家庭已经使用了数字电视机。高清电视与3D电视也有较大的发展。至2010年初，已有约510万英国家庭接入了高清电视频道，这个数字较2009年同一时期的190万有大幅增长；同时，2010年4月BSkyB开通了欧洲第一个3D专门频道。

此外，带有宽带互联网接入功能的电视向消费者提供日益丰富的内容与应用服务。

随着数字视频录像设备（DVR）的普及（超过37%的英国家庭拥有DVR），在2009年，英国5.9%的电视收看行为是通过录像过后收看的。可以说电视的数字化帮助传统电视节目摆脱固定播出时间的限制，从而为其提供了新的生存与发展空间。

二　广播产业

1. 不容乐观的市场规模

英国的广播产业在近年来遭遇了持续的衰退。继2008年较上一年下降2.3%以来，2009年英国广播产业的市场规模继续下降了4个百分点，至10.92亿英镑。在广播产业收入结构中，商业广告的降幅（11.5%）最大，至4.32亿英镑（见图5）。

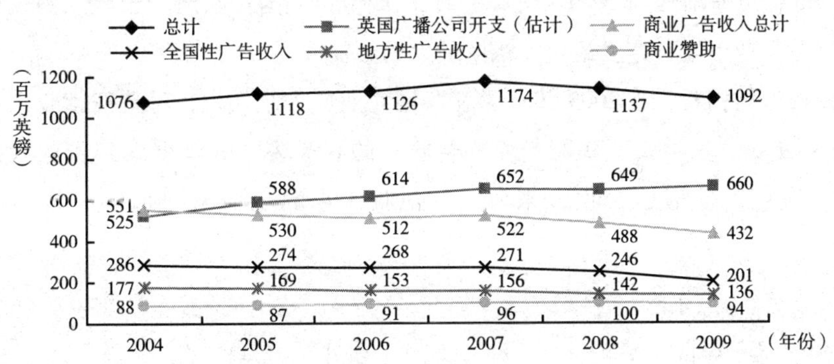

图5　2004～2009年英国商业广播收入及BBC广播支出情况

2. 数字化、个人化趋势明显

尽管近年来英国广播产业的规模发展情况不容乐观，然而，要注意到几个明显的现象和趋势。

首先，广播的覆盖率仍然非常高。2004～2010年，广播覆盖人口占英国总人口的90%左右，2010年第二季度全英国广播受众人数为4680万，达总人口的90.6%。

其次，广播数字化趋势明显。到2010年第二季度，24.6%的广播收听时间

是通过数字设备实现的，而35.3%的英国家庭则拥有DAB（数字音频广播）设备。2010年颁布的《数字广播行动计划》、《数字经济法令》以及《广播发展纲领》等国家级规划则为英国广播的进一步数字化铺平了道路。

此外，至2010年第一季度，约有32%的英国人拥有iPod、MP3播放器等设备。随着个人拥有此类设备数量的增长，广播成为一种日益个人化的媒介。

三　互联网产业

在第一代互联网的发展进程中，英国一直是领先者，互联网在英国拥有良好的基础。在新一轮的互联网产业竞争中，英国在互联网普及、互联网宽带化、互联网移动化等领域继续领先。至2010年，76%的英国人拥有个人电脑，全国互联网普及率高达73%，宽带互联网普及率达71%，移动互联网普及率也达15%。

同时，互联网已成为英国传媒产业广告收入的主要来源之一，且自2005年的13.66亿英镑增加到2009年的35.41亿英镑，英国互联网广告收入是传媒产业各细分行业中增长速度最快、幅度最大的类别。

从收入结构看，在2009年英国互联网产业广告收入中，付费搜索收入高达21.48亿英镑，占整个互联网产业广告收入的60%左右；陈列式广告收入则为7.09亿英镑，是第二大收入来源；其他收入来源包括电子邮件广告等（见图6）。

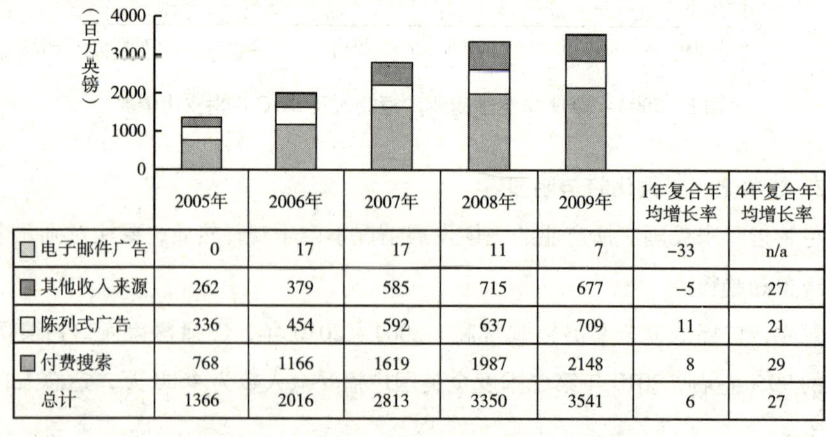

	2005年	2006年	2007年	2008年	2009年	1年复合年均增长率	4年复合年均增长率
电子邮件广告	0	17	17	11	7	-33	n/a
其他收入来源	262	379	585	715	677	-5	27
陈列式广告	336	454	592	637	709	11	21
付费搜索	768	1166	1619	1987	2148	8	29
总计	1366	2016	2813	3350	3541	6	27

图6　2005～2009年英国互联网广告收入情况

值得注意的是，随着移动互联网的发展，移动媒体[①]广告收入也从无到有，至2009年已达103万英镑。虽然目前移动广告收入的规模仍然相对较小，但其发展趋势却不容小觑。在移动媒体中，移动电视、移动视频点播和移动游戏是主要的广告收入来源（见图7）。

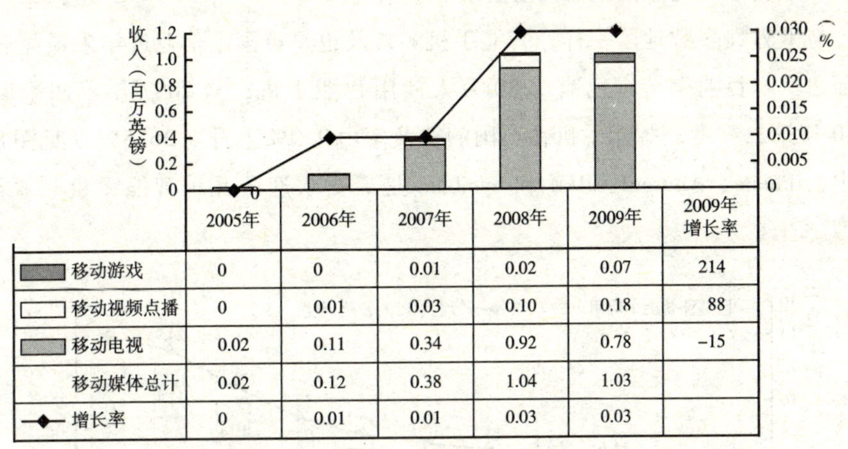

	2005年	2006年	2007年	2008年	2009年	2009年增长率
移动游戏	0	0	0.01	0.02	0.07	214
移动视频点播	0	0.01	0.03	0.10	0.18	88
移动电视	0.02	0.11	0.34	0.92	0.78	-15
移动媒体总计	0.02	0.12	0.38	1.04	1.03	
增长率	0	0.01	0.01	0.03	0.03	

图7　2005～2009年英国移动媒体广告收入增长情况

四　电信产业

1. 略有回跌的电信产业收入

自1992年有官方记录以来，英国电信产业一直呈平稳增长的态势。然而，2009年英国电信产业的总收入为406亿英镑，较上年下跌2.7%，这是近年来英国电信产业第一次遭受负增长，且其中零售收入与批发收入均有所下降。

在2009年304亿英镑的零售收入中，固定电话收入为88亿英镑，移动语音与数据收入为149亿英镑，互联网收入为33亿英镑，企业数据服务收入为33亿英镑。在这个细分结构中，仅企业数据服务收入较上一年微上涨2.6%，其余收入均有所下挫。

---

① 由于移动媒体由移动互联网应运而生，因此本文将移动媒体纳入互联网产业中作统计。

2. 继续扩大的用户规模

尽管收入规模有所下降，但英国电信业的用户规模却仍在扩大，同时电信传输的数据量也大幅增长。因此可以说，收入的下跌主要与电信业使用费用的下降相关。

3. 智能手机与移动互联网的发展

与世界大多数地区一样，智能手机的普及也是英国电信业近年来最显著的特征之一。目前全英国已有1280万人使用智能手机；从2007年第四季度到2010年第二季度，智能手机在英国的普及率由9.9%上升到26.5%（见图8）。其中，iPhone、Android、RIM和Symbian是最受欢迎的几种智能手机（系统）类型。

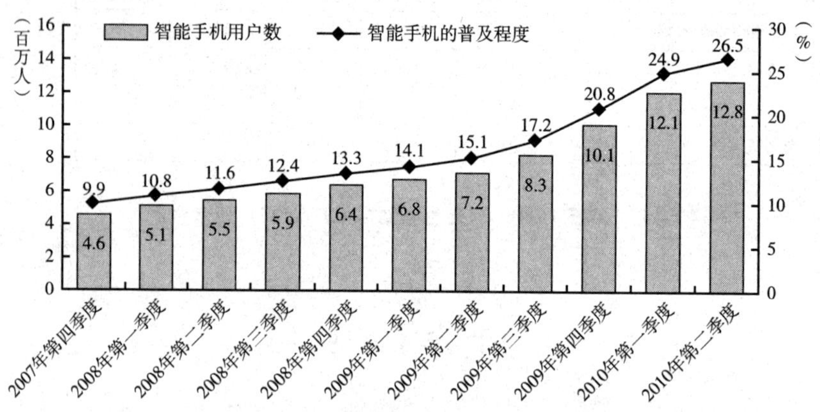

图8　2007～2010年英国智能手机增长情况

五　“数网合一”的数字传媒市场

“数网合一”是近年来英国传媒市场的显著特征。英国的“数网合一”主要体现在服务提供商向市场提供多种信息传播的捆绑式服务。在英国，过去五年来捆绑式服务飞速发展，至2010年第一季度，已有将近半数英国家庭购买使用同一家提供商提供的捆绑式服务。最典型的捆绑式服务是固定电话与有线宽带的“二合一”捆绑以及固定电话、有线宽带与付费电视的“三合一”捆绑（见图9）。

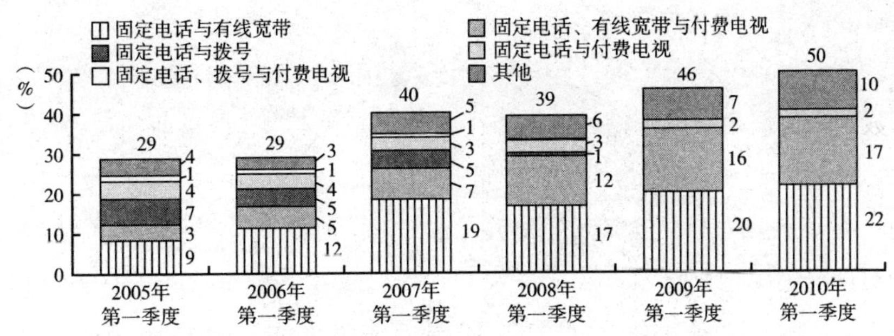

图9　2005～2010年各年度第一季度英国捆绑式传播服务使用情况对比

英国消费者从购买单一服务转向购买捆绑式服务的原因主要在于，捆绑式服务的费用更为低廉且使用更为便捷。而对于服务提供商来说，一旦消费者购买了其提供的捆绑式服务，则较不易转向其他服务提供商，换言之，购买捆绑式服务的消费者忠诚度较高。因而英国各大信息传播服务提供商均乐于开发、发展有竞争力的服务。

六　印刷媒体产业

在电视、广播、互联网与电信产业之外，传统的印刷媒体业也是英国传媒产业的重要组成部分。虽然近年来受到新媒体的冲击，但英国的报业和图书出版业仍然维持稳定的发展态势。

1. 报业

英国是传统的报纸出版大国，包括全国性和地区性报纸、日报和周报在内，英国总共约有1200种报纸。2009年，英国全国性与地方性报纸的广告收入之和占整个英国传媒产业广告收入的22.1%。可见，虽然近年来受新媒体影响较大，英国报纸发行量不断缩小，但具有传统优势和良好基础的报业仍然是英国传媒产业的主要广告收入来源（见图10）。

2. 持稳的图书出版业①

2009年，英国共出版（修订）图书13.3224万册，英国出版商总共销售7.63亿册图书，其中，在英国本土销售的图书为4.63亿册，出口图书册数则为

① 资料来自英国出版协会2009年年报。

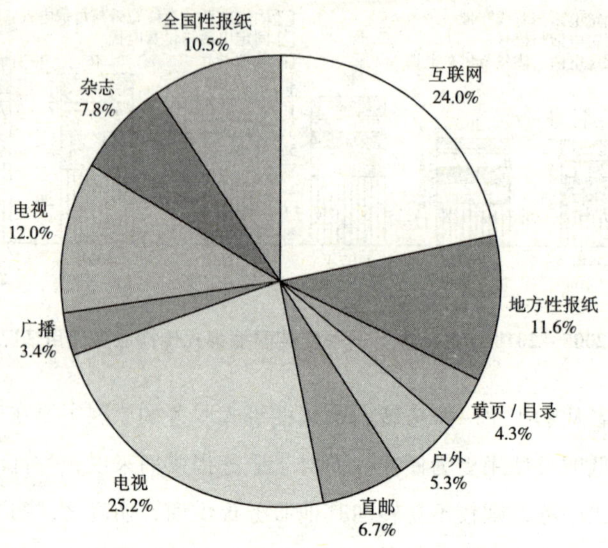

图 10　2009 年英国传媒产业广告结构

资料来源：英国报纸协会。

3 亿册。尽管图书销售册数较上一年下降了 9%，但 2009 年英国图书销售额总计则基本与上一年持平，达 30.53 亿英镑。在本土市场略显饱和的情况下，英国图书出版业在海外市场上实现了销售额的增长（见图 11）。

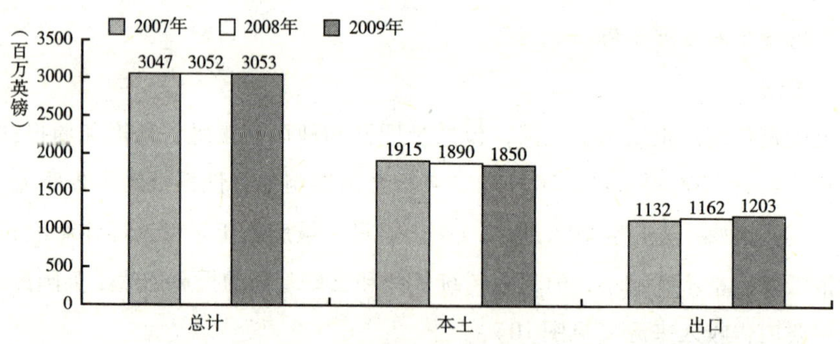

图 11　2007～2009 年英国图书销售额

此外，2009 年英国电子出版物的市场规模达 1 亿英镑，较上一年增长 20%。

综上所述，可用“稳中有变”来形容 2009～2010 年英国传媒产业的发展状况。从产业的整体情况看，随着英国经济逐渐摆脱金融危机的影响，英国传媒产业的规模虽有小幅缩小，但仍然维持基本稳定的局面。英国传媒产业中各细分行业所容纳的用户规模日益增大，且用户使用程度也日益提高，但信息传播产品与服务的使用成本日益降低，两个因素相抵之后，英国传媒产业的总收入变化不大。从产业格局看，在电子媒体和印刷媒体争相发展的同时，呈现出明显的融合态势：一方面印刷媒体继续呈电子化趋势并向新媒体领域寻求发展空间，另一方面电子媒体则呈“数网合一”的态势，信息传播的捆绑式产品成为市场的主流。

B.43

日本传媒产业发展报告

南真理*

近几年日本经济萧条，文化产业发展也受到了一定影响。根据 Digital Contents 协会的统计，日本文化产业（包括电影、电视、动漫、出版、音乐、游戏等文化服务产业）市场在 2007 年以 13.18 兆日元达到高峰之后逐渐下滑。2008 年为 12.88 兆日元，比 2007 年减少了 2.4%。2009 年比 2008 年又减少了 6.0%，为 12.84 兆日元。日本与其他国家一样，媒体数字化发展趋势明显，2009 年数字文化产业市场规模已经达到 6.27 兆日元，占日本文化产业的一半。对于各个媒体来说，数字化虽然是当务之急，但首先要调整当前的产业结构，而后才能实现新的商业模式。日本文化产业市场规模仅次于美国，位居世界第二位，目前国内市场较为成熟，今后的发展空间不会很大，因此现在需要打开国外市场。现在日本社会的 GALAPAGOS 化（国内化）比较严重，因此对于各产业来说，最迫切需要的是培育了解海外市场、能制定海外战略的人才。另外，2009～2010 年 iPhone 等智能手机和 Twitter、Ustream 等网站迅速崛起，各媒体也需考虑如何应对这些新的媒体。

一　报纸与出版

2009 年日本的报业呈现下滑趋势。面临广告收入与报纸发行量减少的危机，日本新闻协会的调查显示：2009 年的报纸总销售额是 2.02 兆日元。其中报纸销售收入占 60.4%，广告收入占 23.9%，其他收入占 15.6%。广告收入占销售额的比率明显下降，并从 2000 年开始一直处于下滑趋势（见图 1）。日本最大的广告公司电通的数据显示，2009 年报纸广告收入只有 6739 亿日元，占当年全年的

* 南真理，日本大阪城市大学博士，清华—日经传媒研究所研究员。

81.4%，因特网广告收入终于超过了报纸。日本报纸广告收入的峰值出现在1990年，达1.36兆日元，而2009年只有当时的一半左右。

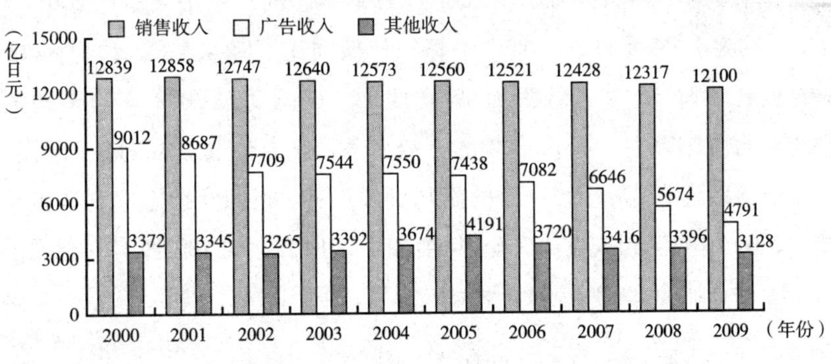

图1　报纸总销售额细目

资料来源：日本新闻协会。

由于日本人口的老龄化，年轻人不看报纸，以及新闻网站的发展等原因，2009年的日本报纸发行量急剧减少，只有5035.2831万份。报业市场从2004年起连续下滑，特别是2009年的下降幅度首次达到了100万份（见图2）。

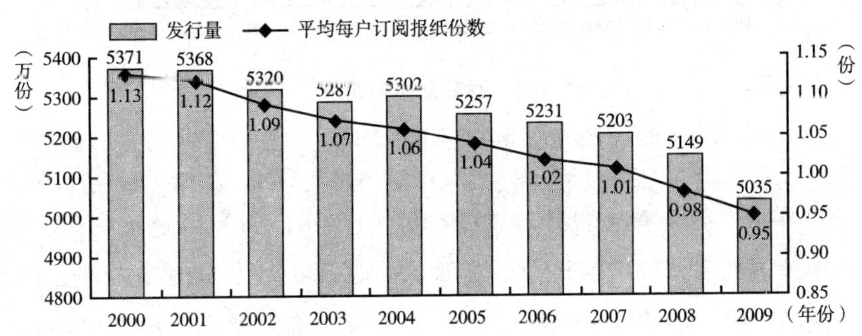

图2　报纸发行量与平均每户订阅报纸份数

资料来源：日本新闻协会。

广告收入的大幅减少直接影响了报社的经营。各报社继续削减经费，采取共用销售网络点和在印刷、编辑等方面的各种资产，以及提高报纸价格，停止晚报发行等措施。许多报社也开始将原来在网上免费提供的新闻转换成收费服务。共同通信社2009年10月开始向iPhone提供英语和日语的收费新闻，朝日新闻社

2010年2月开始向Kindle提供收费的《朝日新闻》（英文版），并于4月建立收费新闻网站——Astand。

根据出版科学研究所的统计，2009年日本杂志的出版销售额比2008年减少了4.1%，约为1.94兆日元。其中书籍销售额同比下降4.4%，约为8492亿日元；杂志同比下降3.9%，约为1.09兆日元（见图3）。2008年的金融危机之后，杂志广告急剧减少，只占当年的七成，多种杂志停刊。特别是创刊于1969年的日本著名政论杂志《诸君!》的停刊引人注目。近四年杂志停刊数量超过创刊数量，2009年的停刊数量比2008年增加了3种，达到189种，创刊或复刊的杂志有135种，比2008年减少了42种。

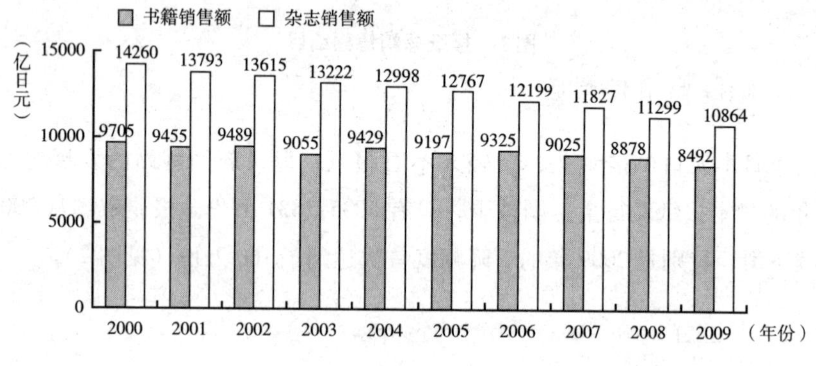

图3 书刊出版销售额

资料来源：出版科学研究所《出版指标年报2010》。

2009年虽然村上春树的新书《1Q84》（BOOK1·2）销量达到224万册，但其他畅销书不多，对出版行业影响很大。这几年日本很多杂志都会随刊附送品牌赠品，吸引消费者。但从市场整体来看，这些措施并没有拉动杂志的销售额。

2009年，日本四家大型出版社——讲谈社、集英社、小学馆与大日本印刷有限公司收购了日本最大的二手书店BOOKOFF CORPORATION LIMITED的部分股份。在出版界整体处于低迷的背景下，此举旨在联合新刊和二手书市场，以推动出版业界的整体繁荣。

与此相反，电子书市场在不断扩大。根据ImpressR&D发表的数据，2009年电子书的市场规模达到574亿日元（见图4）。拉升电子书市场主要的是通过手机下载漫画的收入，占整个电子书市场的89%。可以预见，随着iPhone等智能手机，Kindle等电子阅读器的普及，电子书市场将继续扩大。

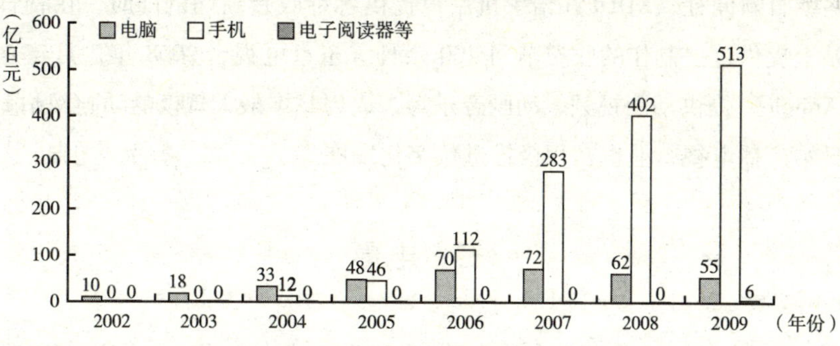

图4　电子书籍市场规模

资料来源：impress R&D。

二　广播电视

日本总务省的《信息通信白皮书》显示，2009年日本民营地面广播电视企业的营业额为2.26兆日元，连续三年下降。卫星广播电视企业营业额为3887亿日元，有线电视企业营业额为5134亿日元。只有有线电视企业以10%的比率保持上升。

《日本民间放送年鉴2010》的数据显示，2009年的广播事业收入有1344亿日元，同比减少了11.8%，连续9年下滑。其中，民营广播电视企业固定收益增加了13.4%，达到367亿日元。

2009年底民营广播电台的数量达到388家，大约是20年以前的4倍。其中，增加的广播电台大多是覆盖范围较小的地方台。由于年轻听众的减少、信息渠道的多样化等原因，广播电台的收听率目前也处于下降趋势。为了打破现状，2010年3月东京、大阪的13家广播电台共同建立网站radiko，听众能通过电脑、智能手机收听广播节目。

日本2011年7月将停止发送模拟式电视信号，并实行数字电视播送。根据总务省的统计，2010年3月使用数字电视的家庭普及率达到83.8%，可以说是已经进入数字电视时代。

各电视台开设了自己的视频网站。NHK电视台的收费视频网站“NHK－

ondemand. JP”的电脑会员达到41.29万人，比上年增加了9.5倍。日本电视台发布的数据显示，2009年3月其视频网站一个月的用户就达到126万人。朝日电视台与朝日新闻社、KDDI在给手机用户提供各种收费新闻的同时，在朝日电视台网站上提供过去制作的收费节目400余种。东京电视台2008年7月建立动画网站Anitele，提供动画视频、动画音乐等，成为日本最大规模的动画网站。

日本广播电视行业也在积极推进数字化发展。

三　电影

据日本映画制作者联盟公布的数据，2009年日本电影票房收入达到2060.35亿日元，这是仅次于2004年2100亿日元的最高纪录。日本国产电影的票房收入，达到1173.09亿日元，日本国产电影占整个票房收入的56.9%，国外电影占43.1%。国产电影连续两年超过了国外电影（见图5）。2009年在日本上映的电影总共有762部，其中日本国产电影有488部，同比增加了30部，国外电影有314部，同比减少了74部。这些年日本电影很活跃的一个重要的背景就是电视台的参与。

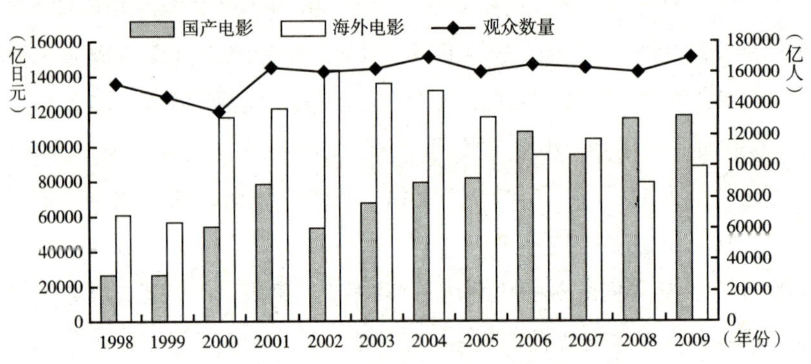

图5　电影票房收入与观众数量

资料来源：日本映画制作者联盟。

国外电影的票房收入还是处于萧条状态，《哈利·波特》系列的电影占第一，《赤壁（下）》占第二，但很多美国电影都没有达到原来预期的票房收入。2010年被称为“3D元年”，目前好莱坞正在大力推动3D电影，将来3D电影一定会继续增加。

动画电影《口袋怪物》、《名侦探柯南》、《哆啦A梦》等儿童经典作品获得了较高的票房收入，《新世纪福音战士新剧场版：破》、《夏日大作战》等以广泛年龄段的观众为对象的作品也获得了一定的票房收入。2008 年国外动画电影票房收入很萧条，但 2009 年《机器人瓦力》取得了 40 亿日元的票房收入，总共 4 部作品超过 10 亿日元，大大高于 2008 年。

四 音像

据日本映像 SOFT 协会的统计，2009 年包括 DVD、录音带、蓝光光盘、UMD（PSP）在内的音像产品销售额达到 2739. 63 亿日元。因为这几年国外电影业绩不佳，影响了音像产品的销售量，2004 年达到 3753. 93 亿日元的高峰之后连续 5 年减少。但与减少幅度为 11. 1% 的 2008 年相比，目前的减少速度已经趋缓（见图 6）。

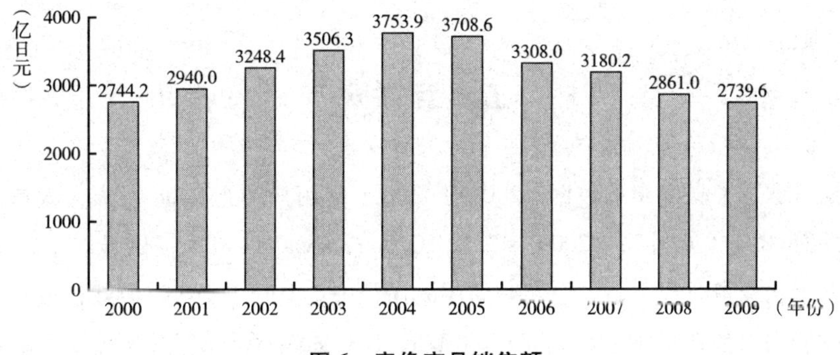

图 6 音像产品销售额

资料来源：日本映像 SOFT 协会。

虽然 DVD 的销量为 2492. 8 亿日元，但蓝光光盘的销量达到 241. 15 亿日元，成长很快。正是蓝光光盘的成长才使减少速度缓慢下来。UMD（PSP）的销量达到 4. 32 亿日元。录像带的销售额只有 1. 32 亿日元，DVD 的销售额占整个销售额的 91. 0%，蓝光光盘占 8. 8%，UMD 占 0. 2%。

从内容来看，影像产品销售额中比率最大的是日本动画片，达到 679. 2 亿日元，占 24. 8%，第二是日本音乐，达到 354. 23 亿日元，占 12. 9%，第三是国外电影，有 470. 1 亿日元，占 17. 2%。

按照日本 RECORD 协会的统计，音乐实体产品（包括 CD、录音带、音乐 DVD 等）的 2009 年生产值同比减少 13%，达 3165 亿日元，仍然处于低迷状态。

收费下载音乐还保持较好的趋势，达到910亿日元。日本收费音乐下载服务的最大特点就是通过手机下载的比率占九成（见图7）。

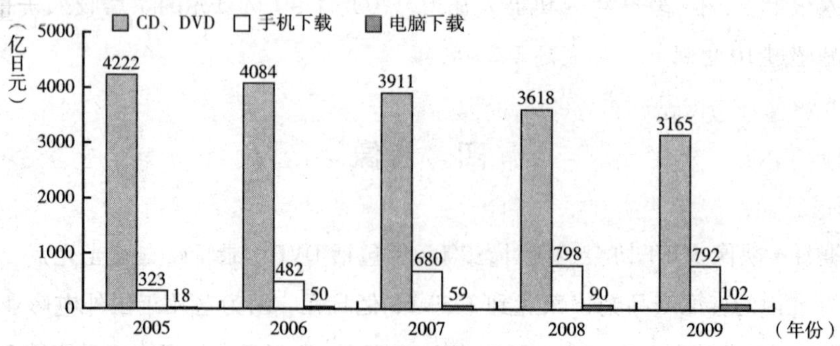

图7　音乐产品销售额

资料来源：日本RECORD协会《日本的唱片产业2009》。

五　互联网

据日本总务省发布的数据，2009年日本上网用户约为9408万人，人口普及率达到78.0%（见图8）。2009年2月UQcommunications开始提供WiMAX，日本也进入无线宽带时代。个人上网时使用的途径中，电脑、手机、游戏机或电视等各媒体的用户都在增加，特别是通过Wii、NintendoDS、PSP等游戏机或电视上网的用户同比增加了30.3%，达到739万人。

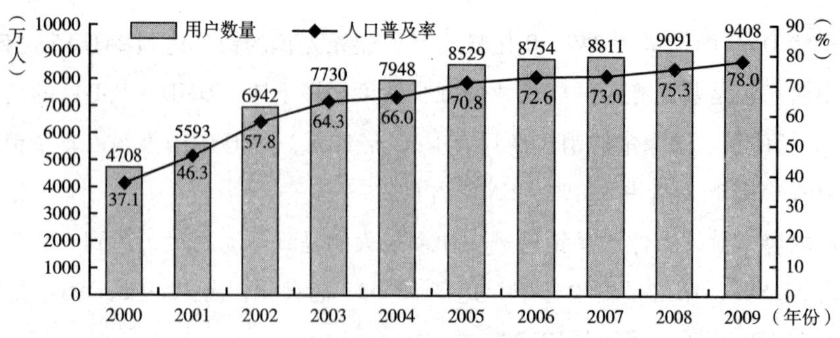

图8　因特网用户数量以及人口普及率

资料来源：日本总务省《平成21年通信利用动向调查》。

视频网站的用户也在不断增加。2009 年雅虎收购了没有版权问题的免费视频网站 Gyao，日本电视台、富士电视台在 Gyao 上建立官方频道，内容比以前更加丰富。日本独特的视频共享网站 Nikoniko 动画也在解决版权问题后，大量播放制作方的官方节目。

SNS（社区网站）的市场格局发生一定变化。日本最大的社区网站是 mixi，但国外 Facebook 的日本用户开始增加，Twitter 等微博因其简单又及时的服务也很兴盛。mixi 在 2009 年建立手机网站，游戏网站 GREE 的手机会员也在 2009 年 9 月达到 1500 万户左右，日本用户的使用终端已从电脑转向手机。

根据日本经济产业省发布的数据，2009 年 B2B 电子商务市场规模为 131 兆日元，同比减少了 17.6%，但 B2C 市场增加了 9.8%，达到了 6.7 兆日元。由于日本经济不景气，日本国内“抱窝消费”很流行，即消费者都不愿意出去花钱，大多选择以自己在家里做饭、看电视等的消费方式度周末。因此百货商场、购物中心的销售额减少，但离家很近的便利店，在家里能订购的 B2C 服务销售额都有所增加。特别是在网上购买衣服、装饰品的消费者同比增加了 29.5%，旅游、饮食增加了 28.1%，医药化妆品增加了 27.%。

在日本，人们通过手机上网购买各种服务的比率比通过电脑的还高。根据日本总务省公布的数据，2009 年手机内容信息市场规模达到了 1.52 兆日元，同比增加了 12%。收费提供铃声、游戏、电子书籍等内容的信息市场，达到 5525 亿日元。网上购物、各种交通票、活动门票的出售、证券交易、竞拍等交易服务市场，达到 9681 亿日元（见图 9）。

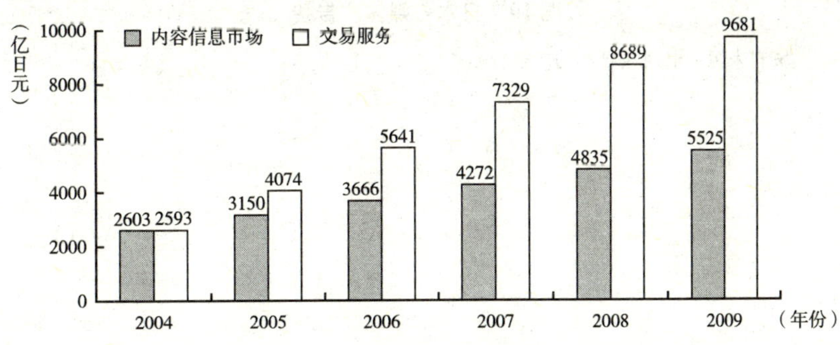

图 9　有关手机内容信息市场

资料来源：日本总务省《有关手机内容信息产业结构实际情况调查结果（平成 22 年）》。

六 广告

日本电通广告公司的调查①显示，日本的广告市场由于日本经济的好转，电子家电、因特网的普及等原因，从2004年开始一直持续增长。但2008年受到金融危机的影响开始萎缩，2009年继续下降，年广告收入为5.92兆日元，同比减少了11.5%。2009年前半年下降幅度比较大，后半年略有恢复。

从媒体分别来看，报纸广告费的下降幅度最大，比2008年减少了18.6%，电视减少了10.2%，卫星媒体增加了4.9%，互联网增加了1.2%。2009年互联网广告费超过报纸，成为仅次于电视的第二大广告媒体。特别是手机网络广告比2009年增加了12.9%，达到1031亿日元。（见图10）这几年随着3G手机、通信费定额制的普及，手机网络广告的需求不断增加，2009年SNS等社交媒体、iPhone等智能手机开始普及，今后手机网络广告市场将有很大发展空间。

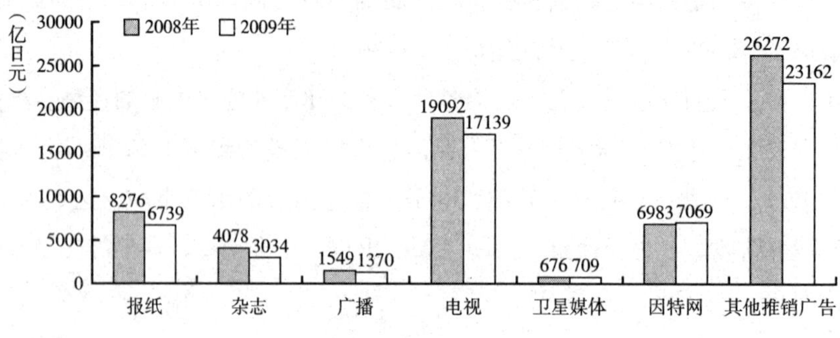

图10 日本各媒体广告费

资料来源：电通《日本的广告费》。

① 从2005年计算方法有所变化。

图书在版编目（CIP）数据

2011年：中国传媒产业发展报告/崔保国主编. —北京：社会科学文献出版社，2011.4
（传媒蓝皮书）
ISBN 978-7-5097-2211-4

Ⅰ. ①2… Ⅱ. ①崔… Ⅲ. ①传播媒介-产业-研究报告-中国-2010~2011 Ⅳ. ①G219.2

中国版本图书馆CIP数据核字（2011）第039484号

传媒蓝皮书

2011年：中国传媒产业发展报告

主　　编／崔保国

出 版 人／谢寿光
总 编 辑／邹东涛
出 版 者／社会科学文献出版社
地　　址／北京市西城区北三环中路甲29号院3号楼华龙大厦
邮政编码／100029
网　　址／http：//www.ssap.com.cn
网站支持／（010）59367077
责任部门／人文科学图书事业部（010）59367215
电子信箱／renwen@ssap.cn
项目经理／宋月华　范　迎
责任编辑／范　迎　黄　丹
责任校对／丁立华
责任印制／岳　阳
品牌推广／蔡继辉

总 经 销／社会科学文献出版社发行部
（010）59367081　59367089
经　　销／各地书店
读者服务／读者服务中心（010）59367028
排　　版／北京中文天地文化艺术有限公司
印　　刷／北京季蜂印刷有限公司

开　　本／787mm×1092mm　1/16
印　　张／24.25　字数／408千字
版　　次／2011年4月第1版　印次／2011年4月第1次印刷

书　　号／ISBN 978-7-5097-2211-4
定　　价／69.00元

盘点年度资讯　预测时代前程

从“盘阅读”到全程在线阅读
皮书数据库完美升级

·产品更多样

从纸书到电子书，再到全程在线网络阅读，皮书系列产品更加多样化。2010年开始，皮书系列随书附赠产品将从原先的电子光盘改为更具价值的皮书数据库阅读卡。纸书的购买者凭借附赠的阅读卡将获得皮书数据库高价值的免费阅读服务。

·内容更丰富

皮书数据库以皮书系列为基础，整合国内外其他相关资讯构建而成，内容包括建社以来的700余部皮书、20000多篇文章，并且每年以120种皮书、4000篇文章的数量增加，可以为读者提供更加广泛的资讯服务。皮书数据库开创便捷的检索系统，可以实现精确查找与模糊匹配，为读者提供更加准确的资讯服务。

·流程更简便

登录皮书数据库网站www.i-ssdb.cn，注册、登录、充值后，即可实现下载阅读，购买本书赠送您100元充值卡。请按以下方法进行充值。

充值卡使用步骤：

第一步

- 刮开下面密码涂层
- 登录 www.i-ssdb.cn
  点击“注册”进行用户注册

第二步

登录后点击“会员中心”进入会员中心。

第三步

- 点击“在线充值”的“充值卡充值”，
- 输入正确的“卡号”和“密码”，即可使用。

（本卡为图书内容的一部分，不购书刮卡，视为盗书）

如果您还有疑问，可以点击网站的“使用帮助”或电话垂询010-59367071。